* 217-220 122 monotrophos
111, N. 123 – Tripp, "single vaso
160 prototipi colte
171-176 coins – Xeon Tripp
voltura Specchii El. Ma Elisabetta Mangano !
210 (trithia)

Buongiorno Etruschi.
La vita e la civiltà di un popolo
in otto mostre: 5194 pezzi esposti, documenti
preziosi e insostituibili.
Una testimonianza da proteggere, valorizzare
e assicurare alle generazioni future.

Didramma con la testa della Gorgona proveniente da Montalcino - Collez. Bonci Casuccini - Proprietà del Monte dei Paschi di Siena

MONTE
DEI PASCHI
DI SIENA
Banca fondata nel 1472

424 sportelli in ITALIA. Filiale a NEW YORK.
Uffici di rappresentanza all'estero: FRANCOFORTE,
IL CAIRO, LONDRA, SAN PAOLO, SINGAPORE.
Principali partecipazioni estere: ITALIAN INTERNATIONAL
BANK Plc, LONDRA. BANQUE DU SUD S.A., TUNISI.
UNITED BANK FOR AFRICA Ltd., LAGOS.

Corrispondenti in tutto il mondo.

Artigianato artistico

*L'Etruria settentrionale interna
in età ellenistica*

*a cura di
Adriano Maggiani*

**Regione Toscana
Electa**

Electa editrice

Direttore editoriale
Carlo Pirovano

Hanno collaborato
a questo volume

Coordinamento redazionale
Paola Martinelli

Redazione
Paola Agostini
Caterina Marmugi

Design
Graphiti
Impaginazione
Francesca Esposto

Coordinamento tecnico
Alberto Gidoni
Angelo Mombelli

Artigianato artistico

Volterra, Museo Guarnacci
18 maggio 20 ottobre 1985

Chiusi, Museo archeologico
18 maggio 20 ottobre 1985

Ordinatore
Adriano Maggiani

Comitato scientifico

Massimo Pallottino
Paola Barocchi
Giovanna Bermond Montanari
Luigi Beschi
Anna Maria Bietti Sestieri
Maria Bonghi Iovino
Franco Borsi
Omar Calabrese
Giovannangelo Camporeale
Andrea Carandini
Giovanni Colonna
Mauro Cristofani
Bruno D'Agostino
Anna Eugenia Feruglio
Werner Johannowski
Adriano La Regina
Guglielmo Maetzke
Adriano Maggiani
Guido Achille Mansuelli
Marina Martelli
Cristiana Morigi Govi
Francesco Nicosia
Paola Pelagatti
Enrica Pozzi
Francesco Roncalli
Mario Torelli
Fausto Zevi

Regione Toscana
Struttura di progettazione ed operativa

Coordinamento generale
Alfredo Franchini
Coordinamento produzione
Paolo Tinti
Produzione
Walter Ferrara, Donatella Gatteschi,
Enrico Guadagni, Wanda Butera,
Paola Maresca
Coordinamento comunicazione
Carlo Nocentini
Promozione
Cirano Bachini, Luciano Panci
Ufficio stampa
Paolo Ranfagni, Valerio Pelini
Segreteria
Simonetta Bartolini, Corrado Bendinelli,
Piero Miniati, Luciana Poli
Amministrazione
Renzo Testi, Edy Paoletti
Hanno inoltre collaborato
Attilio Amadori, Enzo Barbagli,
Paolo Bernabei, Rossella Dini,
Luciano Donatini, Paolo Giusti, Enzo Grassi,
Antonello Nuzzo, Palmiro Pancioni,
Roberto Petrini, Claudio Tunetti,
Vito Vacchi

Collaborazioni e Consulenze esterne

Progetto espositivo
Mauro Cristofani
Assistenza tecnica per le mostre
Patrizia Guerrieri
Progetto fruibilità
Franco Borsi, Adolfo Natalini
Progetto editoriale
Mario Sabbieti
Assistenza tecnica per l'editoria
Francesca Rosi
Progetto segnaletica
Leonardo Baglioni
Pubblicità
Admarco srl
Pubbliche relazioni
Aldo Chiappe srl
Sponsorizzazioni
Groupings Italia srl
Produzione audiovisivi
Istituto Luce spa, Italnoleggio
Cinematografico, RAI-Radiotelevisione
Italiana
Commercializzazione marchio
MKT Italia srl
Assicurazioni
La Fondiaria spa
Trasporti
Gondrand SNT spa
Banchi di vendita
Expogest srl
Attrezzature audiovisive
Società elettronica
Fratelli Cipriani snc

Volterra

Direzione della mostra
Gabriele Cateni
Enti promotori
Comune di Volterra
Consorzio di gestione del Museo e
Biblioteca Guarnacci in Volterra
Provincia di Pisa
Comunità montana alta val di Cecina
Comitato promotore
Giovanni Brunale
Vittoria Paiotti
Fausta Giani Cecchini
Pietro Cerri
Paolo Paggetti
Carlo Benvenuti
Umberto Viti
Franco Chiodi
Otello Ferri
Ivo Brunetti
Giovanna Piancastelli
Gianfranco Cappelletti Franchi
Paolo Chiodi
Filippo Motta
Paolo Ferrini
Giancarlo Fasano
Renato Bacci
Carla Carocci
Angelo Lippi
Franco Porretti
Comitato di gestione
Piero Bagnai
Renato Bacci
Angelo Lippi
Vittoria Paiotti
Piero Fiumi
Roberto Marmelli
Organizzazione
Vittoria Paiotti
Allestimento
Maurizio Talocchini
Restauro locali
Francesco Paolo Cecati
Restauri
Jorio Bettazzi
Franco Cecchi
Rossano Fontanelli
Otello Pasquinelli
Ditte
Ericsson, impianti di sicurezza Parenti Mauro, impresa edile

Chiusi

Direzione della mostra
Anna Rastrelli
Enti promotori
Comune di Chiusi
Comitato di gestione
Giulio Paolucci
Marco Ciarini
Severino Mignoni
Roberto Sanchini
Coordinatrice e responsabile
Gisella Zazzaretta
Comitato organizzatore
Assessorato alla cultura
Allestimento
Luigi Marino
Restauro locali
Carlo Avetta
Soprintendenza ai beni architettonici e
monumentali per la provincia di Siena
Restauri
Beatrice Angeli
Licia Pierini
Giuseppe Venturini
Ditte
Marri
Salima
Ericsson, impianti di sicurezza

Rilievi e disegni
Grazia Ugolini, Fernando Guerrini
(Soprintendenza archeologica per la
Toscana)
Alain Rosa
(Soprintendenza archeologica per l'Emilia
Romagna)
P. Perotti
(Soprintendenza archeologica per la
Liguria)
Mario Epifani
(Istituto di archeologia, Pisa)
Cooperativa COIDRA, Firenze

Si ringraziano per la collaborazione
Daniel R. Barret, Giovanna Bermond
Montanari, Fede Berti, Francesco
Buranelli, Brian Cook. Giuseppe Danesin,
Pier Roberto Del Francia, Di Stefano,
Anna Maria Durante, Anna Zevi Gallina,
Catherine Goeres, Anna Eugenia Feruglio,
Sheila Hayarard, Alessandro Lotteringhi
Della Stufa, Maurizio Michelucci,
Francesco Nicosia, B.R. Platt, Giovanna
Piancastelli Politi, Carlo Pietrangeli,
Andrée Pounderoux, Edina Regoli, Judith
Swaddling, Giuseppe Toniolo, Vincenzo
Tusa, David Wilson

Premessa

On. Antonino Gullotti
ministro per i Beni culturali
e ambientali
presidente del Comitato nazionale
per il "Progetto Etruschi"

La civiltà etrusca, che può definirsi la più antica civiltà d'Italia, ha sempre esercitato un particolare fascino per tutti coloro che le si sono avvicinati.

Il "mito" e il "mistero" sono elementi che più di altri avvolgono le immagini e le testimonianze pervenuteci da questo popolo.

Ebbene, ora gli etruschi escono dal mito, dove li aveva confinati l'immaginario collettivo, per entrare nella storia: e il grande pubblico, grazie alla realizzazione del "Progetto Etruschi", potrà finalmente conoscere gli aspetti più complessi di questa civiltà e spazzare via fantasie e proiezioni che fino ad oggi ne hanno impedito l'esatta visione.

Il Ministero dei beni culturali, particolarmente interessato alla decodificazione e alla diffusione della conoscenza della civiltà etrusca, ha inteso assumere un atteggiamento di particolare impegno sia scientifico che finanziario nei riguardi di una iniziativa che contribuisce in maniera assolutamente rigorosa alla riacquisizione e al recupero di talune delle testimonianze più significative dell'antica civiltà italica. Mostre, restauri, convegni, nuovi interventi di scavo, ristrutturazione di musei, itinerari turistico-culturali, che avvolgono tutte le regioni in cui la civiltà etrusca è stata viva ed attiva, sono la testimonianza più evidente della volontà e dell'impegno di questo Ministero, delle regioni interessate e degli enti locali alla tutela e alla diffusione di questa cultura raffinatissima.

Gli indirizzi storiografici attuali ci permettono di presentare, attraverso le testimonianze materiali, i diversi problemi della civiltà etrusca in successione cronologica, individuando come costanti del "Progetto Etruschi" sia le forme di produzione e di circolazione, sia le strutture istituzionali e ideologiche.

Un particolare ringraziamento va alla Regione Toscana ideatrice e promotrice del Progetto ed alle regioni Campania, Emilia e Romagna, Lazio, Lombardia e Umbria, che hanno contribuito al suo ampliamento, testimoniando sia il carattere e l'importanza nazionale dell'iniziativa sia la fecondità dell'azione comune delle strutture pubbliche.

Premessa

Gianfranco Bartolini
presidente della Giunta
regionale toscana
vicepresidente del Comitato nazionale
per il "Progetto Etruschi"

Ideato e realizzato dalla Regione Toscana sotto l'egida del Comitato nazionale costituito dal presidente della Repubblica e presieduto dal ministro per i Beni culturali, il Progetto affronta l'intero panorama della civiltà etrusca.

Un avvenimento e, insieme, un messaggio di grande valore, che ha trovato rispondenza nell'impegno dei più qualificati studiosi, delle università, degli istituti di ricerca, nell'interesse manifestato dal Consiglio d'Europa del Parlamento europeo e della Comunità europea, dalle regioni italiane che hanno aderito al Progetto e hanno quindi programmato loro manifestazioni. Proposte, idee, studi che offrono fin d'ora una grande mole di risultati destinati a rimanere e ad arricchirsi nel tempo.

Emerge la visione del nostro patrimonio storico, culturale ed ambientale come grande insostituibile risorsa della Toscana e del paese, punto di riferimento sempre più vasto di diversi interessi culturali ed economici. Una grande potenzialità ed occasione di sviluppo che non poteva non trovare la significativa convergenza fra iniziativa pubblica e partecipazione dei privati.

Infatti la partnership definita con la Fiat, con La Fondiaria e il Monte dei Paschi di Siena garantisce al Progetto risorse importanti per la produzione e la comunicazione degli eventi, in un nuovo rapporto pubblico-privati che da una parte garantisce al "pubblico" il sempre più indispensabile sostegno alle attività culturali ed alla salvaguardia e valorizzazione dei beni culturali; dall'altra assicura al "privato" adeguati ritorni in termini di promozione e di immagine.

D'altra parte, l'esperienza che la Regione Toscana sta conducendo nella gestione di una operazione così complessa (un congresso internazionale, una ricerca estesa ed approfondita sul sistema museale e dei parchi archeologici, infine otto esposizioni in undici sedi appositamente restaurate e recuperate al futuro uso pubblico) evidenzia l'importanza del rapporto di collaborazione Ministero-Regione-Comuni-istituzioni culturali, sempre difficile, ma mai come in questa occasione aperto e produttivo.

Le molteplici iniziative, infatti, non solo rappresentano un fattore inedito di conoscenze su una delle più antiche civiltà, ma si pongono anche l'obiettivo della valorizzazione di larga parte della Toscana, con piani di intervento per la realizzazione di nuovi itinerari archeologici, la sistemazione e il recupero del patrimonio museale, di zone e parchi archeologici, la riapertura in alcuni casi di numerose strutture e immobili che diverranno beni a disposizione delle città.

Un caloroso ringraziamento va allora a quanti sul piano scientifico ed organizzativo hanno reso possibile questo evento, che ci auguriamo possa costituire una utile esperienza di collaborazione interdisciplinare e di impiego delle risorse pubbliche in operazioni finalizzate alla loro produttività sociale, culturale ed economica.

Premessa

Giovanni Brunale
sindaco di Volterra

A questo appuntamento con l'antico, non certo nostalgico ma critico, non poteva mancare Volterra, città dalle grandi e gloriose tradizioni culturali. Il Progetto, promosso dalla Regione Toscana, ripropone un'immagine degli etruschi al presente, finalmente mondati di quella patina ammuffita depositata dal tempo, e liberati da quel vieto alone di mistero che costantemente li ha finora circondati.

La mostra "Artigianato artistico" organizzata al secondo piano del palazzo Desideri Tangassi — sede del Museo Guarnacci — opportunamente ristrutturato, coglie, a nostro vedere, uno dei valori più validi e qualificanti di una città come Volterra: quello della continuità e preziosità delle tradizioni artigianali. È un vero e proprio filo rosso che collega gli artigiani etruschi a quelli di oggi, che fa leggere in una prospettiva dilatata nel tempo un aspetto del lavoro dell'uomo che va — purtroppo — lentamente ed inesorabilmente tramontando, soppiantato da un'evoluzione tecnologica e di esigenze di mercato che poco o niente lasciano all'invenzione e alla creatività.

Sconcerta, talora, il modo di approccio alla problematica del mondo etrusco — come la mostra volterrana ampiamente documenta — per il taglio di grande consapevolezza e competenza con cui l'archeologo di oggi estrae dalle radici del nostro passato, goccia dopo goccia, quell'essenza che costituisce il nostro sapere di oggi.

È con umiltà che tutti noi dobbiamo rapportarci a questa grande stagione di studi, rendendo ragione a quanti finora, talvolta oscuramente, ma sempre con grande impegno hanno fatto sì che tutto ciò uscisse da quelle fucine di idee che sono le università, le accademie, i musei, per diventare *veramente* patrimonio comune. In questo senso la mostra di Volterra — e quella di Chiusi ad essa strettamente collegata — segna un vero e proprio punto e a capo di un certo modo di rapportarci al passato, liberi dalla schiavitù e dalla retorica dei luoghi comuni.

Il nostro auspicio è che questa occasione non diventi semplicemente una retrospettiva celebrazione dell'acquisito, ma costituisca uno stimolo e un incentivo per un rapporto diverso tra elaborazione scientifica e pubblico.

Presentazione

Massimo Pallottino
presidente dell'Istituto di studi etruschi
e italici
vicepresidente del Comitato nazionale
per il "Progetto Etruschi"

In un'età come la nostra, in cui l'immagine ha intense, rapide, diffuse capacità di penetrazione persuasiva, assai più della parola scritta, i messaggi visivi affidati alle mostre costituiscono lo strumento più efficace per informare e documentare: massimamente nel campo della rievocazione delle civiltà del passato.

Per quel che riguarda gli etruschi esistono illustri precedenti. In primo luogo fra tutti la grande "Mostra dell'arte e della civiltà etrusca", formata in gran parte con materiali (tra i più preziosi) dei musei italiani, esposta a Zurigo, Milano, Parigi L'Aja, Oslo, Colonia tra il 1955 e il 1956. Ma il tema stimolante suscitò più volte negli anni successivi altre iniziative, meno ambiziose, e tuttavia ricche d'interesse per essere incentrate sui valori di nuove scoperte e nuovi restauri: così in Italia, a Viterbo e a Firenze, fuori d'Italia, a Vienna e a Stoccolma; mentre ancor più di recente singoli aspetti del mondo etrusco sono stati sfiorati in rassegne sulla civiltà del Lazio primitivo e sulle origini di Roma e, per l'arte, affrontati centralmente nella mostra "Prima Italia" (Bruxelles, Roma, Atene).

Ciò che si presenta oggi è una modalità espositiva del tutto nuova, fondata sopra una pluralità di manifestazioni coordinate, che in un programma unico, più o meno contemporaneamente, ma in luoghi diversi e con diverse prospettive di contenuti e di formule, intende rappresentare l'intero quadro della civiltà e della vita degli etruschi, con tutti gli aggiornamenti e tutte le compiutezze e dovizie informative che s'impongono al livello attuale dei nostri studi: in Firenze per una visione più generale; in vari centri toscani per particolari ricerche tematiche; in altre regioni d'Italia, Lazio, Campania, Umbria, Emilia-Romagna, Lombardia, soprattutto per la rappresentazione dei fenomeni dell'etruscità periferica.

È con grande attenzione e rispetto che va considerato questo eccezionale impegno verso la scienza e verso la cultura, nel quale si ravvisa il momento più appariscente del "Progetto Etruschi", tanto più che ad esso sono state chiamate le forze più valide della scienza italiana, nel campo degli studi etruscologici, sia universitari sia delle soprintendenze e dei musei, e sperimentatissime esperienze tecniche. C'è da sperare che i risultati delle mostre, per l'interesse degli studiosi e del pubblico, corrispondano alle generose intenzioni dei progettatori ed allestitori.

L'unico timore che potrebbe affacciarsi di fronte a quella condizione che è propria di ogni raccolta espositiva limitata nel tempo, che cioè si tratti di un "avvenimento effimero", ha d'altra parte — come è ormai apprezzabile consuetudine dei nostri tempi — il suo più efficace correttivo nella pubblicazione dei cataloghi destinati non soltanto a raccogliere l'attenzione e la comprensione dei visitatori sulle collezioni esposte, ma anche, ed è ciò che più conta, ad illustrare, al più alto livello di competenza scientifica e di incisività didattica, le prospettive generali e particolari della esperienza storica alla cui rappresentazione sono dedicate le mostre.

Artigianato artistico

Catalogo

Progetto scientifico e coordinamento
Adriano Maggiani
Coordinamento redazionale
Marisa Bonamici

Redazione
Marisa Bonamici
Gabriele Cateni

Gli autori dei testi introduttivi
a ciascuna sezione del catalogo sono,
in ordine alfabetico:
Marisa Bonamici
Gabriele Cateni
Giuseppina Carlotta Cianferoni
Mauro Cristofani
Anna Maria Esposito
Fernando Gilotta
Adriano Maggiani
Elisabetta Mangani
Marjatta Nielsen
Françoise Hélène Pairault Massa
Laura Paoli
Alessandra Parrini
Anna Rastrelli
Luigi Tondo

Contributi
Benedetta Adembri
Francesco Buranelli
Armando Cherici
Francesco Del Vecchio
Giuliano De Marinis
Anna Durante
Daniela Gregori
Paolo Liverani

Gli autori dei testi in Appendice
sono, in ordine alfabetico:
Claudio Arias
Bettina Hartmann
Tiziano Mannoni
Emilio Mello
Paolo L. Parrini
G. Pizzigoni

b.a. Benedetta Adembri
c.a. Claudio Arias
m.b. Marisa Bonamici
f.b. Francesco Buranelli
g.c. Gabriele Cateni
a.c. Armando Cherici
g.c.c. Giuseppina Carlotta Cianferoni
m.c. Mauro Cristofani
f.d.v. Francesco Del Vecchio
g.d.m. Giuliano De Marinis
a.d. Anna Durante
a.m.e. Anna Maria Esposito
f.g. Fernando Gilotta
d.g. Daniele Gregori
b.h. Bettina Hartmann
p.l. Paolo Liverani
a.m. Adriano Maggiani
el.m. Elisabetta Mangani
t.m. Tiziano Mannoni
e.m. Emilio Mello
m.n. Marjatta Nielsen
m.o. Massimo Oddone
f.h.p.m. Françoise Hélène Pairault Massa
l.p. Laura Paoli
a.p. Alessandra Parrini
p.l.p. Paolo L. Parrini
a.r. Anna Rastrelli
l.t. Luigi Tondo

Avvertenza

Nel repertorio di schede, la sigla dell'autore non è stata apposta ad ogni singolo contributo, ma — ove se ne presentasse l'opportunità — in calce a gruppi di schede della stessa mano. Pertando si intenderà, ad ogni effetto, che ogni gruppo di schede è dell'autore la cui sigla compare in calce allo stesso.

Referenze fotografiche

Gabinetto fotografico della Soprintendenza della Toscana (riprese di C. Mannucci, R. Magazzini, L. Miccinesi, B. Vannucchi): 1, 2, 4-6, 10-12, 14-16, 19-22, 24-49, 51-67, 69, 71-74, 79-86, 91, 92, 94, 95, 97-100, 102-124, 128-133, 135-143, 146, 148-151, 162-172, 196-205, 211, 218-234, 236, 238-241, 245, 258.
Gabinetto fotografico della Soprintendenza archeologica per l'Emilia Romagna: 259.1-25; 260.1-37.
Gabinetto fotografico della Soprintendenza archeologica per la Liguria: 264-266.
Gabinetto fotografico della Soprintendenza archeologica per l'Umbria: 96.
British Museum: 264.
Foto Fiaschi, Volterra: 7-10, 17, 75-77, 88-90, 152-155, 161, 173-195, 206-210, 212-217, 247, 255, 257.
Archivio Panini, Modena: 160.
M. Nielsen, Copenhagen: 3, 58, 18.
A. Cherici: 134.

Sommario

Introduzione

Adriano Maggiani

In una delle interminabili e pedantesche discussioni che punteggiano i suoi *Sofisti a banchetto*, Ateneo, dopo aver citato un passo del comico attico Ferecrate, nel quale si parla di candelabri di fabbricazione etrusca, commenta: "Di vario tipo erano infatti le produzioni artigianali presso gli etruschi, poiché essi erano particolarmente versati nelle attività artistiche (φιλοτεχνοι)"[1]. Altrove, lo stesso autore esalta l'arredo bronzeo di manifattura etrusca, con cui si può opportunamente adornare la casa[2]. La considerazione che Ateneo manifesta nei confronti degli etruschi è largamente confermata d'altro canto dall'ampia diffusione che i loro manufatti conobbero nell'antichità, dall'Atene di Pericle alle corti dei principi celtici dell'Europa centrale. Tale fama non andò perduta in età tarda, se ancora in età augustea i *tyrrhena sigilla* (le statuette bronzee di produzione etrusca) erano ricercatissimi dai collezionisti d'arte[3]. I passi citati fanno riferimento alla bronzistica minore, ad oggetti (candelabri, vasellame, statuette) che rientrano nell'apparato domestico e di rappresentanza. Ma altre notizie relative alla produzione artistica sono contenute nelle descrizioni del bottino che i generali romani raccolsero nelle città etrusche saccheggiate durante le guerre di conquista, prima tra tutte quelle delle duemila statue rapinate da Marco Fulvio Flacco a Volsinii nel 264 a.C.[4]; ed anche della statuaria maggiore, grande dovette essere la dispersione, teste Plinio che accenna ai "signa tuscanica per terras dispersa"[5].

L'esame della documentazione letteraria e archeologica induce immediatamente una considerazione: la committenza pubblica ebbe in Etruria un'importanza nettamente inferiore che in Grecia, e fu comunque soprattutto orientata ad incoraggiare le attività coroplastiche e di carpenteria, tecniche essenziali alla costruzione degli edifici templari; modesto fu sempre, negli edifici pubblici (a parte il caso tutto particolare delle mura e delle porte urbiche) l'impiego di materiali lapidei, per la cui lavorazione dovette rivelarsi determinante invece la forte domanda privata di elementi decorativi attinenti alla sfera funeraria.

D'altro canto, l'unica attività artistica che può sperare su una richiesta abbastanza omogenea e costante per consentire l'impianto di una struttura stabile e la sua sopravvivenza, è proprio quella legata al rituale funerario, che soddisfa il fabbisogno di una clientela sufficientemente ampia, quale può essere quella di un centro urbano. Dal momento infine che quasi nulla ci è pervenuto del fastoso arredo di rappresentanza di edifici pubblici né delle dimore aristocratiche, ambiente privilegiato per lo studio delle diverse produzioni artistiche nel luogo della loro esibizione rimane dunque (accanto ai rari casi costituiti dalle stipi votive e dalle decorazioni architettoniche degli edifici templari) la tomba, che non solo conserva sovente l'immagine di una residenza civile, ma in funzione della quale si attivarono, per specifici scopi di apparato, particolari generi d'arte, di cui i cippi, le urne e i sarcofagi scolpiti sono l'aspetto più appariscente.

Questa mostra si propone, nella limitata scelta numerica degli oggetti esposti ed entro circoscritti confini topografici e cronologici, di fornire dati sul lavoro artistico in Etruria, sulle maestranze, sulla loro attività, sulla loro collocazione sociale. A differenza di altri ambienti culturali, la mancanza di fonti letterarie (assoluta almeno nell'ambito temporale prescelto) e la estrema modestia delle fonti dirette, costituite dalle firme degli artigiani[6], rendono ardua l'impresa; non ci sovviene, se non come vago paradigma di confronto, il modello greco, d'altronde assai problematico esso stesso[7]. Ma la parte importante che l'artigianato artistico sembra aver giocato all'interno della società etrusca del periodo tardo classico ed ellenistico, con il ruolo che vi assunse la richiesta di oggetti di lusso come simbolo di status, incoraggia a cercare nel cuore stesso della produzione i sostanziali punti di riferimento.

Attraverso l'individuazione di un bacino culturale omogeneo, quello dell'Etruria settentrionale interna, e di un periodo circoscritto, che va dal IV al I secolo a.C., la caratterizzazione delle principali tendenze stilistiche è stata ottenuta mediante l'analisi di una sola classe monumentale, quella della scultura funeraria in pietra e terracotta; la scansione cronologica proposta sembra aver validità paradigmatica anche per le altre classi di manufatti, che sono stati trattati in genere per *exempla*, con lo scopo di esplicitare essenzialmente le specificità dei diversi "generi d'arte".

Il nucleo tematico è costituito dalle produzioni artistiche di Volterra, sia per la possibilità di una loro affidabile seriazione stilistica e cronologica (che ha valore di riferimento anche per quelle di Chiusi e Perugia), sia perché il centro appare vivacemente attivo nel II e I secolo a.C., in un quadro regionale caratterizzato invece da una spiccata tendenza al tracollo delle attività artistiche.

A questa serie di sondaggi, si fanno seguire in appendice i risultati di alcune analisi tecniche (su argille e marmi), eseguite con i più raffinati metodi strumentali ed elaborate secondo tecniche avanzatissime.

Pur nella chiara consapevolezza di non avere affrontato tutti i possibili filoni di ricerca, crediamo tuttavia che l'indagine abbia portato alla ricostruzione di un quadro assai variegato dell'organizzazione della produzione artistica, di volta in volta modellata per le esigenze di una committenza la cui connotazione ha subìto nel tempo profonde trasformazioni, segnate per di più da peculiarità specificamente locali. Caratterizzato nel IV secolo da un modo di organizzazione ancora arcaico, con poche grandi famiglie aristocratiche detentrici di sterminate proprietà fondiarie, il panorama sociale andò infatti rapidamente trasformandosi sia con l'accresciuta importanza assunta dai centri urbani, sia soprattutto in conseguenza di un accentuato confronto tra diversi ceti sociali, che vide il progressivo emergere di strati di popolazione che finirono per formare, in alcune località, una vasta classe media, destinataria di buona parte delle produzioni che qui si considerano. Agli estremi di questo processo stanno, da una parte, opere isolate, di alta qualità e alto impegno esecutivo come certe urne cinerarie chiusine o le statue marmoree di Volterra[8], dall'altra, i monotoni e scadenti prodotti fittili di serie delle manifatture chiusine o quelli della contemporanea produzione massificata di Volterra, peraltro di qualità ancora notevole e segno di una diversa connotazione sociale degli acquirenti.

Come si è detto, il quadro è caratterizzato da una forte variabilità: se infatti nei centri principali del territorio si formano per tempo botteghe locali dedite alla realizzazione di urne cinerarie, prodotti in genere dozzinali e puramente funzionali, la nota dominante appare costituita dalla presenza di maestranze itineranti, che talora si integrano nelle realtà produttive locali, talora invece, soprattutto nella parte più alta del periodo considerato, non sembrano lasciare tracce consistenti sul livello di organizzazione degli atelier, né, se non episodicamente, sul loro corredo iconografico e stilistico. Questo modello di organizzazione, che sembra perpetuare un tipo di circolazione arcaico, appare in netto contrasto con la più avanzata evoluzione delle città dell'Etruria meridionale e del Lazio, nelle quali una intensa attività di scambio tra grosse realtà artigianali stabilite nei centri più importanti ha creato le condizioni per una koinè di linguaggio; una trasformazione si verifica probabilmente soltanto tra la fine del IV e la metà del III secolo, quando si intravvedono segni concreti di una solida strutturazione di atelier locali più aggiornati, a Chiusi e a Volterra. Diversa invece è la situazione delle produzioni ceramiche, che appaiono già ben delineate dalla seconda metà del IV secolo e attrezzate per fabbricare beni di qualità in quantità considerevoli.

Il rapporto tra committenza ed artefici è caratterizzato, nella regione che qui interessa, da una estrema mobilità di entrambi, sebbene, anche in questo caso, il problema debba essere affrontato tenendo conto della cronologia, dato che la situazione varia notevolmente nel tempo.

Il fenomeno della mobilità della committenza, che può aver convogliato non solo idee, modelli culturali, ma molto spesso anche oggetti finiti, è ben noto e attestato, oltre che dai titoli funerari che documentano imparentamenti tra membri delle aristocrazie di centri anche assai lontani (quali ad esempio Chiusi e Tarquinia)[9], da altri tipi di testimonianze archeologiche. Per esempio, lo specchio di provenienza sconosciuta ES 1,112, con iscrizione di dono di un Tite Cale figlio di una Ati, certamente inciso nell'Etruria meridionale (a Volsinii o a Bomarzo), attesta verosimilmente il movimento di un volterrano (sicuramente identificabile nella formula onomastica) verso l'Etruria centrale, forse in connessione con l'attività del santuario federale[10].

Molto più concretamente documentabili sono invece gli spostamenti delle maestranze. Appare innegabile, innanzitutto, nel corso del IV e della prima metà del III, una stretta dipendenza dell'Etruria settentrionale da quella meridionale. E se le maestranze di Chiusi sono probabilmente attive a Perugia agli inizi del IV secolo a.C.[11], fondamentale appare, in questo contesto, la posizione di Volsinii come elaboratrice, oltre che come mediatrice e redistributrice, di modelli dalla koinè centro-italica.

Intorno alla metà del secolo maestranze di Orvieto sono probabilmente responsabili della realizzazione ad Arezzo di un capolavoro bronzeo quale è la *Chimera* del Museo archeologico di Firenze: il problema infatti costituito dall'iscrizione trova una soddisfacente spiegazione se la si considera redatta da un orvietano (o eventualmente da un tuscaniese), ma secondo le norme grafiche del committente[12]. Allo stesso modo mi pare si possa spiegare, un secolo dopo, un monumento come quello di Larϑ Calisna Sepu di Monteriggioni (n. 74): l'iscrizione, in grafia "tardo corsivizzante", trova tali riscontri in quella di un sarcofago di Tuscania dalla tomba dei Curunas, che per spiegare l'affinità bisogna probabilmente ipotizzare l'intervento dello stesso lapicida, in due monumenti tra l'altro chiaramente desunti dal medesimo modello, il ritratto dinastico del primo Ellenismo[13]. All'intervento diretto di maestranze di formazione meridionale sembrano imputabili le innumerevoli somiglianze notate dagli studiosi tra le più antiche realizzazioni della scultura funeraria del IV e III secolo dell'Etruria settentrionale e sarcofagi tarquiniesi e tuscaniesi contemporanei[14]. Si registra un flusso costante da sud a nord, sulla cui scia dovettero essere convogliate anche le mode grafiche di volta in volta adottate negli epitaffi[15].

Dopo la metà del III secolo il quadro delle produzioni artistiche legate alla sfera funeraria vede l'instaurarsi di solide tradizioni locali, almeno a Volterra e Chiusi; dovette allora attivarsi un vivace movimento all'interno del circuito settentrionale: non diversamente infatti potrebbero spiegarsi le fortissime affinità che nella seconda metà del III secolo collegano le esperienze figurative delle maggiori città, Volterra, Chiusi, Perugia.

In quest'epoca è difficilmente pensabile una acquisizione indipendente di modelli, mentre ciò sembra probabile per la prima metà, quando gli esiti assai diversi sembrano derivati dalla molteplicità delle fonti di ispirazione. Una situazione molto particolare vige probabilmente a Perugia, dove non sembra attivarsi, fino alla prima metà del II, alcuna importante tradizione figurativa locale; la potente aristocrazia perugina, che dovette certamente le proprie fortune alla posizione di confine occupata dalla città, manifestò invece una particolare propensione a servirsi, all'occorrenza, delle più aggiornate maestranze operanti nelle città vicine, sulle quali esercitò sempre una forte attrazione.

Alla fine del III secolo, in un orizzonte caratterizzato, come si è detto, dalla presenza di botteghe locali ben strutturate e dedite alla realizzazione di monumenti di grande impegno, la funzione mediatrice dell'Etruria centro-meridionale sembra fortemente ridimensionata. E se anche non è chiaro attraverso quale via i nuovi elementi giungano, ad esempio, a Volterra, che appare d'ora in avanti il centro più dinamico della regione, è certo che proprio da qui una maestranza colta muove per servire una committenza perugina. Altre personalità (Maestro di Mirtilo, Maestro delle piccole patere) giungono forse a Volterra dall'interno delle équipe artistiche impegnate nelle realizzazioni monumentali degli impianti coloniali dell'estremo lembo settentrionale d'Etruria, specialmente di Luni. Ma il panorama appare più vasto e complesso, come sembra indicare l'eccezionale confronto, funzionante sia sul piano tematico che su quello stilistico, tra le produzioni di una bottega volterrana di alabastrai che lavora intorno alla metà del II secolo (Maestro delle rosette e palmette, "gruppo dell'astragalo I") e la decorazione fittile di un edificio di culto di Vetulonia (cfr. nn. 162-172).

Anche nella bronzistica, sia di carattere votivo (nn. 211-220) che legata all'arredo dell'ambiente domestico, si verificano gli stessi fenomeni di circolazione di modelli colti (o al seguito degli artigiani o forse, in questo caso più probabilmente, nel flusso delle correnti commerciali) e di attivazione di alcune possibili fabbriche locali, in particolare per ciò che riguarda la produzione di bronzi laminati decorati a sbalzo (nn. 196-210) e alcune serie di specchi (nn. 221-227). E certo a movimenti di maestranze specializzate si deve l'attivazione delle numerose zecche dislocate in quest'area che, per quanto importanti, non appaiono in grado di assicurare un lavoro stabile alle maestranze stesse, che sono perciò costrette a continui spostamenti al seguito delle commesse.

Una diversa organizzazione lascia intravvedere la distribuzione dei prestigiosi monumenti in marmo, che giungono anche a Volterra: si tratta probabilmente di maestranze itineranti che, con le loro basi nelle vicinanze del distretto apuano, da cui pare provenire la materia prima, servivano una clientela di rango dispersa in un territorio vastissimo.

Anche il tentativo di trovare nella tecnologia più raffinata una conferma alle classificazioni archeologiche delle ceramiche, ha riservato qualche sorpresa. I materiali a vernice nera rinvenuti a Spina, ritenuti all'esame autoptico di sicura fabbrica volterrana (ad esempio un frammento attribuito alla fabbrica di Malacena ed uno al gruppo delle ceramiche sovradipinte del tipo del "cigno rosso") sono risultati, all'analisi computerizzata, assai diversi dai loro omologhi rinvenuti a Volterra.

Quand'anche si volesse concedere peso determinante alle condizioni di giacitura dei frammenti spinetici (che possono aver profondamente modificato l'assetto mineralogico degli stessi), il nuovo dato deve indurre a grande prudenza nell'ipotizzare una esportazione diretta da Volterra. Per salvare peraltro l'ipotesi di un aggancio che appare comunque verosimile si potrebbe semmai proporre, ancora una volta, non un movimento di prodotti finiti, ma piuttosto uno spostamento di artigiani.

Questo movimento per così dire fisiologico dovette divenire frenetico in determinate contingenze storiche, la principale delle quali fu l'esito drammatico della presa di Volsinii, che certo provocò lo spostamento di genti verso le città "libere" del nord dell'Etruria.

Analogamente in età più tarda, non si può escludere che gli effetti delle guerre tra Mario e Silla e tra Antonio e Ottaviano abbiano provocato anche spostamenti di artisti, come sembra postulato dal confronto puntuale istituibile tra gli elementi di decorazione fittile da Palestrina recentemente resi noti e una serie di tarde urne volterrane[16], e tra tarde urne perugine e la estrema produzione di Volterra[17].

La situazione delle città etrusche, in particolare dell'Etruria settentrionale, al pari di quella delle città della Grecia, dovette essere alquanto differenziata, dal punto di vista della posizione dell'artista nell'articolazione sociale. Se Aristotele, in una visione profondamente aristocratica dell'assetto sociale, sottolineava il basso livello degli artigiani, ai quali negava la possibilità di attingere responsabilità pubbliche, puntellando la sua affermazione con esempi di ordinamenti estremamente conservatori fondati sulla proprietà fondiaria (Tebe, Tespie), un po' diversa dovette essere la situazione, come è stato sottolineato, delle costituzioni a carattere più esplicitamente timocratico, dove personaggi sicuramente impegnati in attività di tipo artistico (imprenditori, capi di atelier ceramici, ad esempio) erano in grado di offrire sontuose dediche nei santuari cittadini, indizio certo di una non infima considerazione sociale[18].

Non è escluso che, anche in Etruria, la vivacità e la intraprendenza di questa categoria produttiva le abbia consentito, ad un certo momento del suo sviluppo e forse in più occasioni, di avanzare rivendicazioni per una promozione sociale, d'intesa con altri ceti subalterni. Se ne serba forse il ricordo nelle numerose guerre servili registrate in quest'area dagli scrittori latini tra il IV e il II secolo. Non sarà forse un caso che gli episodi più famosi siano localizzati a Volsinii e Arezzo, dove sono ampiamente documentate fiorenti attività artigiane. La soluzione che a tali contrasti sociali fu data nelle singole città fu differenziata: se infatti a Perugia, come ha dimostrato l'indagine di Rix sui prenomi usati in funzione gentilizia (i cosiddetti *Vornamengentile*), ciò si risolse con una larghissima distribuzione dei diritti civili e politici a larghe schiere di ex servi, e a Chiusi passò forse attraverso una redistribuzione della terra, a Volterra l'aristocrazia locale sembra aver tenuto saldamente in pugno il controllo del territorio e forse delle principali attività produttive[19].

Un riflesso di questa situazione diversificata si può individuare nelle probabili immagini di artigiani, impegnati nell'azione professionale, peraltro estremamente rare in Etruria[20].

I pochi casi, tutti di età arcaica, nei quali si coglie un'allusione al lavoro dell'artista sono quasi tutti mediati dal referente mitologico: è infatti nelle immagini degli artefici mitici, Dedalo, Epeios[21], che si può cogliere un riferimento all'opera creatrice dell'artigiano. In età ellenistica, mentre la produzione di beni suntuari aumenta enormemente e le firme degli artisti proporzionalmente diminuiscono, la situazione appare ancor meno favorevole.

Tuttavia, nelle urne volterrane con "Dedalo nella bottega" che qui (n. 1) si presentano, l'intonazione della scena, e la sua stessa iconografia, alquanto isolata nella tradizione antica, non possono non suggerire immediatamente (tenendo conto della innegabile componente di identificazione tra committente e protagonista della vicenda rappresentata sull'urna) l'ipotesi che tali monumenti fossero intesi per qualche personaggio che vantava quale antenato mitico proprio Dedalo, il padre di tutti gli artisti: dunque egli stesso probabilmente un artigiano proprietario di bottega, se non un facoltoso imprenditore (il greco *ergolábos*), che riceve, elegantemente vestito, la ricca clientela nel suo atelier. Nella povera urna di Leida, Dedalo agita nella destra (perduta nell'esemplare volterrano) una bacchetta con la quale indica forse all'allievo i dettagli del lavoro. Più che a un generico bastoncello, l'oggetto fa pensare alla regula, la riga graduata tanto spesso rappresentata nei rilievi funerari romani (cfr. *infra*). Ed è proprio questo oggetto che si vede stretto nella sinistra di Laris Vetu, sul coperchio di una urna chiusina di terracotta (n. 2), e nella destra del personaggio scolpito sulla fronte dell'urna perugina di Vel Rafi (n. 3). Questa seconda immagine, i cui caratteri fortemente individualizzati inducono a riconoscervi il defunto stesso, sembra caricata di un significato particolare: l'innegabile relazione intercorrente tra Vel Rafi e la grande porta ornata di protomi antropomorfe alle sue spalle (che non può essere la porta dell'Ade, dato che mancano i demoni, cfr. *infra*), trova la sua spiegazione più economica supponendovi una allusione alla attività professionale del defunto, ad esempio quella di architetto o scultore. Lo status sociale del titolare dell'urna, che disponeva di un ipogeo familiare usato per generazioni, doveva essere quello di un libero (come indica il gentilizio, di antica formazione patronimica) di condizione media. Non appare troppo ardito ipotizzare nella gens Raufi/Rufi (latinizzata in Rufia) una qualche tradizione professionale in campo artigianale, se allo stesso ramo della famiglia è attribuibile lo scultore che firma, con il nome di C. Rufius, la statuetta fittile di Ercole, forse immagine di culto, rinvenuta nelle vicinanze della città[22].

D'altro canto, anche la diretta connessione tra rappresentazione dell'urna e attività reale del defunto non parrebbe stupire troppo nella Perugia del II secolo, dove la peculiarissima situazione sociale, attestata dal numero sterminato di iscrizioni con *Vornamengentilicia*, consentiva a personaggi di recente ammessi al diritto di cittadinanza di possedere ipogei familiari e dove il ricorso alla rappresentazione mitica nella decorazione delle urne appare sempre piuttosto eccezionale. Diversamente nell'urna di Chiusi, pertinente a un personaggio probabilmente di rango medio-basso, l'immagine del defunto, nella quale l'indiscutibile accento posto sulla regula sembra attenuato dalle proporzioni inconsuetamente ingigantite della ghirlanda, si accompagna (se l'associazione è affidabile) a una cassa con soggetto mitologico, quasi a sottolineare la volontà di appropriarsi dell'*imagerie* della vecchia classe dominante. Non stupisce nemmeno che di tutto ciò non rimanga nulla a Volterra, dove d'altronde nella rigida tipizzazione delle figure rappresentate sui coperchi i riferimenti all'attività svolta in vita dai defunti sembrano circoscritti all'unico caso dell'aruspice Aule Lecu. La severa struttura aristocratica della società volterrana costrinse dunque a rivestire di forme mitiche il riferimento alla professione del committente.

Note

[1] Ath. XV, 700.
[2] Ath. I, 28.
[3] Esch., *Eumen.* V, 557; Hor., *Epist.* II, 2, 180.
[4] Plin., *Nat. hist.* XXXIV, 34. Cfr. su questo aspetto Brendel 1978, 327, nota 1, con riferimenti.
[5] Plin., *Nat. hist.* XXXIV, 13, 34.
[6] Sui bolli, Morel 1983, 22 ss., con riferimenti. Una delle rare firme di artefici in etrusco, su un frammento di terracotta architettonica del Museo di Arezzo, presenta come gentilizio un nome di origine greca (*cnei: urste*), CII 469.
[7] Cfr. i saggi raccolti in Artisti e artigiani 1980.
[8] Tra i pezzi chiusini, emerge per qualità il coperchio in alabastro con coppia di defunti del Museo di Palermo, databile a poco prima della metà del IV secolo a.C., cfr. Thimme 1954, figg. 8-11. Sulle statue marmoree, cfr. nn. 152, 155.
[9] Cfr. per questo aspetto, Torelli 1981, 237.
[10] Valutazioni in parte diverse in Pairault Massa 1980, 73 ss.
[11] Come indica con chiarezza il coperchio bronzeo oggi a Leningrado, Vostchinina 1965, 318 ss., che si inserisce peraltro in una tradizione che rimonta almeno ai primi del V secolo a.C., come dimostra il sarcofago dallo Sperandio, cfr. Jannot 1984, 42 ss., figg. 155-159.
[12] Sul problema, Cristofani 1975, 79, nota 8; Pallottino 1977, nota 7. Dal punto di vista paleografi-

co l'iscrizione è possibile, al livello cronologico cui si pone la statua, sia a Orvieto che a Tuscania (cfr. ad esempio il monumento funerario da Val Vidone, Brown 1960, 158). Per il tipo grafico, Maggiani 1984[b], fig. 4, 1, note 12-13.
[13] Moretti-Sgubini Moretti 1983, 22ss., n. 4, tav. XVI. Significativa è la presenza nella tomba 2 dei Curunas di una *ϑanχvil calisnei*, Moretti-Sgubini Moretti 1983, 87s., tav. LXXXVI.
[14] Thimme 1954, 55 ss., nota 30; Nielsen 1975, 285.
[15] Su questo aspetto, Maggiani 1984[a], 172; Maggiani 1984[b], 229.
[16] Pensabene 1982, 73 ss.; Maggiani 1977, 131, nota 105.
[17] Cfr. nn. 58-59.
[18] Guarducci 1980, 88 s.
[19] Su questo aspetto, Cristofani 1977, 74 ss.; Rix 1977, 65 ss.
[20] Per la situazione in Grecia, cfr. Zimmer 1982[a], *passim*.
[21] Per Dedalo, cfr. n. 1. Per Epeios, si veda l'immagine del bronzista intento a rifinire una protome di cavallo, su uno stamnos della tarda produzione etrusca a figure nere; l'immagine è corredata dall'acclamazione *epoios* (= *Epeios*?) *kalos*. Cfr. Maggiani 1985, in corso di stampa.
[22] La statuetta, oggi al Museo archeologico di Perugia, fu rinvenuta nel 1773 a Compresso, nelle vicinanze della città; cfr. Vermiglioli II, 1834, 599 ss., tav. VIII, 1.

1 Cassa di urna cineraria
Alabastro. 42; 56 × 22
Dall'ipogeo Franceschini scoperto nella
necropoli del Portone nel 1731
Volterra, Museo Guarnacci, inv. 335
Cornice: listelli, perle, dentelli, fascia,
perle. Zoccolo: perle, kymation ionico
entro una gola. Sulla fronte, Dedalo e
Pasifae.
B.-K.II, 79, tav. 28,1, con bibliografia;
Fiumi in CUV 2, 9, 16, nota 20; van der
Meer 1975, 97, nota 82; van der Meer
1977-78, 65, nota 135.

La cassa appartiene al "gruppo realistico, fase tarda" ed è associata ad un coperchio forse
pertinente (Nielsen 1977, 138, nota 19; 139,
nota 45; Maggiani 1976, 38 ss., "gruppo luvisu 2"). La ricchezza della tomba nella quale
il monumento fu rinvenuto rende piuttosto difficile l'ipotesi peraltro suggestiva che possa
trattarsi dell'urna cineraria di un artigiano, ipotesi possibile invece per la replica in tufo di
Leida (B.-K.II, 80, tav. LXXX, 2, con bibliografia; van der Meer 1975, 97 s., n. 14, tav.
20, 2; van der Meer 1977-78, 65, fig. 30;
Frontisi-Ducroux 1975, 138, n. 15).
L'urna (e la replica di Leida), che tratta l'an-
tefatto dell'affascinante e terribile mito del Minotauro, ha per protagonista Dedalo, il versa-
tilissimo predecessore di tutti gli artisti, artigiani, inventori (EAA III, s.v. Dedalo; Philipp
1968, 50 ss.). Del mitico artista in Etruria era
stata già fin dal V secolo a.C. proposta una rappresentazione nella bulla aurea forse da Spina, nella quale Dedalo (Taitle) e Icaro (Vika-
re) in volo stringono attrezzi da falegname
(Hanfmann 1935, 189 ss., tav. 25; Becatti
1955, 186, fig. 316); in Grecia e a Roma la
vicenda ebbe larga fortuna sia in testi lettera-
ri che teatrali (Frontisi-Ducroux 1975, *passim*).
La scena rappresentata è quella della visita della regina Pasifae nella bottega, dove Dedalo
sta mettendo a punto la vacca di legno, mediante la quale si compirà l'unione mostruosa
dalla quale avrà origine il Minotauro. Gli scultori delle urne hanno rappresentato l'artista
come capo di una bottega, come l'imprenditore che dirige e coordina il lavoro, materia-
mente eseguito dagli assistenti e aiuti. Nell'urna di alabastro Dedalo, vestito di tunica e mantello, sembra discutere con la regina, entrata
nella bottega scortata, come si addice al suo
rango, da due uomini. Al lavoro sono indaffa-
rati quattro collaboratori, tutti vestiti da lavoro (tunica cinta). Solo uno di essi, quello
alle spalle di Dedalo, sembra adulto, mentre
gli altri sono di dimensioni minori, e dunque
giovanissimi. Due, seduti davanti a bassi ca-
valletti, stanno lavorando a parti staccate della
figura (si riconosce chiaramente la testa della
vacca), impegnati cioè in operazioni importanti, che richiedono una certa padronanza del
mestiere. A sinistra, due altri assistenti sono
occupati a tagliare un trave con una sega, attrezzo che, secondo il mito, era invenzione del
nipote di Dedalo, da lui ucciso per gelosia professionale. La composizione, le diverse dimen-

1

2

sioni dei personaggi e la differenziazione degli abiti ci assicurano che si tratta di una scena unitaria, e non di una "narrazione continua", che coinvolga in azioni successive uno stesso personaggio, come avverrà ad esempio su un sarcofago romano (Robert 1897, 47 s., tavv. X-XI, 35, 1; Koch-Sichtermann 1982, 143). Nell'urna di Leida, assai più semplice, manca il gruppo dei committenti; anche qui il maestro è ben vestito e sta in piedi, mentre dà istruzioni al gruppo di destra agitando un bastoncello, forse una regula. Un uomo adulto, seduto davanti a un cavalletto, solleva l'accetta, mentre un giovane assistente lo aiuta tenendo fermo il pezzo di legno. In questo caso sembra più probabile che proprio un falegname o uno scultore abbia scelto questo tema per la sua urna, identificandosi perciò con il suo predecessore mitico.

I due rilievi, anche se trattano un soggetto mitologico, la cui iconografia potrebbe anche essere giunta a Volterra dall'esterno, sono importanti, perché dimostrano con tutta evidenza come in questo periodo fosse inconcepibile che anche un genio come Dedalo operasse da solo: il lavoro artistico, come ogni altro lavoro artigianale, veniva svolto in gruppo, insieme con altri artisti, assistenti e allievi (cfr. in generale Brommer 1950, 85 ss.; Philipp 1968, 86; Thimme 1946, 345 ss.; Lauter 1980, 272, n. 45).

L'artista, come qualsiasi maestro artigiano, pienamente padrone di tutti i segreti del mestiere, probabilmente dirigeva il lavoro da lui concepito, indicandone i modi di realizzazione ai vari lavoranti, anche giovanissimi, della bottega. Egli probabilmente non toccava gli attrezzi e non interveniva nel lavoro "sporco", come indicano gli abiti indossati da Dedalo, perfettamente simili a quelli dei suoi committenti. È tuttavia sintomatico che su altri rilievi volterrani, che pongono in scena la famiglia reale di Minosse, Dedalo indossi, forse per rendere agevole l'identificazione accentuandone la differenziazione sociale, tunica cincta e pileo, cioè i normali vestiti da lavoro (B.-K.II, 80 ss., tavv. XXVIII, 4-5; XXX, 7). Nella più antica rappresentazione del soggetto a Volterra, in un'urna del Maestro delle piccole patere, Dedalo indossa una corta tunica (Pairault 1972, tav. 31).

2 Urna cineraria
Terracotta
Provenienza sconosciuta
Chiusi, Museo archeologico, inv. 336
Sul coperchio, recumbente maschile in tunica e mantello, con grande ghirlanda al collo, patera nella destra e regula nella sinistra. Sulla cassa, scena di battaglia sopra un caduto, tra due cipressi.
CIE 1655; B.-K.III, 177; Levi 1935, 67 ss., fig. 36; Boitani-Cataldi-Pasquinucci 1973, 28, fig. 2.

Sulla base del coperchio, iscrizione: *laris vetu aθnu auliaś*, che sarebbe ripetuta sulla cassa:

3

3

l(ari)s vetu aulias e sulla tegola che chiudeva il nicchiotto che conteneva l'urna: *laris vetu aϑnu larisal auliaś clan*.

A prima vista il coperchio dell'urna sembra conformarsi a un tipo diffusissimo nella produzione di urne di terracotta di Chiusi (Thimme 1954, 87 ss.; 195, 116, 15; Michelucci 1977, 99); ma ad un esame dettagliato risulta invece il frutto di una specifica richiesta del committente, probabilmente un artigiano. Se infatti la patera e la ghirlanda (qui insolitamente importante) alludono al banchetto funebre, l'oggetto ostentato nella sinistra, ornata da un grosso anello, sembra riferirsi alla particolare attività svolta in vita dal personaggio. La lunga bacchetta a sezione rettangolare, infatti, fornita di suddivisioni ottenute con tacche trasversali a distanze regolari, dovrà essere identificata con una regula, lo strumento per prendere misure e tirare linee rette; attrezzi simili sono frequentemente raffigurati sui rilievi funerari romani, insieme con altri arnesi quali squadre, compassi, fili a piombo, eccetera. La lunghezza dello strumento (di cui sono pervenuti esemplari antichi in legno, osso e bronzo) poteva essere di un piede o due, e il piede poteva essere suddiviso ulteriormente, mediante tacche, in quattro palmi (cfr. Daremberg-Saglio, s.v. pes, regula; Zimmer 1982, nn. 65, regula compare nei monumenti per falegnami,

70, 89-90, 104). Nei rilievi funerari romani la carpentieri, architetti, costruttori di navi e così via quasi per qualsiasi mestiere artigianale. Nel nostro caso, in mancanza di altri dati, non è possibile definire più specificamente di quale professione si tratti.

3 Urna cineraria
Travertino
Coperchio: 37; 57 × 44. Cassa: 56; 56 × 43
Dall'ipogeo della gens Rafi/Rufia, scoperto nella necropoli del Cimitero nel 1887
Perugia, Museo archeologico, inv. 26, 291.
Brizio 1887, 392, n. 1; CIE 3474; Bellucci 1911, 128, 131, 157 ss., n. XXI, tav. III; B.-K.III, 122 s., n. 4, fig. 16; Giglioli 1935, tav. 407, 2; Dareggi 1972, 15, note 12-13, tav. 53.

Sul coperchio, figura, sommariamente scolpita, di un recumbente maschile a torace scoperto, senza attributi. Sul bordo inferiore, iscrizione: *vl.rafi.ar.caial*. Sulla cassa, davanti a una porta arcuata e dettagliatamente scolpita, sta un uomo anziano, con testa parzialmente calva e volto segnato da rughe. Netta è la differenza con il coperchio, nel quale il personaggio non mostra alcun interesse per la individualizzazione.

L'uomo indossa tunica e mantello, di cui trattiene nella sinistra un lembo; nella destra stringe, ostentandola, una regula che differisce dall'esemplare chiusino per il manico forse modanato, che ricorda la foggia dei metri di legno oggi usati dai negozianti di stoffe. Sull'asta compaiono tacche trasversali profonde a distanze regolari. La indiscutibile presenza delle tacche sull'attributo, già interpretato come mazzo di tavolette scrittorie ("assicelle") dal Bellucci e come scettro (*scipio eburneus*) dal Körte, che vedevano nel personaggio un alto magistrato cittadino, lo identificano senza dubbio con una regula: sarebbe allettante pensare a Vel Rafi come a uno scultore, un architetto o capomastro, davanti ad una sua opera, della quale andasse particolarmente fiero. La porta con le protomi potrebbe anche essere una delle porte urbiche di Perugia (anche la porta Marzia aveva protomi simili, come si vede nei disegni anteriori alla ristrutturazione del 1543: (v. affresco di B. Bonfigli, del 1461/1477, Noack 1897, 165, tav. VIII; Defosse 1980, 800, fig. 14). La porta sull'urna sarebbe così, in primo luogo, un riferimento immediato al mestiere e al capolavoro di Vel Rafi, e solo in seconda istanza un'allusione alla porta dell'Aldilà.

m.n.

Quadro politico e socio-economico
Mauro Cristofani

Agli inizi del IV secolo a.C., quando i galli oltrepassano l'Appennino tosco-emiliano, il fertile territorio di Chiusi è spopolato (Liv. 5, 36). I grandi spostamenti demografici di un secolo prima, che avevano percorso il canale di viabilità interna costituito dal Tevere-Chiana, avevano comportato a sud il tentativo, poi fallito, di Porsenna di inserirsi nel Lazio e di impadronirsi di Roma, mentre a nord, oltre i valichi appenninici, dove le forme di resistenza furono certo meno organizzate, avevano provocato il noto fenomeno di urbanizzazione dell'Emilia. Un fenomeno — è bene ricordarlo — che investì un territorio già etrusco ma in cui le compagini provenienti dall'Etruria interna (da Volsinii, ma anche da Chiusi, come documentano i rinvenimenti epigrafici in alfabeto chiusino di Marzabotto e Bologna) innescarono nel corso del V secolo a.C. un processo socio-economico in cui lo sfruttamento razionale delle risorse e attività di scambio furono il risultato di nuove forme di aggregazione sociale, come ci avvertono gli esempi di lottizzazione urbana riscontrabili a Marzabotto, a Servirola San Polo e a Spina.

L'Etruria padana si presentava con il volto di una regione nella quale, secondo la stessa tradizione antica (Plut. *Cam.* 16), era stato raggiunto un equilibrio fra "optimum" ecologico e organizzazione cittadina, mentre lo spopolamento delle campagne di Chiusi metteva in luce la sopravvivenza di strutture economiche arcaiche, mantenute in quelle poche sedi che non erano state abbandonate alla fine del VI secolo a.C. e in cui permaneva, erede del ceto "principesco", quella classe magnatizia che si faceva rappresentare ancora, in monumenti funerari di alto livello qualitativo come le statue-cinerario di Chiusi, Chianciano e Città della Pieve, con i propri simboli intatti. L'assenza di uno stato centralizzato, la concentrazione del potere fondiario in mano di pochi aristocratici doveva aver creato una situazione sociologica di dipendenza che Dionisio di Alicarnasso, in un noto passo (9, 5, 4), assimilava a quella dei *penéstai* tessali: un ceto in stato semischiavile, originato da un atto di sottomissione a un popolo invasore, sparso su un territorio di grandi dimensioni posseduto da pochi aristocratici, lavorava le terre e versava una parte dei prodotti ai padroni, ma godeva di alcuni diritti di proprietà (Archemaco, in Ateneo 6, 264 ab).

Una situazione di tal genere dovette indubbiamente provocare tensioni sociali interne. Anche se non sappiamo quanto sia estendibile al resto dell'Etruria settentrionale interna, l'episodio dell'insurrezione armata ad Arezzo contro lo strapotere dei Cilnii, i "re" antenati di Mecenate, nel quale intervennero i romani alla fine del IV secolo a.C. (Liv. 10, 3, 2), può essere indicativo. Fatto è che da questo momento e nei decenni successivi, anche come effetto di una solidarietà che ruota attorno al santuario di Voltumna a Volsinii, baluardo nei confronti di una penetrazione da sud che potrebbe compromettere la val di Chiana, si viene a creare un'alleanza fra le città etrusche,

già sperimentata nel 311-310 a.C. (Diod. Sic. 5, 20, 35 e 44), che diviene poi operante poco più tardi. Le lotte con Roma assumono da questo momento una frequenza sempre più intensa, con scontri e tregue successive, che prevedono saccheggi e "blitz" anche in profondità — come quello nei confronti di Volterra, se dobbiamo dar fede a Liv. 10, 12, 8 — e azioni ripetute contro Perugia e Chiusi (Liv. 10, 30). Le città etrusche dell'area umbro-tiberina, mal organizzate sul piano militare (Liv. 10, 36, 6), sperimentano, ma senza successo, il mercenariato gallico, subiscono il contraccolpo della sconfitta di Sentino (295 a.C.: Liv. 10, 1-30) e, soprattutto, il duro insuccesso presso il lago Vadimone (283 a.C.: Polib. 2, 20). Il trionfo decretato in Roma al console Tiberio Coruncanio nel 280 a.C. su Vulci e Volsinii segna l'inizio di un lento processo di annessione delle città dell'Etruria interna: esso si risolve drammaticamente per alcune, come Volsinii, distrutta nel 264 a.C. (Zon. 8, 7, 4-8), in modo pacifico per altre, come Chiusi, Perugia, Arezzo o Volterra che, attraverso patti unilaterali, sono costrette a fornire tributi annuali a Roma.

Dietro il racconto di Zonara, riassunto da Livio, si ripercuote anche per Volsinii quella situazione di conflitti sociali interni che avevamo visto precedentemente per Arezzo: anche qui l'occasione pretestuosa appare quella di fornire un appoggio ai maggiorenti, estromessi dall'amministrazione (*dioíkesis*) della città dal ceto dipendente che aveva conquistato rapidamente i diritti di connubio con le famiglie aristocratiche e l'accesso alle cariche cittadine. L'intervento di Roma, quale che fosse il risultato politico della distruzione e del saccheggio del Fanum Voltumnae (Plin. *Nat. hist.* 34, 34) e dell'*evocatio* del *deus Etruriae princeps* a Roma (Festo, p. 288 L), poteva anche configurarsi agli occhi degli aristocratici nordetruschi come un appoggio al loro ceto, leso, in quell'occasione, nei propri atavici diritti. Si è fin troppo insistito, anche per un'eccessiva enfatizzazione del falso problema dell'identificazione di Volsinii con Bolsena, sulla deportazione dei volsiniesi nella nuova città sul lago di Bolsena: l'onomastica ci riserva in effetti, nel nuovo sito, pochi casi di continuazione di gentilizi aristocratici attestati fin da età arcaica, mentre, al contrario, sono più frequenti i casi di omonimie, a Orvieto e a Bolsena, di età recente. Si è, al contrario, data scarsa attenzione ai casi, molto più numerosi, di nomi di famiglie aristocratiche volsiniesi che riemergono, fra III e II secolo, in territorio chiusino (ad esempio Amna, Cencna, Hermna, Θeϑlie, Larcna, Latini, Nuzrna, Satna, Spurina, Tatna, Trisna) o presso Perugia (Cacna, Velϑina, Larcna, Tatna, Trisna): qui, anzi, due famiglie di affrancati, i Vipi Vercna e Cai Cutu — i titolari della tomba scoperta nel 1983 — conservano nel cognome l'eredità di vecchi padroni volsiniesi, un Vercna e un Qutu. Anche se negli ultimi casi può trattarsi di integrazioni recenti, posteriori o conseguenti alla smobilitazione da Volsinii, una sorta di soli-

darietà fra classi aristocratiche volsiniesi, chiusine e perugine può essere recuperata anche nel IV secolo a.C. Un caso emblematico è quello di Vel Latiϑe, effigiato nelle pitture della tomba dei Leinie di Settecamini, presso Orvieto, il quale è ammesso al banchetto aristocratico ultramondano della famiglia titolare del sepolcro e che ha ricoperto una magistratura a Chiusi. Esistono, poi, nel corso del IV secolo a.C., fenomeni di convergenza ideologica negli usi funerari che prevedono l'esibizione di panoplie (Orvieto, Perugia), di "servizi" simposiaci in bronzo nei quali è compreso come oggetto esotico il *kóttabos* (Montepulciano, Perugia), con coppe o vasi potori dipinti da artigiani stanziati nelle diverse città (a Chiusi e Orvieto), e che giungono perfino all'uso di sarcofagi a cassa per inumati, di tipo orvietano, introdotti nelle necropoli perugine, in un'area di prevalente incinerazione. Proprio a Perugia, dove i contenitori di ceneri consistono nel V secolo a.C. in vasi di pregio (si ricordi il grande cratere attico del Pittore dei Niobidi), ci si rivolge ora a prodotti di alta qualità eseguiti nelle officine chiusino-volterrane.

Il sistema di alleanze instaurato da Roma con le città dell'Etruria settentrionale non comportò, nel corso del III secolo a.C., fenomeni di recessione all'interno delle singole città, che godettero di una certa autonomia. Prova ne siano, sul piano della monetazione, le emissioni di monete di bronzo fuse, alcune prodotte da zecche situabili in val di Chiana (Chiusi, Cortona, Arezzo), altre da Volterra, queste con l'effigie del dio bifronte Culsans, corrispondente al Giano romano: esse dimostrano, infatti, il grado di dinamicità economica assunta dai centri in questione, diretti interlocutori di Roma, nelle forme di approvvigionamento — una volta caduta Volsinii — divenuti ormai stati con un proprio ruolo fiscale e con un esercito da mantenere. Questo non significa, però, che le forme di aggregazione sociale avessero subito modifiche rilevanti.

Il modello di Volterra può considerarsi a questo proposito significativo. Nella seconda metà del IV secolo a.C., infatti, la città, defilata dall'asse degli scontri con i romani, compie la grande opera di ristrutturazione del proprio assetto urbano, accorpando in un'unica cinta muraria, lunga oltre sette chilometri, i più ridotti nuclei residenziali di età precedente ed estendendosi ormai per circa cento ettari. Quali siano state le premesse per questa ridefinizione urbanistica non sappiamo con certezza, ma è probabile che vigesse già da allora un'economia integrata, che prevedeva anche lo sfruttamento delle risorse metallifere della zona. L'evidenza archeologica mostra che nella città si stanzia una serie di officine ceramiche: una, dedita alla produzione di grandi vasi a figure rosse di destinazione funeraria, ma anche di vasellame fine da mensa, esporta i suoi prodotti in Emilia fino a Spina, nell'Etruria interna, dal Casentino (Poppi) fino a Perugia e nell'agro volsiniese, e, sulla costa, a Populonia; l'altra, dedita alla produzione della caratteristica ceramica a vernice nero-bluastra, imitazione diretta delle forme metalliche, invia i propri prodotti nelle stesse aree. All'interno il territorio controllato dalla città è assai vasto, e include comprensori geograficamente unitari come la val d'Elsa e il distretto senese a oriente, la val d'Era a nord e la val di Cecina fino allo sbocco sul mare, dove Vada appare il primo insediamento marittimo controllato da Volterra, cui segue, più a nord, anche quello di Castiglioncello. Allo sviluppo demografico entro la città, documentato dall'infittirsi delle necropoli, corrisponde così un tessuto di insediamenti organizzati per *castella*, su alture prospicienti l'Elsa o l'Era, con un'economia prevalentemente agricola e di piccoli empori sulla costa, che acquisiscono i frutti del commercio marittimo. Di questo recepiamo i segni attraverso la ceramica prodotta in altre aree, ma redistribuita dagli scali marittimi, quali Vada e Castiglioncello, verso l'interno, in particolare a Volterra: dalla ceramica a figure rosse ceretana della seconda metà del IV secolo a.C. alle anfore da trasporto, vinarie o olearie, del III-II secolo a.C. Le aree di diffusione di moneta volterrana all'interno segnano indirettamente i confini politici dello stato entro il quale, nel III secolo a.C., le monete vengono accettate: le valli dello Staggia e dell'Elsa (Siena e Monteriggioni, Casole, Colle val d'Elsa e San Gimignano), la val d'Era (Morrona), la val di Cornia, la foce del Cecina e, eccezionalmente (un solo esemplare), Chiusi, dove circola solo moneta con la serie della ruota. Si delinea, pertanto, la fisionomia di un territorio culturalmente piuttosto compatto, dipendente dalla metropoli, il cui controllo è nelle mani di un ceto ristretto che, al pari dei Ceicna, latinizzati poi come Caecina, possiede vasti appezzamenti. L'onomastica documentata a Volterra e nel suo territorio, estremamente caratteristica, ci permette altresì di individuare forme di mobilità che interessano l'aristocrazia fondiaria, effettuate attraverso matrimoni: a Monteriggioni una Felmui, a Barberino una Pumpnei, a Pecciolo una Fului, a Castiglioncello una Carinei appartengono a famiglie della nobiltà cittadina che si legano a quelle della nobiltà rurale. Praticamente inesistente, invece, su questo piano, è il ceto servile, di cui si recupera qualche nome — di origine alloglotta — nella lamina con formule di maledizione, rinvenuta in un ipogeo di Monte Bradoni (CIE 53), nel cui testo emerge però, assai più chiaramente, la compattezza delle famiglie cittadine. Solo in una località aperta ai traffici come Castiglioncello, dove il ceto costitutivo si esprime con forme di egualitarismo nei costumi funerari, la presenza di mercenari si accompagna a quella di una classe "media" individuabile epigraficamente in un tipo di onomastica propria di una compagine integrata di recente nel corpo civico (Cutu, Vepu, Variu, Ate).

Nei confronti di un sistema socio-economico che rimane intatto fino al principio del I secolo a.C., l'area umbro-tiberina gravitante attorno a Chiusi e a Perugia conosce invece notevoli mutamenti nel corso del II secolo a.C.

Nel secolo precedente, infatti, il tessuto abitativo sembra concentrato in alcuni poli specifici, quali Chiusi, Sarteano e Chianciano, là dove circolano monete della serie emessa in val di Chiana (attestate peraltro anche a Cortona e ad Arezzo), o nei pressi di Perugia. Il sistema di alleanze che Roma ha instaurato con i ceti dirigenti di queste città funziona positivamente quando Annibale scende in Italia, sfruttando proprio il canale del Chiana-Tevere: tranne qualche caso di defezione, Roma poté contare sull'appoggio degli alleati etruschi, coinvolti comunque nella *débacle* militare del Trasimeno che provocò qualche segno di insofferenza, come ad Arezzo (Liv. 27, 22). Nell'occasione, anzi, i centri del distretto chianino emettono monete utilizzate per il pagamento delle truppe, differenti dalle precedenti anche per tecnica — si tratta di esemplari coniati — i cui simboli, alle volte generici (testa di Mercurio, testa di Apollo e civetta), presentano anche riferimenti specifici agli eventi in corso (testa di negro e elefante, testa di divinità ctonia e cane, testa di Minerva e civetta); le leggende monetali riferibili a nomi di persona (Peithe, Vercna), piuttosto che a luoghi, indicano probabilmente che del reclutamento delle truppe erano responsabili membri delle comunità (Peithe e Vercna sono gentilizi noti a Chiusi e a Perugia). Esempio famoso di questa collaborazione con Roma in una tale difficile situazione politica è il famoso elenco dei contributi delle città etrusche alla flotta di Scipione nel 205 a.C. (Liv. 28, 45), dove Perugia e Chiusi appaiono in grado di fornire abeti, per la costruzione di navi, e frumento, al pari di Volterra, che fornisce però legni speciali per lo scheletro degli scafi, mentre Arezzo, forse a risarcimento della recente sedizione, è costretta a fornire un'ingente quantità di armi, di attrezzi agricoli e di frumento, tutto precisamente quantizzato dalla fonte liviana. Il fatto è che l'Etruria settentrionale, né prima né dopo le guerre annibaliche, subì quelle confische di terre che caratterizzarono invece nel meridione la politica di Roma: l'urbe individuò come luoghi per presidî militari le zone poste al confine settentrionale, là dove le postazioni controllavano i più aggressivi liguri, a Luna (fondata nel 177 a.C.) e a Luca (fondata nel 180 a.C.), zone solo parzialmente etruschizzate. Intervenne in Etruria settentrionale poco più tardi, nel 196 a.C. (Liv. 33, 36), quando si rinnovarono tensioni sociali, dimostrando ancora una volta come l'appoggio alle classi dominanti fosse uno degli strumenti più idonei per il mantenimento del proprio potere in aree così distanti.

Nel II secolo a.C., in un periodo di forte crescita economica nell'Italia peninsulare, il sistema stradale creato dai romani lungo la costa e all'interno accorciò indubbiamente le distanze, ma attraversava ormai un territorio popolato da alleati che subivano di riflesso i vantaggi dell'espansione politica e economica di Roma. Prova evidente ne sono le grandi ristrutturazioni urbane di Volterra, concentrate nel santuario dell'acropoli, dove vengono

impiegate maestranze che operano contemporaneamente a Talamone e, probabilmente, alla decorazione del Capitolium di Luni, espressione diretta di uno stato accentrato, che mantiene intatto il suo controllo politico e che è entrato direttamente nella sfera d'influenza economica di Roma, come indicano i rinvenimenti monetali, che sostituiscono ormai definitivamente gli esemplari di zecca locale. La rivolta servile del 196 a.C. cui fa riferimento Livio si colloca agli inizi di un processo di profonda redifinizione del tessuto abitativo nelle campagne di Chiusi e Perugia, cui non dovettero forse essere estranee concessioni da parte del ceto magnatizio.

La carta di distribuzione dei rinvenimenti archeologici, basata soprattutto sui dati forniti dalle necropoli, permette di stabilire che nel corso del II secolo a.C., in un'area di circa 480 chilometri quadrati, ruotante attorno alla bassa valle del Chiana, si assiste a un aumento dell'ottanta per cento circa di siti archeologici rispetto all'età precedente. È la campagna, con i suoi insediamenti secondari, rispetto alla città (sia Chiusi che Perugia, a differenza di Volterra, sono poco estese, raggiungendo solo trenta ettari), a fornire mezzi di sussistenza e eccedenze che vengono dirottate anche verso Roma, in specie dopo la distruzione di Volsinii e di Falerii, che vengono sostituite nel ruolo di approvvigionamento di derrate alimentari per l'urbe, sempre sfruttando la navigabilità del Tevere. Ancora nella prima età imperiale Chiusi produce in abbondanza farro (Varr. *de re rust.* 1, 44), ma anche uve pregiate (Plin. *Nat. hist.* 18, 7) e frumento di prima qualità (Plin. *Nat. hist.* 18, 87), frutto probabilmente di precedenti sviluppi delle colture. Il paesaggio agrario è, in altri termini, mutato e mette in evidenza, proprio attraverso la fitta rete di rinvenimenti archeologici, nuove forme di aggregazione sociale basate forse sulla piccola proprietà, di cui sono titolari famiglie appartenenti a un ampio ceto "medio", stanziali nella campagna, sostituite a volte da membri affrancati del ceto servile o da servi veri e propri (*lautni*), in vari casi provenienti dai mercati di schiavi orientali, che lavorano i campi per padroni residenti in altre zone del territorio. L'alto grado di alfabetizzazione attestato dalle iscrizioni incise o dipinte su urne cinerarie, ossuari a campana o tegole sepolcrali, provenienti da tombe pertinenti a unità familiari o del tipo a corridoio (in questo caso i defunti appartengono per lo più al ceto dipendente), segnala come, pur in un'apparente omogeneità dei monumenti sepolcrali, esistessero invece forme di divieto nel connubio fra membri del ceto ex servile e esponenti del ceto medio o magnatizio. Questi ultimi, committenti di monumenti funerari di pregio, come le urne di alabastro, appaiono detentori delle cariche pubbliche (*zilat*, *eprθne*) nei pochi casi in cui esse sono attestate. Il caso di Perugia appare sociologicamente affine, ma differenziato sul piano dello sfruttamento delle risorse agricole: il popolamento è fortemente addensato in sobborghi distanti non più di dieci chilometri dalla città, proiettati forse su colture arboree piuttosto che estensive (Plin. *Nat. hist.* 14, 67), o si dispone lungo la riva destra del Tevere, dove predominano forse le colture cerealicole. Anche per il territorio di Perugia l'evidenza archeologica permette di ipotizzare l'esistenza di un ceto magnatizio abbastanza esiguo, cui corrisponde invece un'ampia classe media e una più ridotta, per lo meno a livello epigrafico, costituita da affrancati, il cui processo di integrazione nel corpo civico, concretamente visibile nel succedersi delle deposizioni tombali, data nell'inoltrato II secolo a.C. Di fronte alle poche tombe gentilizie, come quella dei Velimna, o come quelle con panoplie, di cui una rinvenuta significativamente a Pila, là dove un esponente della nobile famiglia perugina dei Meteli dona come offerta votiva la propria immagine "romanizzata" nelle vesti dell'*Arringatore*, esiste la massa particolarmente scadente di urne cinerarie che ci documenta l'esistenza di atelier piuttosto modesti e, per contro, una produttività fittile piuttosto corrente, come a Chiusi, che tende a miniaturizzare le forme nel vasellame destinato al rito funerario.

A Chiusi e a Perugia, pertanto, la campagna appare in un certo senso divisa, lottizzata, si starebbe per dire, ma i pochi cippi di confine iscritti che conosciamo, delimitanti le proprietà, riportano inequivocabilmente nomi di famiglie magnatizie. Il caso più famoso è il testo di compravendita (?) inciso sul cippo di Perugia (TLE 570) di cui sono protagonisti una famiglia di Perugia, i Velϑina (ThLE, s.vv. *velϑina, velϑineal, velϑinei*), e una di Chiusi, gli Afuna (ThLE, s.vv. *afuna, afunal, afunas, afunasa, afunei*), i quali recano il segno della loro vecchia nobiltà nel suffisso -*na* del gentilizio. A questi si aggiungono i Larna, sempre perugini (ThLE, s.v. *larn, larnal*), che possiedono terre oltre il Tevere, a Bettona (TLE 692), e gli Alfi, attestati a Perugia come a Chiusi, che sono proprietari di terre presso Castiglion del Lago (TLE 530). L'esistenza di un ager sottoposto a un regime di colonìa (per il quale viene usato un aggettivo imprestato dal greco come *claruχie*) è documentata da un cippo rinvenuto nelle campagne di Chiusi, ma l'operazione di divisione delle terre viene condotta da due magistrati appartenenti alla nobiltà chiusina, come segnalano i loro nomi gentilizi, Remzna e Latini (TLE 515).

La situazione che si viene a delineare appare pertanto quella descritta nel famoso testo della Profezia di Vegoia trasmessa ad Arrunte Veltymno, di ambiente perugino, conservata nei *Gromatici Veteres* (pp. 348-350 L): le terre sono possedute dai signori, i *domini*, ma vi lavorano anche dipendenti, i *servi*, che possono spostare i *limites* e in tal modo incorrere nelle vendette di Juppiter, in un regime di colonìa organizzata o in uno status simile a quello dei *penestai* tessali, ricordati molto prima. La presenza di un ceto del genere nelle attività produttive è d'altro canto attestata anche nei bolli su piccoli contenitori di liquidi speciali, gli *shallow askoi*, in cui l'onomastica suggerisce da un

lato nomi magnatizi (*atrane, precu*), dall'altro nomi servili (*pultuce, leϑe*).

Il quadro del territorio di Chiusi e di Perugia appare pertanto fortemente differenziato da quello che riscontriamo, contemporaneamente, nell'Etruria meridionale, in gran parte divenuta *ager publicus populi Romani* e dove i latifondi erano sottoposti a un regime di conduzione di tipo schiavistico. La fitta rete di aziende agricole, l'esistenza di un regime di colonìa appaiono anche un risultato interno alla trasformazione dei rapporti di produzione, conseguente alle tensioni sociali, di cui il progressivo affrancamento della classe servile, concretamente attestato dall'epigrafia, potrebbe essere un segnale. Potrebbe spiegarsi in tal modo la protesta di etruschi e umbri del 91 a.C. (App. *Ital.*, 36, 163) contro la riforma agraria proposta da Livio Druso che minacciava in qualche modo il sistema messo in atto dai grossi proprietari etruschi nel quale la popolazione rurale si era perfettamente integrata. Nel decennio successivo, comunque, si compiono i destini anche per l'Etruria settentrionale. La scarsa partecipazione degli etruschi alla rivolta "italica", subito compensata dalla concessione della cittadinanza romana nel 90 a.C. (App. *Ital.*, 49, 213), attesta ulteriormente la fedeltà delle classi dirigenti allo stato romano, ma il coinvolgimento diretto nelle di poco posteriori guerre civili fra Mario e Silla è fatale. L'atteggiamento filomariano assunto dalle città etrusche del nord non va riconosciuto tanto nel reclutamento di seimila etruschi che Mario operò sbarcando a Talamone (Plut. *Mar.*, 41) — egli, puntava, per l'occasione, sui ceti dipendenti che speravano in future assegnazioni di terre — quanto piuttosto nei ceti dirigenti etruschi, in parte già integrati nello stato romano, che avevano stretto legami con i partigiani di Mario. Tutta la resistenza di Carbone contro Silla è organizzata sul Chiana (App. *Ital.*, 87-89) e fra i suoi legati c'è un Caio Carrinas, di probabile origine volterrana e Volterra, cinta d'assedio per due anni (Strab. 5, 2, 6), viene punita in seguito da Silla. Le vendette sillane ebbero infatti come esito la confisca di terre concesse ai veterani che interessarono i territori di Chiusi, Arezzo, Fiesole e, probabilmente, di Volterra. Furono questi gli episodi che portarono alla completa destrutturazione di un sistema socio-politico che, nonostante la conquista romana, aveva mantenuto quasi intatti, in Etruria settentrionale, i propri connotati.

Lo spopolamento delle campagne appare una conseguenza diretta di questi eventi e la diaspora interessa terre fuori d'Italia. Nell'Africa proconsolare un gruppo di etruschi provenienti dalla valle del Chiana, alla guida di tale Marce Unata, ricorre ai riti della limitazione per segnare i confini dei lotti assegnati. I cippi sono posti sotto la protezione di Tin, la divinità che secondo Vegoia ne aveva decretato l'inamovibilità e i cui luoghi di culto, ad Arezzo come a Cortona, si trovavano ai limiti dei rispettivi insediamenti, Porta San Lorentino e Il Campaccio. L'ottica revivalistica che go-

verna quest'operazione fa sì che il gruppo si autodefinisca Dardani: sono i diretti discendenti della stirpe di Corito, dalla quale ebbe origine Troia, secondo la tradizione accettata anche da Virgilio, e fondano in terra d'Africa una nuova Ilio, destinata però ben presto all'integrazione nella provincia romana.

Nota bibliografica

Il carattere complessivo di questo scritto consente di indicare solo alcuni lavori di interesse generale sui problemi, anche a svantaggio di alcune nuove idee che vi sono contenute e che verranno sviluppate in altra sede. Il rinvio d'obbligo è a *Caratteri dell'ellenismo nelle urne etrusche*, Atti del Convegno, Firenze 1977, in particolare ai saggi di W.V. Harris, H. Rix e M. Cristofani (56-80), dove è contenuta la letteratura anteriore. Da allora, comunque, il quadro delle presenze archeologiche nel territorio volterrano si è arricchito ulteriormente: G. De Marinis, *Topografia storica della Valdelsa*, Firenze 1977; M. Martelli, in "Prospettiva" 15, 1978, 12-18; M. Michelucci, A. Maggiani, in *Studi per E. Fiumi*, Pisa 1979, 85 ss., 99 ss.; *Siena: le origini. Testimonianze e miti archeologici*, Firenze 1979; G. Ciampoltrini, in "Prospettiva" 21, 1980, 74 ss.; M. Michelucci, in "Notizie degli scavi" 1980 (1981), 5 ss.; M. Bonamici, G. Ciampoltrini, in *Il Camposanto Monumentale di Pisa*, II, Pisa 1984, 68 ss.; M. Bonamici, in *Studi di antichità G. Maetzke*, Roma 1984, 125 ss. Un'eguale intensità di ricerche, nonostante le scoperte, non ha invece interessato le aree di Chiusi e Perugia ad eccezione della comunità di Strozzacapponi (P. Defosse, in "Studi Etruschi" 49, 1981, 51 ss.) e dell'esame della necropoli del Palazzone, condotto prevalentemente sulla cultura materiale, che non modifica il quadro delineato (E. Lippolis, *La necropoli del Palazzone di Perugia, ceramiche comuni e verniciate*, Roma 1984).
Per la ceramica a figure rosse dell'area la letteratura è consultabile nel volumetto non sempre felice di V. Jolivet, *Recherches sur la céramique étrusque à figures rouges tardive du Musée du Louvre*, Paris 1982, in part. p. 15; per la monetazione mi sono basato, apportando modifiche, sulle raccolte di F. Catalli e P. Baglione, in *Contributi introduttivi allo studio della monetazione etrusca*, Napoli-Roma 1975 (1976), 141 ss., 153 ss. Sull'interpretazione generale dei dati del territorio chiusino e perugino ho tenuto conto di alcune osservazioni di E. Gabba in *L'agricoltura romana*, Bari-Roma 1982, 120 ss.), nonché, per i caratteri dell'imperialismo romano anche in Etruria, di W.V. Harris, *War and Imperialism in Republican Rom*, Oxford 1979. Sulle liste di gentes senatorie di origine etrusca compilate da M. Torelli ("Dialoghi di Archeologia" 3, 1969, 285 ss.) esiste un addendum (Idem, in "Arheološki Vestnik", 28, 1977, 251 ss.).
Un bilancio della situazione dei territori di Volterra e Chiusi, riassuntiva dei risultati del convegno *Caratteri dell'ellenismo*, cit., è quella di O. Luchi, in *Società romana e produzione schiavistica* I, Bari-Roma 1981, 413 ss. che non reca novità di sorta, così come il breve commento di M. Torelli (*ibid.*, 423 s.).

Le urne cinerarie

Lineamenti di uno sviluppo

L'area di diffusione prevalente del rito dell'incinerazione coincide, approssimativamente, con quella in cui domina l'alfabeto cosidetto settentrionale, con la sola eccezione di Populonia. Quest'area estesa a sud fin quasi a Orvieto e a nord fino al corso dell'Arno, è anche caratterizzata al suo interno dal costume di racchiudere le ceneri dei defunti entro un contenitore, che dall'età arcaica in poi fu, anche se non esclusivamente, di pietra.

Dal punto di vista della adesione a questa tradizione possono individuarsi alcuni grandi bacini geoculturali con caratteristiche proprie: Volterra, Chiusi e Perugia con i rispettivi territori hanno sviluppato nel tempo tendenze peculiari, articolando la produzione in modo assai diversificato tra un centro e l'altro, coerentemente con il diverso assetto socioeconomico e con la disuguale capacità di attingere al patrimonio figurativo delle aree di elaborazione e redistribuzione dei modelli culturali. L'area più interna (val di Chiana, valle dell'Ombrone, val d'Orcia), pur segnata dalla prossimità di grossi centri urbani come Arezzo e Cortona, almeno a partire dalla metà del III secolo manifestò una netta inclinazione allo sviluppo di una cultura autonoma (di cui è prova anche l'invenzione di un nuovo tipo di grafia), e rivolse una attenzione solo molto episodica al problema della umanizzazione del cinerario, di cui invece propose semmai una elaborazione in senso architettonico[1].

La produzione volterrana

Una periodizzazione della produzione volterrana di urne, dopo l'intensa stagione di studi e felici scoperte degli ultimi anni, appare oggi assai più semplice di quanto non apparisse anche solo un decennio fa. Il cospicuo numero di corredi tombali con poche urne e numerosi elementi datanti per il periodo più antico della produzione[2], la solida trama della cronologia relativa basata sui rapporti di parentela per la fase più recente[3] hanno consentito di impostare in maniera assai limpida lo svolgersi dell'attività degli artigiani di Volterra nel corso dei quasi quattro secoli della loro attività.

Uno sviluppo continuo sembra legare le manifestazioni della scultura funeraria della fine del V e poi del IV secolo alla tradizione dell'arcaismo maturo: l'urna a cassetta rettangolare con coperchio displuviato, diffusa fin dal tardo VI secolo anche nel volterrano e talora ornata, come è noti tipi chiusini, da rilievi[4], assume all'inizio del IV forma tipica e proporzioni talora monumentali[5]: l'imitazione di prototipi lignei, che dovevano essere largamente diffusi e tipologicamente molto simili in tutto il bacino del Mediterraneo è evidente soprattutto nella fastosa decorazione dei coperchi.

Questo tipo di contenitore è largamente attestato a partire dall'inizio del IV secolo e coincide evidentemente con una ristrutturazione delle officine, che recepiscono nel contempo

motivi largamente diffusi nel repertorio dei decoratori di sarcofagi dell'Etruria meridionale: gruppi di animali in lotta, esseri mitici (centauri), scene semplici di carattere funerario, motivi ornamentali (palmette e fiori di loto) riempiono le specchiature al centro delle pareti e sulle falde del tetto[6]. L'orientamento, già evidente in questo primo gruppo di monumenti, a privilegiare una sola visione dell'urna sulla quale si concentra la decorazione, si accentua al momento dell'affermazione locale del coperchio figurato (seconda metà del IV secolo). La nuova tipologia dei coperchi, che esibiscono l'immagine del defunto semisdraiato, più o meno reclinato all'indietro, corrisponde perfettamente a quella adottata, nello stesso torno di tempo, dai decoratori di sarcofagi[7].

L'entità di questo confronto, che non è isolato a questa sola classe di monumenti, induce a ipotizzare una serie di relazioni che forse non possono prescindere da un diretto movimento delle maestranze[8].

Il tufo, ricavato dalle cave di Pignano, è la pietra usata quasi esclusivamente fin entro la prima metà del III secolo[9], mentre è contemporaneamente attestata una attività coroplastica, dedita alla realizzazione di urne cinerarie con coperchi sia a spioventi che figurati: in questo settore della produzione (su cui si ritorna in altra parte), si evidenziano novità importanti, come l'acquisizione di motivi iconografici che paiono attestare una fresca e consapevole frequentazione dell'*imagerie* e dello stile di ambiente italiota[10].

Nella prima metà del secolo le botteghe volterrane appaiono già ben strutturate e in grado di soddisfare una domanda in espansione. È probabile che in quest'epoca si inizi l'attivazione delle cave di alabastro, dato che la bella urna di *ϑana [...] nϑurtnei*, in alabastro marezzato, rientra in questo gruppo più antico di monumenti, così come il nobile coperchio Guarnacci 7 (n. 10), forse un poco più recente, ma riferibile ad una maestranza molto vicina alla precedente[11].

Diversi filoni tipologici convivono tra la fine del IV e la metà circa del III, ma le variazioni sono comunque abbastanza modeste.

Queste serie di monumenti (che si accompagnano a casse lisce o decorate a imitazione di casse lignee) presentano indubbi dislivelli qualitativi, dovuti probabilmente a maestranze di eterogenea formazione.

Monumento centrale per la seriazione dei monumenti del III secolo è l'urna in tufo della tomba 61/7 di Badia (n. 9) che, mentre esibisce sul coperchio il defunto nello schema "arcaico" delle gambe distese e non incrociate, è completata da una grande cassa su peducci a zampa ferina, che nella articolazione della fronte denuncia ancora una volta l'imitazione di prototipi lignei, che servono da modello anche per alcune serie di sarcofagi dell'Etruria meridionale: la cronologia del monumento, desunta dal ricco corredo ceramico, non sembra posteriore alla metà del III secolo.

I monumenti che si possono raccogliere attor-

no a quest'urna (e che si scaglionano nel terzo quarto del III secolo a.C.), impiegano di frequente il tipo ritrattistico elaborato nel primo Ellenismo per creare energiche teste dalla chioma gonfia, sistemata in ciocche voluminose, già utilizzata in precedenza a Volterra. Questo tipo, che tra le sue più antiche realizzazioni annovera l'urna n. 10, include anche un altro monumento di prim'ordine: l'urna di *larϑ calisna śepu* dalla tomba di Monteriggioni (n. 74) infatti rivela e nella tipologia generale del coperchio e soprattutto nella lavorazione della testa fortissime somiglianze con un sarcofago dalla tomba dei Curunas di Tuscania[16]. In questa serie di monumenti il rilievo delle casse, che trova posto tra i due ampi riquadri che delimitano la fronte dell'urna, ben presto forniti di scanalature verticali e poi di base e capitello ad imitazione di una membratura architettonica, comincia ad associare, alla tematica funeraria del viaggio nell'aldilà, un congruo nucleo di rappresentazioni mitologiche[17]. La semplicità del sistema decorativo, che prevede un numero esiguo di personaggi, a rilievo molto basso, inseriti in composizioni fortemente dinamiche, fa pensare alla tradizione decorativa di specchi e ceramiche, dove spesso complessi cartoni di nobile ascendenza vengono ridotti per essere sistemati nel limitato campo da adornare. Questa notazione può forse suggerire dunque uno dei possibili tramiti delle iconografie che vengono impegnate in questa fase nel tradizionale veicolo costituito dall'artigianato minore nei suoi movimenti all'interno della koinè centroitalica[18].

Il panorama sembra maggiormente articolarsi nel tardo III secolo, quando la fronte dell'urna si apre per far posto a composizioni più complesse.

Un buon esempio di questa fase di transizione sembra costituito dall'urna fiorentina con raffigurazione dell'episodio di Cacu (n. 68), che altro non è se non un'urna del tipo precedente, ora liberata dei pannelli laterali della fronte[19].

È però verso la fine del III-inizi del II che accanto a monumenti che rientrano in questa tradizione, nei quali l'asprezza del linguaggio formale, povero e legnoso, non riesce ad annullare l'ascendenza colta dei modelli impegnati (per esempio uccisione di Troilo, sacrificio dei prigionieri troiani)[20], sempre più di frequente si realizzano urne (perfettamente inserite nella medesima tradizione morfologica) nelle quali la nobiltà del cartone si accompagna ad un consapevole impiego della forma ellenistica (ratto di Proserpina, matricidio di Oreste)[21]. In questo caso, il consueto dislivello tra i prodotti non sembra potersi spiegare nei termini di un intervento saltuario di maestranze etrusco-meridionali (o addestrate nell'Etruria meridionale) che convogliano a Volterra il patrimonio figurativo della koinè italica; questa nuova fase sembra introdurre elementi di novità formale, i cui precedenti non vanno più (o non esclusivamente) cercati nel patrimonio dell'Italia meridionale, ma altrove, forse nei grandi centri di cultura del Mediterraneo orientale.

Anche la via seguita da questi nuovi "influssi" sarà stata diversa: la grande rilevanza assunta da Pisa sullo scorcio del III secolo può aver offerto nuove possibilità di contatti e relazioni[22], di cui d'altro canto le statue marmoree attestano l'esistenza anche nei decenni precedenti. E forse il movimento di tali "influssi" proseguì verso sud, fino a Perugia, dove un monumento eccezionale come l'urna bisoma del Vaticano, a lungo ritenuta a torto di rinvenimento volterrano, rappresenta sicuramente il risultato dell'intervento di una maestranza itinerante, che dovette avere, per qualche tempo, la sua base a Volterra[23]. È nei termini di questa nuova proiezione settentrionale della città che può comprendersi meglio, come è già stato suggerito, la serie delle grandi personalità che si succederanno nei decenni successivi all'inizio del II, il Maestro delle piccole patere e il Maestro di Mirtilo.

L'immagine eroizzata del defunto, rappresentato a torace scoperto nel momento del banchetto (cui alludono non solo le grandi patere ma, verso la fine del secolo, le onnipresenti ghirlande) rimane sostanzialmente immutata fino ai primi decenni del II secolo, quando si verifica una trasformazione nel costume, in sé apparentemente modesta, ma la cui subitaneità e generalizzazione presuppongono una precisa motivazione sul piano dell'ideologia (non solo funeraria)[24]. L'aggiunta generalizzata di una tunica al tradizionale mantello nel costume funerario risulta già avvenuta, in base al dato della tomba 60 D di Badia, nel periodo 190-160 a.C., epoca alla quale rimandano i reperti numismatici[25]. Questa modificazione del costume può ben essere semplicemente spiegata come effetto di una moda; certo è però che nello spirito essa sembra riflettere tempestivamente le istanze "moralizzatrici" sottese alle dure iniziative dello stato romano, dal senatoconsulto del 186, alle leggi suntuarie degli anni seguenti[26].

Un nuovo artigiano è attivo a Volterra nella prima metà del secolo, il Maestro delle piccole patere, denominato dal segno che contraddistingue quasi tutti i suoi prodotti[27]. L'impronta di originalità è in questo caso costituita oltre che dal repertorio iconografico, largamente innovatore, soprattutto dallo stile, che sembra consapevole delle correnti atticizzanti operanti al servizio di Roma e attive in quel torno di tempo alla decorazione dei *capitolia* delle colonie (Luni). Questa maestranza non sembra aver creato una tradizione importante, e la distribuzione dei suoi prodotti denota una circolazione diversa da quella del suo più importante successore, il Maestro di Mirtilo. Nel tardo secondo quarto del II secolo a.C. va situata infatti la comparsa a Volterra di una tra le maggiori personalità artistiche, apportatrice di nuovi modelli iconografici e di un nuovo linguaggio formale, fortemente contrassegnato in senso barocco[28]. Il colorismo acceso già presente nelle sue realizzazioni più antiche sembra accompagnarsi a un linguaggio più sobrio nella scultura dei coperchi, carat-

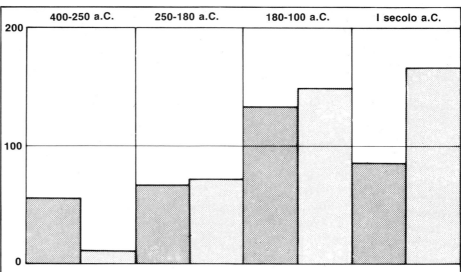

Rapporti quantitativi tra produzione in tufo e in alabastro. Il retinato scuro indica la produzione in tufo.

terizzati da una diversa tipologia del volto e del panneggio rispetto ai precedenti.

È in quest'epoca, come è stato sottolineato[29], che data la completa alterità di Volterra rispetto agli altri centri, anche se, indubbiamente, le situazioni di Chiusi e Perugia sono tra loro assai diversificate. L'officina fondata dal Maestro di Mirtilo prospera da poco prima della metà del II secolo a.C. fino alle soglie dell'ultimo quarto del secolo, evolvendo, forse con la sua scuola, in senso più coloristico, nei monumenti già raccolti sotto il marchio delle "rosette e palmette". Diviene infatti sensibile proprio nel II secolo la tendenza a contrassegnare i monumenti con motivi decorativi ricorrenti, che in molti casi acquistano il significato di un vero marchio di fabbrica[30].

La vivace e pronta recezione delle innovazioni stilistiche del medio e tardo Ellenismo che si manifestano nella produzione di questo atelier è stata vista come il prodotto di un diretto intervento di maestranze elleniche, al servizio di una committenza fortemente interessata a proclamare il proprio allineamento culturale con le tendenze contemporanee della classe dirigente romana e forse ad esaltare la propria superiorità sociale con il riferimento a genealogie mitiche incentrate su personalità eroiche.

Il rapporto esistente tra la produzione di alabastro e quella di tufo vede in forte crescita il materiale più nobile, nel quale sono ora, in grandissima maggioranza, realizzate le urne a soggetto mitologico, mentre al tufo sono riservate in generale quelle con motivi decorativi di carattere funerario o legate allo status del defunto (scena di congedo, *dextrarum iunctio*).

Il repertorio dei motivi mitologici, assai ampio, pone il problema della sua trasmissione, complicata e resa più problematica dalla frequente occorrenza di temi che si sanno soggetti di famose opere teatrali. Ma l'individuazione di probabili modelli nei grandi cicli decorativi dei templi ridecorati in quest'epoca (oltre ai noti casi di Talamone, di Civitalba, di Luni si veda ora Vetulonia) sembra additare un altro dei possibili *media*, oltre a quelli tradizionalmente indicati (album di modelli, rotuli illustrati, coppe a rilievo ecc.)[31].

Il fenomeno più importante che si verifica all'interno delle botteghe volterrane del tardo II secolo è la standardizzazione dei monumenti, che comporta certamente una ristrutturazione dei modi di produzione in vista di un manufatto dalle caratteristiche molto costanti senza una eccessiva perdita della qualità[32]. Questa tendenza sembra orientata a soddisfare una richiesta ampia e senza grandi pretese, e soprattutto concentrata nel centro urbano primario. Altri due fatti importanti marcano il panorama della produzione: da una parte la trasformazione generalizzata della tipologia dei coperchi maschili, che recepiscono, verso la fine del II secolo, il tipo del velato, con una prontezza, anche in questo caso, che sa di normativa giuridica[33], e l'affermazione di una nuova tradizione di bottega, che realizza coperchi e casse di qualità assai elevata, ponen-

do al servizio della committenza un'esperienza figurativa e un patrimonio di tipi che sembrano attingere all'ambiente micro-asiatico insulare (Rodi, Kos). Nelle teste-ritratto uscite da queste officine, che reinterpretano modelli del ritratto medioellenistico[34], pur nella notevole fissità della maschera di base, si fanno spazio accentuate tipizzazioni che rivelano un intento più desto di individualizzazione e di realismo; vi si è voluto vedere, forse a ragione, un consapevole atteggiamento che porta alla creazione di un ritratto speciale per una clientela già romanizzata; questa tendenza verso l'assunzione di modelli ideologici "romani" sarebbe infatti sempre più evidente nella progressiva affermazione, a livello dei rilievi delle casse, di rappresentazioni del corteo del magistrato, che sembrano tradurre un "desir ou dejà une réalité d'integration politique", poco prima della guerra sociale[35]. Le tendenze principali che emergono nella produzione della fine del II e I secolo mostrano una notevole vivacità nell'attività delle officine operanti nei primi decenni, con una molteplicità di indirizzi; accanto a un filone che perpetua con un linguaggio dissecato il "patetico" delle età precedenti, e a una scuola che riveste di levigatissime forme idealizzanti la tradizione fiorita sull'eredità del Maestro di Mirtilo, emergono saltuariamente tendenze realistiche, dagli esiti talora singolarmente raffrontabili con opere eseguite in Roma[36].

Più tardi, nel corso del I secolo, sono ancora attive a Volterra almeno quattro botteghe[37], nelle quali l'impoverimento del linguaggio, la fissità del repertorio (quasi esclusivamente limitato alle scene di viaggio in carpentum e di viaggio in quadriga, o di "ratto"), si accompagna alle iscrizioni latine, in un caso di un quattuorviro, a confermare la piena integrazione del municipio volterrano nella temperie culturale della penisola. Un singolare fenomeno di revival sembra invece attestato, in un'epoca imprecisata, ma certo tarda, da due coperchi nei quali il defunto è rappresentato quasi bocconi sul letto conviviale[38] (nn. 18-19). Nella ultima fase della produzione il rapporto alabastro-tufo appare completamente ribaltato, con netta prevalenza dell'alabastro; e bisogna attendere l'età imperiale, con la sua monotona produzione di urne parallelepipede con coperchio a basso tronco di piramide, per ritrovare un largo impiego del tufo, che da allora alterna con le pregiate urne di marmo.

La produzione chiusina

La solidissima tradizione che a Chiusi, fin dall'Età del ferro, aveva portato a dar forma umana al cinerario[39] e che nel V secolo aveva visto l'adozione massiccia dell'iconografia del banchettante (mediata forse da esperienze etrusco meridionali)[40] perdurò certamente nel IV secolo, per quanto essa sia scarsamente documentata: non si spiegherebbe infatti perché il motivo della kline, logicamente legato a quella iconografia, si sia mantenuto tenacemente nei più antichi esempi (di pietra fetida!) di sarcofagi figurati[41], dato che questo schema è as-

solutamente minoritario (se non del tutto assente) nell'Etruria meridionale, da dove peraltro giungono le sollecitazioni tipologiche per le figure sui coperchi[42]. Si tratta dunque probabilmente di una tradizione locale tenuta viva da pochissimi artigiani, che distribuivano i loro prodotti in un vasto territorio. Abbastanza oscura rimane anche la produzione del tardo IV e inizio III secolo a.C. Verosimilmente a quest'epoca vanno riferite le numerose urne di alabastro con defunti rappresentati semirecumbenti, con una posizione molto arretrata del busto, quasi completamente distesi sulla kline: sono spesso caratterizzati da una lavorazione singolare, che lascia certe parti dei panneggi non levigate per facilitare l'aderenza di una vivace coloritura[43].

Un esemplare di questa serie è associato ad una cassa a kline (n. 23), come i sarcofagi contemporanei, forse eseguiti dalle stesse maestranze[44]. Il cospicuo numero di monumenti è già segno di una completa ristrutturazione delle fabbriche degli alabastrai chiusini, che riattivano su vasta scala le cave, già sporadicamente sfruttate all'inizio del IV secolo[45].

Ancora a questa prima fase va attribuita la tipologia del vecchio calvo e obeso, che trova la sua più antica realizzazione nel sarcofago in pietra fetida di Palermo, databile alla fine del IV, che costituisce il modello non solo per importanti realizzazioni in alabastro, ma anche per variazioni singolarmente rustiche[46].

L'analisi di alcuni celebri complessi tombali consente una chiara visione della dinamica produttiva e delle principali tendenze della scultura funeraria chiusina del III e del II secolo a.C.[47].

La sequenza che si ricava per esempio dal grande complesso funerario della tomba della Pellegrina contempla, tra il tardo IV e la metà del III secolo, ben cinque deposizioni entro sarcofagi lisci[48], cui segue, verso i decenni centrali del secolo, l'urna monumentale di *larð sentinateś caesa*[49], realizzazione colta, i cui modelli peraltro appaiono difficilmente identificabili.

Nella seconda metà del secolo si scaglionano invece urne con recumbenti a torace scoperto e teste improntate all'ideale eroico (con un parallelismo perfetto rispetto a Volterra), mentre sulle casse il rilievo, dapprima racchiuso entro una cornice continua, guadagna ben presto in profondità e invade anche i fianchi dell'urna[50]. La tematica mitologica si mescola qui con gli intricati gruppi di combattenti delle onnipresenti celtomachie, che accennano probabilmente a un corpus di tradizioni storiche locali.

Anche a Chiusi, nei primi decenni del II secolo, si constata la trasformazione della tipologia nella figura del defunto recumbente (che assume la tunica)[51], fenomeno che coincide con il calo vertiginoso della lavorazione dell'alabastro[52] e con il contemporaneo (e probabilmente contestuale) incremento della produzione in travertino. Alcune notevoli serie di monumenti, di disparato valore formale, vengono realizzate con questo materiale che anche per l'innanzi, se pur raramente, era stato impiegato in opere nobili[53]. Il processo più significativo che da allora si innesca è però il progressivo rarefarsi (totale probabilmente a partire dalla metà del II secolo) di coperchi figurati in pietra; questa tradizione iconografica viene esclusivamente demandata alla produzione fittile, che evidentemente poteva assicurare a buon prezzo un prodotto nel quale si perpetuava il ricordo di una ideologia eroica, per le esigenze di una classe dalle modeste disponibilità economiche[54]. Il crollo della produzione in alabastro, indizio di un fenomeno di superamento della vecchia aristocrazia filellena e dell'impetuosa affermazione di un ceto emergente di categorie sociali già subalterne, comporta anche l'isterilirsi del filone mitologico nella decorazione delle casse, completamente sostituito, nella produzione in travertino di urne a coperchio displuviato, dalla decorazione ornamentale, mentre sopravvive in quella in terracotta in un ristrettissimo repertorio, che certo perpetua un semplice messaggio di stupefacente fissità.

La produzione perugina

La meno nota tra le grandi aree di produzione di urne cinerarie decorate è certo quella che fa capo a Perugia. Le botteghe di questa città si caratterizzano per la creazione di una foggia assai tipica, che prevede una cassa quasi cubica e un coperchio in genere a doppio spiovente, il tutto nel duro e imperfetto travertino locale[56]. Ma le esperienze di antropomorfizzazione del cinerario non sembrano mancare del tutto, anche se appaiono nettamente minoritarie (durante l'intero corso di questa produzione) rispetto al filone aniconico. La recente scoperta di un grande ipogeo della gens Cai Cutu, con una serie di urne che giunge in piena età romana, consentirà forse di cogliere meglio nella sua articolazione la specificità della situazione locale[57]. A quanto pare, alla sepoltura più antica, costituita da una inumazione entro sarcofago displuviato, ne fece seguito una entro urna cineraria con coperchio antropomorfizzato e cassa di tipo ligneo con rilievi colorati nei riquadri. La figura del defunto, per la quale è stato adottato il tipo di iconografia eroica, ben nota a Chiusi e Volterra, riproduce nel volto[58] i moduli iconografici di certi ritratti greci del primo Ellenismo, di matrice attica. La sua cronologia, anche in considerazione di altri elementi, quali la grafia, non dovrebbe essere posteriore alla metà del III secolo a.C.

Le attestazioni di coperchi figurati, durante tutto il III secolo a.C., sono d'altronde rarissime e sostanzialmente limitate ai monumenti dell'ipogeo dei Volumni[59], dove la tipologia delle urne e la loro sistemazione particolarissima nel vano centrale della tomba, unitamente alla omogeneità dei tratti stilistici (e delle grafie impiegate negli epitaffi)[60] sembrano rispondere a un programma unitario. Un linguaggio figurativo consapevole delle esperienze chiusine e volterrane del tardo III secolo[61] è tradotto nel locale travertino stuccato entro

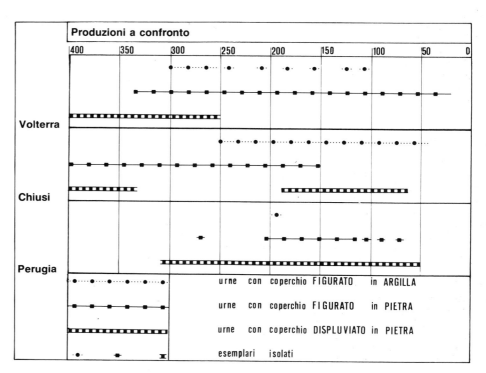

Produzioni a confronto

una tipologia, quella del defunto recumbente su casse a intelaiatura lignea e su *klinai*, che avrà a Perugia una tradizione alquanto longeva, mentre altrove appare, fin dagli inizi del II secolo, assolutamente eccezionale.

Ad articolare e chiarire questo panorama culturale frammentario, e a confermare la capacità di attrazione dell'aristocrazia perugina di questo periodo sulle migliori personalità artistiche operanti nell'Etruria settentrionale, viene la nota urna dei Musei vaticani, già riferita a Volterra ma che fin dal Settecento era conservata nel palazzo dei Priori di Todi e che, per le caratteristiche tipologiche del coperchio, sembra solidamente ancorata alla tradizione locale[62]. Tuttavia le sue strettissime connessioni con l'ambiente volterrano, assolutamente sicure, fanno propendere per giudicarla l'opera di un artigiano itinerante[63].

L'inizio del II secolo non sembra aver portato a Perugia all'adozione della tunica, mentre si afferma per tempo (e forse nella medesima contingenza storica) il tipo del velato. A coperchi con figure velate, ma a torace scoperto, si associano casse decorate frequentemente con scene mitologiche, che sembrano cronologicamente dislocarsi nel corso dei decenni centrali del II secolo[64]. Nell'ambito di questa serie di urne, all'interno della quale è facile distinguere un nucleo che certo fa capo a una maestranza colta (nella quale sono evidenti le connessioni con l'urna del Vaticano) sono state individuate componenti che rivelano la ricezione di elementi del medio Ellenismo orientale, e forse pergameno[65].

Più numerosa è la produzione di urne con coperchio displuviato che, come e più che a Chiusi, contrassegna l'artigianato funerario locale fino al pieno I secolo: mentre sul timpano semplici motivi araldici talora alternano con l'immagine del defunto a banchetto, sulle casse, accanto a scene generiche di battaglia, o a scarsi soggetti mitologici, si afferma un noioso repertorio di motivi decorativi semplici, vanamente ravvivati da una violenta policromia[66]. La peculiare situazione sociale di Perugia, nella quale una vivace e numerosa "classe media" sembra cogliere per tempo i pieni diritti di cittadinanza, spiega la enorme diffusione di questa produzione di livello basso, nella quale tuttavia è sempre presente l'iscrizione incisa, che si pone come l'elemento più significativo, il simbolo dello status di questi nuovi cittadini; solo saltuariamente sembra essere stata assunta, con spirito più o meno fedele, l'iconografia eroica di tradizione ellenistica, sia nella decorazione dei coperchi (dove le immagini dei defunti talora assumono contorsioni e movenze grottesche) che nel rilievo delle casse, dove cartoni di ascendenza colta e di larghissima diffusione vengono piegati e completamente disgregati al servizio di una sensibilità che privilegia composizioni spettralmente paratattiche, sovente distribuite in più registri che riempiono verticalmente lo spazio[67].

Tuttavia, anche se piuttosto episodicamente, coperchi figurati compaiono anche nel tardo II e nel I secolo a.C., come indicano noti esem-pi forniti di iscrizioni latine[68], e gli artigiani perugini appaiono attivi anche al di fuori della loro città, come sembra suggerire il coperchio, di ovvia tipologia perugina, da Mevania[69].

Nella città è anche attestata una cospicua produzione di cinerari fittili (solo in parte esaminati qui, cfr. n. 96), caratterizzati prevalentemente dalla forma cubica della cassa coerentemente con gli indirizzi generali della scultura funeraria locale, e da una decorazione figurata a rilievo della cassa, limitata sovente sulla fronte da elementi architettonici, mentre sui fianchi compaiono elementi decorativi semplici[70]; i coperchi, di tipo figurato e di tipo aniconico, appaiono anch'essi perfettamente inseriti nelle tipologie correnti a Perugia[71].

a.m.

4

La produzione volterrana

4 Urna cineraria

Alabastro. Coperchio: 68; 82 × 43
Cassa: 41; 48,5 × 37,5
Provenienza sconosciuta
Volterra, Museo Guarnacci, inv. 45.
CUV 2, n. 12.

4

Coperchio displuviato: sul trave di colmo, ovolo e astragalo; sulle falde, una fascia di palmette e fiori di loto. I due timpani, aperti in basso, sono decorati da grosse borchie sagomate, con rosetta centrale quadripetale e, alla sommità, tra due volute e una mezzaluna eretta, da una protome di ariete. Cassa parallelepipeda su peducci, con facce riquadrate e decorate, sulla fronte, dal motivo di due ippocampi affrontati, sui fianchi, da un fregio di delfini.

Il fregio a palmette sul coperchio, noto come motivo decorativo sulla ceramica almeno dalla metà del V secolo in poi, compare in opere etrusche, quali un head-kantharos del "gruppo Clusium" (Harari 1980, 68, n. 3, tav. XLIII) o lo specchio eponimo del Maestro di Usil (ES I, LXXVI), mentre un fiore di loto abbastanza simile compare nella produzione del Pittore dell'Aurora (Beazley 1947, tav. 20, 1). Cronologia: intorno alla metà del IV secolo a.C.

6

5 Urna cineraria

Tufo. Coperchio: 40; 67 × 41. Cassa: 53; 61 × 56
Provenienza sconosciuta
Volterra, Museo Guarnacci, inv. 5.
CUV 2, n. 91; B.-K. III, 219, CXLVII, 4 b; Gambetti 1974, n. 129.

Sul coperchio, figura femminile, in tunica e mantello, distesa e lievemente rivolta sul fianco sinistro, con il capo diademato appoggiato a un cuscino. Sulla cassa, due felini azzannano un cervo.

Quella con l'immagine del defunto semidisteso rappresenta probabilmente la fase più antica della produzione di urne con coperchio figurato realizzate a Volterra. La datazione molto alta del monumento è confermata dalla decorazione della cassa, che imita quella applicata a cassette lignee, quale ci è nota in ambiente tarantino e nella Russia meridionale. Lo schema iconografico, che realizza un gruppo assai aggrovigliato, è vicino ai tipi che compaiono su sarcofagi da Tarquinia del IV secolo (Herbig 1952, nn. 50, 98), e da Bomarzo (Herbig 1952, n. 22, tav. 6, n. 84, tav. 8), ma soprattutto a quelli dell'urna da Bettolle (B.-K. III, 116, tav. XCVIII, 12). Cronologia: seconda metà del IV secolo a.C.

6 Urna cineraria

Tufo. Coperchio: 40; 61,5 × 40. Cassa: 42; 56 × 36
Da San Martino ai Colli, Barberino Valdelsa
Firenze, Museo archeologico, inv. 92070.
CUV 1, n. 298.

Sul coperchio, figura femminile semidistesa, con specchio a cerniera nella sinistra. Cassa a intelaiatura lignea.
Del tipo esiste una raffinata versione in alabastro nella tomba dei Calisna Sepu a Monteriggioni e una, dai tratti particolarmente "arcaici", nel Palazzone di Cortona. I tre monumenti sono forniti di iscrizioni incise. La già rilevata parentela tipologica con i sarcofagi dell'Etruria meridionale, sui quali tra l'altro sono impegnate grafie perfettamente corrispondenti, inducono, insieme ad altre considerazioni (isolamento dei singoli esemplari nel territorio), ad ipotizzare l'attività di un artigiano itinerante addestrato nell'Etruria meridionale. Cronologia: fine IV-inizio III secolo a.C.

7 Coperchio di urna cineraria, con corredo

Tufo. 41; 67 × 37
Dalla necropoli di Badia, tomba a camera 61/5
Volterra, Museo Guarnacci, inv. 676.
Fiumi 1972, 95, fig. 52; CUV 1, n. 239.

Sul coperchio, figura maschile coronata indossante un mantello che lascia libero il torso, ma passando dietro le spalle scende in una rigida piega sul davanti. Il braccio sinistro è sollevato a sostenere il capo.
Il tipo è fondamentale nello sviluppo della scultura volterrana. Caratteri specifici sono, nell'atteggiamento, la sistemazione del corpo sullo stroma, con le gambe incrociate, ma con una convenzione arcaica, tra un fluttuare di pieghe schematiche che si aprono a ventaglio sul retro.
L'impostazione generale della figura con il torace assai eretto ricorda analoghe manifestazioni nella produzione in argilla (CUV 1, n. 61; Martelli 1977, 86; il richiamo era già in Fiumi 1972, 95, n. 1); il volto, pur nella approssimativa esecuzione, appare improntato a un

5

5

tipo classicheggiante e sereno: gli elementi della caratterizzazione si ritrovano nella testa dipinta sulla kelebe volterrana n. 245.1.

Al Museo Guarnacci (depositi) è conservato un altro coperchio frammentario dello stesso tipo. La tipologia adottata dall'urna volterrana corrisponde a quella attestata nella fase più antica della tomba dei Vipinana (Colonna 1978, 105, j 1, tav. XXVI) nonché, per ciò che attiene alla testa, in bronzi di area settentrionale come l'*Apollo* di Ferrara (cfr. Adam 1984, 166, n. 244). Forse per il volto e l'atteggiamento è possibile una lontana derivazione dal tipo della *testa Fortnum* (La Rocca 1973, 197, n. 282, tav. XLIV-XLV).

IL CORREDO

1. *Skyphos a vernice nera*
Decorazione (scarsamente superstite), sovradipinta in rosso. Altezza 18,5; ⊘ 20
Fiumi 1972, 95, n. 5.

2. *Olpe a vernice nera*
Tipo Morel 5112 d 1. Altezza 29
Fiumi 1972, 96, n. 6.

3. *Kylix a vernice nera*
Tipo Morel 4231 a 1. Altezza 7; ⊘ 16,8
Fiumi 1972, 95, n. 1, fig. 13 a, 53.
All'interno, timbri radiali a palmetta e fiori di loto collegati.

4. *Cratere frammentario*
Argilla figulina, con tracce di vernice rossastra
Fiumi 1972, 96, n. 8.

5. *Diadema a foglie d'oro*
Composto da un serto doppio di foglie lanceolate (mirto?), convergenti al centro e limitate lateralmente da lamine semicircolari. Fiumi 1972, 96, n. 1.

Il corredo comprendeva anche due frammenti di kylix come n. 3, un frammento di coppa a vernice nera (serie Morel 4115, Fiumi 1972, 95, n. 3) con bollo a palmetta, un frammento di olpe a vernice nera con anse anulari a serpentello (serie Morel 5217, Fiumi 1972, 95, n. 4), frammenti pertinenti a un'olpe del tipo n. 2 (Fiumi 1972, 96, n. 7). Il vasellame, che comprende uno skyphos del "gruppo Ferrara T 585", oggi universalmente attribuito a Volterra, due *kylikes* che ritornano, in coppia, in diversi contesti, dall'Etruria settentrionale (Martelli 1976, 73, nota 9; Mangani 1983, 74, nn. 7-9), a Spina (Poggio 1974, 102, n. 175 b, c) all'Etruria meridionale (Moretti-Sgubini Moretti 1983, 68, nn. 139-41, fig. 3, 9-10), e l'olpe di forme massicce, particolarmente simile all'esemplare dall'Appennino bolognese proveniente da un contesto con ceramiche volterrane (Peyre 1965, 22, n. 6, fig. a p. 22) consente una datazione all'ultimo quarto del IV secolo per la tomba, nella quale secondo lo scavatore erano contenute al massimo due deposizioni. Il diadema funerario in oro, oggetto non raro nei contesti volterrani di questa età (*Oro degli Etruschi* 1983, 233, n. 236) ribadisce l'ideologia eroica manifesta nell'iconografia del coperchio.

7

7.1

7.2

7.3

7.4

8 Coperchio di urna cineraria
Tufo 36; 60,5 × 33,5
Provenienza sconosciuta (fondi del XVIII secolo)
Volterra, Museo Guarnacci, inv. 193.

Figura femminile adagiata sulla schiena, parzialmente coperta da un ampio mantello gettato sul corpo (che appare nudo) e disteso ai lati in eleganti pieghe ondulate. Il volto, rivolto in alto, presenta tratti piuttosto generici. Il trattamento virtuosistico del panneggio, mentre richiama la tecnica della terracotta, ricorda quello di un noto sarcofago tarquinese ora a Copenhagen (Herbig 1952, n. 50, tav. 12), e, insieme alla tipologia della defunta rappresentata nella sua nudità, contribuisce a fissare la cronologia intorno alla fine del IV secolo. Per la tipologia della testa, soprattutto per la pettinatura a ciocche molto stirate ai lati della fronte, cfr. quella sorta di repertorio di acconciature femminili che è la kelebe proveniente dalla tomba dei Calisna Sepu, Berlino VI 3982 (Pasquinucci 1968, XL, 53-57, in particolare fig. 54), nonché quella adottata in noti bronzi dall'Etruria settentrionale, quali la cosiddetta *Andromeda* di Firenze (Adam 1984, n. 235).

8

9 Urna cineraria, con corredo
Tufo calcareo. Coperchio: 40; 86 × 40
Cassa: 56; 82 × 35
Dalla necropoli di Badia, tomba 61/7
Volterra, Museo Guarnacci, inv. 677.
Fiumi 1972, 98, n. 1, fig. 57, a; CUV 1, n. 240; Martelli 1977, 87.

Sul coperchio, recumbente maschile, indossante mantello che lascia libero il torace, con la sinistra piegata a sostenere il capo dal viso rivolto in alto e il braccio destro disteso sul fianco, con patera. Cassa parallelepipeda con peducci conformati a zampe ferine: sulla fronte, schema dell'intelaiatura lignea con ampio riquadro centrale ribassato, che conserva tracce di pittura rossa, pertinenti a una decorazione figurata (viaggio agli inferi?) ora scomparsa.

IL CORREDO
1. Patera umbilicata
Serie Morel 2173. ∅ 20
Fiumi 1972, 98, n. 1
Attorno all'umbilico, timbri radiali a palmetta.
2. Patera umbilicata
Come la precedente
Fiumi 1972, 98, n. 2.
3. Piattello a vernice nera
Serie Morel 1173. Altezza 4,8; ∅ 13,4
Fiumi 1972, 99, n. 9.
4. Piattello
Come il precedente. Altezza 6; ∅ 13,5
Fiumi 1972, *loc. cit.*
5. Piattello
Come il precedente. Altezza 4,8; ∅ 15
Fiumi 1972, *loc. cit.*

9

6. Piattello
Come il precedente. Altezza 4,4; ⌀ 14
Fiumi 1972, *loc. cit.*
7. Coppetta
Simile al tipo Morel 2537 c 1; ⌀ 9,5
Fiumi 1972, 99, n. 10.
8. Olpe
Ceramica argentata. Altezza 9
Fiumi 1972, 99, 7.
9. Olpe
Come la precedente. Altezza 9
Fiumi 1972, *loc. cit.*
10. Olpe
Come la precedente. Altezza 9
Fiumi 1972, *loc. cit.*
La forma ricorda la serie Morel 5121 della
ceramica a vernice nera.
11. Colino
Ceramica argentata. Lunghezza 25; ⌀ 13,7
Fiumi 1972, 99, n. 6.
Ovvia riproduzione di un prototipo
metallico, già attestato nella prima metà
del V secolo (cfr. Adam 1984, 67 ss., nn.
67-68).
12. Teglia
Ceramica argentata. Altezza 5; ⌀ 23
Fiumi 1972, 99, n. 5.
Il tipo imita noti prototipi metallici,
databili tra la seconda metà del IV e il III
secolo (cfr. Adam 1984, 35, n. 37). Il tipo
è già attestato nella ceramica argentata
volsiniese (De Chiara 1960, 134), ma non
con placca ellittica e liscia come nel nostro
esemplare. La forma esiste anche nella
ceramica a vernice nera di Malacena
(specie Morel 6310).
13. Situla a campana
Ceramica argentata. Altezza 19,7; ⌀ 17
Fiumi 1972, 98, n. 3.
Forma canonica, con attacchi a forma di
placca triangolare bilobata e placchette
sotto l'orlo a foglia lanceolata. Anse di
piombo. Esemplare identico, De Chiara
1960, 134, n. 53, tav. VI, 3.
14. Oinochoe
Ceramica argentata. Altezza 24
Fiumi 1972, 98, n. 4.
Cfr. esemplari simili da Volterra,
Cristofani 1973, 253, fig. 177, A 68.
15-18. Elementi pertinenti probabilmente a
thymiateria con fusto liscio, in ceramica
argentata. Altezza (treppiede) 8;
⌀ (piattello) 8,5.

Gli elementi più significativi del corredo sono i vasi argentati. La diffusione di questa ceramica, il cui centro di produzione va individuato nell'Etruria interna (Volsinii, poi Bolsena) inizia almeno sullo scorcio del IV secolo
(Pianu 1979, 119 ss.). Le forme rappresentate nella tomba 61/7 di Badia non trovano molti
confronti all'interno del repertorio vascolare
conosciuto della produzione orvietana, cui peraltro debbono essere riferiti. In ogni caso, la
cronologia alta di questa ceramica è postulata
dalle forme vascolari, tutte tipologicamente assai antiche e che hanno i corrispettivi nella produzione a vernice nera della fine del IV e ini-

9

9.1

9.2

9.3

9.4

9.5

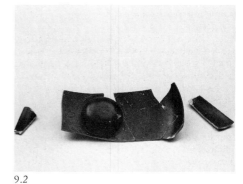

9.6

9.7

9.11

zi del III secolo a.C. Rinvenimenti recenti hanno arricchito notevolmente l'inventario di questa ceramica a Volterra e nel suo territorio, dove erano già noti diversi esemplari al Museo Guarnacci, senza indicazione di provenienza. Oltre agli esemplari degli scavi recenti del Portone (Cristofani 1973, 254, A 93-94, fig. 179), significativi appaiono i recenti rinvenimenti di Casole, dove sono attestate molte delle forme più fastose.

I tipi della vernice nera presenti nella tomba, genericamente attribuibili al III secolo, non possono mutare sostanzialmente l'orizzonte cronologico assai antico postulato dalle forme della ceramica argentata. Non sembra pertanto possibile datare il complesso ad epoca posteriore alla metà del secolo (come già sostenuto da Fiumi 1972, 99). L'urna si riallaccia ai tipi precedenti nello schema generale della figura distesa sul coperchio — nella quale è peraltro da sottolineare la peculiarità (finora non rilevata) della posizione delle gambe non incrociate e quindi in schema ancora "arcaico" — mentre la cassa litica, derivata da prototipi lignei, inaugura una foggia che avrà a Volterra grande successo, sia nell'accezione a peducci lisci, sia più frequentemente a zampe ferine: i due grandi pannelli laterali verranno prontamente strutturati in senso architettonico, assumendo la forma di pilastrini scanalati, mentre nel riquadro centrale troveranno posto decorazioni a rilievo. L'urna è importante anche per le sue dimensioni, tra le più monumentali di questo periodo e per il suo rinvenimento entro una tomba verosimilmente a una sola deposizione, nella quale era sistemata, con palese intento eroizzante, in una ampia nicchia al centro della parete di fondo.

10 Urna cineraria
Alabastro. Coperchio: 35; 75 × 40
Cassa: 42,5; 61 × 32
Provenienza sconosciuta
Volterra, Museo Guarnacci, inv. 7.
Nielsen 1975, 285; CUV 2, n. 179, con bibliografia precedente.

Sul coperchio, personaggio maschile, indossante mantello che lascia scoperto il torace, con phiale nella sinistra e destra piegata e appoggiata alla coscia. Il volto è incorniciato da una spessa frangia di capelli a pesanti ciocche finemente striate. La testa è coronata. Cassa imitante modelli a intelaiatura lignea, liscia. L'eccezionalità del monumento, il cui livello qualitativo consente di ipotizzare l'intervento di un artigiano di notevole abilità, è sempre stata sottolineata. Dal punto di vista tipologico, l'impostazione molto arretrata del corpo (pur se associata al motivo dell'incrocio delle gambe) fa ritenere necessaria una connessione con la serie delle urne della prima metà del III secolo, con le quali il monumento condivide il tipo di cassa a "intelaiatura lignea".

La testa, fortemente caratterizzata, più che al ritratto pergameno del tardo III secolo, può

9.12

9.13

9.14

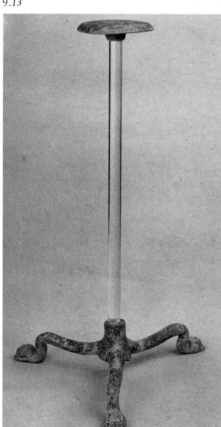

9.15-16

essere connessa ai tipi creati per i dinasti del primo Ellenismo. Un buon confronto, sia per il carattere della chioma, ben ordinata nel vortice che si diparte dalla sommità del capo e sistemata in gonfie ciocche su fronte, tempie e nuca, che per il modellato del volto, carnoso e segnato da pieghe violente, sembra istituibile con un noto bronzo di Napoli, ritenuto copia del ritratto di Seleuco I (Richter 1965, figg. 1866-1868). Cronologia: probabilmente, secondo quarto del III secolo a.C.

10

10

11 Urna cineraria

Alabastro. Coperchio: 65; 77,5 × 38
Cassa: 49; 76 × 36
Provenienza sconosciuta
Volterra, Museo Guarnacci, inv. 119.
cuv 2, n. 178, con bibliografia precedente.

Sul coperchio, recumbente maschile, indossante mantello che copre la parte inferiore del corpo; nella destra, una patera umbilicata; la sinistra è distesa e atteggiata in un gesto apotropaico. Volto fortemente individualizzato, incorniciato da grosse ciocche di capelli; sul capo, corona.
Cassa su peducci, sagomati a zampa ferina. Nel riquadro centrale della fronte, coronata da kymation ionico e lateralmente limitata da pannelli di derivazione lignea (trasformati in pilastrini scanalati con capitello), scena del defunto a cavallo in viaggio verso l'aldilà, accompagnato da un servo con la bisaccia; sui fianchi, demoni.
Considerato un caposaldo della scultura funeraria etrusca, il monumento rivela, soprattutto nel coperchio, una sapienza nella caratterizzazione del volto e una abilità nella trattazione delle superfici che hanno fatto ipotizzare l'intervento di uno scultore di formazione ellenica.
L'impressione è rafforzata dal confronto con il ritratto ritenuto di Eutidemo di Battriana, che può però servire come generico riferimento, soprattutto di ambiente. Più puntuale in ogni caso appare il confronto con il bustino bronzeo (parte decorativa di un carro?) della collezione Dutuit, il cui inquadramento stilistico e la cui cronologia sono soggetti a ampie oscillazioni (Petit 1980, 42 s., n. 6).
Il monumento va datato nella seconda metà, probabilmente tra terzo e ultimo quarto, del III secolo a.C.

11

11

11

11

12 Urna cineraria

Alabastro. Coperchio: 43,5; 75,5 × 25,5
Cassa: 49; 74 × 26
Provenienza sconosciuta: la cassa era in proprietà dello scultore Consani in Firenze fino al 1880
Firenze, Museo archeologico, inv. 5768 (cassa); 5745 (coperchio).
B.-K. I, 96, tav. LXXVI, 3; Laviosa 1964, 30, n. 2, tavv. IV-VIII; Pairault 1972, 220 ss., tavv. 104-106.

Sul coperchio, recumbente maschile con torace lasciato scoperto dal mantello che si raccoglie sulla parte inferiore del corpo; testa coronata, con lunghi riccioli arcuati, fortemente girata verso destra.

Cassa con peducci decorati da kymation ionico. Sulla fronte, matricidio di Oreste; al centro, altare rappresentato di scorcio, dietro il quale sta un demone femminile alato, con il braccio destro fortemente sollevato, e un serpente attorno al sinistro; ai lati, a sinistra, uccisione di Egisto da parte di Pilade; a destra, uccisione di Clitemnestra da parte di Oreste. Sul fianco sinistro, due giovani stanti; sul destro, Oreste assalito da una furia alata.

L'urna trova confronto nell'esemplare CUV 2, n. 233 (cassa con ratto di Proserpina; coperchio non pertinente), stilisticamente molto affine, che ha tra l'altro alla base (e dunque in posizione non ovvia) un kymation ionico simile. Stretta relazione sussiste tra questi due monumenti e l'urna, ai Musei Vaticani, con morte di Enomao (Dohrn 1961, tav. I, 1): il confronto esteso dalla forma non consueta della cassa (tipo 2 b Pairault 1972, 40), all'iconografia delle singole figure, alla composizione fortemente centrata, ma articolata su piani e assi inclinati, è rafforzato dalla somiglianza che esiste tra il coperchio fiorentino e quello vaticano (cfr. la tipologia generale della figura maschile di Firenze con quella femminile del Vaticano; la forma dei cuscini, più piccoli e rozzi, ma sostanzialmente simili nell'esemplare fiorentino; la fortissima rotazione della testa sulla destra, motivata nel coperchio del Vaticano dalla presenza della figura del coniuge, in quella di Volterra giustificata con la relazione con un'altra urna nell'ipogeo?). La cassa sembra attestare la ricezione nell'ambito delle botteghe volterrane di motivi molto complessi e movimentati, e di uno stile assai sciolto e consapevole delle esperienze figurative dell'Oriente ellenistico. Probabilmente ad una maestranza che collabora con questa va attribuita l'urna CUV 2, n. 183, realizzazione di qualche pretesa (vedi le iscrizioni dipinte), ma redatta con un linguaggio più aspro.

Probabilmente opera di una maestranza di formazione assai colta, con base, almeno temporanea, a Volterra, da dove poté spostarsi, secondo la committenza, fino a Perugia. Cronologia: verso la fine del III secolo a.C.

14

15

13 Urna cineraria, con corredo
Tufo. Coperchio: 38; 59 × 25. Cassa: 32; 53 × 22
Dalla necropoli di Badia, tomba 60/D
Volterra, Museo Guarnacci, inv. 653.
Fiumi 1972, 64, n. 3, fig. 19; CUV 1, n. 217; Salskov Roberts 1983, 41, fig. 21.

Sul coperchio, recumbente maschile con tunica e mantello, pesante ghirlanda sul petto e patera nella destra. Cassa parallelepipeda liscia. All'interno dell'urna erano due monete:

1. Sestante
Bronzo. Sul dritto, bifronte; sul rovescio
legenda *velathri* e segno del valore
Peso: grammi 20,70
Fiumi 1972, 63, fig. 19; Martelli 1977, 88;
Salskov Roberts 1983, 45, fig. 22.
2. Sestante
Bronzo. Sul dritto, testa di Giove a destra;
sul rovescio, prora di nave; sopra *S*, sotto
Roma. Peso: grammi 15,90
Cfr. Crawford 1974, nn. 147-87 (189-158
a.C.).

Tipologicamente il coperchio segna l'acquisizione di una innovazione che verrà assunta immediatamente da tutti gli atelier volterrani,
quella del defunto che indossa al di sotto del
normale mantello una tunica. La cronologia è
precisamente determinata dal rinvenimento
monetale, che fornisce un terminus post quem
al 189 a.C. e rende probabile una datazione
tra il 190 e il 160 a.C.

14 Cassa di urna cineraria
Alabastro. 49; 75 × 28
Provenienza sconosciuta
Volterra, Museo Guarnacci, inv. 427.
B.-K.III, tav. CXV, 2; Mansuelli 1950,
fig. 53; Laviosa 1964, 164, n. 36, tav.
CVI, 36; Pairault 1972, 69 s., tav. 34.

Sulla fronte, guerrieri galli che saccheggiano
un santuario, tra demoni femminili alati che
trattengono ciascuno un cavallo. La scena è do-
minata dal combattimento tra un greco a cavallo e un gallo appiedato, armato di scudo e
lancia che, nudo, sovrasta, con la sua gigante-
sca statura, lo stesso cavaliere. Sulla ricca cornice e sullo zoccolo, un fregio di cerchielli a
compasso, che costituiscono quasi il marchio
di garanzia dell'officina.
Sono qui fuse insieme due serie iconografiche
distinte, una scena di battaglia tra greci e galli, ben nota ad esempio su urne e sarcofagi
chiusini, e l'irruzione di galli in un santuario,
già nota in altre urne volterrane.
L'urna rappresenta l'esito più monumentale di
una fabbrica caratterizzata da uno stile lineare e classicheggiante, in linea con le contemporanee esperienze delle maestranze impegnate
nella decorazione del grande ciclo fittile dei
frontoni del Capitolium di Luni.
Cronologia: secondo quarto del II secolo a.C.

15 Urna cineraria
Alabastro. Coperchio: 49; 66 × 26
Cassa: 44; 68 × 25
Provenienza sconosciuta
Volterra, Museo Guarnacci, inv. 228.
B.-K.I, 9, tav. VI, 13; Laviosa 1964, n.
16, 92, tavv. LII-LIV; Pairault Massa
1973, 104 ss., fig. 8; Maggiani 1977, 130.

Sul coperchio, recumbente maschile, in tunica e mantello. Sulla cassa, Paride riconosciuto: Paride, rifugiato presso l'altare, viene ag-

15

15

gredito dai fratelli che lo hanno riconosciuto, mentre una grande Afrodite alata giunge in suo soccorso.

L'urna, attribuita a una singolare personalità denominata Maestro di Mirtilo appartiene alla maturità di questo artigiano: l'intonazione coloristica dello stile ben si accorda con la sapiente composizione strutturata su poche linee guida. In questa fase (e forse anche per merito del Maestro di Mirtilo) il mito greco conosce la sua massima diffusione nell'ambito delle botteghe di scalpellini volterrani. Dall'attività del Maestro prendono le mosse le esperienze di alcuni artigiani i cui prodotti sono stati raccolti sotto la denominazione di "atelier delle rosette e palmette" e "gruppo dell'astragalo I", che riproducono, con un linguaggio solo un poco disseccato, lo stile inconfondibile di questo scultore di probabile formazione greco insulare.

Intorno alla metà del II secolo a.C.

16 Urna cineraria
Alabastro. Coperchio: 37; 61 × 25
Cassa: 43; 61 × 25
Provenienza sconosciuta
Volterra, Museo Guarnacci, inv. 321.
B.-K.II, 2, tav. LIX, 6; Maggiani 1977, 129, fig. 88; Brilliant 1984, 44, tav. I, 2.

Sul coperchio, recumbente maschile in tunica e mantello, con patera nella destra. Sulla cassa, caccia al cinghiale calidonio: Meleagro, a sinistra, con uno spiedo, Atalanta, a destra, con l'ascia brandita alta sul capo, incalzano l'enorme cinghiale che, a metà uscito dalla sua tana, si difende energicamente dall'assalto combinato di uomini e cani, uno dei quali giace sventrato tra le zampe della fiera. Sulla grotta del cinghiale, arbusti.

La cassa rientra in un cospicuo e inconfondibile gruppo di monumenti raccolti, in base a quello che sembra esserne il segno distintivo, sotto la denominazione di "gruppo dell'astragalo I"; il coperchio, nell'accentuazione pittorica del panneggio, con le pieghe ondulate sui groppi di stoffe, che sembrano desunte dalla tecnica della coroplastica, rientra in un nutrito gruppo di monumenti ("gruppo Inghirami", Maggiani 1976, 129), caratterizzato dall'elevato livello esecutivo e dal numero cospicuo di prodotti.

Urna e coperchio, probabilmente pertinenti, rientrano perfettamente nella tradizione inaugurata dal Maestro di Mirtilo e dai suoi più vicini collaboratori e imitatori, ad esempio la maestranza cui fa capo l' "atelier delle rosette e palmette". Opera dunque di un artigiano assai colto e i cui collegamenti con le maestranze esecutrici di cicli decorativi fittili templari appaiono con evidenza, l'urna può datarsi nel terzo quarto del II secolo a.C.

16

16

17 Urna cineraria
Alabastro. Coperchio: 38; 76 × 23,5
Cassa: 35,5; 68,1 × 29
Dalla necropoli di Ulimeto (1934)
Attualmente si conserva nell'atrio della
sede dell'Usl di Volterra (Museo
Guarnacci, inv. 711).
CUV 2, n. 213; REE 1977, n. 8.

Sul coperchio, defunto velato, con dittico nella
destra. Tracce di iscrizione latina sul plinto.
Sulla cassa, viaggio agli inferi in carpentum.
Il monumento, interessante anche per la vivace policromia tuttora ben conservata, si inserisce nel "gruppo del dittico", una delle più
tarde fabbriche volterrane. L'attività del gruppo, caratterizzato da iscrizioni in latino, sembra svilupparsi per alcuni decenni dato che si
assiste a un progressivo irrigidimento delle caratteristiche esecutive (pieghe ecc.). Le più antiche realizzazioni potrebbero risalire al secondo quarto del I, mentre il grosso supera certamente la metà del secolo.

a.m.

18 Coperchio di urna cineraria
Alabastro. 30; 56,5 × 22
Volterra, Museo Guarnacci, senza inv.
Personaggio maschile giacente,
probabilmente un fanciullo.
Inedito.

19 Coperchio di urna cineraria
Alabastro. 37; 84 × 32
Volterra, Museo Guarnacci, inv. 262.
Personaggio maschile, giacente bocconi.
Nielsen 1975, 378 s., n. 2, fig. 63, con
bibliografia; Nielsen 1977, 139; Fiumi
1976, fig. 67; Cateni 1984, fig. 84.

20 Coperchio di urna cineraria
Alabastro. 26; 62 × 26
Volterra, Museo Guarnacci, inv. 241.
Personaggio femminile, giacente bocconi.
Inghirami I, 2, 1823, 689; Inghirami VI,
1825, 32, tav. X, 3, 1; Nielsen 1975, 377
ss., figg. 61-62; Nielsen 1977, 139.

Il primo dei tre coperchi sembra raffigurare
un fanciullo, anche se le tavolette scrittorie e
il rotulo sono attributi consueti sia per adole-
scenti che per adulti nella più tarda bottega
di Volterra, quella "del dittico". In ogni caso, dunque, il coperchio costituisce un legame tra la bottega suddetta e questo piccolo nucleo di monumenti. Il "fanciullo" non è più
raffigurato nella consueta posizione recumbente, ma è adagiato su un materasso, con l'enorme testa velata su un grosso cuscino; all'angolo destro della kline è stato anche indicato
il fulcrum, il supporto per il cuscino. Nell'impostazione generale la figura si avvicina alla
più tarda serie dei piccoli coperchi fittili chiusini (Thimme 1957, 114 s., figg. 6-8).
Le due figure di adulti sono invece sdraiate

17

19

19

bocconi: la tradizione dei recumbenti a banchetto era evidentemente ormai tramontata. Le medesime incertezze, riscontrabili nella figura del fanciullo, si colgono in questi corpi informi e nel rendimento dei panneggi; l'uomo è rappresentato come un togato romano; nella testa si evidenziano affinità con tipi diffusi in età giulio-claudia. La pettinatura femminile, con i capelli disposti in bande lievemente ondulate e aderenti alle tempie, raccolti sulla nuca in cinque trecce ripiegate a ventaglio, trova precisi riscontri in età tiberiana, anche se una datazione tardoaugustea non è da escludere (Nielsen 1977, 141, nota 34). La cronologia tarda è confermata anche dal dato tecnico, tipico delle urne di età romana, della sagomatura a gradino del bordo inferiore dei due coperchi maggiori per l'impostazione sulla cassa.

I tre coperchi di alabastro rappresentano dunque probabilmente un fenomeno di revival o, piuttosto, l'ultimo anelito di una tradizione funeraria etrusca già nella prima età imperiale. Essi presentano caratteristiche abbastanza unitarie per consentirne l'attribuzione a un medesimo scultore, alquanto inesperto nella lavorazione della pietra. Questi "ultimi etruschi" potrebbero aver anche appartenuto a un'unica famiglia, che seguiva ancora le antiche tradizioni con tenacia.

m.n.

La produzione di Chiusi

21 Urna cineraria
Alabastro. Coperchio: 30; 56 × 29
Cassa: 41; 51 × 28
Provenienza sconosciuta
Chiusi, Museo archeologico, inv. 985.
Levi 1935, 58, fig. 29; Thimme 1954, 56, nota 30, fig. 1.

Sul coperchio, recumbente maschile, con mantello che lascia scoperto il torace; la destra trattiene una patera mentre la sinistra sostiene il capo. Cassa a intelaiatura lignea.
Il tipo raffigurato nel coperchio, che riprende il modello corpulento realizzato nei primi sarcofagi chiusini, appartiene alla fase rappresentata a Volterra da cat. n. 10, se pur in maniera più semplificata e corsiva.
Cronologia: probabilmente secondo quarto del III secolo a.C.

22 Coperchio di urna cineraria
Alabastro. 43; 70 × 47
Provenienza sconosciuta
Chiusi, Museo archeologico, inv. 952.
Thimme 1954, 56 s., nota 30, fig. 6.

Figura femminile semidistesa, con il braccio sinistro piegato a sostenere il capo.
Il coperchio rientra in un ampio gruppo (messo insieme da Thimme 1954, *loc. cit.*) caratterizzato dalla frequente policromia e dall'associazione con casse a kline (cfr. n. 23).

Cronologia: prima metà del III secolo.

a.m.

23 Urna cineraria
Alabastro chiusino con venature
Coperchio: 46; 73 × 45-48. Cassa: 49-51; 72 × 32-33; altezza lettere da 4 a 7,5
Da Chiusi, probabilmente già nella collezione Bargagli
Città del Vaticano, Museo gregoriano etrusco, inv. 13897.
B.-K. III, 138, n. 3b; CIE 2995; Giglioli 1935, tav. 409; Dohrn 1963, 553-554, n. 738; Rix 1963, 33; ThLE, 312.

Urnetta cineraria a kline con personaggio maschile recumbente sul coperchio. Tracce sparse di decorazione in colore rosso. Interessante è l'inserzione sul coperchio di alcuni elementi di altro materiale, di cui restano solo i fori per il fissaggio, che impreziosivano il monumento funerario, come la corona sulla testa (quattro fori), l'anello all'anulare della mano sinistra (un foro) e l'oggetto che il defunto teneva nella mano destra (un foro). Sulla cassa è da evidenziare come i lati corti conservino ancora la tipologia della cassetta lignea, con un rettangolo dipinto di rosso in sottosquadro, mentre sul lato lungo è raffigurata in rilievo una kline con suppedaneo e con un'iscrizione nel centro: *larce: tutnás laϑalisa: scl: afra* che per le sue caratteristiche epigrafiche, come il *sade* finale e il suffisso *sa* con il sigma a tre tratti, indica Chiusi come luogo di provenienza. I personaggi femminili con gambe anguiformi che ornano le zampe della kline ed il fregio dei pigmei con cigni ben s'inquadrano in questo panorama artistico. Cronologia: III secolo a.C.

f.b.

24 Urna cineraria
Alabastro. Coperchio: 32; 52 × 27
Cassa: 38; 49 × 25
Da Fonte Rotella, scavi 1873, tomba a camera con tre urne
Chiusi, Museo archeologico, inv. 505.
Nardi Dei 1873, 158; Thimme 1957, 104, nota 12, n. 1, fig. 14; CIE 1003.

Sul coperchio il defunto, apparentemente un adulto, coronato e con ghirlanda al petto, dispiega con entrambe le mani un rotulo, sul quale è incisa (orientata come se il defunto potesse leggerla) la sua formula onomastica al completo: *larϑ ane/aprinϑuna* (nuova lettura). Sulla fronte della cassa, decorazione a rilievo basso, limitata da una cornice piana su quattro lati, con il consueto soggetto del cavaliere al galoppo che trafigge un gallo, caduto davanti alla cavalcatura, mentre un demone, all'estremità destra, agita una face.
Il monumento, per il tipo di coperchio e di cassa, rientra in un nutrito gruppo di urne chiusine, alcune delle quali all'atto del rinvenimento erano ancora associate al corredo originale, che ne ha consentito una definizione cro-

20

20

21

nologica tra l'ultimo quarto del III e gli inizi del II secolo a.C. (Michelucci 1977, 98, fig. 36: loculo B della tomba della Barcaccia; Ponzi Bonomi 1977, 104, figg. 48-49, tomba 2 di Gioiella. Il secondo esemplare citato appare assai più sviluppato tipologicamente, oltreché più tardo).

Il rilievo ancora assai piatto sembra appartenere alla medesima fase che a Volterra produce le urne con casse tra pilastrini scanalati (cfr. n. 74). Cronologia: terzo-ultimo quarto del III secolo a.C.

25 Urna cineraria
Alabastro. Coperchio: 60; 89 × 44
Cassa: 63; 87 × 35
Da Sarteano
Siena, Museo archeologico, inv. 730.
B.-K. I, 107-108, tav. LXXXIV, 2;
Messerschmidt 1930, 78, 80, fig. 18;
Thimme 1957, 120, n. 20, 149, n. 2; CIE 1345.

Sul coperchio recumbente maschile con mantello dall'orlo ricamato; patera nella destra e sinistra sollevata ad esibire un anello dal grosso castone. Sull'orlo della coperta che si stende ondulata sul plinto, iscrizione, in caratteri tardo canonici (Maggiani 1984[b], 224). Sulla fronte della cassa, soggetto mitologico, già interpretato come un estratto dalla tragedia euripidea sulle avventure di Oreste e Pilade in Tauride (Brunn, in B.-K. I, 106 ss.; Messerschmidt 1930, 78) e, più di recente, considerato parte del racconto mitico relativo all'agguato di Caile e Avile Vipinas all'indovino Cacu, assistito dal giovinetto Artile (Small 1979, 138): la serie cui appartiene il rilievo rappresenterebbe il momento dell'imprigionamento dell'indovino.

Coperchio e cassa rientrano in un filone (rappresentato da un gran numero di esempi) estremamente nobile della scultura chiusina, e rappresentano il massimo delle possibilità dei decoratori chiusini. Stilisticamente appare ancora perfettamente valido il confronto con prodotti volterrani quali il n. 12 e perugini, quali alcuni esemplari della serie della tomba dei Volumni.
Cronologia: ultimo quarto del III - inizi II secolo a.C.

26 Urna cineraria
Alabastro. Coperchio: 59; 92 × 41
Cassa: 59; 91 × 36
Da Chiusi, scavi Lucioli 1840
Firenze, Museo archeologico, inv. 5777.
Sozzi 1840, 5; B.-K. I, LXXXIV, 1;
Messerschmidt 1930, 78, fig. 20; Thimme 1957, 120, nota 20, fig. 12, tav. III, 1; CIE 1376.

Sul coperchio, recumbente maschile coronato e inghirlandato, con patera nella destra e due anelli alle dita della mano sinistra. Sul listello di base, iscrizione in caratteri tardo-canonici.

24

24

25

Sulla cassa, soggetto mitologico, come nel n. 25.
La figura del coperchio si inserisce con forza nel filone "eroico", qui interpretato con una peculiarissima tendenza ad accentuare i volumi, in particolare nella struttura cubica della testa, peraltro derivata da noti tipi di ritratti dinastici del primo Ellenismo.
Cronologia: fine del III secolo a.C.

27 Urna cineraria
Travertino. Coperchio: 53; 78 × 29
Cassa: 55; 77 × 26
Da Sarteano, podere Le Tombe; già collezione Bargagli
Siena, Museo archeologico, inv. 726.
Levi 1928, 79, fig. 15; Thimme 1957, 153 s., n. 2, tav. V, 1; Brown 1960, 151, tav. LV, a; CIE 1517.

Sul coperchio, recumbente femminile velata. Le parti nude sono accuratamente levigate, mentre gli elementi del panneggio sono trattati a colpi di scalpello portato di punta, per creare un contrasto tra la superficie scabra delle stoffe e quella levigata delle parti nude, secondo una tecnica comune a un piccolo gruppo di coperchi in travertino di stile accurato. Sulla cassa, fornita di peducci, un leone spezza tra le fauci una lancia.
Il tipo qui raffigurato, che rimanda a modelli classici, fu utilizzato anche per l'urna di Thana Urinati (Levi 1933, 119, fig. 55, nota 178) nonché per una Fastia Velsi di Boston, con cassa morfologicamente identica a quella in esame, decorata con una Scilla, e ricco corredo di argenti (Eldridge 1918, 251 ss., fig. 1-2), e fu adottato anche nella produzione fittile (Thimme 1957, fig. 1: urna 4 dalla tomba delle Tassinaie).
Cronologia: secondo quarto del II secolo a.C.
a.m.

28 Urna cineraria
Travertino. Coperchio: 34; 88,5 × 58
Cassa: 29; 78,5 × 54,5
Da Poggio alla Sala, tomba dei Tutna Fastntru
Chiusi, Museo archeologico, inv. n. 511.
B.-K. II, 157, tav. LXIV, 4a; CIE 947; Giglioli 1935, tav. 408, 1; Levi 1935, 51, fig. 25; Thimme 1954, 63 ss., fig. 16; Thimme 1957, 97 ss.; Bayet 1960, 81, tav. 10, 2.

Recumbente femminile tunicata, con ghirlanda e oggetto non identificato (fiore?) nella destra. Alla base del coperchio, iscrizione incisa. Sulla cassa, due centauri rampanti ai lati di una protome di Gorgone sorgente da un cespo di acanto.
L'urna è un tipico prodotto di un atelier dedito alla lavorazione del travertino, che distribuisce i suoi prodotti a Chiusi e dintorni, probabilmente nel secondo quarto del II secolo a.C. (così anche Thimme 1954, 61 ss.; Thim-

28

29

30

me 1957, 100 s.); le casse, caratterizzate da una decorazione a rilievo basso che predilige i soggetti ornamentali e fantastici (cfr. B.-K. II, 157, tav. LXIV, 4; III, 204 ss., tav. CXXXIX, 4-5, CXLIV, 8; Giglioli 1935, tav. 395, 2; 406, 4; Levi 1935, figg. 21, 35, 42; Buonamici 1938, tav. 60, 1) si accompagnano sovente a coperchi displuviati, che mostrano efficacemente la progressiva perdita di interesse da parte della committenza per il tipo del coperchio iconico in pietra.
Il monumento presenta però un altro motivo di interesse: si tratta infatti, come indica l'iscrizione (che deborda, sulla destra, dall'incorniciatura progettata), di un'urna cineraria destinata a una donna, Thana Marcnei, ottenuta però modificando un coperchio realizzato per un defunto di sesso maschile (il marito della defunta?). Le modificazioni (che possono essere motivate diversamente da quanto si suppone per la produzione massificata, e più tarda, di Volterra, cfr. n. 45) apportate al pezzo già finito appaiono abbastanza sottili: mentre infatti alcuni dettagli sono stati lasciati inalterati, per quanto siano di esclusiva pertinenza maschile (ad esempio, presenza della ghirlanda; mancanza della cintura in vita), altri sono stati abilmente rilavorati (la corona conviviale è diventata, grazie a una serie di scalpellature, parte della pettinatura femminile; sulla nuca è stata scolpita una crocchia, molto piatta; sulla patera umbilicata sono stati incisi dei petali, forse per trasformarla in un fiore).

m.n.

29 Urna cineraria

Travertino. Coperchio: 15; 64 × 34
Cassa: 42,5; 65,5 × 31
Chiusi, Museo archeologico, inv. 152.
CIE 1869.

Coperchio displuviato, che reca l'iscrizione. Cassa decorata sulla fronte da una protome femminile tra volute vegetali.
La tradizione, forse sempre latente a Chiusi (e certamente nelle aree immediatamente al di fuori della cintura urbana), del cinerario a forma di teca con coperchio displuviato, appare, con l'inizio del II e con la crisi che sembra coinvolgere le botteghe degli alabastrai, e in concomitanza con l'enorme importanza assunta dalla produzione fittile, dotata di nuove energie e sembra impegnare tutta la produzione in travertino, che fornisce infatti ben pochi coperchi figurati (cfr. n. 27). Questa tipologia prosegue, con modeste modificazioni, fino alla fine della produzione, di pari passo con quella fittile.

a.m.

La produzione perugina

30 Urna cineraria

Travertino. Coperchio: 55; 115 × 60
Cassa: 60; 112 × 55
Da Perugia, predio Valderca, tenuta di Cologna. Già proprietà del marchese Bichi Ruspoli
Siena, Museo archeologico.
Lupattelli 1899, 263 s., fig. a, p. 263;
Sprenger-Bartoloni 1977, tav. 272.

Sul coperchio, recumbente femminile, indossante tunica fermata in vita da una cintura e mantello, tratto in alto a velare il capo; torques, collare a treccia, armilla ai polsi e all'omero destro, flabello nella sinistra e orecchini, all'atto della scoperta, a quanto risulta, conservanti tracce di doratura. Cassa conformata a kline, con zampe tornite e suppedaneo. Il tipo del defunto rappresentato a banchetto sulla kline è largamente diffuso a Perugia, almeno dal tardo III secolo fino in età romana. Malgrado una certa durezza nella realizzazione della figura, e segnatamente nel volto, la monumentale urna sembra ancora assai prossima agli schemi elaborati nel tardo III secolo per l'ipogeo dei Volumni, alle cui maestranze bisognerà probabilmente guardare per l'inquadramento del pezzo.
Cronologia: fine III - inizio II secolo a.C.

31

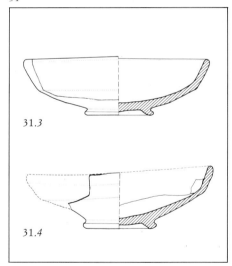

31

31 Urna cineraria, con corredo

Travertino. Coperchio: 33; 68 × 40
Cassa: 43; 56 × 40
Da Perugia, località Cordigliano presso Monte Pattoli, tomba a nicchiotto con unica deposizione (rinvenimento 1914).
Firenze, Museo archeologico, inv. 111.613.
Galli 1915ª, 270 s., fig. 1; NRIE 423.

Sul coperchio, recumbente maschile, con mantello che avvolge la parte inferiore del corpo e lascia scoperto il torace, velando il capo.
Sul listello inferiore, iscrizione incisa: *la.capnx.cafatial* (nuova lettura).
Sulla cassa, agguato di Achille a Troilo.

IL CORREDO
1. Olla ovoide a orlo piano
Impasto bruno. Altezza 23; ⌀ bocca 15,2
Inv. n. 111.614. Cfr. Feruglio 1977, 111, fig. 70, 7; 81, 3 (da tombe datate latamente al II secolo).
2. Olla ovoide frammentaria
Impasto bruno. Altezza massima 5,8
Inv. n. 111.615.
3. Coppa carenata
Argilla grigia. Altezza 5,8; ⌀ 17,8.
Inv. n. 111.616.
4. Coppa
Argilla grigia, frammentaria. Altezza 5,6
Inv. n. 111.617. Cfr. Feruglio 1977, 113, tav. 77, in alto a destra, dalla tomba dei Cai Carcu, datata al II-I secolo a.C.
Lippolis 1984, 119 s., tipo H1.

31.3

31.4

L'urna rappresenta bene il tipo corrente nella produzione media figurata di Perugia, che appare caratterizzata dal vistoso sviluppo assunto dal monumento nel senso della profondità, che crea un ampio spazio vuoto alle spalle della figura del defunto, e che talora comporta singolari torsioni e forzature dell'articolazione anatomica. Il rilievo della cassa conserva un cartone colto, già largamente circolante nell'Etruria settentrionale interna fin dal tardo III secolo. Il soggetto è diffuso a Perugia, cfr. B.-K. I, 61, LVII, 19 s.; Dareggi 1972, 35 ss., nn. 4-5; tavv. II-III; Pairault 1972, tavv. 76-78.

Datazione: circa metà del II secolo a.C.

32   Urna cineraria
Travertino. Coperchio: 16,5; 51 × 38
Cassa: 45,5; 48,5 × 38
Da Monterone, Perugia. Rinvenimento 1865
Firenze, Museo archeologico, inv. 86728, 86707.
Carattoli 1886, 449, n. 10; CIE 2537.

Coperchio (la cui pertinenza alla cassa non è sicura) a doppio spiovente, con rosone tra due pelte sul timpano; sulla fronte della cassa, due pelte contrapposte, tra le quali emergono infiorescenze schematiche. Sulla fascia di coronamento, iscrizione incisa.
Il tipo dell'urna con coperchio a spioventi e decorazione ornamentale è, a Perugia, nettamente predominante, in tutte le epoche, rispetto al tipo con coperchio iconico, tranne probabilmente il periodo tra la fine del III e la metà del II secolo a.C.
Cronologia: II secolo a.C.

a.m.

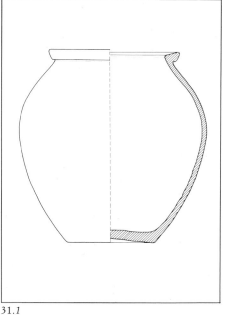

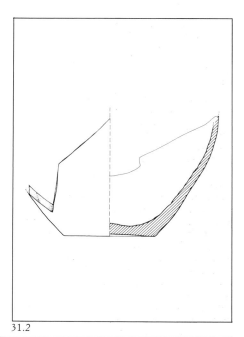

31.1   31.2

32

La bottega e l'organizzazione del lavoro

Le allusioni all'articolazione interna della bottega antica, con un maestro che lavora coadiuvato da collaboratori, quali si colgono nelle urne relative al mito di Dedalo (n. 1), trovano larga conferma nell'analisi delle circa mille urne volterrane pervenuteci. Questo grande complesso di monumenti, provenienti da un contesto territoriale relativamente omogeneo e conchiuso e scaglionate in un periodo abbastanza ristretto (circa trecento anni), costituisce un campo di indagine ideale per lo studio delle botteghe e dei meccanismi di produzione. Strumento fondamentale è la individuazione, all'interno del complesso della produzione, di raggruppamenti, che probabilmente corrispondono all'attività di singole unità produttive. Il raffronto e lo studio particolareggiato di queste fornisce informazioni sulle tendenze di lungo periodo, sui rapporti tra le maestranze, sull'organizzazione del lavoro all'interno delle botteghe. Fondamento per la costituzione di tali gruppi non è però il concetto di stile o influsso, bensì un insieme di elementi estremamente concreti, legati all'organizzazione materiale del lavoro. Così, mentre per i coperchi i tratti costitutivi di questo criterio tassonomico sono costituiti dai materiali, dalle dimensioni, dalle tipologie generali delle figure (elementi dell'abbigliamento, pettinature, attributi e ornamenti), dalla forma dei cuscini e da dettagli tecnici (come il modo di eseguire il panneggio), per le casse, al di là delle iconografie sempre mutanti, vengono privilegiati elementi tipologici quali la forma, la presenza o meno di decorazioni sui fianchi, il tipo di cornice, eccetera.

L'entità e l'ampiezza dei gruppi varia notevolmente[1], ma in generale si può dire che la tendenza va verso una sempre maggior uniformità e standardizzazione[2]. In questo quadro di una produzione che sembra procedere senza soluzioni di continuità, gli elementi di innovazione vengono introdotti nel ciclo produttivo pochi alla volta, mentre antiche tradizioni durano a lungo e spariscono lentamente. Il nuovo viene connesso con l'antico. Da ciò deriva la possibilità di sistemare i monumenti in lunghe catene, senza che si constatino salti particolarmente bruschi. In modo schematico questo processo può essere visualizzato secondo il diagramma

a-b-c
b-c-d
c-d-e

Eccezioni in questo quadro largamente uniforme sono costituite da alcuni monumenti straordinari, che rispondono ad esigenze del tutto specifiche o sono il prodotto di maestranze estranee al contesto produttivo locale. In generale però, anche i non molti artigiani non originari di Volterra cercarono di adeguarsi alle condizioni locali, così che anche la produzione che può essere loro attribuita può inserirsi senza difficoltà nel quadro generale.

Formazione professionale e status sociale degli artigiani

L'esistenza di forme di apprendistato all'interno della bottega spiega probabilmente la continuità nella produzione di urne, desumibile da quanto precede. Infatti un'organizzazione che prevede l'inserimento di aiuti[3] in giovanissima età accanto ai capi atelier giustifica la persistenza di tutti quegli elementi (tecnologie, iconografie e modelli, schemi compositivi) che costituiscono la tradizione di bottega.

Sulla natura e sul numero di tali apprendisti tuttavia non possiamo che avanzare ipotesi non suffragate da dati concreti: se è probabile che in prima istanza i figli del maestro operassero al suo fianco[4], sono tuttavia prevedibili altre possibilità, non esclusa quella dell'impiego di manodopera schiavile, di proprietà del maestro o di qualcun altro che poi traeva frutto da questa attività[5]. La mancanza di firme di artefici sulle urne impedisce anche l'acquisizione di dati affidabili sul loro status nella compagine sociale; è infatti possibile che in un ambiente fortemente connotato in senso aristocratico come Volterra, la considerazione degli scultori fosse estremamente bassa, anche se forse non identificabile con quella di schiavi[6]. In qualche caso si può ipotizzare un rapporto clientelare tra il leader di un atelier e una gens, come sembra, sulla base peraltro di una documentazione non completamente affidabile, nel caso del rapporto intercorrente tra "bottega idealizzante" e gens Caecina[7]. Questa bottega, è noto, continua una tradizione che ha le sue origini nell'attività del Maestro di Mirtilo, certamente una personalità non volterrana, forse addirittura uno scultore di formazione e origine greca[8], che si può dunque pensare chiamato a Volterra, per qualche particolare commessa, da qualche illustre membro dei Caecina.

Il problema della eventuale presenza di artisti greci a Volterra, per quanto in molti casi verosimile e spesso invocata per spiegare la comparsa di monumenti di qualità particolarmente elevata, è reso più complesso dalla mancanza di grecanici nelle iscrizioni pervenute dal territorio della città, a differenza di quanto invece è noto negli altri centri dell'Etruria settentrionale[9], che sono epigraficamente meglio documentati.

Collegamenti tra le botteghe

Accanto alla continuità, di generazione in generazione, che vedeva avvicendarsi nella direzione della bottega gli antichi allievi e apprendisti, doveva esistere anche una mobilità della manodopera tra i diversi atelier operanti contemporaneamente, che a Volterra dovettero essere sempre almeno due o tre. Nella rappresentazione grafica che qui si propone, dove i cerchielli rappresentano i singoli gruppi di monumenti che fanno capo a singole botteghe, le catene rappresentano la continuità, indicata dalla sovrapposizione dei cerchietti, attraverso le generazioni, mentre il parallelismo delle catene è postulato sulla base della presenza di tratti comuni; le frecce che collegano i cerchielli indicano la mobilità di personale tra una bottega e l'altra, mentre quelle provenienti dall'esterno connotano maestranze straniere.

Produzione massificata

Per illustrare il particolare aspetto che la produzione volterrana viene acquistando tra il tardo II e il I secolo a.C., si propone la scelta di un gruppo molto numeroso di monumenti, cui è stata attribuita la denominazione di "gruppo idealizzante: fase dei panneggi rigidi". Immediati appaiono i collegamenti di questo con il "gruppo idealizzante: fase dei panneggi ondulati" che rappresenta certo l'attività della medesima bottega nella generazione precedente[10]: il maestro più giovane ha certo appreso il mestiere in questa bottega, a sua volta legata da vincoli analoghi alla generazione precedente, contrassegnata dall'insegnamento del Maestro di Mirtilo (e del gruppo transizionale a lui strettamente connesso). Evidente appare la transizione dal virtuosismo del maestro nella trattazione dei panneggi alla rigida compattezza che caratterizza l'opera del più tardo artigiano e dei suoi collaboratori, pur nei limiti di un medesimo gusto classicheggiante. Mentre lo schema generale è rimasto inalterato, sono state però introdotte notevoli innovazioni sia a livello iconografico (adozione generalizzata del tipo del velato per gli uomini) che negli accessori (rhytòn per gli uomini; specchi a cerniera per le donne)[11]. Tutto il resto, cuscini gioielli cinture diademi eccetera, rimane invariato, anche se nella realizzazione viene ora impiegato un linguaggio più povero e rigido, sia nelle opere di alabastro che, a maggior ragione, in quelle di tufo, talora veramente trascurate (opere di principianti? cfr. nn. 43-44).

A una distinzione basata sulle disponibilità economiche della clientela risponde certo anche l'uso del materiale. In alabastro, il materiale più pregiato, sono eseguite le urne più grandi (spesso tra i sessantacinque e i cento centimetri di lunghezza), dettagliatamente scolpite e spesso anche dorate. Solo sulle urne di alabastro compaiono iscrizioni, anche se l'uso di incidere i nomi fu sempre molto contenuto: dal patrimonio epigrafico pervenuto peraltro desumiamo che, contrariamente alle aspettative, non tutti i nomi appartengono a membri dell'aristocrazia, ma sembrano rappresentati altri ceti, e addirittura compare un nome di origine servile (n. 34).

Nella produzione di tufo l'iconografia è in generale più standardizzata e l'esecuzione spesso più affrettata: rari i soggetti relativi a miti greci o alla vita ufficiale della comunità (frequenti invece nella produzione di alabastro), abbondano le scene funerarie (congedo, apparizione del marito defunto, cfr. nn. 49-52). La produzione in tufo contempla anche misure molto standardizzate, evidentemente conseguenti a una più razionale strutturazione del lavoro di cava, forse anche per scopi edilizi. Dall'analisi delle misure dei monumenti, si ricava che il dimensionamento dei blocchi avveniva in maniera abbastanza omogenea: per la fase matura dell'officina esso risulta di $2 \times 0,75 \times 1,5$ piedi romani (di m 0,297), mentre per la fase tarda di $2 \times 0,75 \times 1,25$[12]. In mancanza di iscrizioni, è difficile connotare il livello sociale degli acquirenti di urne di tufo; dato però che la maggior parte di esse provengono da piccole tombe, possiamo ragionevolmente inferirne che si tratti di ceti "medio-bassi".

L'aumento di produzione raggiunto da questa bottega, estremamente sensibile rispetto a quella che l'ha preceduta, si spiega probabilmente anche con la nuova capacità di raggiungere, con i suoi prodotti, ceti "medio-bassi" che in precedenza si rivolgevano ad altri tipi di cinerari, ad esempio olle di ceramica.

Per quanto riguarda la produzione media annua di urne, si può dire che, in base a dati verosimili, ma ipotetici (durata dei gruppi/generazioni di circa trenta anni) essa dovette aggirarsi su un valore di cinque-sei urne per officina (cfr. grafico). Forse non siamo lontani dal vero pensando a una potenzialità per bottega di una urna al mese.

L'esempio ben noto delle officine dei fabbricanti di sarcofagi di età imperiale rende verosimile l'esistenza di una divisione del lavoro all'interno della bottega, dove le diverse operazioni, taglio e preparazione dei blocchi, abbozzo della composizione, rifinitura, levigatura, aggiunta del colore e della doratura, eccetera, potevano far capo a diverse specializzazioni.

Un indizio del basso rendimento (in termini generali) di questa produzione è costituito da una serie cospicua di coperchi maschili, che hanno subito ritocchi (essenzialmente limitati all'ornamento personale, mentre i volti sono stati lasciati immutati) per essere trasformati in femminili. Nella trafila ipotizzata per le due generazioni successive della "bottega idealizzante", questi casi sono ben sedici, anche se uno solo appartiene alla fase che specificamente si illustra (n. 45)[13]. La spiegazione del fenomeno consiste certamente nel fatto che le urne venivano acquistate già confezionate all'interno della bottega: talora poteva accadere che i coperchi del tipo desiderato fossero esauriti; ciò in particolare sembra valere per i coperchi femminili, mentre risulta che quelli maschili e le casse fossero sempre all'altezza della domanda. Che il fenomeno interessi quasi esclusivamente i coperchi femminili può indicare inoltre che il cinerario litico era considerato un lusso che alle donne veniva concesso più raramente che agli uomini (il rapporto, sul totale della produzione volterrana, è di sessanta contro il quaranta per cento).

La bottega doveva essere la sede sia dell'unità produttiva (officina) che del luogo di vendita (taberna). Anche se non sono state mai rinvenute tracce di botteghe di scalpellini a Volterra (probabilmente distrutte dalla continuità dell'insediamento), il paradigma generalizzato del mondo antico[14] consente margini di alta probabilità per una ricostruzione teo-

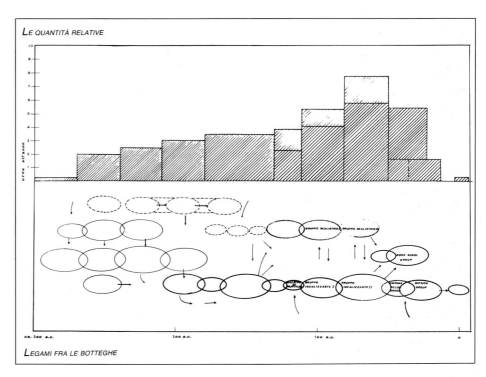

LE QUANTITÁ RELATIVE

LEGAMI FRA LE BOTTEGHE

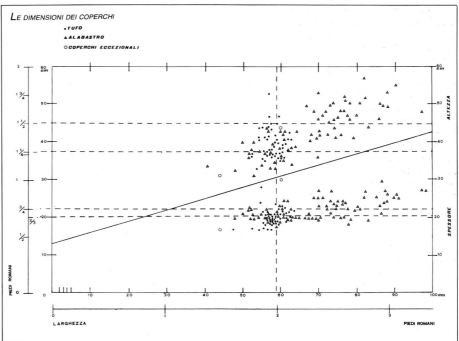

LE DIMENSIONI DEI COPERCHI

rica: d'altronde, la necessità di questa produzione si riduceva alla taberna, a un modesto retrobottega e forse ad uno spazio all'aperto dove immagazzinare i blocchi, analogamente a quanto avviene oggi per le più piccole botteghe artigiane.

Non sembra probabile che le botteghe sorgessero fuori della città, lungo le vie per le singole necropoli, data la diffusione assai ampia, nelle diverse aree sepolcrali che circondano la città, delle urne riferibili alle singole botteghe[15]. L'acquisto di un'urna avveniva probabilmente con la visita della bottega, dove doveva essere sempre disponibile un lotto di oggetti finiti tra i quali scegliere. Naturalmente qualche volta si eseguivano anche lavori su specifiche ordinazioni, alterando gli schemi iconografici in vari punti (cfr. nn. 33-34).

Su una parte dei coperchi di alabastro fu incisa la formula onomastica del defunto: probabilmente il maestro stesso eseguiva l'incisione, caratterizzata da un'estrema accuratezza ed omogeneità di tratti[16].

Talora un ritocco veniva eseguito sul coperchio finito per alludere a determinate caratteristiche del defunto. Anche per ciò che attiene alle casse, nella bottega doveva essere disponibile una certa gamma di soggetti di sicuro successo: il "viaggio del magistrato sul carro" era certo apprezzato dai cittadini influenti della città, mentre la scena con ratto di Elena o quella di Ulisse e le sirene potevano essere particolarmente ambite da un pubblico femminile. D'altro canto, la produzione altamente standardizzata consentiva una notevole libertà nelle associazioni tra coperchi e casse.

Un discorso a parte merita il modo di trattare gli schemi figurativi esistenti e la maniera di adattarli alle circostanze: se è certo, infatti, che repertori e album di modelli hanno dovuto costituire il punto di partenza per la formazione di una tradizione artigianale locale, si constata tuttavia come nel concreto operare l'artigiano lavorasse frequentemente a memoria, senza utilizzare quei sussidi tecnici (cartoni, modelli a silhouette, eccetera) che si presuppongono abitualmente, almeno nel caso dei maestri più esperti, mentre questi stessi mezzi dovevano certamente costituire un ausilio indispensabile per i principianti[17].

La produzione massificata che si ipotizza per questa bottega sembra corrispondere a una tendenza generalizzata in Italia nel tardo II secolo in molti ambiti produttivi (laterizi, terrecotte architettoniche, eccetera)[18]; certo però non è possibile dire se anche in questo caso l'aumento e la standardizzazione della produzione dipendano dall'impiego di schiavi o siano invece dovute ad esempio all'arrivo di qualche scultore greco abituato a lavorare su più ampia scala.

m.n.

Il "gruppo idealizzante: fase dei panneggi rigidi"
Lavori su ordinazione

33 Urna cineraria

Alabastro. Coperchio: 44; 60 × 30
Cassa: 57; 60 × 33
Dall'ipogeo della gens Cneuna, scoperto nella necropoli del Portone nel 1737
Volterra, Museo Guarnacci, inv. 374.
Von Vacano 1961, 12 ss., tavv. 4-7; von Freytag 1982, 43 ss., 109 ss., n. 103, figg. 171-172 con bibliografia precedente; inoltre, Bianchi Bandinelli-Giuliano 1973, fig. 365; Nielsen 1975, 302, 312, 385; Fiumi 1976, fig. 87; Maggiani 1976, 6, nota 9, 7, 31; CUV 2, 16 nota 44; Brendel 1978, fig. 323; Small 1981, 15 ss., n. 8, tav. 5; Bianchi Bandinelli 1982, fig. 68; CIE 68.

33

33

Sul coperchio, recumbente maschile in tunica e mantello, velato e coronato, con ghirlanda al collo, cratere nella destra e rotulo semisvolto nella sinistra. Sul plinto, iscrizione incisa. Cassa su peducci sagomati a zampa ferina; sulla fronte, tra cornice e zoccolo riccamente decorati, Eteocle e Polinice morenti; fianchi decorati da quattro cavalli dietro una balaustra. Coperchio e cassa, pur palesando le caratteristiche della bottega, differiscono però per molti aspetti dai consueti schemi iconografici. Già le dimensioni sono fuori della norma: non solo la cassa risulta infatti insolitamente alta per l'eccezionale numero delle membrature della cornice e per la presenza dei peducci, ma la profondità supera largamente (oltre dieci centimetri), la media, creando spazio alla decorazione sui fianchi, una tendenza quest'ultima tipica della fase precedente della bottega, ma da tempo ormai desueta. Il coperchio mostra, in un contesto tipologico che è caratteristico del gruppo, tratti peculiari: se infatti gli elementi del costume (tunica, mantello, corona intrecciata) e i tratti fisiognomici (volto tondeggiante, occhi incisi, naso dalla larga base, collo muscoloso come quello di un giovane Ercole) rientrano in pieno nelle consuetudini di bottega, un arcaismo è invece la ghirlanda conviviale, motivo abbandonato già da un paio di generazioni (un altro caso in CUV 2, 228), mentre a un'urgenza di aderenza al vero va imputata l'asportazione della consueta frangetta dalla parte centrale della fronte (evidentemente il defunto era calvo). Anche gli attributi (kantharos e rotulo) oltre che poco comuni, sembrano introdurre un elemento di contraddizione interna, che appare spiegabile soltanto con una specifica volontà del committente (così come in MG 415, dove il rotulo, lavorato a parte, è stato aggiunto in seguito). Anche nel rilievo della cassa si rilevano elementi di eccezionalità: già l'inquadramento della scena mediante le figure di Afrodite-Vanth su alti piedestalli costituisce un arcaismo, dato che le urne della bottega hanno generalmente angoli "aperti". Colpisce inoltre la composizione fortemente simmetrica, incentrata sulla figura di Edipo dalla caratteristica tozza mano alzata (un dettaglio che ricompare frequentemente nella produzione dell'atelier) e sui due fratelli morenti e sorretti da compagni: quello di sinistra chiaramente calcato, invertendo lo schema, sulla figura di destra, a sua volta derivata dall'iconografia usata nel frontone di Talamone. Le differenze rispetto alla serie iconografica con questo soggetto, più che dettate da un cambiamento tematico (come vorrebbe Small 1981, 113 s.), sembrano motivate dall'intento dello scultore di creare un'opera unica per un cliente particolarmente esigente.

34 Coperchio di urna cineraria

Alabastro. 31; 44 × 17
Provenienza sconosciuta
Firenze, Museo archeologico, inv. 5805.
CIE 129, con bibliografia precedente.

Questo piccolo coperchio è l'unico esempio, all'interno della bottega, di monumento funerario eseguito per un fanciullo, la cui giovane età è chiaramente indicata dagli attributi, un uccellino nella destra e una palla, probabilmente di cuoio con quattro cuciture, nella sinistra, oltre che da un sensibile intento di accentuarne i tratti nei grandi occhi e nella piccola bocca. Gli elementi del panneggio sono trattati allo stesso modo che per gli adulti (ad esempio nel caratteristico andamento del mantello che vela il capo); un anello (segno di nascita libera?) orna il mignolo, una corona intessuta di fiori la fronte.
L'iscrizione (*l.lautni.v.cavial*) sembra indicare nella famiglia del fanciullo i discendenti di ex schiavi, che evidentemente erano però in grado di procurare una sepoltura relativamente costosa per il loro figlio morto precocemente.

Coperchi maschili

35 Coperchio di urna cineraria

Alabastro. 49; 86,5 × 21
Provenienza sconosciuta
Volterra, Museo Guarnacci, inv. 168.
CUV 2, n. 222, con bibl. precedente:
Pairault Massa 1975, 271; Pairault Massa 1977, 163, nota 202; Fiumi 1976, fig. 61; (per la cassa cfr. n. 47).

Recumbente maschile velato e coronato, con rhyton nella destra e patera nella sinistra.
Anche per i grandi e presumibilmente costosi coperchi di alabastro esisteva una produzione standardizzata, con molte repliche dello stesso tipo: la figura giovanile rappresentata su questo coperchio con il suo modello ritrattistico ideale, eroico, evidentemente incontrava il gradimento della clientela. Accanto alla tradizionale patera umbilicata, si segnala il nuovo attributo, che ora si impone largamente, il rhyton a protome equina (talora bovina) qui scolpito con estrema acribia nei pur minimi dettagli, forse derivato dall'iconografia del convito funebre, diffuso sui rilievi greci del tardo Ellenismo.

Varianti iconografiche:
a) con rhyton nella destra e patera nella sinistra: 1-3) CUV 1, nn. 4, 23, 151; 4) CUV 2, n. 177; 5) Nielsen 1975, 304 (CIE 72); 6) Pairault Massa 1977, 160, fig. 99; 7) Fiumi 1976, fig. 71; 8) Martelli 1978, 15, fig. 13; 9) Volterra, MG 236.
b) patera nella destra e rhyton nella sinistra: 1-3) CUV 1, nn. 14, 22, 41; 4) Volterra, MG 418; 5) Parigi, Louvre MA 2353.
c) rhyton nella destra e sinistra al mento: 1) CUV 1, n. 25.
d) con rhyton nella destra e lembo del mantello nella sinistra: 1) CUV 1, n. 42; 2) CUV 2, n. 219; 3) Maggiani 1976, tav. X, 1; 4) Roma, Villa Albani; 5) Maggiani 1976, tav. X, 4; 6) Volterra, MG 434.

36 Coperchio di urna cineraria

Alabastro. 47; 76 (massima conservata) × 23
Dalla tomba dei Ceicna scoperta nella necropoli del Portone nel 1739
Volterra, Museo Guarnacci, inv. 154.
CUV 1, n. 29, con bibliografia precedente; Nielsen 1975, 203 ss. e *passim*; Pairault Massa 1975, 268 ss., fig. 20; Fiumi 1976, fig. 51; Nielsen 1977, 140, nota 18, Pairault Massa 1977, 140, nota 203; Fiumi, in CUV 2, 18, nota 87; Cateni 1984, fig. 175; CIE 32; REE 1974, 322 (Maggiani).

Recumbente coronato, velato, con rhyton nella destra e patera nella sinistra.
Sul plinto, iscrizione.
Il monumento, che appartiene ad un membro dell'aristocrazia volterrana, pur inserito pienamente nella tipologia consueta del banchettante, mostra peraltro nel volto tentativi spiccati di individualizzazione dei tratti: le profonde rughe che segnano il volto, come in altri casi (cfr. ad esempio CUV 2, n. 164; van der Meer 1975, n. 1, tav. 28, 1), non sembrano incisioni aggiunte su un volto liscio dai tratti generici, ma risultano, nella accentuata plasticità, certamente previste nel progetto originario. Quest'impressione è rafforzata, nel caso presente, dalla evidente calvizie della figura, anche in questo caso non recuperata scalpellando una chioma preesistente, ma concepita espressamente come tale.

37 Coperchio di urna cineraria

Tufo. 36; 56 × 21
Provenienza sconosciuta
Volterra, Museo Guarnacci, inv. 566.
CUV 2, n. 118, con bibliografia precedente; (per la cassa cfr. n. 52).

Recumbente maschile velato e coronato, con patera nella destra e lembo del mantello nella sinistra.
Inconsueta è nella produzione di tufo la finitezza di dettagli che si constata in questo monumento, assai prossimo, per accuratezza esecutiva, alle realizzazioni in alabastro della bot-

34

35

tega: anche le baccellature della patera e le foglie intrecciate del diadema sono state minuziosamente scolpite.
Altri esempi: 1-2) CUV 1, nn. 223, 156; 3-6) CUV 2, nn. 127, 21, 167, 187; 7) Pryce 1931, D95; 8) Vienna, Kunsthist. Mus. 1031 b; 9-10) Volterra, MG 380, 350.

38 Coperchio di urna cineraria
Tufo. 36; 52 × 21
Provenienza sconosciuta
Volterra, Museo Guarnacci, inv. 76.
CUV 2, n. 96; (per la cassa cfr. n. 51).

Recumbente maschile coronato e velato, con patera nella destra e lembo del panneggio nella sinistra.
La figura, dai tratti idealizzati, nella realizzazione semplificata del panneggio e degli attributi (patera liscia: i dettagli erano forse dipinti), rappresenta un buon campione della produzione media in tufo. Caratterizzano quest'urna anche le accresciute proporzioni della testa rispetto al resto del corpo. Questa tendenza è particolarmente evidente nella produzione in tufo, forse perché le minori dimensioni delle urne confezionate in questo materiale portavano ad accentuare la parte più significativa del monumento.

39 Coperchio di urna cineraria
Tufo. 41; 59 × 20
Provenienza sconosciuta
Volterra, Museo Guarnacci, inv. 172.
CUV 2, n. 231, con bibl. precedente.

Recumbente maschile velato e coronato, con mazzo di tavolette nella sinistra e lembo del mantello nella destra.
Questa bottega sviluppa una maniera estremamente efficace e funzionale di scolpire il tufo, con pochi tagli precisi e netti, come se si trattasse di legno. Il coperchio riproduce lo schema iconografico usato nell'ambito dell'officina per un gran numero di realizzazioni, talora in alabastro (cfr. ad es. CUV 1, nn. 34, 160, 143), ma più spesso in tufo (ad esempio CUV 1, nn. 127, 188; CUV 2, nn. 64, 103, 163; van der Meer 1975, n. 26; Bonamici 1984, n. 46).

Coperchi femminili

40 Coperchio di urna cineraria
Alabastro. 41 (massima conservata); 98 × 27
Provenienza sconosciuta
Volterra, Museo Guarnacci, inv. 226.
Gambetti 1974, n. 110; Nielsen 1975, 306, 308 s., 313; Pairault Massa 1975, 221, nota 2.

Recumbente femminile acefala, ma in origine certo velata e diademata, con specchio a cer-

36

37

38

39

niera nella destra, mentre la mano sinistra era sollevata a sostenere il capo.

Anche le figure femminili potevano raggiungere, nella produzione in alabastro, notevoli livelli di monumentalità e, come nel nostro caso, di finitezza nella trattazione minuziosa degli accessori, bande incrociate e fermate da grosse borchie radiate, cinture, torques e armille al braccio destro.

L'impostazione della figura, assai elegante, è attestata per monumenti maschili (CUV 1, nn. 25, 43) ma soprattutto diffusa in quelli femminili (CUV 1, n. 33; CUV 2, n. 199; Delplace 1970 n. 35). Il confronto con il coperchio Museo Guarnacci inv. n. 327, che appartiene alla fase più antica della bottega idealizzante, induce a vedere nel nostro coperchio una delle prime opere di questo gruppo, ancora creato sotto il controllo dell'antico maestro.

Specchio a cerniera nella destra e melograna nella sinistra costituiscono attributi estremamente diffusi sui grandi coperchi di alabastro (cfr. ad esempio CUV 1, nn. 139, 44; CUV 2, nn. 223, 233; Nielsen 1975, 304; Fiumi 1976, fig. 87).

Una copia del nostro, CUV 1, n. 183 in tufo, realizzata secondo la dura tecnica dell' ''intaglio ligneo'', rappresenta probabilmente la prova di un assistente specializzato, che avrà usato a modello o un disegno del maestro o addirittura il coperchio di alabastro, che ancora attendeva il suo compratore nel magazzino della bottega.

40

41

42

41 Coperchio di urna cineraria
Alabastro. 42; 68 × 20
Provenienza sconosciuta
Firenze, Museo archeologico, inv. 5785.
CIE 106; Nielsen 1975, 305 ss., 313; (per la cassa cfr. n. 48).

Recumbente femminile, velata e coronata, con flabello nella destra e melagrana nella sinistra. Sulla base, iscrizione incisa.

Prodotto esemplare dell'alto livello raggiunto dalla fabbrica nella produzione di coperchi femminili in alabastro, che coincide anche nei tratti fisiognomici con quella dei coperchi maschili, quali il n. 35.

Anche in questo caso la testa appare particolarmente grande rispetto al corpo: minuziosamente rappresentato tutto lo sfarzoso apparato dell'ornamento personale, dal diadema, alla cintura perlinata e decorata, alle borchiette sulla spalla, al torques, alle armille e all'anello. Esistono non meno di sedici repliche in alabastro e dieci in tufo.

42 Coperchio di urna cineraria
Tufo. 40,5; 54 × 19
Provenienza sconosciuta
Firenze, Museo archeologico, inv. 5793.
Nielsen 1975, 305 e *passim*; (per la cassa cfr. n. 50).

Recumbente femminile velata e coronata, con

ventaglio nella destra.
La figura è rappresentata in uno schema intermedio tra i due coperchi precedenti. Esempio significativo degli stretti rapporti intercorrenti tra produzione in alabastro e tufo, dove peraltro gli schemi subiscono una redazione solo lievemente irrigidita.

Lavori di apprendisti o allievi

43   Coperchio di urna cineraria
Tufo. 35; 55 × 17
Provenienza sconosciuta
Volterra, Museo Guarnacci, inv. 437.
Gambetti 1974, n. 52; Nielsen 1975, 313 ss.

Recumbente femminile velata e diademata, con flabello nella destra.
Improntato alla medesima tipologia dei precedenti, questo coperchio tradisce certamente, nella rozzezza dell'esecuzione, l'imperizia di un principiante, non ancora addestrato nemmeno nella lavorazione del tipo meno pregiato di pietra (cfr. invece l'intaglio preciso del n. 42). Probabilmente la parte piumata del flabello era dipinta. Un altro esempio di un probabile lavoro di principiante è CUV 2, n. 156.

44   Coperchio di urna cineraria
Alabastro. 36; 61 × 20,5
Provenienza sconosciuta
Volterra, Museo Guarnacci, inv. 199.
Gambetti 1974, n. 30; Nielsen 1975, 304, 309 s.

Recumbente femminile velata e coronata, con flabello nella destra e melagrana nella sinistra.
Anche nella produzione in alabastro sono attestati numerosi esempi nei quali sembra doversi riconoscere l'intervento di qualche allievo o apprendista. Anche questo coperchio mostra, pur nel rispetto della tipologia della bottega, modestissime capacità di controllare la tecnica. Altri esempi di scalpellini inesperti, strettamente legati al "gruppo idealizzante: fase panneggi rigidi", sembrano CUV 2, n. 46; CUV 2, n. 236; Maggiani 1977, fig. 89.

Difficoltà di approvvigionamento

45   Coperchio di urna cineraria
Tufo. 36; 58 × 18,5
Provenienza sconosciuta
Volterra, Museo Guarnacci, inv. 325.
Gambetti 1974, n. 77; Nielsen 1985, n. 12.

Recumbente femminile velata e coronata, con melagrana nella destra.
Gli accorgimenti tecnici adottati per trasformare questo coperchio da maschile in femminile sono assai ben congegnati, e riuscirebbero di difficile decifrazione senza tener conto della fissità delle iconografie impiegate dalla

bottega: sulla corona dell'uomo è stata scolpita una scriminatura centrale da cui si dipartono ondulazioni per assimilarla alla pettinatura femminile; asportata la frangia di capelli sulla fronte (di cui peraltro rimangono tracce), le orecchie a ventola dell'uomo sono state trasformate in riccioli. Un diadema lavorato a parte (ora perduto; restano i fori di fissaggio) era inserito dietro la corona. L'attributo trattenuto originariamente nella destra, quasi sicuramente una patera, è stato rilavorato ricavandone una melograna. Nella mano sinistra è rimasto l'inoffensivo lembo del mantello, raro però nelle donne, ma comunissimo negli uomini. Per completare la tipizzazione femminile, furono aggiunti una cintura e il torques, mentre il dettaglio del seno fu ottenuto abbassando un poco le superfici circostanti. Sul viso, fu aggiunta soltanto l'incisione delle sopracciglia.

Le casse

46   Cassa di urna cineraria
Alabastro. 41,5; 76 × 21
Provenienza sconosciuta
Volterra, Museo Guarnacci, inv. 195.
B.-K.II, 226, tav. CI, 3; Maggiani 1977, 310.

Cornice: perle, listello, toro, dentelli, fascia con perle. Zoccolo: astragalo entro una gola tra perle. Sulla fronte, scena di convito.
La scena del convito, che impegna un numero diverso di personaggi rappresentati recumbenti sulle *klinai* (tra l'altro consentendo un immediato richiamo alle immagini raffigurate sui coperchi, ma qui la dimensione "mitica" è suggerita dal tipo dei capelli ricciuti e dalla larga presenza di barbe), è nota in molti esemplari e numerose varianti: il suo significato drammatico è chiaramente accennato dai gesti di terrore soprattutto della donna a sinistra. Pur con la prudenza necessaria, la posizione del Körte, che suggeriva un collegamento con la tragedia euripidea *Melanippa la savia* (Eolo manda a morte i figli gemelli di Melanippa, sua figlia) appare ancora sostenibile. Probabilmente alla base della composizione sta l'iconografia dei molteplici rilievi con banchetto funebre, comuni in ambiente greco ellenistico, adattati in un contesto narrativo. In ogni caso, una scena mitologico-letteraria come questa fu probabilmente scelta dagli artigiani (o dalla committenza) per alludere al tema del banchetto funebre, con l'ovvia possibilità di identificazione del defunto con uno dei personaggi coinvolti nella vicenda mitica (cfr. Pairault Massa 1977, 162 ss., Pairault Massa 1979, 17). Quest'ipotesi è avvalorata dall'occorrenza, su un'urna di questo tipo, di un nome personale dipinto su un rotulo esibito semisvolto da uno dei banchettanti (segnalazione di G. Cateni. Già in B.-K. II, 227, tav. CII, 5). Probabilmente anche l'acquisizione del tipo di recumbente con rhyton sui coperchi può essere interpretata in ultima istanza come una contaminazione con i rilievi greci. Lo stesso

43

44

45

schema fondamentale del banchetto è stato impiegato anche nelle scene connesse con la vicenda di Ulisse e i Proci (B.-K. I, 95 s., CUV 1, n. 70).

47 Cassa di urna cineraria
Alabastro. 40; 85 × 24
Provenienza sconosciuta
Volterra, Museo Guarnacci, inv. 168.
CUV 2, n. 222 con bibl.; Fiumi 1976, fig. 61; Gambetti 1976, 123, fig. 4; Maggiani 1977, 120, nota 9, 136, nota 44; Weber 1978, 106, nota 287 (per il coperchio cfr. n. 35).

Cornice: perle, listello, toro, dentelli, fascia a perle. Zoccolo: fregio di foglie alternato a triangoli multipli tra due listelli perlinati.
Sulla fronte, viaggio agli inferi in quadriga.
Il soggetto, nuovo a Volterra, fu probabilmente inventato da questa bottega; la scena è riferita al tempo presente e non a un'epoca mitica, come indicano l'assenza di barba e la foggia delle pettinature. L'uomo sulla biga, ovviamente il defunto, è concepito nella sua dignità di magistrato, con allusione forse al suo trionfo, magari nell'Ade. Quasi tutti gli esemplari noti sono repliche riferibili alla nostra bottega o alla sua immediata tradizione (B.-K. III, 101 s., tav. 84, 86; CUV 1, 151; CUV 2, nn. 221-223, 225-230). Modestissimo il contributo della contemporanea bottega del "gruppo realistico" (CUV 1, n. 155; CUV 2, n. 224). Nessuna relazione sembra sussistere tra la composizione volterrana e le rappresentazioni presenti sui sarcofagi dell'Etruria meridionale (Herbig 1952, tavv. 1, 28b, 40c ecc.); il maestro ha invece ripreso e modernizzato un filone tradizionale e ben attestato anche a Volterra: quello della quadriga in galoppo volante con il defunto o con Proserpina. Un'altra possibile invenzione del maestro, rimasta senza seguito, è quella, nota da una sola replica, con corteo di cavalieri e musicanti incedenti verso il luogo del sacrificio (Pryce 1931, 229, D 69).

46

47

48 Cassa di urna cineraria
Alabastro. 40; 67,5 × 18
Provenienza sconosciuta
Firenze, Museo archeologico, inv. 5782.
B.-K. I, 122, tav. 92, 4; Laviosa 1964, n. 24; Candida 1971, 208, n. 3; (per il coperchio cfr. n. 41).

Cornice: perle, listello, dentelli, fascia, perle.
Zoccolo: astragalo entro una gola perlinata.
Sulla fronte, Ulisse e le sirene.
Se il soggetto precedente doveva essere particolarmente richiesto dagli uomini più in vista della città, un motivo come quello di Ulisse e le sirene poté forse essere concepito per un'acquirente femminile. A ciò sembra anche indurre la constatazione che le sirene, che dallo scoglio tentano Ulisse, sono in genere vestite come la defunta stessa.

Soggetto conosciuto da numerose repliche che presentano una casistica ampia di varianti (Candida 1971, 199: le attribuzioni alle varie officine non sono confermate da un esame globale della produzione; B.-K. I, 121 ss., tavv. 90-94). Numerose sono le contaminazioni con composizioni di soggetto diverso (ratto di Elena, Ulisse e Polifemo). Nel repertorio della bottega i soggetti odissiaci godettero di una particolare popolarità (ad esempio Ulisse e i Proci, Ulisse e Circe, Ulisse e Polifemo), che potrebbero indiziare la disponibilità di un album di disegni con illustrazioni del ciclo mitologico.

49 Cassa di urna cineraria
Alabastro. 43; 55 × 24
Provenienza sconosciuta
Firenze, Museo archeologico, inv. 5791.
B.-K. III, 80, tav. 40, 6b; Steingräber 1979, n. 200.

Sulla fronte, apparizione del defunto alla moglie. Il motivo, che godette di grande successo a Volterra (circa sessanta repliche, non tutte della nostra fabbrica), malgrado le molte interpretazioni che sono state proposte in chiave mitologica, è forse semplicemente da leggere come l'apparizione di un marito defunto, che si avvicina alla moglie, giacente sulla kline nell'atteggiamento della defunta sul coperchio. Il significato funerario della scena è accentuato dalla presenza, sul fondo, di un monumento funerario a pigna. Anche se forse la scena originariamente ebbe carattere mitologico (come sembra indicare ad esempio la particolare pettinatura del defunto), bisogna probabilmente pensare che la sua popolarità sia dovuta all'identificazione dei committenti con i "sentimenti" espressi nell'urna, dell'amore che continua oltre la tomba, del desiderio dei coniugi di riunirsi anche nell'Ade. Perciò forse bisogna scartare interpretazioni troppo discreditanti per la donna (cfr. B.-K. III, 24 ss., tavv. 63-67; Nocentini 1965, n. 36). Il tema è forse stato inventato dal predecessore del maestro della "bottega dei panneggi rigidi" (cfr. B.-K. III, 79, tav. LXV, 5; LXVI, 7). Il soggetto si accompagna sia a coperchi maschili che femminili e in verità poteva accordarsi sia ad un marito premorto alla moglie che a una vedova che raggiungeva il marito, e poteva perciò costituire una soluzione standard per buona parte dei committenti. Esistono varianti iconografiche che coinvolgono radicali mutamenti di significato (B.-K. II, tav. 27: matricidio di Alcmeone; B.-K. II, tav. 106: incontro tra madre e figlio; B.-K. III, tav. XLIV, XLV, LII: scena di congedo).

50 Cassa di urna cineraria
Tufo. 35; 56 × 21
Provenienza sconosciuta
Firenze, Museo archeologico, inv. 5793.
B.-K. III, 81, tav. LXVII, 9c; Fiumi 1957ᵃ, 470, n. 96; (per il coperchio cfr. n. 42).

Cornice: fascia obliqua, liscia. Zoccolo: fascia obliqua, liscia. Sulla fronte, scena del marito defunto che appare alla moglie.
Questo soggetto fu particolarmente diffuso nella produzione di tufo, probabilmente perché esso era ormai sentito come pertinente al mondo sentimentale e funerario. L'esecuzione di questa scena nel tufo è sempre molto precisa e nitida, e confrontabile con le serie in alabastro: dettagli potevano essere dipinti. Un infinito numero di varianti è attestato all'interno della composizione, che rimarrà amatissima anche in seguito.

51 Cassa di urna cineraria
Tufo. 41; 54 × 19
Provenienza sconosciuta
Volterra, Museo Guarnacci, inv. 76.
CUV 2, n. 96 con bibliografia; (per il coperchio cfr. n. 38).

Cornice: fascia liscia. Zoccolo: fascia liscia. Sulla fronte, scena di congedo.
Un altro soggetto che per la sua ambivalenza poteva essere usato per uomini e donne è quello del congedo del defunto(a) dalla moglie (marito), alla presenza di vari personaggi certo dell'ambito familiare. Anzi, nell'epoca di attività della nostra officina, il soggetto fece quasi del tutto scomparire le casse con decorazione ornamentale, che nella fase precedente costituivano la soluzione neutra più adottata. Molte le variazioni anche in questo caso intorno al motivo base della coppia che si scambia il saluto, motivo antico che ebbe nel tardo II secolo un forte risveglio, forse sotto l'influsso dei rilievi funerari greci, dove il tipo è comune.

52 Cassa di urna cineraria
Tufo. 33,5; 59 × 19,5
Dagli scavi Manetti 1877-1885, nella necropoli del Portone
Volterra, Museo Guarnacci, inv. 566.
CUV 2, n. 118; (per il coperchio cfr. n. 37).

Cornice: fascia liscia. Zoccolo: fascia liscia. Sulla fronte, scena di congedo.
Immutato nello schema compositivo rispetto al rilievo precedente, con qualche piccola aggiunta (colonna con cippo all'angolo sinistro) e qualche variante (spostamento di personaggi), questa urna rispecchia, nella rozzezza del lavoro, l'intervento di un allievo o di un seguace della bottega.

48

49

51

53 Cassa di urna cineraria
Alabastro. 39; 57 × 21
Dall'ipogeo Franceschini scoperto nel 1731
nella necropoli del Portone
Volterra, Museo Guarnacci, inv. 209.
Gori 1737, tav. 170, 1 (associata con il
coperchio MG 356 dalla stessa tomba, ma
forse non pertinente); B.-K. II, 180, tav.
LXXV, 1c; Fiumi in CUV 2, 9, 16, nota 20.

Cornice: listello, toro, fascia. Zoccolo: fascia.
Sulla fronte, sacrificio di due prigionieri. Sebbene l'esatta interpretazione della scena sia di-
scussa, l'ambito nel quale si muove il rilievo
è certo quello mitologico: due prigionieri legati stanno per essere sacrificati in un santuario. Quel che qui interessa è però l'opportunità di constatare la duplicazione degli schemi impiegati: il naiskos al centro della fronte
avrebbe fornito un'eccellente occasione per la
creazione di due gruppi simmetrici laterali: invece il gruppo sacerdotessa-prigioniero è ripetuto pedissequamente dalle due parti: dato che
la libazione si compie naturalmente con la destra, può darsi che l'artigiano abbia voluto evitare di far ruotare la figura per mostrarla di
spalle. Il soggetto fu probabilmente elaborato
dal Maestro delle piccole patere, dove i due
gruppi sono disposti in modo identico (Pairault
1972, tav. 33; CUV 1, n. 50) e ripreso dal
Maestro dei panneggi ondulati, precedente il
nostro.

m.n.

52

53

La distribuzione nel territorio

A differenza delle classi ceramiche di produzione volterrana (comprese quelle prevalentemente usate come cinerari, quali le *kelebai*), la cui diffusione coinvolse territori anche assai lontani, le urne cinerarie di pietra prodotte dagli atelier urbani furono distribuite soltanto entro i confini dello stato di Volterra[1]. La carta di distribuzione dei rinvenimenti segnala in primo luogo come i più prossimi rinvenimenti di urne distino oltre dieci chilometri dal centro, evidentemente la distanza massima entro la quale era economico per i "contadini" abitare in città. Dall'esame delle urne sparse nel territorio emerge una duplice connotazione della committenza: da una parte, una aristocrazia colta, con notevole grado di indipendenza da Volterra e contatti autonomi con altre città e, dall'altra, una classe di "contadini", soprattutto nella regione di San Gimignano-Casole, assai più conservatori e poco permeabili al processo di ellenizzazione.
Nel III secolo non è del tutto agevole distinguere la produzione volterrana da quella locale; in ogni caso, questo sembra un periodo di notevole rigoglio economico per la "campagna" (da dove proviene quasi il venticinque per cento delle urne volterrane conosciute in questo periodo)[2]. Nella fase iniziale della produzione (fine IV-inizi III secolo a.C.) i cinerari non sembrano esportati da Volterra, bensì eseguiti in loco da maestranze itineranti, formate forse nell'Etruria meridionale, con notevoli rapporti con gli altri centri dell'Etruria settentrionale. Non è senza significato, da questo punto di vista, che, mentre a Volterra le iscrizioni si generalizzarono sulle urne solo nel tardo II secolo, l'ipogeo di Monteriggioni presenti ben quattro urne di qualità, con iscrizioni, del III secolo[3]. La maggior parte delle urne di questo periodo appartiene tuttavia ad un livello estremamente modesto, con casse lisce e coperchi eseguiti molto sommariamente. Anche in questo caso, anche se tipi analoghi sono ben noti nelle necropoli della città[4], è difficile dire se si tratti di pezzi esportati, o dell'opera di scalpellini volterrani itineranti o di tagliapietre locali.
Il tipo del banchettante con ghirlanda, elaborato a Volterra verso la fine del III, viene largamente esportato anche nel territorio, dove costituisce anche vivace stimolo per la produzione locale. D'ora in avanti, mentre quest'ultima decade a livelli molto bassi, sono le botteghe volterrane a distribuire le urne ai clienti con maggiori disponibilità economiche, sparsi in un territorio che sembra soffrire di un certo impoverimento, mentre i ceti meno abbienti si rivolgevano ad altri più economici tipi di cinerari, quali le olle. I materiali, alabastro e tufo, attestano che si tratta di urne lavorate a Volterra, anche se rimane incerto se esistesse un'organizzazione di distribuzione e vendita diretta o se l'acquirente dovesse recarsi a Volterra per acquistare il cinerario.
A giudicare dalla documentazione, alquanto lacunosa, le urne di tufo più modeste furono smerciate nella zona della val d'Era e a Montaione, nonché a San Gimignano e Casole, dove peraltro esisteva un artigianato locale (cfr. loc. 7-10, 13, 15, 16-18). Urne di alabastro di qualità raggiunsero la costa, da Belora a Vada e Castiglioncello (loc. 1-4) e la media e alta val d'Elsa, dove una serie di *castella*, Pogni, Semifonte[5], Barberino e Poggibonsi (loc. 18-21) situate forse lungo una strada, sembrano testimoniare l'esistenza di un ceto magnatizio rurale, che intrattiene tuttavia stretti rapporti con il centro primario.
Profondi mutamenti nella struttura insediativa si verificano nel I secolo a.C.: la quasi totale assenza di urne sul territorio e l'aumento notevole di urne a Volterra stessa, sembrano configurare una vera e propria fuga alla città, almeno dei proprietari terrieri[6].
A Monteriggioni, San Gimignano, forse Morrona, le tombe povere utilizzano altri tipi di contenitori delle ceneri: indizio che con la partenza del ceto dominante, i contatti culturali (e l'imitazione dei modelli e delle ideologie funerarie ivi elaborati) con la città furono quasi del tutto assenti. Il periodo dell'assedio sillano e le sue conseguenze, se pur non disastrose in termini di vite umane (dato che probabilmente non vi furono proscrizioni di massa) possono aver accelerato un processo magari già in atto. Resta il fatto che di tutta l'Etruria Volterra rimane l'unica città in cui le tradizioni nazionali almeno nella sfera privata del rituale funerario si mantennero fino in età augustea[7].
Per ciò che attiene alla tematica delle urne, la recente acquisizione di un certo numero di rilievi di carattere mitologico consente di modificare lievemente il giudizio che vedeva nel territorio una netta prevalenza di temi funerari, che avrebbero rispecchiato una committenza poco ellenizzata[8]. In realtà il quadro che emerge dall'esame delle urne con rilievi mostra una situazione non dissimile da quella esistente in Volterra; anzi, i non pochi miti "greci" rappresentati sembrerebbero attestare che anche l'aristocrazia rurale fosse molto aperta ai temi ellenizzanti[9].

m.n.

54

54 Urna di Velia Cerinei
Alabastro venato. Coperchio: 37; 57 × 18
Cassa: 42; 57 × 20
Da Castiglioncello
Rosignano Marittimo, Museo civico (già al Museo nazionale di Castiglioncello, inv. 279).
Galli 1924, 164-168, fig. 7; NRIE 19, n. 25; Banti 1943, 102-104; Riesch-Milani 1942, 500-501, tav. 30, 2; Fiumi 1968, 51-52, nota 135; Pairault 1972, 241-242, n. 23, tav. 131; Nielsen 1975, 275, nota 8, 318 nota 4 (con bibl. prec.); Cristofani, in CUV 1, 1975, 13, 14, n. 4; Martelli 1977, 90, nota 56; Nielsen 1977, 140, nota 54; Massa 1979, 26; Stellgräber 1981, 111.
Sul soggetto dell'urna, il ratto di Elena:

B.-K. I, 22-29, tavv. 17-25; Ghali-Kahil 1955; Pairault 1972, 156-162, 222-242, tavv. 114-131; van der Meer 1978, 69-70.

Rinvenuta durante i lavori per la costruzione della linea ferroviaria, nell'area compresa entro il recinto del parco Patrone, nel periodo 1905-1908, l'urna costituiva l'unica deposizione di una tomba a nicchiotto.

L'evidentissima impronta non realistica che caratterizza la figura della defunta, trasformata in un'immagine di eterna bellezza e gioventù, come una dea o un'eroina del mito, tradisce la provenienza volterrana del pezzo e ne assicura l'attribuzione ad un milieu artigianale della città, cui è stato appunto attribuita la denominazione di "bottega idealizzante". L'urna appartiene ad una fase abbastanza antica nell'attività dell'officina, certo anteriore al periodo dell'assedio sillano (81-79 a.C.), che costituisce il discrimine tra i due principali periodi di attività nei quali si articola la fabbrica. Tra i numerosi confronti istituibili, particolarmente significativi appaiono quelli con due coperchi a Firenze (CUV 1, nn. 120, 288), due a Volterra (CUV 1, n. 53; Pairault 1972, tav. 152) ed uno a Parigi (Briguet 1976, 40, n. 88, fig. a p. 41; cfr. REE 1978, 114).

Il soggetto del rilievo che adorna la fronte della cassa, tra due membrature architettoniche, è il ratto di Elena.

Il tema, che coinvolge un'eroina all'interno di una vicenda famosa, era forse specificamente inteso per una committenza femminile. Inoltre questo soggetto poteva costituire un'allusione al viaggio per mare verso l'aldilà, un motivo che compare su urne volterrane più o meno contemporanee, senza connotazioni mitologiche (ad esempio CUV 2, nn. 235-236). Per la donna sepolta nell'urna il motivo era forse doppiamente adatto, dato che il mare giocava un ruolo essenziale nella vita reale degli abitanti di Castiglioncello.

Il nome della defunta, inciso sul bordo inferiore del coperchio, già inesattamente trascritto, risulta: *velia:cerinei:l*. La nuova lettura è basata sull'analisi di un calco in gesso conservato presso la Soprintendenza archeologica della Toscana da parte di A. Maggiani, confermata dall'autopsia del pezzo eseguita da chi scrive. La lieve modificazione del gentilizio (da *carinei* a *cerinei*) non sembra infirmare l'ipotesi di una appartenenza della donna alla famiglia che, con il nome latinizzato di Carrinas, entrò nel ceto dominante a Roma (CUV 1, 13, note 75-76).

È interessante constatare che le caratteristiche paleografiche corrispondono perfettamente alle iscrizioni apposte sugli altri monumenti eseguiti nella stessa bottega con le forme arcuate, nitide, delle lettere e la doppia interpunzione tra le parole. Ciò significa che l'iscrizione è stata scolpita dal lapicida nella bottega in Volterra e non aggiunta in seguito.

Non sappiamo se l'acquisto dell'urna ebbe luogo mentre la donna era ancora viva, o subito dopo la sua morte; sebbene nella iconografia il coperchio non appaia un'opera fuori del co-

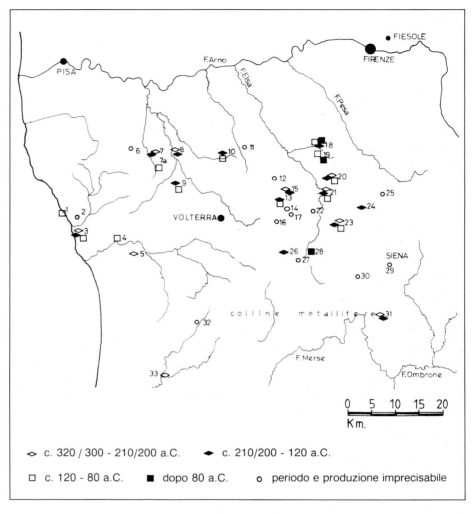

c. 320 / 300 - 210/200 a.C.   ◆ c. 210/200 - 120 a.C.

□ c. 120 - 80 a.C.   ■ dopo 80 a.C.   ○ periodo e produzione imprecisabile

Distribuzione delle urne volterrane

1. Castiglioncello (n. 54)
2. Pastina. Schlie 1868, 134; CUV 1, 14, n. 2
3. Vada. Mantovani 1892, 102-105 (4 exx.); CUV 1, 14, n. 3
4. Belora. Mantovani 1892, 95 ss.; CUV 1, 14, n. 1
5. Montescudaio, località San Giovanni. Rapezzi 1968, 26 ss.
6. Casciana Alta. Ciampoltrini 1980, 78; Bonamici 1984ª, 133
7. Morrona, località L'Antica. Bonamici 1984ª, 130 ss., tavv. 3-4
7. Terricciola. Bonamici 1984ª, 125 ss., tavv. 1-2
8. Péccioli. Bonamici 1984ª, 133-134
9. Laiatico, località L'Aione. Bonamici 1984ª, 135 s., tav. 5
10. Montaione, Castelfalfi, località Rignano. CUV 1, nn. 243-245
11. Montaione, Sant'Antonio. De Marinis 1977, 62
12. San Gimignano, Poggio alla Città - Sferracavalli - Cellole - La Ripa - Piattaccio. De Marinis 1977, 77 s., 80 s.
13. San Gimignano, Bucciano. De Marinis 1977, 76 s.
14. San Gimignano, Il Piano. Scamuzzi 1940, tav. 27

15. San Gimignano, località imprecisate. Museo civico locale
16. Castel San Gimignano. De Marinis 1977, 74
17. Colle Val d'Elsa, località Mugnano. De Marinis 1977, 79
18. Pogni. Martelli 1978, 12 ss.
19. Semifonte-Bonazza. Cfr. nota 5
20. San Martino ai Colli, Barberino val d'Elsa. CUV 1, nn. 281-309
21. Poggibonsi, Pian de' Campi. Lepore 1980, 6 s., 18, 21
22. Colle val d'Elsa, Dometaia-Casale. De Marinis 1977, 64, 72
23. Monteriggioni, località Casone, tomba dei Calisna Sepu. CUV 1, nn. 246-280
24. Lilliano, Castellina in Chianti. Martelli 1977ª, 60, fig. 8, nota 19
25. Castellina in Chianti. Martelli 1977ª, 59 s.
26. Casole d'Elsa. De Marinis 1977, 71, 73, 75-76
27. Querceto, Casole d'Elsa. De Marinis 1977, 87
28. Collalto, Casole d'Elsa. De Marinis 1977, 69
29. Siena. Siena 1979, 53 ss., n. 63
30. Toiano. Siena 1979, 203, n. 7
31. Grotti, Monteroni d'Arbia. Siena 1979, 28, 74, n. 96
32. Lustignano, Pernier 1911, 126
33. Val di Cornia. Maggiani 1979, 99 ss., tav. 34

mune, ma corrisponda allo standard qualitativo medio della bottega, e dunque nulla vi sia per pensare a un'opera fatta su ordinazione, è però sicuro, da quanto precede, che l'urna fu acquistata specificamente per lei all'interno stesso dell'officina.

Forse il trasporto dell'urna da Volterra a Castiglioncello non rappresentava un problema particolarmente complesso, anche se la distanza, attraverso la valle del Cecina e poi lungo la costa verso nord, ammonta a una cinquantina di chilometri. Da Castiglioncello non provengono altri esempi di urne di tipologia volterrana, né imitazioni locali; questa urna appare dunque assolutamente eccezionale in un ambiente, dove anche i costumi funerari erano diversi.

Culturalmente abbastanza indipendente da Volterra, Castiglioncello sembra ben inserita nelle correnti commerciali marittime, che convogliano merci che solo in parte e saltuariamente sembrano esser giunte a Volterra, da dove invece hanno raggiunto la città della costa una notevole quantità di ceramica, questa urna di alabastro e probabilmente anche la donna che vi fu sepolta.

m.n.

Le produzioni locali nel territorio volterrano

Anche la produzione delle fabbriche di urne dislocate nel territorio sembra concentrarsi nel III e agli inizi del II secolo, ricalcando sostanzialmente l'andamento delle esportazioni volterrane nei centri minori, e ben pochi sono gli esemplari riferibili ad epoche posteriori (cfr. la carta di distribuzione). D'altronde la distinzione tra i prodotti locali e quelli volterrani non è sempre ovvia, dato che questi ultimi imitano i modelli elaborati nel centro primario, e talora soltanto la peculiarità del materiale usato consente di superare i dubbi di attribuzione. Il quadro che emerge dall'analisi della distribuzione appare peraltro assai disomogeneo, come è naturale in un territorio, come quello volterrano, tanto vasto e in cui certo dovevano convivere strutture economiche e sociali anche fortemente differenziate. Vi sono località, come quelle della zona costiera, nelle quali si è sempre evidenziata una notevole autonomia culturale, mentre in altre, ad esempio tra Elsa e Pesa (cfr. carta, nn. 18-23) dove risiedeva una aristocrazia rurale, la probabile produzione locale è di qualità assai elevata e per molti aspetti indipendente da Volterra; in questo caso si tratta probabilmente dell'opera di maestranze itineranti, almeno nel III secolo, dato che nel II anche in questa località giungono monumenti scolpiti a Volterra. Aree periferiche del Senese (loc. nn. 24-25, 29-31) appaiono solo marginalmente influenzate da Volterra, e più decisamente orientate verso l'area Arezzo-Montepulciano-Chiusi. Una vera e propria produzione locale, con caratteri di omogeneità e continuità, si attivò invece nella zona di San Gimignano-Casole (cfr. n. 55), raggiungendo anche Monteriggioni (loc. 12-15, 23, 26), un'area rurale, caratterizzata da estremo conservatorismo sul piano ideologico e formale, che induce anche difficoltà cronologiche. Sebbene i contesti tombali confermino, in linea di massima, le cronologie alte, sopra ipotizzate, della produzione, vi sono però anche indizi di una lunga persistenza di tratti da tempo abbandonati a Volterra. Nell'ambito di queste fabbriche grande fortuna incontrò il tipo di urna con coperchio displuviato, che a Volterra scompare già alla metà del III secolo, per ricomparire soltanto in età romana. Qui invece una produzione ininterrotta convive con quella dei coperchi figurati[1], dapprima imitando i tipi urbani[2], quindi sviluppando forme proprie, caratterizzate frequentemente dalla decorazione della fronte con rosone tirato a compasso, inciso o dipinto; la produzione prosegue fino in età romana, creando anche singolari ibridi tra tradizione locale e nuove tipologie romane[3]; confronti ed esiti non dissimili si incontrano nell'area Arezzo-Siena-Asciano, dove il tipo della cassa displuviata non fu mai abbandonato. Nello stesso ambiente artigiano si fabbricano però anche urne con coperchio figurato, secondo una tipologia fissa, estremamente schematica e a un livello qualitativo sempre estremamente bas-

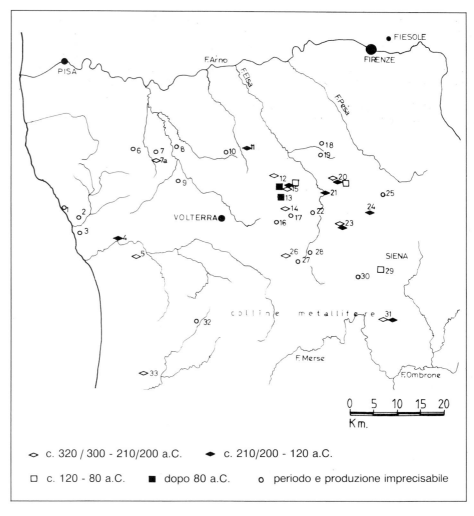

◇ c. 320 / 300 - 210/200 a.C.   ◆ c. 210/200 - 120 a.C.

□ c. 120 - 80 a.C.   ■ dopo 80 a.C.   ○ periodo e produzione imprecisabile

Produzione locale delle urne

1. Castiglioncello (n. 54)
2. Pastina. Schlie 1868, 134; cuv 1, 14, n. 2
3. Vada. Mantovani 1892, 102-105 (4 exx.); cuv 1, 14, n. 3
4. Belora. Mantovani 1892, 95 ss.; cuv 1, 14, n. 1
5. Montescudaio, località San Giovanni. Rapezzi 1968, 26 ss.
6. Casciana Alta. Ciampoltrini 1980, 78; Bonamici 1984[a], 133
7. Morrona, località L'Antica. Bonamici 1984[a], 130 ss., tavv. 3-4
7. Terricciola. Bonamici 1984[a], 125 ss., tavv. 1-2
8. Péccioli. Bonamici 1984[a], 133-134
9. Laiatico, località L'Aione. Bonamici 1984[a], 135 s., tav. 5
10. Montaione, Castelfalfi, località Rignano. cuv 1, nn. 243-245
11. Montaione, Sant'Antonio. De Marinis 1977, 62
12. San Gimignano, Poggio alla Città - Sferracavalli - Cellole - La Ripa - Piattaccio. De Marinis 1977, 77 s., 80 s.
13. San Gimignano, Bucciano. De Marinis 1977, 76 s.
14. San Gimignano, Il Piano. Scamuzzi 1940, tav. 27
15. San Gimignano, località imprecisate. Museo civico locale
16. Castel San Gimignano. De Marinis 1977, 74
17. Colle Val d'Elsa, località Mugnano. De Marinis 1977, 79
18. Pogni. Martelli 1978, 12 ss.
19. Semifonte-Bonazza. Cfr. nota 5
20. San Martino ai Colli, Barberino val d'Elsa. cuv 1, nn. 281-309
21. Poggibonsi, Pian de' Campi. Lepore 1980, 6 s., 18, 21
22. Colle val d'Elsa, Dometaia-Casale. De Marinis 1977, 64, 72
23. Monteriggioni, località Casone, tomba dei Calisna Sepu. cuv 1, nn. 246-280
24. Lilliano, Castellina in Chianti. Martelli 1977[a], 60, fig. 8, nota 19
25. Castellina in Chianti. Martelli 1977[a], 59 s.
26. Casole d'Elsa. De Marinis 1977, 71, 73, 75-76
27. Querceto, Casole d'Elsa. De Marinis 1977, 87
28. Collalto, Casole d'Elsa. De Marinis 1977, 69
29. Siena. Siena 1979, 53 ss., n. 63
30. Toiano. Siena 1979, 203, n. 7
31. Grotti, Monteroni d'Arbia. Siena 1979, 28, 74, n. 96
32. Lustignano, Pernier 1911, 126
33. Val di Cornia. Maggiani 1979, 99 ss., tav. 34

so, che peraltro trova riscontro nella coeva produzione volterrana[4]. Si crea un linguaggio formale di estrema semplicità, che talora dà luogo a forme incerte, che lasciano intravedere solo gli elementi essenziali di una figura umana e che talora invece si avvicina a una concezione stereometrica dei volumi, accentuati magari dal fitto gioco delle solcature sui panneggi; in questa prima fase, la testa è a malapena riconoscibile, e non risaltano differenze tra uomo e donna[5]. Influssi tipologici raggiungono queste maestranze nel tardo III-inizi II secolo, portando all'adozione, nei coperchi maschili, dell'attributo della ghirlanda, allusivo del banchetto e in quelli femminili, della cintura annodata. I tratti fisiognomici vengono articolati in modo esagerato, che finisce per trasformare i volti dei defunti in maschere caricaturali. Mentre tendenze di confrontabile povertà esecutiva sono attestate a Volterra agli inizi del II[6], non è escluso che in questa zona sopravvivano a lungo, anche ben oltre la metà del secolo, malgrado la concorrenza di altri tipi di cinerari (olle in ceramica dipinta). Un piccolo e singolare coperchio femminile da Bucciano, che sembra costituire un compromesso tra la tradizione locale e la tipologia del tardissimo "gruppo del dittico", rappresenta forse un fenomeno di revival[7].

Sebbene la maggior parte delle casse uscite da queste botteghe siano di tipo liscio, talora soltanto ravvivate dal consueto rosone o da incisioni che alludono alla partizione di una cassetta lignea, alla fine del III secolo alcuni rilievi sembrano conservare il ricordo di composizioni elaborate nel centro primario, soprattutto nelle scene con viaggio agli Inferi a cavallo, con o senza la partecipazione di parenti[8]. Tentativi isolati di imitare prodotti volterrani sono individuabili anche nel II secolo: si possono menzionare le urne in calcare da Montaione, Sant'Antonio, una delle quali esibisce la scena di Telefo nel campo dei greci, lavoro più povero dei più scadenti esemplari della serie volterrana, mentre l'altro è decorato da un'anfora tra due grifi[9]. Forse anche un'urna da Belora, scolpita in una pietra probabilmente locale, va menzionata in questo contesto[10].

Relativamente ben rappresentate nel territorio sono le urne di terracotta, tutte eseguite a stecca come i rari esemplari rinvenuti a Volterra, ma provenienti da località anche notevolmente distanti una dall'altra (loc. 5, 7ª, 24, 27, 29). Data la scarsa omogeneità stilistica e cronologica di questi prodotti, si dovrà pensare all'attività di artigiani itineranti, che utilizzavano magari l'argilla del luogo.

Un'altra classe di urne relativamente ben rappresentate nel territorio sono quelle bisome, che trovano la loro spiegazione in termini ideologici e sociali della committenza. La mancanza dei dati di provenienza delle urne di questo tipo conservate nel Museo Guarnacci, databili tra il III e la fine del II (l'urna celeberrima degli sposi), contribuisce ad accentuare l'importanza dei rinvenimenti sicuri, quasi tutti dalle necropoli del territorio, a cominciare dal-

l'esemplare monumentale della tomba dei Calisna Sepu (CUV 1, n. 246) e da quella di San Martino ai Colli (CUV 1, n. 293) per giungere agli esemplari del filone "rozzo" di Casole d'Elsa (Antiquarium, tomba IV) e di San Gimignano (Museo etrusco, inv. 15). L'esaltazione della coppia matrimoniale come unità base della società è caratteristica della società contadina, dove anche la donna aveva un ruolo importante nella vita produttiva e riproduttiva, mentre nella società urbana, maggiormente fondata sul lavoro maschile, i due sessi rimanevano separati.

Solo un esempio di urna di un fanciullo (rare peraltro anche a Volterra) ci è noto, dalla tomba dei Calisna Sepu, databile al III secolo: un fanciullo tutto ossa, disteso nudo su un drappo, una figura quasi inquietante nella sua forza espressiva, ottenuta con mezzi di estrema semplicità (CUV 1, n. 252).

m.n.

55 Corredo di tomba a camera

La tomba, sita in località Le Grazie, è a pianta quadrilatera, con banchina continua e breve dromos a gradini; conservava in posto, parzialmente infranto, il lastrone di chiusura, con tracce di iscrizione; rinvenuta casualmente nel luglio 1982, fu immediatamente oggetto di un primo recupero, cui seguì nel successivo mese di settembre lo scavo sistematico. L'ipogeo, che dovette essere violato a più riprese in epoche diverse (come dimostrano la mancanza di preziosi e l'estrema scarsezza di metalli, nonché il rinvenimento di solo pochi frammenti pertinenti ad almeno una kelebe volterrana e ad uno o più vasi a vernice nera figurati in rilievo) è caratterizzato dalla presenza di cinerari lapidei, tipici prodotti di una bottega locale che ripete stancamente standard elaborati nelle officine di Volterra, ed è databile, dai materiali raccolti, tra la metà del III e i primi decenni del II secolo a.C.

Le urne si trovano a Casole, presso l'Antiquarium; il resto del materiale al Centro di restauro della Soprintendenza archeologica a Firenze.

g.d.m.

1. Coperchio di urna cineraria
Tufo calcareo. 31; 56 × 33.
Figura maschile semisdraiata, con mantello che copre la parte inferiore del corpo, lasciando scoperto il torace; il braccio sinistro, appoggiato ai cuscini, sostiene il capo, dal volto teso verso l'alto; braccio destro disteso.
2. Coperchio di urna cineraria
Tufo calcareo. 37; 49 × 27.
Figura maschile recumbente, con mantello che lascia scoperto il torace. Braccio e mano destri distesi sul fianco; nella sinistra, un lembo del mantello. Sulle parti nude della figura, tracce di colore rosso.
3. Coperchio di urna cineraria
Tufo calcareo. 28; 46 × 27.

55.1

55.2

55.3

55.4

55.5

Figura maschile semisdraiata, con mantello; braccio destro disteso lungo il fianco, il sinistro appoggiato ai cuscini.

4. *Coperchio di urna cineraria*
Tufo calcareo. 36; 52 × 29.
Recumbente femminile in tunica e mantello; viso rivolto in alto; il braccio sinistro appoggia sui cuscini; nella destra, una melagrana.

5. *Coperchio di urna cineraria*
Tufo calcareo. 40; 60 × 29.
Recumbente maschile acefalo, indossante mantello che lascia libero il torace ma si avvolge attorno all'avambraccio sinistro; nella destra, patera umbilicata.

6. *Frammento di coperchio di urna cineraria*
Tufo calcareo. Lunghezza 60.
Si conserva una piccola porzione della parte posteriore.

7. *Cassa di urna cineraria*
Tufo calcareo. 40; 60 × 29.
Cassa parallelepipeda su peducci. Forse pertinente al frammento di coperchio precedente.

8. *Cassa di urna cineraria*
Tufo calcareo. 33; 50 × 25.
Cassa parallelepipeda su peducci.

9. *Cassa di urna cineraria*
Tufo calcareo. 34; 52 × 28.
Cassa parallelepipeda su peducci.

10. *Frammento di kelebe volterrana*
Argilla beige; vernice nero bruna.
Larghezza massima conseravata 15,7; altezza massima 9,8.
Si conserva un ampio settore del collo decorato a reticolo puntinato.

f.d.v.

11. *Oinochoe a vernice nera*
Argilla beige rosata. Altezza 15.
Forma Pasquinucci 150, tipo Morel 5731 a 3. Intorno alla metà del III secolo a.C.

12. *Olpe a vernice nera*
Argilla beige rosata. Altezza 19.
Forma Pasquinucci 149, tipo Morel 5112 c 1. IV-III secolo a.C.

13. *Krateriskos a vernice nera*
Argilla beige rosata. Altezza 11,4.
Forma Pasquinucci 128, tipo Morel 3511 c 1. Intorno alla metà del III secolo a.C.

14. *Olletta a vernice nera*
Argilla beige rosata; vernice grigio verdastra. Altezza 9,5.
Forma Pasquinucci 132; vicina al tipo Morel 7222 a 2. 250 ± 230 a.C.

15. *Olletta a vernice nera*
Argilla beige rosata. Altezza 11,6.
Come la precedente.

16. *Coppetta a vernice nera*
Argilla beige rosata. Altezza 5,1.
Vicina al tipo Morel 2526 d 1. Inizi del II secolo a.C.

17. *Coppetta a vernice nera*
Argilla beige rosata; vernice tendente al bruno. Altezza 5,1.
Tipo Morel 2533 a 1. Inizi del II secolo a.C.

18. *Piatto da pesce a vernice nera*
Argilla beige rosata. Altezza 3,7.

55.7

55.8

55.11

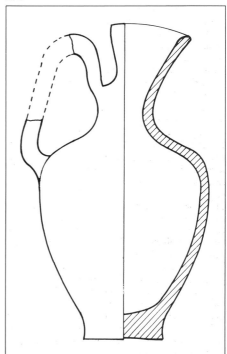

55.11

55.12

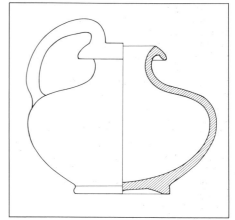

55.12

Vicino al tipo Morel 1123 a 1. Inizi II
secolo a.C.

19. *Ciotola a vernice nera*
Argilla beige rosata. Altezza 4,9; Ø 14,2.
Vicina al tipo Morel 2538 f 1. III
secolo a.C.

20. *Kylix con anse ripiegate a vernice nera*
Argilla beige rosata. Altezza 4,9; Ø 15,1.
All'interno, due timbri a palmetta alternati
a due fiori di loto, entro una fascia a
rotella. Prima metà del II secolo a.C.

21. *Patera umbilicata a vernice nera*
Argilla beige rosata. Altezza 39; Ø 19.
Vicina al tipo Morel 2173 d 1.
All'interno sette timbri a palmetta alternati
a sette a fiore di loto, entro una fascia a
rotella. Seconda metà del III secolo a.C.

22. *Piattello a vernice nera*
Argilla beige rosata. Altezza 4,4; Ø 15,4.
Vicino al tipo Morel 1265 b 1. Fine IV-
prima metà III secolo a.C.

23-27. *Gruppo di piattelli a vernice nera*
Argilla beige rosata. Ø: 15,3; 16,6; 14,7;
15,3; 15. Come il precedente.

d.g.

28. *Piattello in presigillata volterrana*
Argilla rosea. Altezza 3,9; Ø 19,8.
Forma canonica. Per il tipo, cfr.
Cristofani-Martelli 1972, 501. Tardo III-
prima metà II secolo a.C.

29. *Piattello in presigillata volterrana*
Argilla rosea. Altezza 3,5; Ø 19,2.
Come il precedente.

30. *Piattello in presigillata volterrana*
Argilla rosea; vernice rossastra con chiazze
brune. Altezza 5,7; Ø 20.
La forma ricorda le serie Morel 1130-1134
della produzione a vernice nera. Fine III-
inizi II secolo a.C.

31. *Olla in presigillata volterrana*
Argilla rosa; vernice rossastra.
Corpo ovoide con labbro estroflesso e
piede ad anello.

32. *Lagynos*
Argilla rosa, depurata. Altezza 11,8.
Collo cilindroide a profilo concavo, corpo
globulare e piede ad anello.

33. *Olletta biansata*
Argilla bruno chiaro depurata.
Altezza 14,1.
Labbro diritto e obliquo; corpo globulare;
piede ad anello.

34. *Olletta*
Argilla chiara depurata. Altezza 7,1.
Orlo diritto e obliquo; corpo globulare;
fondo piano.

35. *Olla*
Impasto bruno chiaro. Altezza 27,2;
Ø massimo 25,6.

f.d.v.

36. *Moneta*
Testa di negro a d./R/Elefante a d.; tra le
zampe, lettera ś. Bronzo. Grammi 5,6
Zecca incerta.

37. *Moneta*
Testa di Mercurio a d./R. Prora a d., leg.
ROMA. Bronzo. Grammi 5,5. Moneta
romana di età repubblicana.

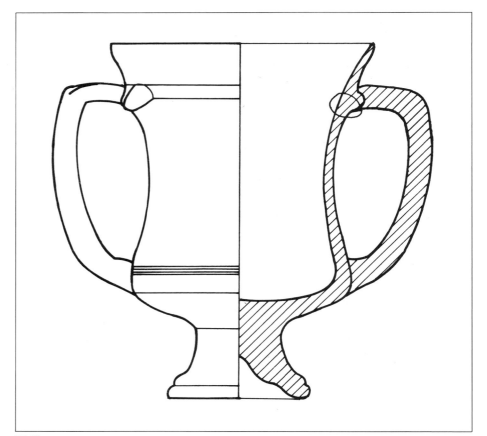

55.13

55.14

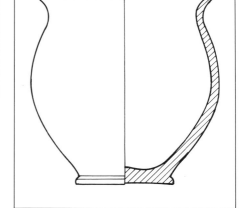

55.14

Purtroppo, le vicende subite dalla tomba non consentono di stabilire l'eventuale contemporaneità di uso delle due monete, che presentavano, al momento del rinvenimento, incrostazioni molto simili. La datazione delle monete anonime con la testa di moro, è infatti controversa, e l'eventuale associazione con il sestante romano della stessa tomba sarebbe stato argomento per una datazione di essa vicina all'epoca annibalica. Il ritrovamento è comunque di notevole interesse, perché conferma la circolazione di tali monete con la testa di moro ben al di fuori dell'area della val di Chiana, località cui vengono generalmente, ma senza alcuna prova, assegnate. L'esemplare restituito dalla tomba mostra bene, dopo l'accurato restauro, i particolari del conio; nel ricercare la sede di emissione di una moneta, non si può non tener conto dell'effettivo livello artigianale della moneta stessa; sembra da escludere, in questo caso, che le monete, proprio per la loro accurata fattura, possano essere state prodotte al di fuori di uno dei centri maggiori, e ciò dovrebbe portare a ricercarne l'origine fuori della val di Chiana cui vengono, come si è detto, attribuite.

Tra le zone di rinvenimento di tali monete, non manca Arezzo, cfr. Gamurrini 1872, 293. Sui problemi di datazione di tali monete, vedi Panvini Rosati 1961-64, 167-180; Baglione 1975, 153 ss.

l.t.

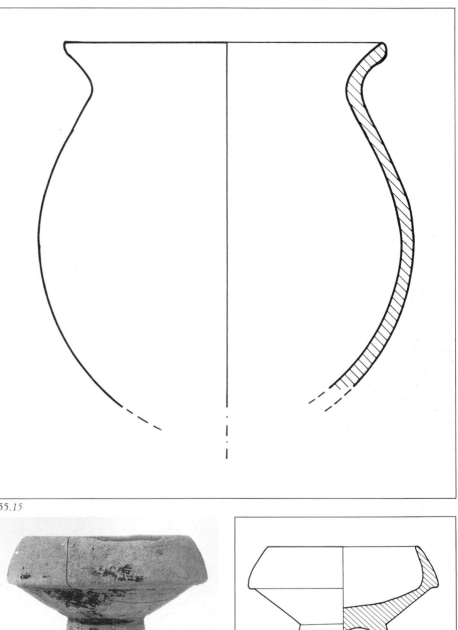

55.15

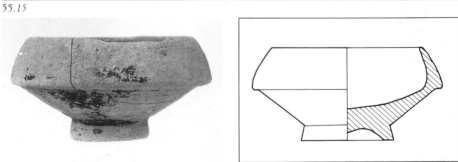

55.16

55.16

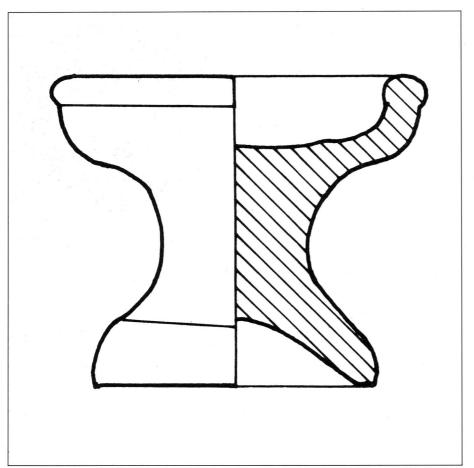

55.17

55.22

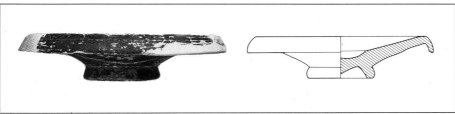

55.18

55.19

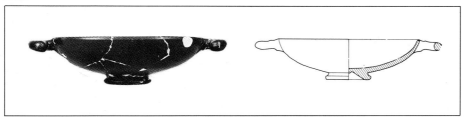

55.20

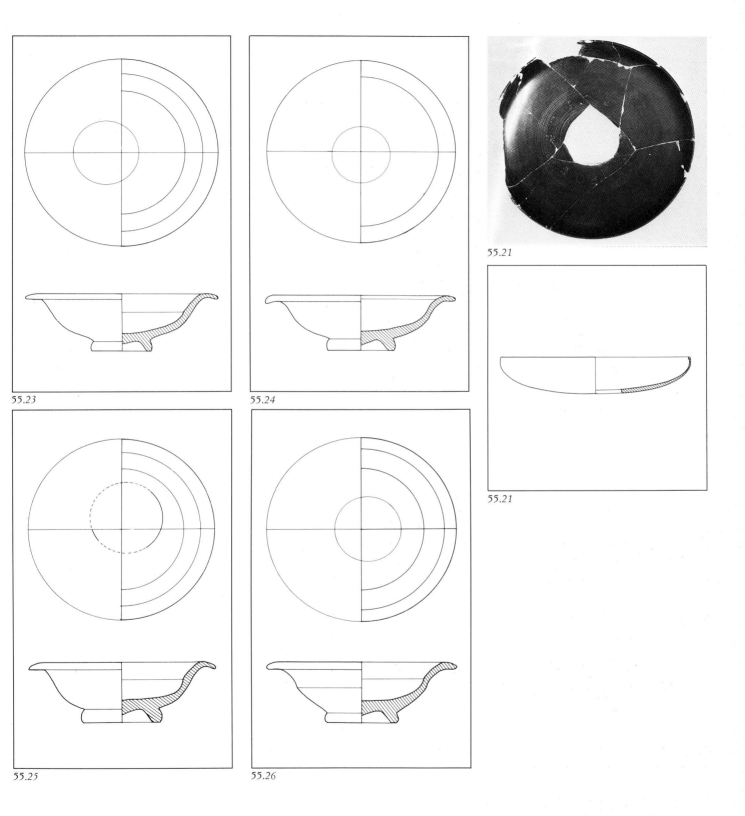

55.23

55.24

55.21

55.21

55.25

55.26

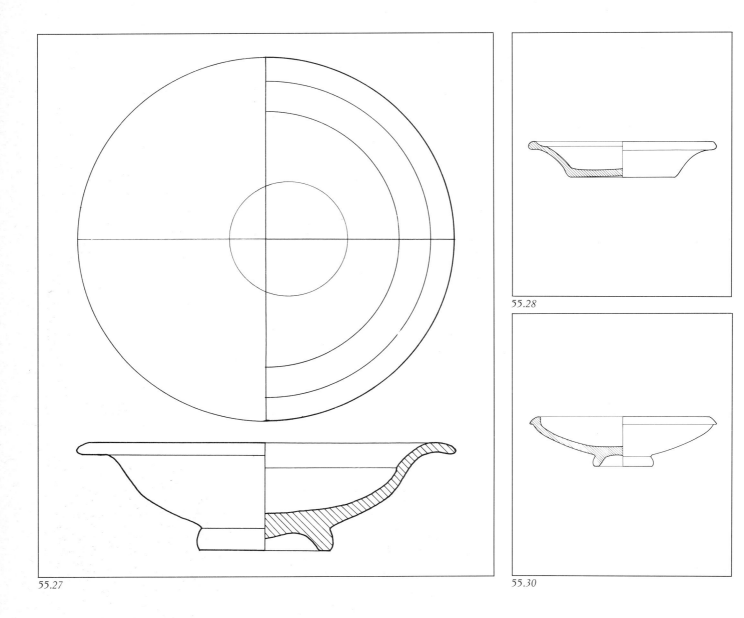

55.27

55.28

55.30

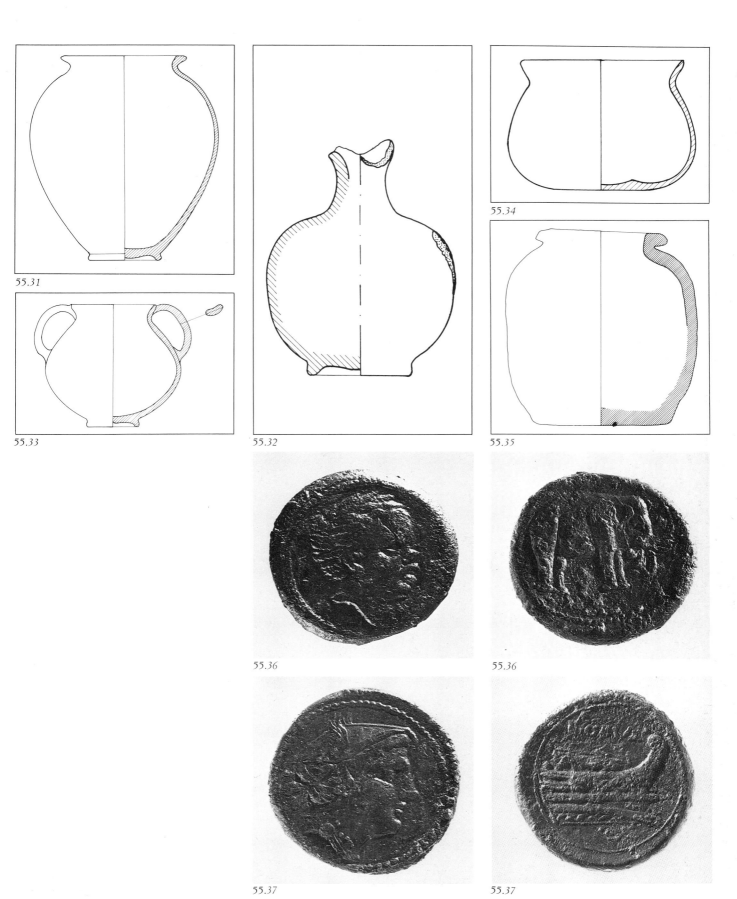

55.31

55.33

55.32

55.34

55.35

55.36

55.36

55.37

55.37

Circolazione dei modelli e delle maestranze

Artisti e artigiani itineranti, che si spostavano da un luogo all'altro secondo le prospettive di lavoro, chiamati per compiti particolari in luoghi dove mancava manodopera locale qualificata, sono un fenomeno ben noto nell'antichità, e specialmente diffuso nel mondo ellenistico[1].

Vivace soprattutto tra IV e III secolo, a quanto pare soprattutto tra Etruria meridionale e settentrionale, anche in seguito prosperò la circolazione delle idee e delle maestranze, con particolare frequenza, nell'ambito geografico che qui interessa, tra Chiusi e Volterra e tra Chiusi e Perugia; non è però sempre facile determinare in quale grado il parallelismo riscontrato a livello di stile e di iconografie corrisponda a reali spostamenti degli artigiani. La sostanziale unità del quadro culturale nell'Etruria settentrionale interna sembra spezzarsi nel corso del II secolo, quando gli sviluppi delle singole città seguirono indirizzi più indipendenti e differenziati, specialmente proprio nelle produzioni, ora quasi massificate, di cinerari di alabastro e tufo a Volterra, di terracotta a stampo a Chiusi, di travertino a Perugia.

E proprio questo maggior gradiente di differenziazione locale che fa risaltare con tanta evidenza i casi di prestiti e contatti, che qualche volta consentono più sicure deduzioni circa il vettore delle reciproche "influenze".

Particolarmente eloquente appare la situazione di Chiusi dove, in coincidenza con la fase finale della produzione di urne di alabastro (da collocare entro la prima metà del II secolo) si incontrano monumenti che rivelano una singolare affinità con lavori volterrani, che rappresentano eventi eccezionali nella produzione locale. Un coperchio femminile da Chiusi, a Berlino, presenta, alcuni tratti tipologici (modello dei cuscini, andamento del panneggio), che diverranno quasi il "marchio di fabbrica" per una bottega volterrana attiva dagli inizi del II secolo[2]. È infatti in questo periodo che le urne con caratteri "chiusini" si fanno più numerose a Volterra; alcuni tratti innovativi rimangono senza seguito, altri vengono invece organicamente inseriti nella tradizione d'officina[4].

Un lotto particolarmente e singolarmente numeroso di monumenti esibenti le caratteristiche che ora isolate proviene dall'ipogeo Taddei in località Luoghino[3] in associazione con monumenti, ormai inseriti nella dinamica di produzione volterrana, che tuttavia sembrano rappresentare l'esito di tali "esperimenti chiusinizzanti"[4]. Una delle urne di questo ipogeo (n. 56), sembra una replica esatta dell'urna da Sarteano al museo di Siena (n. 57), non soltanto sul piano iconografico e compositivo, ma anche per ciò che attiene al soggetto, nuovo sia a Volterra che a Chiusi, il riconoscimento di Paride. A Chiusi lo schema può trovare un utile precedente nella scena di Oreste rifugiato all'altare, dove peraltro sono due i giovani appoggiati all'ara, in una com-

posizione estremamente simmetrica e caratteristica[5].

Se i contatti diretti e in larga misura reciproci tra le botteghe di urne sembrano essersi svolti principalmente tra Volterra e Chiusi, e tra Chiusi e Perugia (ma esiste almeno un caso di rapporti intercorrenti tra Volterra e Perugia), nella più tarda produzione di urne volterrane del I secolo a.C. si possono evidenziare tracce di influssi perugini, probabilmente portati dagli scultori stessi[6].

La situazione delle botteghe volterrane appare assai differenziata verso la metà del secolo: mentre infatti la bottega cui fanno capo i monumenti riuniti sotto la denominazione del Book Scroll Group ("gruppo del rotulo")[7] continua a produrre su vasta scala, seguendo metodi e iconografie standardizzate, ereditate dalla "bottega idealizzante", nel contemporaneo "gruppo Caecina Selcia" l'insegnamento del "gruppo idealizzante" decade rapidamente a un livello estremamente povero[8]. È però proprio quest'ultimo gruppo che improvvisamente appare al centro di esperimenti e innovazioni, che portarono alla realizzazione di monumenti abbastanza eterogenei[9]. In questo momento non soltanto vengono introdotte novità estranee a Volterra, ma anche elementi ormai da tempo abbandonati. Anche se il confronto tra singoli pezzi perugini e singole urne volterrane non sembra immediatamente esplicito ed eloquente, l'analisi dimostra come quasi tutti i nuovi elementi che compaiono improvvisamente a Volterra abbiano riscontri puntuali nella produzione perugina di coperchi figurati, di poco anteriore. Oltre ai due coperchi con occhi in pasta vitrea inseriti, dati qui come esempi di questi contatti, possiamo accostare la bella figura volterrana di Larthi Cracnei al coperchio perugino, pur meno raffinato, di Thania Caesinia, accomunati dalla pettinatura "all'Afrodite", dalla posizione lievemente reclinata della figura sullo stroma, dalle stesse forme appiattite[10].

La cassa a kline, a Volterra e nel suo territorio testimoniata solo nel III secolo, comune invece a Perugia in maniera costante dal III (ipogeo dei Volumni) fino al I secolo a.C. (cfr. l'urna di Thania Caesinia), trova una eco nella tarda urna volterrana di A. Pecni (CUV 1, n. 7). Anche il motivo del banchetto, privo di specifiche allusioni mitologiche, ma connesso esclusivamente con la sfera funeraria, è cosa nuova a Volterra, ma profondamente radicata a Perugia[11]. Anche altri tratti, come il riemergere della tradizione di decorare il fianco delle urne, o la nuova plasticità di alcune tarde urne volterrane[12], sono tratti comuni a Perugia.

Anche se questi elementi e influssi perugini compaiono in modo poco unitario e spesso mescolati insieme a elementi volterrani, è tuttavia difficile spiegarli solo come frutto della circolazione di iconografie e cartoni. I dislivelli qualitativi, sia a Volterra che a Perugia, inducono a pensare che gli scultori venuti da Perugia siano stati almeno due o tre, magari con qualche assistente, che si sono messi a lavora-

re a Volterra, probabilmente come un rafforzamento benvenuto per la bottega del "gruppo Caecina Selcia".

I nuovi arrivati cercarono evidentemente di adattarsi al nuovo materiale, l'alabastro, che consentiva un maggior grado di finitezza di dettagli che non il travertino, e del pari alle richieste e alle consuetudini locali nella committenza, che però non sembra ormai essere molto esigente. Dopo un breve periodo di incertezza, questi sparsi elementi sembrano ridursi a unità, dando origine alla più tarda bottega di urne di Volterra, quella del "gruppo del dittico"[13]. In questo gruppo di monumenti compaiono diversi esempi della pettinatura "a nodus", diffusa a Roma tra le dame più in vista negli anni quaranta a.C., ed enormemente diffusa in periodo augusteo. Perciò il "gruppo del dittico" è molto probabilmente da datare proprio in epoca augustea o comunque, non prima degli anni quaranta. Non si può escludere che l'arrivo degli artigiani perugini, che dovette aver luogo qualche tempo prima della fase iniziale di tale bottega, sia già avvenuto verso la metà del I secolo a.C. o che si sia verificato anche a più riprese. Ma potrebbe essere anche causato dagli eventi drammatici della guerra di Perugia del 41-40 a.C., che, se pur non portò alla distruzione totale della città, dovette però limitare drasticamente le possibilità di sopravvivenza dell'artigianato artistico locale. A Volterra invece — forse anche grazie a questa iniezione di vitalità — la tradizione etrusca proseguì nelle urne del "gruppo del dittico" ancora per una generazione.

m.n.

56 Cassa di urna cineraria

Alabastro. 44, 5; 74,5 × 22
Dall'ipogeo Taddei, scavato in località Luoghino (necropoli del Portone) primi dell'aprile 1855
Volterra, Museo Guarnacci, inv. 384.
B.-K. I, 14, tav. 11, 24, a-b; Davreux 1942, 109, n. 18, fig. 7; van der Meer 1975, 183; Maggiani 1976ᵃ, 123, nota 16, 124, nota 17; Maggiani 1977, 129, note 72, 83; Van der Meer 1978, 61; Bonamici 1984, 78-79.

Questo rilievo, che descriviamo prima del suo probabile precedente chiusino, dato il suo migliore stato di conservazione, sembra essere la più antica rappresentazione a Volterra del "riconoscimento di Paride come figlio di Priamo". L'insieme delle serie volterrane con questo soggetto si differenzia nettamente, sia per ciò che attiene alla composizione che nello stile, da questo rilievo, anche se molti elementi sembrano derivare, lungo un processo le cui tappe sono state parzialmente identificate, proprio da quest'urna, che dunque dovette costituire un prototipo.

Al centro, Paride, vincitore nei ludi funebri, stringendo nella destra il ramo della palma (qui realizzata solo sul fondo) si rifugia all'altare, violentemente minacciato dai fratelli e dalla sorella Cassandra, che proprio in questo momento fatale divengono consapevoli della sua identità. Sui lati corti, due figure di guerrieri. Accanto allo stile molto morbido e plastico ed a una esecuzione particolarmente curata, un elemento inconsueto a Volterra è costituito anche dalla forma della cassa, priva delle diffuse membrature "architettoniche": la cassa è terminata in alto soltanto da un guscio aggettante, e in basso da un semplice listello sagomato. Un'altra peculiarità, accanto al tipo di rilievo, relativamente basso, è costituita dagli appoggi sotto i piedi dei due guerrieri e di Paride sulla fronte: dettaglio che compare anche su altre urne di Volterra cronologicamente prossime all'urna in questione.

57 Urna cineraria

Alabastro. Coperchio: 37; 73 × 32,5
Cassa: 50; 75 × 29
Da Sarteano, podere le Tombe
Siena, Museo archeologico, collezione
Bargagli, inv. 732.
B.-K. I, tav. 16, 34; Pernier 1920, 23, n. 732; Maggiani 1977, 119, 129 nota 73.

Malgrado il cattivo stato di conservazione dell'urna, la sua stretta affinità con la precedente appare evidente. La forma stessa dell'urna risulta simile, e identica è pure la composizione della scena, come anche lo stile, per quanto esso è ancora valutabile, anche se sembra di cogliere una maggior inclinazione all'accentuazione plastica delle figure, riconoscibile nel forte aggetto della parte superiore dei corpi dal fondo del rilievo. Piccole differenze si riscontrano anche nei dettagli: mancano ad esempio gli elmi al suolo e il guerriero a sinistra, corazzato invece che vestito di tunica, e a quanto sembra più attivamente impegnato a frenare l'impeto di Cassandra. I lati brevi della cassa sono decorati da *kantharoi* su alto piede, fiancheggiati da foglie di acanto.
Il coperchio, che sembra pertinente, è di difficile lettura; potrebbe essere maschile, a torso nudo e con ghirlanda al collo e patera in mano. Una figura femminile converrebbe forse meglio al soggetto, e non è da escludere: in tal caso, nelle modeste tracce che restano della figura, sarebbero da riconoscere le bande incrociate sul petto e uno specchio rotondo in mano.

58 Urna cineraria

Travertino. Coperchio: 39; 62 × 43
Cassa: 54; 58 × 44
Perugia, Museo archeologico nazionale, inv. 308 (coperchio), 35, 88 (cassa).
B.-K. II, 83, tav. 30, 6; sull'iscrizione, CII App., 61, n. 731; CIE 4530.

La figura maschile sul coperchio indossa tunica manicata e mantello, che sale sul retro a coprire la nuca. I capelli sono pettinati in avanti in corte ciocche, ma non appaiono cinti dalla consueta corona conviviale che è invece tenu-

56

57

ta nella mano destra. Il braccio sinistro era forse sollevato a sostenere il capo come fa supporre la forte inclinazione della testa verso destra. Un tipico tratto perugino consiste anche nel fatto che, anche se il coperchio è molto largo, la figura è raccolta sul margine anteriore del coperchio e nella parte posteriore è solo sommariamente scolpita.

La ragione per la quale questo coperchio di modesto livello qualitativo viene messo in connessione con la tarda produzione volterrana — oltre all'esistenza di certi tratti genericamente confrontabili — è la tecnica di inserire gli occhi, lavorati a parte in altro materiale, in cavità apposite. Qui rimane solo la cavità dell'occhio destro, nel quale la parte centrale, in corrispondenza dell'iride, è profondamente incavata, mentre più superficiali appaiono gli angoli dietro la cornea (cfr. l'esemplare volterrano, dove uno degli occhi è ancora intatto). La tecnica, comune nella scultura in bronzo, e nell'arte greca anche nel marmo e altri materiali, è invece molto rara nella scultura litica etrusca.

La pertinenza della cassa al coperchio è incerta, ma le dimensioni e il livello artistico assai scadente potrebbero forse convenire l'un l'altro. Sulla fronte è rappresentata la scena, forse tratta dalla tragedia *Cretesi* di Euripide, nella quale Minosse minaccia di morte il piccolo minotauro nato dall'amore innaturale della moglie Pasifae per un toro.

59 Coperchio di urna cineraria
Alabastro. 36,5; 56,5 × 20,5
Da Volterra, luogo e circostanze del rinvenimento imprecisati
Volterra, Museo Guarnacci, inv. 164.
Lanzi 1789, 349, 26; Laviosa 1965, n. 49; Gambetti 1974, n. 122; Nielsen 1975, 373, n. 24; Fiumi 1976, fig. 73; Maggiani 1976, 12, 28; Nielsen 1977, 139, note 28, 39.

Sul margine inferiore del coperchio, iscrizione CIE 109: *ravntza.urinati.ar.ril IL.*
La figura femminile indossa tunica, con cintura annodata e mantello, che copre anche il capo. I capelli sono sistemati secondo un'acconciatura classicheggiante, con riccioli sopra le orecchie, e ai lati della scriminatura centrale. La dama è riccamente ornata con diadema, orecchini a bottone (un tipo nuovo a Volterra), torques e due anelli nelle dita della mano sinistra, che poggia sui cuscini. Nella destra esibisce uno specchio a cerniera. La parte posteriore è liscia.
Unica sui coperchi di Volterra, questa figura ha gli occhi inseriti in pasta vitrea, ancora conservata nell'occhio destro. Pur nel suo classicismo un po' approssimativo e provinciale, questo coperchio rappresenta un'opera di una certa pretesa, anche se rivela incertezze nel modellato, come nel seno piatto, nella mano sinistra rigida, nei panneggi poco organici.

m.n.

58

59

3

9

12

17

22

26

27

30

77

Soggetti e committenza

I soggetti delle urne funerarie, per la loro varietà, le particolarità della loro espressione stilistica, la ricchezza dei loro significati, e le informazioni che indirettamente forniscono sui gusti, le credenze, gli indirizzi morali e politici dei committenti, costituiscono uno dei capitoli più appassionanti dell'indagine storica e artistica sull'Etruria ellenistica.

Chi vuole, infatti, approfondire le questioni che nascono nel percorrere sale di musei gremite di tali monumenti constaterà che, mentre molte delle scene rappresentano soggetti noti, altre invece sono ancora misteriose e vengono definite in termini molto generici (scena "del vaso", "dei prigionieri", del "mostro che esce dal puteale", "dell'eroe con l'aratro", e così via). L'indagine sui soggetti, alla quale nell'Ottocento la filologia tedesca ha portato un alto e significativo contributo, che ha prodotto il grande corpus dei "rilievi delle urne etrusche" di Brunn e Körte (1870-1916), in realtà non è conclusa: non soltanto perché rimangono molti interrogativi anche su alcuni soggetti la cui identificazione sembrerebbe incontrovertibile, ma perché le ricerche, muovendosi su altri terreni (come la definizione degli stili, degli atelier, della ricostruzione dei complessi tombali), permettono oggi di affrontare, con attenzione rinnovata e con informazioni nuove o rivedute, il problema dei soggetti, del loro rapporto con la cultura ellenistica e con la società etrusca del tempo. Tra le numerose immagini che colpiscono l'attenzione, il visitatore non mancherà di avvertire alcune differenze: per esempio scene relativamente semplici, a volte ridotte ad un solo motivo, scene forse non semplici ma la cui comprensione non ha bisogno di una particolare esegesi mitologica (viaggi in carro, a cavallo, in carpentum verso l'oltretomba, scene di congedo, eccetera) e scene che, al contrario, presuppongono la conoscenza di leggende greche complesse.

Molti di questi racconti mitici, spesso argomenti di tragedie, presentano situazioni ed epiloghi ricalcati su trame identiche (per esempio il padre che, su consiglio della seconda moglie, esilia il figlio nato dal primo matrimonio; questi poi si vendica, eccetera). Una scena drammatica o a lieto fine può essere identificata in diverso modo quando i personaggi non sono tra i più noti. Anzi, è tipico dell'epoca il gusto per le storie parallele, concepite come somma di situazioni sovrapponibili: variano soltanto i nomi dei personaggi, i tempi ed i luoghi della scena. Il teatro greco ellenistico (per noi quasi interamente perduto), il teatro latino, contemporaneo alle urne, di Nevio, Ennio, Pacuvio e Accio (pervenuto a noi anch'esso sotto forma estremamente mutilata), sono ricchi di tali tragedie che ricalcano il modello delle tragedie greche classiche. Anche nelle urne volterrane simili fatti si verificano: per esempio ci sono esegesi alternative sia per il matricidio di Alcmeone che per la scena ge-

neralmente descritta come l'assassinio di Agamennone. Questi esempi ci introducono nel cuore del problema metodologico: come arrivare cioè ad una corretta valutazione storica del più importante insieme di immagini trasmessoci dall'Etruria. Dobbiamo pensare che la cultura di quel tempo aveva un senso attuale e, come succede ai nostri giorni, era inserita nella realtà del dibattito intellettuale e politico contemporaneo. Ed è la vivacità di tale dibattito, o di certi problemi all'ordine del giorno, che spiega spesso l'apparizione di determinati soggetti o di determinati modi di trattare i soggetti. Le esigenze più attuali della cultura fanno sentire il loro peso nelle manifestazioni del culto funerario, da tenere sempre presenti per questo tipo di materiale. Solo l'immersione quindi nell'attualità di allora ci consente di restituire la giusta prospettiva culturale che dà senso alle immagini; costituisce inoltre il solo metodo che, in ultima analisi, possiamo utilizzare nel tentativo di identificazione di soggetti ancora misteriosi, o di lettura della complessità o della relativa semplicità degli argomenti scelti e delle ideologie sottintese che esprimono.

Soggetti e attualità
Le urne ellenistiche sono testimonianze del loro tempo in quanto rappresentano veri quadri incorniciati colorati e dorati, oppure imitano opere cesellate in metallo o pietra preziosa. Oggi rimangono soltanto lievi tracce dei colori e delle dorature che (soprattutto queste ultime) avevano meravigliato, ancora intatte, i primi scopritori di questi monumenti. Indubbiamente la ricerca della preziosità della materia (alabastro, oro, colori rari) è una delle costanti della produzione artistica di questa epoca. I primi modelli di essa si trovano lontano dall'Etruria, nella Grecia e nell'Asia minore dei successori di Alessandro (Macedonia, Siria, regno di Pergamo) nonché nell'Egitto tolemaico. Nelle varie province del mondo ellenistico possiamo rintracciare i precedenti o i contemporanei dei quadri a soggetto (mitologico o altro) paragonabili alle urne funerarie etrusche. Gli ex voto lasciati nei santuari dai fedeli (sovrani, città, associazioni, individui, eccetera) ne recano testimonianza. Per esempio gli inventari di Delo (redatti a partire dal 166 a.C.) elencano i beni dei santuari e delle case private tra i quali sono spesso nominati vasellami preziosi, *pinakes* (quadri) e *pinakia* (piccoli quadri). Questi documenti ci offrono un vero spaccato della vita del tempo, dell'ornamentazione e dell'arredamento degli edifici pubblici e privati e ci permettono di capire come gli etruschi abbiano soltanto trasposto nei loro ipogei e adattato alle loro necessità funerarie i principi allora in auge nella decorazione degli spazi quotidiani di vita (profani o sacri). Gli ipogei diventano quindi vere "gallerie di pitture", essendo chiaro tuttavia che questo non è solo un fatto estetico ma anche ideologico e religioso: coinvolge cioè il committente totalmente come uomo.
Il quadro con leggenda mitologica introdotto

come oggetto di diletto e di speculazione filosofico-religiosa nelle corti ellenistiche può talvolta essere utilizzato come un vero e proprio manifesto dinastico a scopo di propaganda e perciò inserito in serie di quadri i cui soggetti sono ordinati secondo un programma politico preciso.

Sono queste speculazioni che, nello spirito e nella forma, sono l'origine, lontana ma ben definibile, del lavoro artigianale e dei soggetti stessi delle urne nella loro novità concettuale ed espressiva.

Il regno di Pergamo focalizzerà la nostra attenzione perché è quello meglio noto agli etruschi attraverso i romani. L'ultima fioritura dell'arte greca alla corte di Pergamo si esprime in opere monumentali, come il grande altare, creazione di artisti famosi, alcuni dei quali di scuola rodia. Il piccolo fregio di questo monumento per esempio, che rappresenta i vari episodi della storia di Telefo, è all'origine del motivo, rappresentato sulle urne, di Telefo che minaccia il fanciullo Oreste (n. 63). Gli artigiani hanno ripreso molti schemi di questo fregio a loro pervenuti attraverso libri di modelli o forse attraverso qualche quadro già derivato da questa celebre composizione. Troviamo inoltre a Pergamo opere, cosiddette minori, di bronzisti, tra cui spiccano grandi nomi, tra gli altri quello di Stratonicos di Cizico; dobbiamo pensare anche ad opere di *caesellatores* (e non soltanto e unicamente a versioni monumentali) per le creazioni di Pyromachos e Antigonos, che varie volte rappresentarono le battaglie contro i galati di Attalo e Eumene (a nostro avviso Attalo I ed Eumene II, riferentisi cioè alle battaglie dal 221 al 183 circa a.C.). A Volterra scene simili (per esempio Museo Guarnacci 427) non mancano. Tra queste opere di *caesellatores* pergameni prendono un rilievo particolare gli *stilopinakia* (cioè i quadri sostenuti da colonne) che adornavano il tempio di Apollonis, regina di Pergamo e moglie di Attalo I, nella città di Cizico. I soggetti degli *stilopinakia*, che erano commentati da epigrammi, si riferiscono al culto funerario di Apollonis divinizzata dopo la morte (avvenuta probabilmente dopo il 174 a.C.); sono quadri che raffigurano divinità ed eroi della mitologia e delle *fabulae tragicae* e spesso eroi gemelli ad immagine dei figli della regina. La scelta degli argomenti, nel cui dettaglio non possiamo entrare, segue un preciso intento volto ad esaltare la politica del regno, la lotta contro la Macedonia e l'alleanza con Roma. È interessante osservare la corrispondenze, lontane o vicine, tra i soggetti degli *stilopinakia* e quelli delle urne etrusche. Nel primo caso, citiamo la presenza di eroi o cicli di storie simili (tema di Telefo, di Perseo, di Melanippe, di Ulisse). Nel secondo caso constatiamo corrispondenze tra i soggetti stessi: per esempio la storia di Dirce legata al toro (Museo Guarnacci 359 per esempio, ma l'urna più bella è a Berlino), la storia cosiddetta dell'incontro tra madre e figlio che proponiamo di interpretare come la scabrosa storia di Amintore e Fenice; forse anche la scena del Museo di Firenze 5707 non sicuramente assimilabile a quella di Edipo al quale si strapperebbero gli occhi, ma piuttosto a quella di Fenice accecato o a quella di Fineo al quale i figli Clytios e Polymedes cavano gli occhi per vendicare la madre, oltraggiata dal marito e dalla sua concubina; citiamo ancora la scena di matricidio di Alcmeone (Museo Guarnacci 340) forse riferentesi alla stessa leggenda di Fineo (uccisione della concubina) e quella cosiddetta dell'uccisione di Agamennone, forse riferibile alla storia di Merope che aiuta il figlio Aipytos ad uccidere il secondo marito (che ha ucciso due dei suoi figli ed il primo legittimo sposo).

Non è un caso se le scene che rappresentano quei fatti sono state introdotte dagli artigiani più colti di Volterra, veri importatori e traduttori di cultura ellenistica in Etruria. Esse sono quasi sempre contrassegnate dal marchio e dallo stile degli atelier più prestigiosi, come quello del Maestro di Mirtilo, delle rosette e palmette, delle piccole patere (e così via). Ed è utile ricordare a questo punto, che un altro epigramma della corte di Pergamo spiega il favore delle scene con la leggenda di Pelope ed Ippodamia e l'uccisione di Enomao, cioè i tipici soggetti del Maestro di Mirtilo, vero iniziatore dello stile ellenistico a Volterra. Infatti l'epigramma del poeta Nicandro dedicato ad Attalo III ricorda la vittoria olimpica del fondatore della dinastia nella corsa in quadriga: egli, come il giovane Pelope venuto dall'Asia minore, ha conquistato Ippodamia (cioè la Grecia).

Questi esempi (e molti altri che non è possibile citare) aiutano a comprendere quelle scene nella prospettiva dell'attualità dei soggetti. A Pergamo, la dinastia tende a rimodellare le *fabulae tragicae* per farle servire ai suoi intenti: in ogni regione in cui è stata politicamente attiva (Beozia, Etolia, Tessaglia, Tracia, Argolide, Asia minore ed Egeo) riesuma ed interpreta le storie mitologiche locali per esaltare il proprio senso della giustizia ed il suo pan e filoellenismo, fino ad identificarsi con gli eroi del passato.

Numerosi temi, pure presenti in Etruria, hanno queste remote radici: miti e storie dell'Asia minore (Paride riconosciuto), della Tessaglia (i centauri), dell'Etolia (il cinghiale calidonio), dell'Egeo (Filottete a Lemno), storie particolari di Tenedos e della Troade (forse la scena "dei prigionieri" e "del vaso"), storie legate alla tragedia di Chryses e di Oreste e Pilade in Asia minore. Queste leggende, anche se qualche volta conosciute precedentemente, si trasmettono sul filo dell'attualità, tramite Roma, impegnata militarmente e politicamente in Grecia e in Oriente. Roma era la sola città in Italia, allora, in grado di comprendere nel modo più approfondito l'interesse politico di questi giochi di significato e di espressione che presiedono alla grande creazione artistica. Donde gli argomenti del teatro latino scritto spesso per quegli uomini (gli Scipioni — l'Africano e l'Asiageno — M. Fulvio Nobiliore, Paolo Emilio ecc.) che hanno un ruolo preponderante nella politica mediterranea di Roma e che si possono così riconoscere negli eroi del teatro: gli stessi, spesso, delle urne etrusche.

Identificazione e forza morale
Dobbiamo quindi capire in che modo gli etruschi di questo tempo hanno recepito e fatto propri questi miti, perché sceglievano queste immagini pervenute loro attraverso un lungo e significativo percorso culturale. Gli *stilopinakia* con epigrammi di Cizico offrono due spunti per tentare di capire la mentalità greca dell'epoca e, credo, quella di molti committenti etruschi delle urne funerarie. A varie riprese gli epigrammi degli *stilopinakia* considerano gli eroi dei miti come artisti ed attori, creatori della loro storia, come gli artisti che, per mezzo della loro opera, cesellano per l'eternità la propria storia. Sottolineano inoltre un altro aspetto: benché ambientata nel passato la storia mitica (*fabula*) brilla di verità attuale. In queste opinioni sono certamente da riconoscere elementi e riflessi delle idee filosofiche (soprattutto stoiche) che Cratete, interprete di Omero, sviluppò a Pergamo. L'idea del ruolo svolto dall'individuo, caratterizzato, nella molteplicità degli esseri, da un che di permanente, risale a Crisippo e Cleante (fondatori dello stoicismo), come il concetto dell'opposizione tra destino e libertà, tema che risulta evidente negli *stilopinakia* e nelle urne etrusche ed influisce sul modo stesso di rappresentare la storia. Tutti i miti (vendette ed assassinii legittimi, combattimenti ecc.) esprimono la capacità di essere protagonisti dell'avvenimento e mettono in valore, nell'azione, la causa principale, che esprime il singolo ed è interna al suo essere. Potremmo citare anche la raffinatezze di una teoria come quella dello stoico Panaitios (che insegnò a Roma nell'epoca che ci interessa). Secondo Panaitios l'azione è il prodotto di varie *personae* (cioè attori, personificazioni dell'essere), la prima comune a tutti, cioè la natura umana, le altre pertinenti alle nostre individualità particolari. Ora pensiamo che in questa prospettiva le urne etrusche (e segnatamente quelle di Volterra) ci mostrino il "teatro dell'essere", cioè lo sviluppo del destino individuale riassunto nel mito.

Abbiamo alcune prove di questo rapporto dialettico tra mito e committente. Per esempio l'identificazione tra committente ed eroe del mito, non soltanto genericamente (perché alcuni soggetti come il rapimento di Elena per le donne o la morte di Troilos per gli uomini sembrano riservati esclusivamente al sesso) ma anche sotto forma personale: per esempio la bulla al collo di Troilos (Museo Guarnacci 375) ci informa che il giovane morto, con tutte le distinzioni (bulla) della società nella quale viveva viene identificato con Troilo; in una delle rappresentazioni di banchetto, che si riferisce forse alla tragedia di Melanippe, uno dei convitati mitici ha il nome scritto sul rotolo che tiene in mano *velχ... ṛe*, cioè probabilmente il nome del defunto e non dell'eroe della tragedia (Museo Guarnacci 196). Ma la relazione tra mito e committente può prendere altre forme, per esempio di un certo distacco, senza che si possa parlare di estraneità al mito. In alcuni casi, personaggi ammantati non necessari alla raffigurazione del mito, rappresentano l'ombra del defunto, o della sua *persona* che attraversa la scena (o l'ha lasciata) (Museo Guarnacci 346, 206-207). Tutte le urne del rapimento di Elena sono da considerare da questo punto di vista ed in modo ancora più sottile. Secondo alcune versioni della leggenda, Paride non ebbe mai Elena ma soltanto la sua ombra, mentre la vera Elena si recò in Egitto dal saggio Proteo. La storia, che non esclude un'altra possibilità di interpretazione dinastica (questa volta ad opera dei Tolomei) ha inoltre il sapore di un *exemplum* sulla formazione dei *simulacra* (delle immagini) della conoscenza dell'essere sensoriale di Elena (posseduto da Paride) opposto alla realtà di Elena (la bellezza). Le committenti di tali urne sono dunque presenti ed assenti nella scena del rapimento.

Soggetti etruschi e problemi della società etrusca attraverso i soggetti
I tratti fondamentali della mentalità dell'epoca, riflessi nei gusti dei committenti, non spiegano tutte le intenzioni che presiedono alla scelta dei soggetti: bisogna tener presenti inoltre credenze ed esigenze proprie della società etrusca del tempo. Perciò dobbiamo parlare di "etruschicità" non con definizioni affrettate ed astratte, ma tenendo presenti i problemi attuali di questa società tarda.

Non ci soffermiamo sulla questione dell'ossessiva presenza dei demoni (che darebbero il genuino colore etrusco ai miti rappresentati): in molti casi sono personificazioni greche di demoni già esistenti nei modelli originali: inoltre non è giusto isolare la presenza di simili demoni dal contesto nel quale sono impiegati, in cui trovano la loro necessità e caratterizzazione a volte effettivamente etrusca, cioè veramente rispondente a credenze etrusche relative al mondo dei morti. Più importante è il permanere di soggetti "nazionali" o di soggetti per i quali sono state proposte spiegazioni a partire dalla mitologia etrusca. In realtà una sola di queste scene ha un argomento etrusco: la storia di Cacu e dei fratelli Vibenna (n. 68) trattata esclusivamente a Chiusi. Le altre due scene misteriose, il combattimento dell' "eroe con l'aratro" ed il mostro che esce dal puteale (nn. 69, 67) possiedono tutti i requisiti per giustificare una ricerca di miti greci. Molto diffuso, soprattutto nelle urnette in terracotta del territorio chiusino, il mito dell'eroe con l'aratro riproduce un preciso cartone ellenistico e si spiega all'origine come un motivo di propaganda attalide: si tratta probabilmente di una reinterpretazione di Codros, l'eroe ateniese che combatte i nemici con uno strumento agricolo ricurvo. Dobbiamo dunque spiegare la ragione del favore di tale scena in Etruria (cioè a risponde a problemi ed esigenze dei committenti) e non il carattere originariamente etrusco della leggenda. Il mostro che esce dal puteal presenta difficoltà maggiori per l'esegesi. Spieghiamo *infra* (n. 67) perché non può essere, a nostro avviso, l'Olta evocato dal re Porsina di Volsinii, ma forse uno dei tanti e mal noti episodi dei *nostoi* di Ulisse e delle sue *errationes* in Epiro, Illyria, Italia.

Cacu e i fratelli Vibenna ci riportano invece a leggende parallele a sfondo storico precedentemente testimoniate in Etruria meridionale, in particolare su uno specchio di Bolsena risalente al IV secolo a.C. L'interpretazione antiromana della scena è palese per lo specchio: i fratelli Vibenna (i fratelli di Vulci) alla cui fortuna era legato Macstarna-Servio Tullio, cercano di fare prigioniero il vate Cacu. Questa storia ricorda quella di Ulisse e Diomede che si impadroniscono della persona del vate Eleno dal quale cercano di farsi predire i destini di Troia e le condizioni necessarie per la sua conquista. I Vibenna impersonano la polemica di alcune famiglie aristocratiche etrusche contro Roma, testimoniata nella tomba François, poiché la seconda Troia che vogliono prendere non è altro che Roma. Come tema politico ancora in auge nel II secolo a.C., queste leggende mostrano un filone molto interessante, illustrato quasi esclusivamente da alcune famiglie di Chiusi (come i Sentinate della tomba della Pellegrina ed i Purni di Città della Pieve). Facciamo l'ipotesi dunque che si tratti di temi legati a tradizioni gentilizie, cioè a quelle *gentes* che, alleate a famiglie dell'Etruria meridionale, hanno preso parte alle lotte del IV e del III secolo contro Roma, e forse sono state in contatto, in seguito, con alcuni superstiti della società volsiniese migrati verso Chiusi dopo la presa di Volsinii (264 a.C.). Ma queste nostalgie, forse più giustificate da alcuni tentativi di ricucire il volto dell'Etruria aristocratica (operazione che sarà realizzata solo, e a determinate condizioni, sotto Augusto), non sono il solo aspetto da considerare nei rapporti della società etrusca del tempo, cioè dei committenti delle urne, con i soggetti funerari. La questione, molto complessa, si articola su vari piani, tutti collegati tra di loro. In un primo piano mettiamo la presenza di molti soggetti dove la mitologia è semplificata o addirittura assente. In un secondo piano (ancora più essenziale) la questione del senso politico-sociale dei soggetti (mitologici e altro, ma anche mitologici greci) nel particolare contesto dell'Etruria dal III al I secolo a.C. Il terzo piano riguarda i livelli sociali dei committenti ipotizzabili non solo a partire dalla qualità delle maestranze che lavorano per loro, ma anche dalla originalità e dalla distribuzione dei vari argomenti a seconda degli ipogei e delle famiglie: esistono livelli culturali che palesano livelli sociali? Il primo livello ci mostra vari fenomeni, cronologicamente definiti, tra i quali dobbiamo distinguere le manifestazioni della sopravvivenza di determinati soggetti che hanno come scopo la rappresentazione di un certo status sociale: scene di viaggio del cavaliere, del magistrato in quadriga, come anche del viaggio in carpentum (ma con l'accento qui posto sui problemi della proprietà e del fundus e ciò in coincidenza con gli avve-

nimenti dell'età sillana (n. 62). Altri fenomeni della sopravvivenza di più antiche forme di cultura (talvolta rinnovati nell'espressione stilistica) sono le rappresentazioni di mostri marini che appartengono alle antiche iconografie di viaggio nell'oltretomba.

Al centro della questione del senso politico dei soggetti, è certamente il rapporto con Roma che imprime forza cogente alla scelta di determinati temi: tra questi dobbiamo indubbiamente annoverare i temi troiani (Troilos, Paride riconosciuto) o quelli assimilabili a temi troiani (Telefo). I committenti li scelgono per mostrare il loro desiderio di integrazione nella condizione di *civis romanus* (il nuovo cittadino di Troia-Roma), e forse anche in funzione di tradizioni locali etrusche riguardanti gli eroi greci (Ulisse-Nanos, Telefo-Tyrrhenus Capys) che hanno fondato nuove città sulla terra d'Italia: città talvolta più antiche di Roma e forse anche modelli per la nuova Troia. Le aspirazioni alla partecipazione ad una vita politica romana e rinnovata non escludono dunque altre interpretazioni che riflettano questa oscillazione tra desiderio di autonomia e desiderio di collegamento al centro del potere. I miti tebani costituiscono un caso a parte. Come insegna il frontone di Talamone, questi miti sono al centro di un programma decorativo pubblico, in una regione che, per la presenza di varie forme di *imperium* (*praefecturae* di Heba, Saturnia, colonia di Cosa) è esemplare: illustra cioè la problematica creata nel contatto tra diversi tipi di cittadini e forse le lotte fratricide che a volte ne risultano. Ciò spiegherebbe anche il favore del tema di Eteocle e Polinice nel contesto dell'Etruria agraria dove le questioni di terra e di nuova cittadinanza sono all'ordine del giorno. L'eroe con l'aratro, "l'eroe-contadino" (Bianchi Bandinelli) è il perpetuo *colonus* che difende la terra dai nemici (esterni ed interni). In questo contesto esistono anche casi particolari ed emblematici come quello di Museo Guarnacci 371 (*infra*, n. 70) rappresentante l'assedio di Tebe. La raffigurazione di Porta all'Arco è per noi la prova concreta che l'urna intende rappresentare l'assedio di Silla nell'80 a.C. e dovette certamente appartenere ad uno di quei volterrani che come Carrinas avevano abbracciato il partito di Mario e costituivano certamente un gruppo legato da tempo ai *populares* di Roma.

Lo studio del livello sociale dei committenti in rapporto con la scelta dei soggetti si scontra con le difficoltà spesso insormontabili della dispersione dei complessi tombali. È ovvio, ci sembra, che le famiglie più ricche e potenti (Ceicna, Ati ecc.) scelgano le rappresentazioni più attuali. Ma si comincia a delineare il volto di una committenza "media" e "medio-alta" (a Volterra forse i Cneuna o i Luvisu). Certamente assistiamo ad un certo livellamento di alcune differenze culturali ed economiche tra famiglie ed il fenomeno si accelera verso la fine del II secolo, in relazione alla romanizzazione sempre più marcata di tutti gli strati sociali. Dobbiamo tuttavia stare molto atten-

ti e regolarci a seconda dei casi, pur trattandosi di famiglie "medie" assai simili nel loro status economico. La diffusione tra queste famiglie dei soggetti che riflettono le complesse scelte ideologiche delle famiglie più importanti ci informa sul carattere socialmente e territorialmente capillare della produzione delle urne funerarie. Questo tipo di committenza spiega in parte la solidità del complesso economico-sociale dell'Etruria settentrionale a partire dalla fine del IV secolo a.C. Spiega almeno perché, per la prima volta a questo livello in Etruria, l'incontro tra cultura greca ed esigenze politiche locali coinvolga l'insieme della società e la riveli tutta intera prima che essa venga assimilata definitivamente nelle strutture romane.

f.h.p.m.

60 Cassa di urna cineraria
Tufo. 44; 59 × 19
Volterra, Museo Guarnacci, inv. 87.
B.-K. III, 53, tav. XLVI, 3a; CUV 2, n. 105; Pairault Massa 1977, 161.

Ai limiti della tomba suggerita da un pilastro sormontato da un globo, si svolge una scena di addio tra un uomo e una donna. Ognuno dei due è seguito da un compagno, o compagna. All'estrema sinistra un demone femminile alato tiene nella destra una face rovesciata verso terra, mentre afferra con la sinistra il fodero della spada. È la Parca fatale (Vanth) e la face rovesciata allude al destino compiuto. La scena semplicissima e banalizzata appartiene ad un atelier o ad un artigiano forse specializzato in questo tipo di composizione, spesso adottato da committenti assai modesti. II secolo a.C. (ultimo terzo).

61 Cassa di urna cineraria
Alabastro. 48; 78 × 25
Volterra, Museo Guarnacci, inv. 169.
B.-K. III, 102, tav. LXXXV, 3;
Lambrechts 1959, 158, n. 22, tav. XXVI;
Laviosa 1964, 150, n. 31, tav. XCV; CUV 2, n. 223.

Il magistrato conduce la quadriga. È seguito da un servitore con bisaccia sulla spalla e da un giovane assistente che regge nella destra tavolette per scrivere (sono i futuri atti dell'amministrazione).
Davanti alla quadriga, corteo di quattro personaggi: due suonatori di corno e due littori con i fasci sulla spalla. In secondo piano, un cavaliere incrocia il corteo. Il monumento è sormontato da una cornice con perle e dentelli e presenta uno zoccolo con fregio di scudi e bucrani alternati, collegati da tenie.
Le tavole potrebbero alludere all'album dei cittadini che il magistrato dovrà compilare e l'urna potrebbe quindi ragguagliarci sulla data di creazione di Volterra come municipio e sul suo ingresso nella cittadinanza romana: 90 a.C. Inizio I secolo a.C.

62 Cassa di urna cineraria
Alabastro. 42; 84 × 24,5
Volterra, Museo Guarnacci, inv. 135.
B.-K. III, 97, tav. LXXXI, 5; CUV 2, n.
191; Pairault Massa 1985, 222-223.

Al centro carpentum tirato da una pariglia di
muli. Sotto il telone è disteso il defunto. Un
fanciullo che porta una scure sulla spalla ed è
accompagnato da un servitore adulto conduce il carro. Seguono tre personaggi: il primo
porta sulla spalla una bisaccia; il secondo pone la mano sulla spalla del terzo, un fanciullo
che regge nella sinistra una cista (?), o tavole
per scrivere, e nella destra un boccale.
Mentre un cavaliere, in secondo piano, incrocia il corteo, all'estrema destra il demone spa-
ventacavalli ha alzato le patere raggiate che,
riflettendo la luce negli occhi dei muli, fanno
precipitare il carpentum nel baratro.
L'opera è una creazione di uno degli ultimi
probabili atelier di Volterra. La scena, indubbiamente nuova, mette l'accento sul viaggio
del possessore di fundus più che sulla partenza del magistrato: ciò che il giovane servitore
regge nella cista (?) o nelle tavole (?), sono forse
i titoli di proprietà (legati alla cittadinanza).
Verso l'80 a.C.

60

63 Cassa di urna cineraria
Alabastro. 49; 60 × 25
Volterra, Museo Guarnacci, inv. 511. Nel
Museo Guarnacci dal 1875.
B.-K. III, 235, 16a; Pairault 1972, 253-55,
tavv. 152-53; CUV 1, n. 283; Pairault
Massa 1977, 161.

Architrave con cornice riccamente decorata
(perle, denti e fregio perlato); base perlata con
podio ornato di un fregio di foglie. Telefo, ferito alla gamba, è rifugiato sull'altare; colla spada minaccia il fanciullo Oreste; in difesa del
figlio è accorso Agamennone; ai piedi di Agamennone, Clitennestra è caduta in ginocchio
e s'interpone tra il marito e Telefo. In secondo piano, tra Telefo e Clitennestra, sorge un
demone femminile alato con la face accesa: è
la divinità del destino che aspetta l'irrepara-
bile. All'estrema sinistra un guerriero potrebbe essere una guardia oppure Achille, l'eroe
che guarirà Telefo con la lancia. Tra questo
guerriero e Agamennone, in secondo piano,
una colonna ionica sormontata da un vaso a
forma di globo (oppure una specie di pigna).
La scena si ispira ad una nota tragedia di Euripide, ripresa anche nel teatro latino: Telefo
fu ferito da Achille nel corso di una prima spedizione dei greci in Asia minore, anteriore alla spedizione contro Troia. Infatti i greci avevano sbagliato strada ed erano sbarcati una prima volta nel regno di Telefo, la Misia, anziché in Frigia. Siccome Telefo non guariva e
l'oracolo di Delfi gli aveva predetto che sarebbe stato guarito da ciò che lo aveva colpito,
venne ad Aulus, dove i greci preparavano la
loro seconda spedizione contro Troia. Su consiglio di Clitennestra si impadronì di Oreste

61

fanciullo, minacciando di ucciderlo se i greci non lo avessero guarito. Ulisse capì il senso dell'oracolo delfico e chiamò Achille, che con la lancia guarì l'illustre ferito. Questi per ringraziare i greci indicò loro la strada per Troia. L'iconografia dell'urna si ispira a quella del piccolo fregio dell'altare di Pergamo dove è raffigurato Telefo con Oreste sull'altare. Il monumento considerato, uno dei più belli della produzione volterrana, appartiene ad un atelier ben preciso; la mano è verosimilmente la stessa di quella dell'urna di Barberino val d'Elsa (Firenze, Museo archeologico, inv. 92055). Verso 150-140 a.C.

64 Cassa di urna cineraria
Alabastro. 52; 93,5 × 29,5
Volterra, Museo Guarnacci, inv. 226.
B.-K. I, 18, tav. XIV, 30; Pairault 1975, 253 ss.; Maggiani 1977, 131; Pairault Massa 1977, 131.

Paride è rifugiato sull'altare di Giove Herkeios. Tiene nella mano sinistra la palma della vittoria ottenuta ai giochi funebri indetti in suo onore (era creduto morto: cfr. *infra*). Il fratello Deifobo, che ignora la sua vera identità, lo minaccia, contestandogli la vittoria. Ma, fra questi e Paride, si interpone un essere divino femminile, alato e diademato con ricchi monili. È Venere (protettrice di Paride) che ha preso le sembianze della Parca (cioè di una divinità del destino). Dietro Deifobo, un guerriero elmato (Ettore) si ritira, trattenuto da una donna, sua madre Ecuba. All'estremità sinistra, il pedagogo si china per proteggere un fanciullo, giovane figlio di Priamo. Dall'altra parte dell'altare, un giovane sta per sguainare la spada davanti ad un vecchio spaventato, con bastone, lunghe vesti orientali e berretto frigio: questi è Priamo.
L'argomento della scena, conosciuto da un racconto di Igino, fu trattato da Sofocle e Euripide, nonché dal tragico latino Ennio. Ecuba, moglie di Priamo, vide in sogno una face ardente mentre era incinta di Paride. Gli indovini ne conclusero che il nascituro sarebbe stato causa di rovina per la sua patria e perciò, alla nascita, Paride fu consegnato a dei servitori perché lo mettessero a morte. Questi, invece ebbero pietà e lo affidarono ad un pastore del monte Ida che lo allevò come proprio figlio; pervenuto all'età adulta, Paride si dilettava della compagnia di un toro. Alcuni inviati di Priamo gli sottrassero l'animale, che doveva essere dato in premio al vincitore di giochi indetti alla memoria del figlio di Ecuba, Paride appunto, creduto morto. Ma Paride, non rassegnato alla perdita dell'animale, partecipò ai giochi e vinse tutti, compresi i fratelli. Fu allora perseguitato e minacciato da questi e si rifugiò sull'altare di Zeus Herkeios. L'intervento divino svelò la verità e l'identità di Paride.
L'urna, che ha una replica nella tomba Inghirami, è probabilmente il migliore esemplare dell'attività di un atelier ben definito. Tra i suoi prodotti si possono citare Volterra, Museo Guarnacci 376 (morte di Troilo) e 254 (rapimento di Elena), concepiti certamente per committenti tra i più alti. Verso 140-130 a.C.

65 Cassa di urna cineraria
Alabastro. 48; 85 × 22
Volterra, Museo Guarnacci, inv. 280.
B.-K. I, 123, tav. XCIV, 7; Candida 1971, n. 12, 214, tav. III, fig. 2; Maggiani 1977, 130-131.

La nave di Ulisse sta sorpassando gli scogli delle Sirene. In primo piano le Sirene formano un'orchestra completa: v'è una citarista, una suonatrice di siringa ed una suonatrice di doppio flauto (lo strumento è ora scomparso). A poppa (contraddistinta dall'aplaustro) c'è il nocchiere vicino al timone. Ulisse legato all'albero è circondato da due marinai che lo trattengono al suo posto: potrebbe infatti commettere follie essendo il solo uomo a bordo in grado di udire la musica delle Sirene. Ai marinai suoi compagni ha fatto otturare le orecchie con la cera in modo che rimangano sordi al fascino della fatale musica.
Le "enarrationes Ulixis", stilisticamente reinterpretate qui nel gusto della scultura rodia, assumono un significato filosofico, che verosimilmente s'ispira al commentario dello stoico Cratete di Mallos all'*Odissea*. Le Sirene, in quanto formano un'orchestra completa, rappresentano tutte le passioni (*páthe*) e tutti gli impulsi irrazionali (*hormài*) dell'anima. Il saggio Ulisse saprà dominarle. Verso il 120 110 a.C.

66 Cassa di urna cineraria
Alabastro. 43; 62,5 × 29
Volterra, Museo Guarnacci, inv. 355.
B.-K. II, 1, 20-21, tav. VI, 1, 1a, 1b.

Al centro la sfinge alata con corpo di leone maschio, petto e viso di donna. La zampa anteriore riposa sul teschio di una vittima; davanti al mostro, Edipo sta rispondendo all'enigma posto dalla sfinge. Dietro di questa, un demone femminile (Parca fatale) tiene una face accesa. Sul lato sinistro un giovane alza la clava per colpire un serpente che gli si avvolge intorno alle gambe; sul destro si ripete una scena simile con qualche variante.
Il mito assume un senso filosofico personale. Risolvendo l'enigma, Edipo è vincitore della morte ma è anche sottoposto ad una necessità che ignora e che è quella del male. Perciò le figure dei fianchi dell'urna, a nostro avviso, non sono dannati dell'oltretomba ma due compagni di Cadmos che il serpente di Marte ucciderà. La scena ricorda dunque che la fondazione di Tebe è macchiata sin dall'origine dal serpente della guerra. Il tema potrebbe assumere un significato stoico: il male nasce in conformità alla provvidenza divina. Inizio II secolo a.C.

62

63

64

65

66

67 Cassa di urna cineraria

Alabastro. 38,5; 53,5 × 21
Volterra, Museo Guarnacci, inv. 350.
B.-K. III, 16, tav. VIII, 1; Conestabile
1855-1870, III, 216-221.

Al centro il mostro esce a metà dalla bocca di
un pozzo; la testa assomiglia a qualcosa che sta
tra la testa di un cavallo e quella di un cane;
le zampe sono di felino ed hanno artigli. La
bestia è stata catturata da un giovane e cerca
di afferrare la testa di un altro giovane caduto per terra. In secondo piano, un uomo barbato, in lunga tunica e mantello, tiene nella
sinistra un pugnale, mentre, nella destra alzata tiene una patera il cui contenuto sta ver-
sando sulla testa del mostro. È un gesto di purificazione che viene compiuto mentre un altro uomo in piedi (purtroppo la testa che lo
avrebbe caratterizzato è perduta) nudo, con
la clamide e lo scudo, distrae l'attenzione del
mostro, minacciandolo con un'ascia. Ai lati
della scena due giovani sono pronti a
combattere.
Il repertorio dell'artigiano è derivato in parte
dal gruppo degli atelier di Telefo (cfr. *supra*,
Museo Guarnacci 511). L'interpretazione della
scena è controversa. Körte propone l'evocazione di Olta da parte del re Porsina di Volsinii (Plinio II, 53-51), ma questa interpretazione suscita molti dubbi, perché non corrisponde ad una scena di purificazione dopo una cattura del mostro. Secondo noi, il solo eroe capace di essere coinvolto in una storia simile
è Ulisse con i suoi compagni: in un'urna in terracotta di Perugia il sacerdote con la patera
ha il pilos (copricapo conico) caratteristico di
Ulisse. A proposito dell'urna qui considerata
sarebbe importante sapere come era caratterizzata la testa ora mancante del personaggio
con l'ascia in mano. Le "enarrationes" di Ulisse in vari paesi (*posthomerica*) come l'Illiria,
l'Epiro, l'Etolia, l'Italia potrebbero fornire un
quadro al racconto. Estremamente suggestiva
ci appare la notizia del commentario serviano
all'*Eneide* secondo la quale Ulisse fece una *ne-
kyomanteia* o una *skiamanteia* (consultazione
oracolare di un'ombra o morto dopo la morte
di Elpenore non lontano dalla bocca degli Inferi a Baia (Campi Flegrei): ad *Aen.* VI, 107:
"...ille dicitur locus quod necromantia vel scio-
mantia ut dicunt, non nisi ibi poterat fieri".
Proponiamo dunque come interpretazione della scena la chiamata (*anapompé*) e la purificazione del cattivo demone di Elpenore (*nekyo-
daimon*), risalito dagli Inferi. Verso 130-120
a.C. (?).

68 Cassa di urna cineraria

Alabastro. 61; 93 × 38
Provenienza sconosciuta
Firenze, Museo archeologico, inv. 5801.
B.-K. II, 2, 256, tav. CXIX, 2; Small
1982, 117-18, n. 5; Pairault Massa 1985,
55-58.

La scena si svolge in un bosco (indicato sul fon-

66

66

do). Il vate Cacu, seduto, suona la cetra, cantando una profezia. Due guerrieri (i fratelli Vibenna) circondano Cacu per farlo prigioniero. Un giovane servitore del vate tenta di afferrare le gambe di uno dei Vibenna. Uno scudiero tenta di allontanare un cavallo, un altro si precipita su un uomo anziano seduto per terra in atteggiamento mesto. Dietro di lui si scorge il bagaglio abbandonato. In secondo piano a sinistra un altro guerriero sguaina la spada. Sul fianco destro dell'urna, demone femminile alato con face rovesciata; sul fianco sinistro, un altro demone alato, seduto su una roccia, appoggia la destra ad un grosso martello; sotto la sua mano c'è una pelle ferina.

La scena può essere riferita all'agguato dei fratelli Vibenna contro la persona del vate Cacu, nota da uno specchio proveniente da Bolsena e risalente al IV secolo. I fratelli Vibenna (Aule e Caile Vipinas) sono noti nella storia romana ed etrusca (cfr. gli affreschi della tomba François) come i compagni di Macstrna che l'imperatore Claudio identifica con il re Servio Tullio. Esiste una fonte romana (Gellio in Solino 1, 7-10) che parla di un Cacus inviato in Italia dal re Marsia di Frigia in compagnia di Megales; viene fatto prigioniero da Tarchone. Il migliore commento tuttavia alla scena è secondo noi l'accostamento alla storia del vate Eleno, figlio di Priamo, che viene catturato da Ulisse e costretto a rivelare i destini di Troia e le condizioni necessarie per conquistarla. Il senso polemico dell'urna coinvolge il committente, sicuramente non medio e membro verosimilmente di una gens aristocratica di Chiusi, anche se rimane per noi sconosciuta (cfr. Introduzione). Inizio II secolo a.C.

69 Cassa di urna cineraria
Alabastro. 45; 82 × 25,5
Volterra, Museo Guarnacci, inv. 290.
B.-K. III, tav. V, 3; Pairault Massa 1985, 230-231.

La scena si svolge all'interno di un ricco inquadramento architettonico. Ai lati due demoni femminili alati con faci rovesciate indicano una morte fatale. Infatti, dopo aver atterrato due avversari che giacciono bocconi per terra, l'eroe con l'aratro sta per ricevere, a sua volta, il colpo fatale dal terzo avversario, un giovane elmato, che regge lo scudo. Ai lati di questo gruppo centrale sono due personaggi maschili ugualmente vestiti di corte tuniche e di copricapi a larghe tese. A destra, l'uomo ha afferrato con le due mani ciò che sembra (e forse è, cfr. *infra*) un pezzo di legno. Secondo la nostra interpretazione, la scena si ispira a due note storie di "resistenza" ateniese: quella di Echetlos, l'eroe che con un aratro combatte i persiani nei ranghi ateniesi, il giorno della battaglia di Maratona, ma soprattutto quella di Codros (uno dei primi re di Atene) che, uscito dalla città assediata per fare legna, viene sorpreso e ucciso da un gruppo di nemici (spartani o traci a seconda delle versioni): combatté i nemici con un *drepanos* (cioè

uno strumento ricurvo). Dopo vittorie iniziali, Codros soccombe. Questo concetto si ritrova sia sui monumenti volterrani che su quelli chiusini, cioè in due versioni iconograficamente diverse della stessa scena. I monumenti volterrani, presentano tra l'altro il motivo dei due giovani con copricapo a larghe tese: sono evidentemente figure di contadini che restituiscono il paesaggio del mito e sono i compagni non gli avversari dell'eroe con l'aratro. La scena può essere ispirata ad un motivo di propaganda attalide forse risalente al tempo della minaccia di Antioco alle Termopili (191 a.C.). L'applicazione di questo motivo in Etruria assume un altro senso, quello della difesa del suolo e della proprietà. L'artigiano, che dimostra una notevole capacità artistica (adozione della forma a colonnette), si ispira ai segni distintivi sia dell'atelier di Mirtilo che dell'atelier delle piccole patere. L'esecuzione ricorda quest'ultimo. Secondo quarto del II secolo a.C.

70 Cassa di urna cineraria
Alabastro. 50; 58 × 25
Volterra, Museo Guarnacci, inv. 371.
B.-K. II, 1, 63, tav. XXII, 5; Laviosa 1964, n. 29, tav. LXXXVII; Ronzitti Orsolini 1971, 116, n. 28; Pairault Massa 1975, 278 ss.; Maggiani 1976ᵃ, n. 16, 118, 124, 137; Small 1981, n. 94, tav. 41b.

Tebe (a destra cortina e mura, porta con tre teste) assediata dai nemici: sono i sette condottieri di altrettante città greche che seguono Polinice, ribellatosi contro Eteocle e la patria. Qui la porta di Tebe è rappresentata come Porta all'Arco. Davanti alla porta, il gigante Capaneo, ancora aggrappato alla scala, cade con la testa in giù, fulminato da Zeus. Il suolo è gremito di caduti e di feriti. Coloro che ancora sono incolumi, sotto al muro vicino alla porta, si ritraggono. Sono fanti e cavalieri vestiti come soldati romani e non già come figure del mito. Questa raffigurazione, unica, dell'assedio di Tebe utilizza elementi locali (evocazione di Porta all'Arco, dettagli delle armi e dell'abbigliamento dei soldati) nella rappresentazione del mito greco. Infatti è possibile che si tratti di una rievocazione dell'assedio di Silla alla città di Volterra nell'80 a.C. Volterra è quindi paragonata a Tebe greca e Silla all'empio Polinice.

71 Cassa di urna cineraria
Alabastro. 33,5; 53,5 × 29
Firenze, Museo archeologico, inv. 5514.
B.-K. III, 44, tav. XXXIII, 11; Pairault Massa 1977, 156.

La defunta, seduta sopra un drago marino, sta facendo il viaggio verso le Isole Beate, dove abitano gli eroi come Achille. Atelier dei pilastri scanalati. III secolo a.C.

67

69

71

72 Cassa di urna cineraria

Alabastro. 35,5; 59 × 31
Volterra, Museo Guarnacci, inv. 62.
B.-K. III, 38, tav. XXIV, 2; cuv 2, n. 68.

Inquadrato tra due pilastri a capitello ionico
composito, il motivo rappresenta un demone
marino armato di spada con corpo squamoso
e ali munite di occhi. Le gambe terminano con
due appendici caudiformi. Su ciascun fianco
dell'urna un delfino saltellante. Il demone allude a Scilla guardiano degli stretti e pericolo
per chi viaggia oltre oceano (cioè nel paese delle ombre). Ma il delfino è simbolo di felice na-
vigazione. II secolo a.C. (primo quarto?).

73 Cassa di urna cineraria

Alabastro. 41; 78 × 26
Volterra, Museo Guarnacci, inv. 114.
B.-K. III, 89, tav. LXXIV, 12; cuv 2, n.
177; Pairault Massa 1985, 216-220.

Un cavaliere (il defunto) avanza al passo seguito da un demone alato, che tiene nelle mani un martello. Il cavaliere è preceduto da un
altro demone alato, femminile, che tiene una
face nella sinistra e con la destra circonda il
collo di una donna: è un gesto di affetto che
rassicura la donna sulla sorte del cavaliere. La
donna, verosimilmente moglie del defunto, è
assistita da una compagna. Sul fianco destro
demone femminile che tiene una face accesa
nella sinistra e nella destra regge una spada.
Le due donne a sinistra sono evidentemente
le parenti più strette del defunto cavaliere per
il quale si può supporre uno status sociale assimilabile al rango equestre. La scena si svolge in una zona incerta tra realtà e aldilà. III-
II secolo a.C.

f.h.p.m.

Nota bibliografica

Cataloghi e interpretazioni sui soggetti delle urne

H. Brunn-G. Körte, *I rilievi delle urne etrusche*,
Roma-Berlino 1870-1916.
F.-H. Pairault, *Recherches sur quelques séries d'ur-
nes de Volterra à représentations mythologiques*, Ro-
ma, 1972 (Coll. EFR 12).
G. Ronzitti Orsolini, *Il mito dei Sette a Tebe...*, Fi-
renze, 1971.
J. Penny Small, *Studies Related to the Theban Cycle
on Late Etruscan Urns*, Roma 1981 (Archaeologica,
20).
J. Penny Small, *Cacus and Marsyas in Etrusco-Roman
Legend*, Princeton, 1982.
F.-H. Pairault Massa, L'urne D.59 (Pryce). *Problèmes de modèles realtifs à la scène des Prisonniers, in
British Museum Colloquium* 1982 (in stampa).
F.-H. Pairault Massa, *Il problema degli stilopinakia
del tempio di Apollônis a Cizico. Alcune considerazioni* in "Annali della facoltà di lettere e filosofia
dell'Università di Perugia", XIX, n.s. V, 1981-1982
(1984), 149-219.
F.-H. Pairault Massa, *Recherches sur l'art et l'artisanat étrusco-italiques à l'époque hellénistique*, Roma
1983 (1985) BEFAR.

72

72

73

73

Il problema del ritratto

In una produzione, come quella delle urne, in cui la lavorazione comunemente avveniva in serie, lontano dalle specifiche richieste della clientela, che si limitava invece a scegliere tra i prodotti finiti quelli più adatti al rango, al sesso e all'età del defunto, è impensabile una caratterizzazione dei tratti del volto che superi il livello della tipizzazione. Ne deriva dunque una galleria di tipi fissi, il fanciullo con la bulla, il giovane con il mazzo delle tavolette, l'adulto con la phiale o altro elemento atto a richiamare l'idea del convivio, e così via[1]. Essenziale in questo processo artigianale è invece l'esistenza di un prototipo (una "testa di serie")[2] dal quale discendono più o meno direttamente sequenze di repliche; il problema della circolazione e della affermazione sulle singole realtà artigianali locali di tali modelli primari e l'individuazione degli archetipi cui essi rimandano non è sempre di facile soluzione. Se in generale si può dire che l'intervento della clientela si limitava alla definizione di un tipo, è però altamente probabile che talune scelte operate proprio dal livello più alto della committenza, di cui è nota la propensione all'acquisizione di determinati aspetti ideologicamente più marcati della cultura ellenistica, abbiano funzionato da elementi di orientamento del gusto. Verrebbe pertanto a giustificarsi con l'imitazione di iconografie fortemente ideologizzate, la creazione di lunghe catene di repliche. Date queste premesse, il termine "ritratto" assume una connotazione particolare in questo contesto produttivo; non si esplica in esso infatti un reale intento di cogliere l'intima essenza di un carattere, ma, tutt'al più, la delineazione di taluni tratti individuali all'interno di un repertorio codificato, a partire da un tipo assunto a paradigma di rappresentazione. In altre parole, dato come prototipo un ritratto desunto dalla *imagerie* dinastica del primo Ellenismo, sarà sufficiente all'artigiano aggiungervi, nei casi più importanti, qualche tratto individuale o caratterizzare, con l'aggiunta di un attributo, la posizione sociale dell'individuo.

L'esistenza tuttavia di monumenti eseguiti in base a precise ordinazioni è evidenziata, ad esempio, dall'eccezionalità di certi attributi, come il fegato nelle mani all'aruspice[3] Aule Lecu o la regula in quelle dell'artigiano Vel Rafi di Perugia[4].

Da quanto precede consegue la possibilità di individuare un certo numero di "teste di serie" attorno alle quali ruota il meccanismo delle repliche e delle varianti, fino al completo fraintendimento (o talora cosciente abbandono) del modello per tipi più aggiornati[5]. Ancora una volta, è dal corpus della produzione volterrana che sono scelti gli esempi per illustrare gli aspetti salienti di questo fenomeno.

Come si è precedentemente sostenuto, attorno alla metà del IV secolo, la cultura artistica di Volterra subisce una serie di importanti trasformazioni, propiziate da una congiuntura storica molto favorevole. In quest'epoca vengono infatti attivate le prime fabbriche di ceramica dipinta; ed è proprio all'influenza esercitata dal tipo di vaso prediletto da questi figuli, il cratere a colonnette usato generalmente come cinerario, con le sue frequenti raffigurazioni di profili di teste umane, che si deve un orientamento nuovo nella committenza anche nei confronti del contenitore litico per le ceneri, l'urna in tufo; quest'ultima infatti, certamente almeno dal tardo IV secolo, venne affermandosi, con il suo coperchio antropomorfizzato, come il contenitore cinerario più diffuso[6].

Il più antico tipo ritrattistico impiegato nella decorazione delle urne volterrane appare, non a caso, strettamente confrontabile con quello delle *kelebai*. Si tratta di un'immagine fortemente idealizzata, che intende rappresentare probabilmente il defunto eroizzato, con un linguaggio figurativo che sembra improntato alla lezione del tardo classicismo greco.

Un esempio significativo, da tale punto di vista, sembra rappresentato dal coperchio n. 7, per il quale è stato proposto il confronto con la kelebe n. 245.1. Il carattere dell'acquisizione tipologica risulta meglio definibile se si richiamano a confronto tipi apollinei presenti anche nella bronzistica coeva dell'Etruria settentrionale[7], e che sembrano rimandare a schemi impiegati usualmente anche nei tipi monetali di Grecia e Italia[8]; d'altro canto, questo tipo sembra avere lasciato tracce anche nell'attività delle maestranze che eseguivano sarcofagi nell'Etruria meridionale[9]. Forse anche nella scultura funeraria, così come nella pittura vascolare delle *kelebai*, convive, come segno di una duplice connotazione della committenza, accanto a questo filone "colto" un'altra tendenza più "semplice", che adotta un tipo di testa dal contorno tondeggiante, dai capelli a massa indistinta, che sembra in rapporto con quello che si è talora chiamato ritratto medioitalico[10]. Ben presto, probabilmente già prima della metà del III secolo a.C., si afferma il tipo del ritratto eroico: questo filone è stato di recente posto in connessione con le realizzazioni del ritratto pergameno, e in particolare con quello attribuito ipoteticamente ad Attalo I e pertanto collocato cronologicamente alla fine del III-inizi II secolo a.C.[11]. Malgrado l'indubbia esistenza di singolari affinità, i referenti iconografici sono presumibilmente più antichi e differenziati, come dimostra, tra l'altro, anche il recente rinvenimento, nella tomba dei Cai Cutu a Perugia, di un'urna tra le più antiche dell'ipogeo, la cui testa rimanda, con puntualità impressionante, ai tipi eroici, elaborati in ambiente attico tra la fine del IV e l'inizio del III secolo a.C.[12].

Uno degli esempi più antichi di questa serie ritrattistica a Volterra è certamente il n. 10 (Museo Guarnacci, 7); ma solo di poco più recente è il coperchio di Larth Calisna Sepu (n. 74) dalla tomba di Monteriggioni.

Questa serie di teste, ben rappresentata anche a Chiusi[13] e a Perugia (tomba dei Volumni)[14] nel tardo III, è caratterizzata in primo luogo dalla capigliatura, ordinata in ciocche regolari disposte radialmente sull'alto del capo, in grosse ciocche rigonfie sulla fronte (che divengono, nel corso del tempo, più schiacciate e simmetriche) e in lunghi riccioli appena sinuosi sul collo. I volti, dall'ossatura potente, impostati su colli taurini, presentano in genere tratti minuti, piccoli occhi spesso levati in alto, nasi corti e dalla larga radice, bocche piccole soffocate dalle guance grasse e dal mento sporgente. La fronte è il più delle volte liscia, solo più raramente segnata da una ruga orizzontale.

Per quanto non sia agevole indicare un preciso modello per questa serie assai compatta di espressioni, si deve tuttavia constatare una profonda affinità con i ritratti ufficiali rappresentati sulle emissioni dei dinasti macedoni e orientali del primo Ellenismo e con i ritratti bronzei che ad essi sono stati riferiti[15]. Anche in questo caso, accanto alla serie monotona delle repliche, vi sono monumenti che per la loro eccezionalità si differenziano nettamente e sembrano postulare un intervento di maestranze particolarmente colte: quello di Guarnacci 119 (cfr. n. 11), per il quale si è spesso richiamato il presunto ritratto di Eutidemo di Battriana, è uno dei più impressionanti; certo dovette trattarsi di una scultura eseguita in base a specifica ordinazione, ed è singolare la circostanza che non abbia creato una serie.

È comunque importante osservare come questo tipo iconografico sia particolarmente adatto ad evidenziare il processo di impoverimento formale di un modello colto, attraverso la serie ininterrotta delle repliche, che da circa la metà del III secolo giunge al secondo quarto del II secolo a.C.

I monumenti che qui si presentano (nn. 74-77) esemplificano efficacemente alcuni stadi di questo fenomeno.

Ed è proprio nel tardo secondo quarto del II secolo, dopo che l'adozione generalizzata e subitanea di un nuovo tipo di veste caratterizza i coperchi maschili, che questo schema ormai desueto viene abbandonato, mentre si afferma un modello diverso di volto, più asciutto e allungato, con i capelli distribuiti più schematicamente e aderenti alla calotta; alcuni coperchi esibenti questo tipo ritrattistico sembrano associabili all'attività del Maestro di Mirtilo, innovatore della produzione artistica volterrana[16]. Il modello, questa volta, sembra essere stato però mediato da esperienze romane, sul filo di quelle correnti atticizzanti che informano il gusto della capitale nei primi decenni del II secolo a.C.; prodotto di questo ambiente è infatti la nota testa di peperino dal sepolcro degli Scipioni, già riferita senza ragione ad Ennio, che può illustrare utilmente la somiglianza di esiti nei due ambienti[17]. Il confronto è assicurato da alcune realizzazioni volterrane in tufo che, nella indubbia schematizzazione, possono essere forse più utilmente avvicinate alla testa romana. Nelle versioni in alabastro, e in particolare nei monumenti databili nel terzo quarto del secolo, si manifesta un compiacimento tutto particolare per la finitezza dei dettagli, dalle striature sottili che sommuovono il rigoroso schierarsi delle ciocche sulla fronte, alla levigatezza delle superfici, che finiscono per dare a queste teste una espressione particolarmente sorridente e serena[18].

Perfettamente in linea con questa tendenza è anche il ritratto femminile: in questa fase le teste mostrano una talora palese reminiscenza dei modi del tardo classicismo[19]. La tendenza idealizzante rimane, fino ben addentro al I secolo a.C., la cifra stilistica dominante in questa serie ritrattistica, anche se sporadicamente su di essa si evidenzia una certa propensione alla personalizzazione, che si esplica nell'aggiunta di rughe e pieghe sulle guance e sulla fronte, probabile riflesso di tendenze della committenza modellate sul gusto dominante nella capitale[20].

Poco prima che una nuova rivoluzione tipologica affermi la figura del velato (intorno al 110-100 a.C.) un nuovo modello, completamente diverso dai precedenti, si diffonde a Volterra, e a giudicare dal numero cospicuo delle realizzazioni, sembra aver goduto di un successo considerevole: quello della serie Luvisu 1 - Luvisu 2. I corpi rattrappiti e tipologicamente assai caratterizzati cui si applica sembrano il segno di una nuova maestranza, anche se è possibile individuare qualche antecedente locale. Nelle teste è sembrato di cogliere una assonanza di linguaggio con monumenti del ritratto urbano di matrice ellenistica, con espliciti agganci alla tradizione della Grecia orientale, Rodi e Kos[21], quasi a confermare una direttrice lungo la quale sembrano giungere a Volterra anche altri elementi stilistici, sensibili nei rilievi che ornano le casse frequentemente associate a questo tipo di coperchio[22].

Questo è l'ultimo dei principali (ma certo non i soli) filoni tipologici che sembra di riconoscere nel ritratto adottato dai decoratori di urne cinerarie nell'Etruria settentrionale; nel corso del I secolo le due principali correnti (tipo classicheggiante e tipo Luvisu o del realismo ellenistico) continuano, e su di esse sporadicamente si evidenziano influenze diverse.

Nelle serie più tarde, accanto a un progressivo impoverimento del repertorio formale, si constata un avvicinamento al linguaggio disseccato dell'arte municipale[23].

a.m.

74 Urna cineraria
Alabastro. Coperchio: 36; 82 × 35
Cassa: 41; 83 × 28
Da Monteriggioni, tomba dei Calisna Sepu
Volterra, Museo Guarnacci, inv. 632.
Bianchi Bandinelli 1928, 143 s.; CUV 1, n. 248.

Recumbente a torace nudo, con patera nella destra; capelli a lunghe ciocche; occhi piccoli e infossati. Alla base del coperchio e sulla cassa iscrizione in grafia corsivizzante (Maggiani

74

74

74

1984[b], 219, nota 7). Cassa del tipo a intelaiatura lignea con pannelli laterali trasformati in pilastrini e scena mitologica (Achille e Aiace con la testa recisa di Troilo).
Cronologia: non più tardi del terzo quarto del III secolo a.C.
La testa, già ricondotta ad esperienze pergamene e pertanto collocata agli inizi del II secolo, è invece più agevolmente confrontabile con alcuni ritratti di dinasti del primo Ellenismo, di cui conserva un'eco abbastanza fresca. L'urna precede, se pur di poco, quella bisoma celeberrima della stessa tomba (CUV 1, n. 246), che sarà da datare tra terzo e ultimo quarto del III secolo a.C.

75 Coperchio di urna cineraria
Alabastro. 50; 80 × 25
Volterra, Museo Guarnacci, inv. 181.
Pairault Massa 1975, 219, fig. 11.

Recumbente maschile coronato e inghirlandato. Il coperchio, di elevato livello esecutivo, presenta una testa dai tratti tipologicamente connessi con il ritratto precedente e certo desunti dal medesimo repertorio. Il tipo si è un poco irrigidito e ha perso in forza, sia nel modellato che nella capigliatura, che appaiono alquanto semplificati e banalizzati in un calligrafismo che è già maniera. Cronologia: ultimo quarto del III secolo.

76 Coperchio di urna cineraria
Alabastro. 60; 81 × 32
Volterra, Museo Guarnacci, inv. 483.
CUV 2, n. 229.

Il tipo del volto, che si inserisce nel filone esemplificato dai monumenti che precedono, presenta tuttavia una più accentuata stilizzazione dei tratti e un particolare disinteresse per la forma plastica; i piani del volto semplificati all'estremo e anche malamente coordinati (si veda la connessione tra le guance enfiate e il labbro superiore, che determina un andamento singolare delle pieghe ai lati della bocca, che sembra quasi fornita di baffi), gli occhi ridotti a larghi globi lisci e rivolti in alto, i capelli ordinati in gonfie masse metodicamente solcate da lineette parallele, costituiranno uno schema amatissimo nelle botteghe volterrane del tardo III-inizi II secolo a.C., che proseguiranno per alcuni decenni anche in opere di notevole impegno (cfr. CUV 1, nn. 126, 135 dalla tomba Inghirami; Maggiani 1977, 126, "gruppo Firenze 78484"). Cronologia: inizi II secolo a.C.

77 Coperchio di urna cineraria
Alabastro. 48,5; 77 × 32,5
Volterra, Museo Guarnacci, inv. 291.
Pairault Massa 1975, 244 ss., fig. 8.

Sul coperchio è probabilmente rappresentato uno dei personaggi più importanti dell'aristo-

75

75

crazia volterrana, come sembra indicare la lunga iscrizione (purtroppo quasi completamente illeggibile) sul rotulo che il personaggio esibisce nella sinistra, ornata da un anello dall'enorme castone ellittico.

La figura, che tipologicamente può inserirsi nel "gruppo Firenze 78484" (Maggiani 1977, 126), appare tuttavia il risultato di una richiesta specifica. Inducono a crederlo la particolare torsione del busto verso destra e soprattutto la accentuatissima caratterizzazione dei tratti del volto.

Se infatti la struttura essenziale della testa, nelle labbra sdegnosamente premute e nell'imponente ossatura, ricorda i tipi che precedono, la minuziosa calligrafia delle rughe, l'insistita e pur trita trattazione dei capelli sembrano sottolineare l'intento di dare individualità al monumento. Cronologia: 190-170 a.C.

a.m.

76

78 Testa cosiddetta di Ennio
Testa di tufo dell'Aniene, bustino moderno di peperino. Altezza testa 24,8
Roma, tomba degli Scipioni, Musei vaticani, inv. 1148.
Bernoulli 1882, 34, n. 2; Arndt-Bruckmann 1891, 449-450; Amelung 1908, 8-9, n. 2a, tav. 1; West 1933, 36, tav. VIII, 22; Vessberg 1941, 43; Schweitzer 1948, 56-57, figg. 46-47; Dohrn 1962; Dohrn 1962-63; Dohrn 1963, 209, n. 262; Hafner 1968; Coarelli 1972, 97-105; Coarelli 1977, 37; Coarelli 1976, 25-26.

Testa maschile coronata d'alloro in buono stato di conservazione (solo parte del naso è di restauro). L'asimmetria dei tratti mostra come dovesse essere volta di tre quarti verso destra: l'ipotesi più probabile perciò, tenendo anche conto dello spazio disponibile nella tomba, è che facesse parte di un coperchio di sarcofago con defunto recumbente, tipo ben noto in Etruria.

L'identificazione ottocentesca col poeta Ennio è priva di fondamento, più probabilmente si tratta di un componente della famiglia degli Scipioni: in via d'ipotesi, in base alla cronologia e alla corona d'alloro, che sarebbe simbolo di trionfo, è stato fatto il nome di P. Scipione Nasica Corculum. Si tratta dell'opera di un artista romano influenzato dagli scultori neoattici. Terzo quarto del II secolo a.C.

p.l.

79 Coperchio di urna cineraria
Tufo. 40; 59 × 24
Dalla tomba XXII di Poggio alle Croci
Volterra, Museo Guarnacci, inv. 645.
CUV 1, n. 209; Maggiani 1976, 21, A.a. 3.

Recumbente maschile, con corona tubolare attorno al capo, tunica e mantello, e patera nella sinistra.
Il coperchio è stato inserito nel gruppo organizzato attorno a quello di Arnth Fethiu; il ca-

76

pofila di questa serie è il bel coperchio, forse pertinente (Maggiani 1977, 127; Pairault Massa 1977, 158) all'urna eponima del Maestro di Mirtilo. Nelle teste dei monumenti di questo gruppo non numeroso, sembra crearsi un distacco dal tipo eroico-patetico dell'alto Ellenismo e affermarsi invece una tendenza alla semplicità, che è fatta risalire al filone atticizzante della cultura artistica romana della prima metà del II secolo a.C. Cronologia: tardo secondo quarto del II secolo a.C.

79

80

80 Coperchio di urna cineraria
Tufo. 44; 65 × 21
Dalla necropoli del Portone, scavi A. Cinci 1858
Volterra, Museo Guarnacci, inv. 414.
CUV 2, n. 165.

Inserita nella medesima tradizione iconografica del precedente, la figura presenta una trattazione completamente diversa del panneggio, tutto piegoline e ondulazioni, che sono la cifra stilistica dei prodotti della seconda metà del secolo. I capelli sono accuratamente ordinati in ciocche simmetriche sulla fronte.

81

82

81 Coperchio di urna cineraria
Tufo. 65; 89 × 30
Volterra, Museo Guarnacci, inv. 572.
CUV 2, n. 151.

Coperchio maschile, come il precedente. Il volto presenta tratti più allungati, mentre il panneggio è realizzato più sobriamente. Cronologia: tardo II secolo a.C.

82 Coperchio di urna cineraria
Alabastro. 52; 76 × 26
Volterra, Museo Guarnacci, inv. 346.
Vessberg 1941, tav. LXXXVII, 2;
Maggiani 1976, 36, H.4.

Recumbente maschile, in tunica e mantello, con patera nella sinistra.
Il volto è segnato da rughe profonde, ma pur con tali notazioni 'realistiche' mantiene una vivacissima sensibilità plastica.
Inserito nel "gruppo Luvisu 1", (Maggiani 1976, 36 ss.). Cronologia: 140-110 a.C.

83

83 Coperchio di urna cineraria
Alabastro. 36; 58 × 24
Volterra, Museo Guarnacci, inv. 174.
Levi 1932, tav. p. 22; Vessberg 1941, tav. LXXXVII; Maggiani 1976, 36, H.3.

Recumbente maschile, in tunica e mantello. Manca la mano destra con l'attributo, che erano lavorati a parte e fissati poi con perni. Versione cruda e imbarbarita del tipo precedente. Cronologia: 140-110 a.C.

84   Coperchio di urna cineraria
Alabastro. 35; 48 × 24
Volterra, Museo Guarnacci, inv. 339.
Maggiani 1976, 38, nota 86.

Recumbente maschile, in tunica e mantello con
astuccio nella destra e anello dal grosso castone circolare nella sinistra.
Il monumento, che appartiene al "gruppo Luvisu 2", erede diretto della tradizione di bottega cui fanno capo i coperchi precedenti, mostra nei tratti del volto una tipizzazione che
si accentuerà in seguito.
Ultimi decenni del II secolo a.C.

85   Coperchio di urna cineraria
Alabastro. 35; 54,5 × 25
Volterra, Museo Guarnacci, inv. 335.
Maggiani 1976, 38, nota 86.

Recumbente maschile, velato e coronato, in tunica e mantello, con craterisco nella destra e
anello dal grosso castone rotondo nella sinistra.
Tipico esempio, di qualità media, del "gruppo Luvisu 2", fase tarda della officina cui risalgono anche le opere nn. 82, 83. Cronologia: fine II-inizi I secolo a.C.

a.m.

84

85

83

84

85

La produzione in terracotta a Volterra

L'impiego della terracotta nella realizzazione di urne cinerarie fu, come è noto, fenomeno assai sporadico a Volterra[1].
A differenza di Chiusi dove il diffondersi di una richiesta sempre più accentuata e capillarmente diffusa nella città e nel territorio orientò — all'inizio del II secolo a.C. — il processo di produzione di urnette fittili sulla via di una standardizzazione attraverso l'impiego di matrici, a Volterra una committenza socialmente e culturalmente diversa — e forse molto meno numerosa — condizionò fortemente la produzione di cinerari in terracotta. La loro scarsa attestazione nelle sepolture rinvenute nelle necropoli ellenistiche volterrane appare macroscopicamente accentuata dalla dispersione del materiale conseguente alla sua fragilità nonché al modo tramite il quale esso veniva raccolto durante i caotici scavi sette-ottocenteschi[2]. A dispetto di ciò la qualità elevata dei prodotti superstiti, unita solitamente a soluzioni tipologiche e iconografiche di estrema peculiarità, è di stimolo oggi per un riesame dell'argomento.
La scarsa attenzione che l'ambiente scientifico ha dedicato a questi monumenti, quasi si trattasse di elementi anomali o quantomeno marginali rispetto alle produzioni di atelier che impiegavano il tufo o l'alabastro, trova una sua giustificazione anche nella effettiva esiguità della documentazione.
Uno degli esemplari più antichi di questa classe, l'urna MG 647 (cfr. n. 86), decorata con applique a protomi gorgoniche e leonine, fu rinvenuta nella tomba 60 B di Badia[3], sistemata in posizione centrale entro un loculo ricavato nella parete di fondo della camera.
Due monete di argento di zecca campana (Neapolis?) erano collocate presso l'urna assieme ad un piccolo coperchio in piombo e poche foglie d'oro forse di diadema.
La concomitanza dei reperti numismatici di area magnogreca e l'urna fittile posta in posizione enfatica nel contesto del vano tombale, e quindi verosimilmente pertinente al capostipite della famiglia titolare dell'ipogeo, fa di questo complesso uno dei capisaldi cronologici per la seriazione delle urne volterrane[4].
In essa per la prima volta si manifestano tipologie e iconografie prettamente ellenistiche[5]. L'urna che si inserisce in una tradizione tipicamente locale di cinerari displuviati in pietra che hanno i più lontani ascendenti negli esemplari arcaici delle *tholoi* di Casale Marittimo[6] e Casaglia[7], ne rinnova totalmente la tipologia imitando — se non più propriamente riproducendo — cassette-scrigni di legno prezioso del primo ellenismo greco e magnogreco[8].
Il tipo delle applique ha strette analogie con le decorazioni a rilievo di produzioni vascolari magnogreche come i bacili conici centuripini[9], mentre le teste di leone sui fianchi dell'urna trovano stretti paralleli con analoghi elementi a rilievo delle ceramiche di pro-

duzione campana a vernice nera[10]. La tomba in questione, che presenta solo quattro deposizioni, ha un excursus cronologico estremamente limitato, sicuramente inferiore a cento anni, e comunque agevolmente inseribile all'interno del III secolo[11].
Assieme all'urna in terracotta vi erano altri tre cinerari in tufo dei quali due con coperchio antropomorfo a cassa liscia, mentre del terzo è conservato solo il coperchio.
Dando per scontata la validità della classica datazione di Sambon per le monete di zecca campana[12] (325-280 a.C.) è lecito dedurre una datazione al più tardi agli inizi del III secolo per l'urna MG 647 che deve essere considerata una vera e propria "testa di serie" di altri pochi esemplari volterrani che riproducono cassette-scrigni con decorazioni in applique[13]. Ne consegue una constatazione alquanto importante per quanto concerne la produzione dei cinerari fittili: la limitata fortuna del tipo a cassetta displuviata di ascendenza magnogreca — che fu soppiantato all'introduzione — sicuramente entro la prima metà del III secolo — del nuovo modello di urna con coperchio antropomorfo realizzato in tufo locale. Non ci è consentito postulare, sulla base di questi scarni elementi, l'esistenza a Volterra in quest'epoca di una bottega stabile di plasticatori dediti alla produzione esclusiva di cinerari. La diffusione di questi ultimi in un arco di tempo decisamente ristretto sembra essere piuttosto collegata all'intervento sporadico di uno o più artigiani provenienti dall'esterno ed appartenenti a quella koinè protoellenistica che accomuna centri greci, magnogreci ed etrusco-italici. Questi artigiani non furono in grado, comunque, vuoi per il loro carattere di maestranze itineranti, vuoi per la limitata fortuna del modello proposto, di avviare una vera e propria tradizione di bottega. Certo è che elementi da loro introdotti come le applique sopravvissero anche dopo che la tipologia del cinerario ebbe subito la radicale trasformazione in senso antropomorfo. La cassa MG 600[14], liscia, in tufo, presenta, sulla fronte e sui fianchi applique fittili inserite in appositi incavi ricavati nella pietra. Gli elementi decorativi — ed in particolare le teste leonine superstiti — rivelano una evidente imperizia dell'artigiano che imita modelli colti senza bene intenderne il valore. La cassa MG 424[15], in tufo, alla quale è attualmente sovrapposto un coperchio displuviato certo non pertinente[16], presenta in uno specchio rettangolare incavato una scena di viaggio agli inferi eseguita a bassorilievo. Negli spazi lisci ai lati del riquadro sono ricavati incavi ellittici destinati ad accogliere elementi riportati. Entrambi gli esempi ora addotti, casse cui purtroppo è impossibile attribuire con sicurezza un coperchio (che volentieri comunque supponiamo antropomorfo), testimoniano dell'influsso che la produzione fittile esercitò su quella in pietra. Se l'esistenza di un atelier stabile di artigiani della terracotta dediti esclusivamente alla produzione di urne appare decisamente improponibile, non è fuori luogo supporre a Volterra almeno un cen-

86

tro di lavorazione del materiale fittile di destinazione funeraria. L'esempio delle numerose statuette — fra le quali emerge il tipo della kourotrophos, ampiamente diffuso nei corredi volterrani di almeno tutto il III secolo — può costituire un valido elemento di conferma. Se per un verso non ci sembra di cogliere alcun elemento di contatto tra le maestranze che furono impiegate nella decorazione degli edifici templari dell'acropoli di Castello[17], legate ad una committenza pubblica, e quelle che producevano urne in terracotta, alle dipendenze della committenza privata, stretti legami sono individuabili tra queste ultime e quelle impiegate negli atelier ceramici. È forse ad un artigiano di formazione ceramistica che dobbiamo un'urna come MG 497 (cfr. n. 87) rinvenuta nella tomba A di Luoghino (necropoli del Portone) nel 1874 assieme a quattro urne di tufo con coperchio dipluviato ed un cratere volterrano a figure rosse[18]. Il rilievo della cassa, lavorato a stecca ed esibente il mito di Medea che fugge da Corinto sul cocchio trainato da quattro serpenti alati è un *hapax* nella pur varia produzione volterrana, ed è sicuramente la più antica rappresentazione mitologica sulle urne. Lo stile prettamente disegnativo, quasi ad intaglio sul materiale, il tipo di iconografia decisamente estranea alla tradizione etrusca, ma che trova stretti contatti con documenti ceramografici magnogreci[19], ne fanno il lavoro di un artefice formatosi in una bottega di vasai. Riteniamo che questa urna sia coeva o insensibilmente posteriore a quella precedentemente analizzata con applique a rilievo (infra n. 86). Di estrema rilevanza la constatazione che il coperchio maschile a torace scoperto — peraltro fortemente lacunoso ed abraso — denoti un'evidente imperizia dell'artefice nella esecuzione del tutto tondo ed in particolare nella realizzazione del volto del personaggio. L'iconografia del demone alato (Charun) rappresentato sui fianchi dell'urna in questione è estremamente anomala rispetto a quella canonica così ampiamente attestata nei cinerari volterrani. Il volto sembra plasmato su quello delle maschere grottesche note da molti esemplari di statuette fittili e di bronzo diffuse in area greca e magnogreca. L'urna di Medea deve essere considerata con ogni probabilità un prototipo, anch'esso di scarsa fortuna, cui è possibile collegare solo l'altra urna fittile con figure di demoni alati agli angoli della fronte e defunto a torace scoperto semisdraiato sul coperchio, verosimilmente pertinente (MG 388)[20]. Una lacuna di circa una-due generazioni non è colmabile tramite documenti di urne fittili, mentre alla metà del III secolo è attribuibile l'urna MG 527[21], con cassa liscia verosimilmente dipinta che presenta sul coperchio un recumbente maschile a torace scoperto (cfr. n. 89) in posizione fortemente eretta. Il fine modellato della struttura corporea, fortemente sentita, è in perfetta sintonia con la realizzazione del volto giovanile del defunto esibente una pettinatura a grosse ciocche sulla fronte, che ha un ovvio confronto con il ritratto lisippeo di

89

89

Alessandro[22], modello nobile cui il riferimento è d'obbligo.

Non lontano stilisticamente da questo è un altro coperchio maschile a torace scoperto (MG 617). Allo stesso ambito cronologico riteniamo siano da riferire anche altri monumenti quali MG 615[24] (n. 88), coperchio ritenuto comunemente femminile[25], purtroppo acefalo. L'insolita posa con la gamba destra piegata e fortemente rialzata, la raffinata esecuzione del panneggio e in particolare del chitone a fitte piegoline aderenti al corpo, accostabile a modelli nobili quali la Themis di Ramnunte[26], piuttosto che all'opera di un coroplasta greco di formazione rodiota o quantomeno di ambiente asiatico attivo a Volterra contemporaneamente al Maestro di Mirtilo — come vuole la Pairault[27] — sembra rimandare a terrecotte di ambiente magnogreco[28]. Ad un affine milieu culturale è certo riferibile anche l'urna MG 11[29] (n. 90), con coperchio femminile anch'esso purtroppo acefalo.

Il mantello che avvolge completamente la figura, eseguito con tecnica assolutamente più approssimativa rispetto a quella del coperchio sopra rammentato, assimilano anche questa figura alla piccola plastica fittile del tipo tanagrino[30].

Con gli inizi del II secolo il fiorire ed il diffondersi delle botteghe di scalpellini del tufo e dell'alabastro certo condizionò in senso negativo la diffusione dei cinerari in terracotta rendendo l'impiego del materiale ancor più saltuario e conseguente a particolarissime richieste della committenza. Se si eccettua una serie di coperchi come MG 614 e MG 619, estremamente irrilevanti dal punto di vista stilistico e qualitativo, solo una cassa adesso conservata al Kunsthistorisches Museum di Vienna con scena dell'agguato di Achille a Troilo[31] è degna di interesse. Le teste leonine a forte rilievo sui fianchi sono un elemento volutamente "arcaizzante" che in qualche modo lega questo esemplare ai cinerari displuviati con applique del secolo precedente. Lo stile del rilievo, sicuramente volterrano, sembra imparentato con quello dell'urna in alabastro MG 258[32] con combattimento di Achille e Aiace. È il caso dunque di un'osmosi di cartoni, se si suppone la sopravvivenza di almeno un atelier dedito alla produzione fittile, o semplicemente di un eclettismo degli artigiani in grado di impiegare con la medesima disinvoltura materiali diversi adattandovi di volta in volta il proprio stile.

Ad una bottega di scalpellini del tufo e dell'alabastro sembra da riferire la cassa dell'urna MG 622[33] che presenta su tutta la superficie una serie numerosa di cavità probabilmente dovuta ad un'imperizia nei processi di cottura del materiale. L'esemplare è stilisticamente affine all'urna MG 621, intorno alla quale, recentemente, si è supposta una bottega[34] attiva per un cinquantennio almeno del I secolo a.C., influenzata principalmente da correnti fortemente connotate in senso classicistico. Un esame a parte merita il notissimo coperchio fittile MG 613, con coppia di anziani co-

88

90

niugi, la cui rilevanza dal punto di vista della problematica del ritratto è ormai argomento da manuale[35].

Si vuole in questa occasione semplicemente mettere in risalto la forte carica ideologica che un simile monumento sottende. Tutta una serie di elementi indicano con chiarezza che esso non appartiene ad una produzione standardizzata, ma è stato eseguito dietro la specifica richiesta di un committente che ambiva rappresentarsi *antiquo more*.

La riscoperta dell'antica iconografia della coppia a banchetto sul coperchio, insieme al carattere stesso di unicità del monumento, fatto eseguire in un materiale ormai desueto, indiziano da parte del committente una precisa volontà retrospettiva che ben si attaglia al clima generale di revival delle antiche tradizioni di cui l'aristocrazia volterrana sembra circondarsi alla vigilia dell'integrazione nello stato romano.

g.c.

86   Urna cineraria
Terracotta, con applique a rilievo. Altezza 57; lunghezza 57
Dalla necropoli di Badia, tomba a camera 60B
Volterra, Museo Guarnacci, inv. 647.
Fiumi 1972, figg. 5a-b.

Coperchio displuviato con delfini applicati alla sommità del tetto. Cassa liscia su zampe semplici. Sul fronte dell'urna, lateralmente, due protomi gorgoniche con ali attaccate alle tempie. Sui lati brevi dell'urna teste di leone a rilievo riportate.

87   Urna cineraria
Terracotta. Coperchio: 46; 43 × 63
Cassa: 34; 42 × 37
Dalla necropoli del Portone, tomba A di Luoghino
Volterra, Museo Guarnacci, inv. 497.
CUV 1, n. 61 (con bibliografia precedente).

Sul coperchio recumbente maschile a torace scoperto. Indossa solo un mantello che copre la parte inferiore del corpo, la spalla sinistra e parte del braccio. Il braccio destro è staccato dal corpo e disteso. Il sinistro, fortemente piegato al gomito, poggia su due alti cuscini. La mano corrispondente è portata al volto. Sulla fronte della cassa è rappresentato a bassorilievo l'episodio di Medea che fugge da Corinto su un carro trainato da quattro serpenti alati. Sui lati brevi della cassa figura di demone alato vestito di tunica succinta, seduto su un'ara.

88   Coperchio di urna cineraria
Terracotta. 43; 68 × 39
Luogo e circostanze del rinvenimento imprecisate
Volterra, Museo Guarnacci, inv. 615.
CUV 2, n. 215 (con bibliografia precedente).

Figura femminile che veste chitone e himation che copre la parte inferiore del corpo e ricade con un lembo su due alti cuscini. La figura ha la gamba sinistra poggiata sullo stroma e piegata verso l'interno; la destra è piegata e alzata. Il braccio destro è disteso in atto di posarsi sopra la gamba destra, mentre il sinistro, quasi completamente perduto, doveva posare sui cuscini. La figura è acefala.

89   Urna cineraria
Terracotta. Coperchio: 45; 59 × 40
Cassa: 38; 54 × 38
Da Volterra. Luogo e circostanze del rinvenimento imprecisati
Volterra, Museo Guarnacci, inv. 527.
Inedita.

Sul coperchio recumbente maschile a torace scoperto. Indossa solo il mantello che copre la parte inferiore del corpo e si dispone in un rotolo di pieghe sull'addome. Il braccio destro è disteso lungo il fianco e la mano è andata completamente perduta. Il braccio sinistro poggia su due alti cuscini. La mano corrispondente è parzialmente lacunosa.
Cassa parallelepipeda su quattro peducci, liscia. Il bordo inferiore e quello superiore hanno un listello rilevato sottolineato da una linea di colore rosso.

90   Urna cineraria
Terracotta. Coperchio: 37; 62 × 41
Cassa: 39; 64 × 39
Da Volterra. Luogo e circostanze del rinvenimento imprecisati
Volterra, Museo Guarnacci, inv. 11.
Inedita.

Sul coperchio recumbente femminile completamente avvolta in un lungo mantello. Il braccio destro è disteso lungo il corpo e coperto dal manto. La sinistra poggia su due alti cuscini decorati da rosette a rilievo.
Cassa parallelepipeda su quattro peducci tondeggianti, liscia. Base modanata. Al centro specchio quadrangolare che conserva tracce di colore rosso.

g.c.

La produzione in terracotta a Chiusi

La produzione di cinerari fittili raggiunse a Chiusi uno sviluppo che non trova confronti negli altri centri dell'Etruria settentrionale. Ad un numero piuttosto limitato di urne fabbricate a stecca, cioè a mano, pezzi singoli commissionati in base ad una precisa indicazione da parte dei clienti delle botteghe artigiane, si affiancò ben presto una produzione massificata in centinaia di esemplari eseguiti a stampo, cioè mediante matrici, per una clientela più vasta. La fabbricazione di sarcofagi in terracotta è limitata a pochissimi esemplari, anche se di qualità elevata, mentre fu assai diffusa nel periodo più tardo una classe di ollette cinerarie di forma troncoconica decorate con festoni e tenie dipinti.
Questi monumenti in prevalenza vennero alla luce nelle necropoli che in periodo ellenistico costellavano il territorio di Chiusi, rivelando l'esistenza di una fitta rete di centri agricoli in una regione nota già in antico per la sua feracità, in cui erano stanziate "unità produttive a gestione familiare o, in sostituzione di queste, servile, dipendenti da famiglie di rango residenti nel centro primario o nella stessa campagna"[1].
I monumenti di qualità più alta (sarcofagi e urne a stecca) provengono in genere, insieme agli omologhi monumenti in alabastro, dagli ipogei gentilizi, per lo più concentrati nella immediata periferia della città. Le urnette a stampo e le ollette cinerarie, insieme alle urne di travertino con decorazione standardizzata, caratterizzano invece le tombe a loculi, lungo il cui corridoio di accesso si aprivano le nicchie per la sepoltura; spesso si tratta di tombe comuni a più gruppi familiari, in cui non sono rare le iscrizioni di liberti (lautni).
Anche la tematica dei rilievi che decorano le casse differenzia nettamente le due classi di monumenti: mentre infatti i cinerari deposti nelle tombe gentilizie ostentano scene desunte dal patrimonio mitologico greco, quelli attestati nelle tombe a loculo appaiono per lo più legati a contenuti demonologici e psicagogici. Le urne in terracotta dovevano rispondere alle esigenze di una clientela numerosa che non poteva permettersi l'acquisto dei più costosi cinerari in alabastro e travertino. Tuttavia, pur nella sostanziale unità di questa classe di monumenti, le urne a stecca di qualità superiore con scene desunte dal repertorio figurativo greco e le più modeste urne a stampo con scene tratte dalla tradizione locale sembrano individuare due diversi livelli di committenza: il primo costituito da una élite legata ad una cultura artistica urbana, che ha le sue radici nelle esperienze formali dell'arte greca; il secondo, invece, assai più vasto, costituito da una "classe media" di artigiani e piccoli proprietari terrieri, più ancorata ai temi e ai modi di rappresentazione della cultura indigena.
Purtroppo lo studio su questi monumenti è gravemente compromesso dalla quasi totale mancanza di dati sulla loro provenienza, sulle circostanze del rinvenimento e sulle associazioni con i corredi funerari. La dispersione dei materiali dopo gli scavi, condotti principalmente nel corso del secolo passato senza una adeguata documentazione, tanto da configurarsi piuttosto come un saccheggio indiscriminato, ne impedisce una datazione in base a dati materiali precisi; troppo pochi sono i complessi ricostruibili su basi certe e ancor meno gli scavi regolari nella zona, per gettar luce sull'insieme della produzione: essi offrono solo dati parziali ed ancora oggetto di discussione[2]. In genere si è potuto procedere ad associazioni di monumenti solo sulla base dei dati epigrafici: ciò vale anche per i due complessi ricostruiti in una delle sezioni di questa mostra, del tutto privi dei materiali di corredo.
La quasi generale inattendibilità della pertinenza dei coperchi alle casse con cui sono associati nei musei (come dimostrano la differenza delle rispettive misure, le diversità stilistiche e tecniche, la circostanza che a coperchi con figure virili corrispondano casse con formule onomastiche femminili e viceversa, eccetera) rende ancora più complesso il problema della datazione, della identificazione delle botteghe, della valutazione stilistica dei singoli monumenti: pertanto molte delle ipotesi avanzate nel corso del presente lavoro sono da considerarsi provvisorie.
La produzione a stecca, che sembra rispondere, come si è detto, alla domanda circostanziata di una élite colta e raffinata, è composta da un numero piuttosto limitato di pezzi di qualità assai discontinua. A monumenti di indubbio pregio (come per esempio i nn. 91, 97, 101) se ne affiancano altri di esecuzione assai più rozza, talvolta quasi indistinguibili dai più modesti esiti della produzione a stampo.
Ampio e differenziato è il repertorio dei soggetti raffigurati sempre a rilievo piuttosto alto, talvolta, oltre che sulla fronte, anche sui fianchi delle casse come sulle più antiche urne in alabastro (nn. 97, 99). I temi più diffusi sono legati alla mitologia greca: oltre a quelli che compaiono anche a Volterra e a Perugia, come il duello tra Eteocle e Polinice (nn. 91, 92), la morte di Enomao (n. 93), forse la morte di Troilo (n. 95), Cadmo che uccide il drago[3] e Oreste che si rifugia presso l'altare[4], il mito della morte di Ippolito (n. 94), che con singolare pregnanza compare anche sulle urne di alabastro, sembra noto esclusivamente agli artigiani chiusini.
Non mancano tuttavia nella produzione a stecca miti legati alla tradizione nazionale, come quello che raffigura un mostro che sorge da un puteale (n. 96), già interpretato senza fondamento come l'evocazione di Olta da parte di Porsenna. Su un gruppo di urne a stecca sono raffigurate scene di battaglia generiche, per cui non è possibile ricostruire un contesto mitologico o storico preciso. Tra queste si segnalano per la qualità dell'esecuzione l'urna di Firenze 5758 (n. 97) e quella del Worcester Art Museum[5], assai vicine per lo stile. Se per alcuni di questi temi il rapporto con la simbologia funeraria è evidente, per altri esso ci è ancora oscuro. Una esplicita relazione con il mondo dell'oltretomba hanno invece gli esseri fantastici e mostruosi raffigurati su altre urne a stecca: Medusa, Scilla (n. 99), grifi (n. 98) ecc. Molto più rare che nelle urne a stampo sono le scene direttamente connesse con i rituali funebri o con il mondo degli Inferi. L'esemplare più interessante è l'urna di Berlino 1302[6] con scena di congedo funebre, in cui il defunto è un aruspice e la porta dell'Ade è duplicata. Nello stesso ambito simbolico rientra la scena sull'urna n. 103, di composizione meno complessa, in cui il defunto si congeda da un amico alla presenza della sposa. Un'urna di Arezzo (n. 104) raffigura due demoni femminili seduti ai lati della porta dell'Ade.
Una serie di tre belle urne, troppo correlate tra di loro per stile e contenuto simbolico per non uscire dalla stessa bottega, l'urna di Palermo 8483 (n. 101), quella di Roma, Villa Giulia 25158[7] e quella di Firenze 5543 (n. 102) raffigurano invece il defunto seduto a banchetto; nei primi due esemplari sulla cassa sono rappresentate a tutto tondo le figure dei servitori; il tipo di ritratto fortemente veristico dei due secondi cinerari e la decorazione a cubi prospettici sulla cassa del secondo e del terzo suggeriscono una datazione nella seconda metà del II secolo a.C.[8].
Per quanto riguarda i coperchi, non sono stati molti i tentativi di costruirne una seriazione in base alla tipologia con l'attribuzione a più botteghe o mani diverse. Il più recente ad opera del Thimme[9], che ha posto alla base della sua ricerca la ricostruzione delle genealogie di alcuni dei più importanti complessi funerari chiusini di età ellenistica, è già largamente superato.
Il gruppo più antico di questi coperchi è costituito dalla serie che raffigura il defunto seduto a banchetto in seminudità eroica con una patera in mano ed in genere con una ghirlanda sui capelli e al collo. Con poche eccezioni questi coperchi di fattura piuttosto trascurata, che denotano scarsa attenzione al modellato anatomico, presentano teste appena sommarie, dai lineamenti grossolani ed indistinti. Come i coperchi di urne in alabastro col defunto a torso nudo non sembra che questi esemplari possano essere datati oltre l'inizio del II secolo a.C. All'interno di questa produzione si possono distinguere alcune botteghe, in parte già identificate dal Thimme[10]. I coperchi con il defunto che indossa toga e mantello sono databili probabilmente nel corso del II secolo a.C. e quelli in cui è rappresentato capite velato non sembra possano essere anteriori all'ultimo quarto del secolo. In genere a coperchi eseguiti a stecca corrispondono casse anch'esse a stecca, ma vi sono casi in cui quelli con defunti interamente vestiti sono associati a casse a stampo; i recumbenti a torso nudo sembrano accompagnarsi a casse con scene mitologiche o raffiguranti esseri fantastici.
Intorno al secondo quarto del II secolo a.C. si diffuse a Chiusi una produzione di urne cinerarie fabbricate a stampo, cioè riprodotte in

serie mediante matrici, con la stessa tecnica pertanto con cui venivano fabbricate le terrecotte architettoniche, con cui, come vedremo, presentano affinità anche formali, pur se non vi sono le prove che venissero fabbricate nelle stesse botteghe. A stampo venivano fabbricati anche i coperchi, raffiguranti il defunto recumbente o giacente sulla kline. Sia la cassa, decorata sempre soltanto sulla fronte, che il coperchio, subivano poi ritocchi alla stecca e venivano dipinti a colori vivaci (nero, bianco, rosso, giallo, azzurro, verde): gran parte delle urnette conserva ancora intatta questa vivace policromia, che varia anche negli esemplari prodotti da una stessa matrice.

Il costo relativamente basso e il valore simbolico di questi cinerari ne assicuravano una vastissima produzione, tanto più che le matrici potevano essere usate a lungo. È probabile poi che quelle cosiddette stanche, cioè deteriorate dall'usura, fossero sostituite da altre riprodotte su stampi freschi, come accade per altre classi di materiali prodotte con stampi a livello quasi industriale.

Due soli sono i temi mitici che compaiono su questa classe di cinerari; uno, raffigurante due guerrieri che si uccidono a vicenda tra due demoni femminili e identificato col fratricidio tebano (già noto sulle urne di alabastro e di terracotta a stecca) è di derivazione greca, anche se non è mancato un tentativo, peraltro scarsamente convincente, di riconoscervi un episodio di storia etrusca (la reciproca uccisione di Arunte figlio di Tarquinio e del console Bruto)[11]. L'altra scena a carattere mitologico, raffigurante un eroe seminudo che lotta contro un gruppo di nemici usando come arma il timone di un aratro, è stata a lungo connessa con l'episodio di Echetlo impegnato a Maratona contro i persiani; recentemente è stata avanzata la proposta di riconoscervi un mito locale da riferire forse al clima delle lotte sociali che sconvolsero l'Etruria nel corso del II secolo a.C., non senza conseguenze anche per Chiusi[12].

Questi soggetti sono stati riprodotti su centinaia di urnette con matrici che differiscono le une dalle altre solo nelle dimensioni. Del mito di Eteocle e Polinice si conoscono due varianti (nn. 115 e 116) con pochissime repliche, mentre di quello con l'eroe con l'aratro esistono due versioni, di cui quella di dimensioni maggiori, diffusa in un numero limitato di copie, è formata con l'aggiunta della figura di un demone femminile alla composizione più piccola.

Nel gruppo di urne a stampo caratterizzato dalla esecuzione più accurata e dalle dimensioni maggiori della norma, che presenta sulla cassa un combattimento sul corpo di un guerriero caduto, le figure sono eseguite a rilievo piuttosto alto e impegnate in una composizione dinamica (nn. 117-120). A casse di questo tipo sono talvolta associati coperchi eseguiti a stecca, di buona qualità: nei recumbenti maschili, sempre vestiti di tunica e mantello, si constata in alcuni casi un più marcato tentativo di individuazione fisiognomica, del tutto in-

consueto nella produzione a stampo. Le altre scene di battaglie generiche, rappresentate da un numero limitato di repliche[13] sono tutte di modesta qualità.

Anche sulle urnette a stampo compaiono esseri mostruosi che alludono al mondo dell'oltretomba: il più frequente è Scilla (n. 121), raffigurata in lotta contro due giovani o da sola armata di un remo o due ancore, mentre mancano del tutto in questa classe raffigurazioni di grifi. Una serie di esecuzione piuttosto corsiva presenta una testa con elmo cornuto (Medusa?) (n. 123), che si differenzia per la singolare iconografia dalle più consuete teste femminili generiche (n. 124), mentre un gruppo poco numeroso ma assai peculiare presenta sulla fronte una maschera della commedia (n. 125). Una notevole somiglianza infine è rilevabile tra alcune urne con testa di leone tra pelte e un gruppo di sime dalla decorazione fittile di un tempio chiusino di età ellenistica (n. 122).

Molto più numerosi che nella produzione a stecca sono i soggetti specificamente funerari, anche se rappresentati da un numero assai più ridotto di repliche rispetto a quelli a carattere mitologico: all'origine di ogni serie sembra doversi ipotizzare un'unica matrice, di dimensioni ridotte. La scena del congedo davanti alla porta dell'Ade alla presenza di demoni compare in numerose varianti. Quella di esecuzione più curata (n. 126) raffigura una coppia tra un demone femminile e Charun. La più comune (n. 127) presenta in un linguaggio assai più corsivo ai lati della coppia due demoni femminili, la cui iconografia è analoga a quella utilizzata per le figure che fiancheggiano Eteocle e Polinice nella scena del fratricidio. In una terza versione (n. 128) compare anche Cerbero. Meno diffusa è la variante con un candelabro al centro della scena (n. 129). Allo stesso filone tematico va riferita la scena raffigurante un prigioniero (il defunto?) condotto entro una grotta (Ade?) da un demone (?), che compare su alcune urnette (nn. 130, 131) di esecuzione assai sommaria. Questo gruppo di monumenti presenta composizioni banalizzate e statiche a rilievo appiattito. Ma la completa dissoluzione della forma e il disinteresse per il rigore della composizione divengono evidenti negli esemplari decorati con stampini separati (nn. 132, 133): qui le goffe figurine dei principali personaggi possono comparire in posizioni diverse nei vari esemplari pur esibenti lo stesso soggetto e addirittura essere replicate. Due serie di urnette, di dimensioni assai ridotte, alludono al tema funerario con pochissimi elementi, in seguito ad un evidente processo di banalizzazione: in una è raffigurata la sola porta dell'Ade o piuttosto della tomba (nn. 106.3, 137), mentre l'altra riduce la scena del banchetto funebre ai soli elementi della kline (nn. 106.1/2, 136).

Anche nei coperchi la produzione a stampo si presenta come una degenerazione di quella a stecca: i sommari ritocchi non bastano a dare individualità ai volti e la standardizzazione degli attributi e delle pose esclude ogni tentati-

vo di identificazione sociale dei defunti. I personaggi maschili in tunica e mantello, talvolta nella versione *capite velato*, sono raffigurati seduti a banchetto con una patera umbilicata nella mano destra. La serie dei recumbenti presenta una pur modesta articolazione tipologica, fondata sulla posizione della testa e della mano sinistra: il tipo A appoggia la mano aperta ornata di un anello sopra il cuscino ed ha la testa di prospetto; il tipo B, sempre con la testa di prospetto, trattiene con la sinistra il sinus del mantello, mentre il tipo C, con la testa di tre quarti a sinistra, presenta la mano semichiusa al di sopra del cuscino.

I coperchi con figure femminili, pur se anch'essi assai standardizzati nelle pose e negli attributi, presentano un maggior numero di varianti. Il tipo più comune presenta la defunta, talora velata, con un flabello nella mano destra, mentre in un'altra serie la donna, sempre velata, e priva di attributi, sorregge con la destra il sinus del mantello (n. 113). Più raro il tipo con defunta velata avvolta in un mantello cinto al petto, con una corona nella mano destra, mentre la sinistra tiene un lembo del mantello[14].

Ancora più sommari e generici sono i coperchi a figura distesa, interamente avvolta nel mantello. Il tipo più diffuso, con varianti che differiscono solo nelle misure e nella presenza di una versione *capite velato* (tipo A), presenta il defunto giacente con la testa poggiata sul cuscino: l'esecuzione è in genere così sommaria che non è possibile distinguere se si tratta di uomo o donna. Ancora più rozzi e di dimensioni ridottissime sono i coperchi con giacenti indistinti di tipo B-E[15]. Il totale disinteresse per i valori della forma è dimostrato da un esemplare del museo di Chiusi (n. 137) nel quale la figura del giacente è stata addirittura dimezzata per adattarla ad una cassa di dimensioni minori.

I coperchi con recumbenti a stampo sono associati in genere a casse con scene di battaglia su un caduto o con scene mitologiche (Eteocle e Polinice e la versione a cinque figure del mito dell'eroe con l'aratro: quella ridotta ha coperchi con giacenti di tipo A). A differenza delle casse, le prime non hanno mai coperchi con giacenti. Le casse con scene di congedo o con soggetti comunque legati al mondo dell'oltretomba hanno sempre coperchi di questo secondo tipo; i tipi B-E sono associati sempre con quelle di dimensioni minori (kline, porta dell'Ade, eroe con l'aratro; cfr. nn. 135-137). Purtroppo l'incerta pertinenza dei coperchi alle casse impone una doverosa cautela nella proposizione di questo modello tipologico. Malgrado le difficoltà che derivano da tale constatazione anche per la identificazione delle botteghe, le analogie riscontrabili in molte composizioni di soggetto diverso che decorano le casse, la tipologia standardizzata dei coperchi e la loro associazione con casse dai temi disparati, insieme alla rapidità di produzione permessa dalla tecnica a stampo, sembrano indicare che il numero di queste botteghe doveva essere molto ridotto, nonostante l'alto numero di esemplari prodotti.

Quasi tutte le urnette a stampo presentano iscrizioni con la formula onomastica del defunto per lo più dipinta in vernice rossa sul margine superiore della cassa o sul bordo del coperchio, ma anche graffita dopo la cottura. La diffusione generalizzata delle iscrizioni anche sulle urnette di terracotta (come e più che su altri tipi di monumenti funerari, dai sarcofagi in pietra e in terracotta, alle urne in alabastro e travertino, alle olle cinerarie di vario tipo ecc.) e sulle tegole che chiudevano i loculi tombali, mostra la diffusione capillare della scrittura a Chiusi in tutti gli strati sociali. La circostanza che alcune iscrizioni su urnette a stampo siano riferibili a *lautni*, in parte identificabili con i liberti romani, cioè schiavi affrancati spesso di provenienza extra-italica, ci offre un indizio significativo sul tipo di committenza di questa classe di monumenti. Alcune delle urnette a stampo del tipo più corsivo (con kline e porta dell'Ade, ma anche con l'eroe con l'aratro) presentano iscrizioni in latino, che dimostrano come questa produzione sia proseguita anche nel I secolo a.C.

Si è già accennato alla difficoltà di datare questi monumenti per la scarsità di dati materiali certi e per i rischi che comporta il criterio attribuzionistico. È probabile comunque che la produzione a stampo con recumbenti sui coperchi abbia avuto inizio nella prima metà del II secolo a.C.; nella seconda metà dello stesso secolo le si affiancò quella con giacenti di tipo A; sembra anche che la produzione con recumbenti si interrompa qualche tempo prima dell'altra, che proseguì certamente fino alla fine del secolo. Le urnette con giacenti indistinti (tipi B-E) si svilupparono per tutta la prima metà del secolo successivo.

Parallelamente a quella di urne con coperchi figurati, tra la metà del II e l'inizio del I secolo a.C. si sviluppò a Chiusi una fiorente produzione di piccoli cinerari in forma di olle troncoconiche con coperchio a calotta munito di bottone di presa, con la formula onomastica del defunto dipinta a vernice nera o rossa oppure graffita dopo la cottura, generalmente sotto il collo del vaso, in casi rarissimi (n. 145) anche sul coperchio. Il corpo del vaso per lo più è decorato con festoni o ghirlande intrecciati con nastri e sostenuti da chiodi, dipinti con una vivace policromia (rosso, verde, giallo, nero, eccetera) su fondo bianco. Come può variare la decorazione (rami di lauro, cordoni neri con frange rosse, rami con pampini pendenti ecc.) che talvolta si estende anche al coperchio, così varia la forma di questi cinerari, di solito campanulata, ma talora cilindroide o a barilotto; negli esemplari più tardi con iscrizioni in latino si riscontrano spesso forme più complesse.

Una sezione a parte di questa mostra è dedicata alla ricostruzione della tomba a camera delle Tassinaie, emblematica per più di un motivo. Si tratta infatti dell'unica tomba dipinta di età ellenistica a Chiusi: sulle pareti, oltre a due dei defunti identificati dalle rispettive formule onomastiche, sono raffigurati degli scudi e dei festoni intrecciati con nastri appesi a chiodi. La forma della piccola camera rettangolare munita di banchine e con volta a botte si richiama ad un gruppo di tombe a camera costruite in blocchi di travertino, tipiche proprio dell'area chiusina e databili nel II secolo a.C.[16] Nella tomba erano deposti un sarcofago fittile, un'urnetta in terracotta purtroppo scomparsa e un'olletta cineraria campanulata (n. 151.2). Il sarcofago (n. 151.1) col coperchio raffigurante il defunto giacente e la cassa conformata a kline si affianca alla scarsissima produzione chiusina di questo tipo di monumenti funerari, che annovera, oltre ad alcuni esemplari con coperchio displuviato, i noti sarcofagi femminili di Larthia Seianti[17] e Seianti Thanunia Tlesnasa[18], databili nel secondo quarto del II secolo a.C.

a.r.

91

Urne fittili eseguite a stecca

91 Urna cineraria

Terracotta. Coperchio: 28,5; 55 × 26
Cassa: 30; 51,5 × 25,5
Da Bruscalupo (Castiglion del Lago)
Firenze, Museo archeologico, inv. 76613.
B.-K. III, 239, fig. 4a; Ducati 1927, 491, tav. 239, fig. 576; Thimme 1957, 138, fig. 16; Bianchi Bandinelli, 1950, 84, tav. 39, fig. 74; Small 1981, 47-8, n. 55, tav. 26a.

Sul coperchio, defunto recumbente a torso nudo con una ghirlanda sui capelli ed una al collo e una patera (perduta) nella mano destra. Sulla cassa è raffigurato il momento culminante del duello tra due guerrieri (Eteocle e Polinice?) fra due compagni: quello a sinistra, caduto in ginocchio, vibra un colpo di spada al ventre dell'altro, che lo trafigge a sua volta (il braccio destro armato è perduto in una lacuna). La scena, di esecuzione assai raffinata, è eseguita a rilievo piuttosto alto: le teste delle figure si staccano dal fondo a tutto tondo. La Small 1981, 123-124, seguendo un'ipotesi del Poulsen 1927, 144-145, identifica in questa scena, finora interpretata come il fratricidio tebano, uno dei miti più frequenti sulle urne di fabbrica chiusina in pietra e in terracotta (per cui v. B.-K. II, 1, 32 ss.) un episodio di storia etrusca, cioè il duello fra Arunte figlio di Tarquinio e il console romano Bruto, narrato da Livio (II, 6): i due, combattendo a cavallo l'uno contro l'altro, caddero morti nello stesso istante. Questa ipotesi, peraltro scarsamente convincente, si basa sulla scena raffigurata sulla cassa di un'urna di alabastro, a Copenhagen, in cui compaiono due cavalli, che sembrano suggerire appunto l'episodio storico piuttosto che il mito greco, dal momento che Eteocle e Polinice combatterono appiedati. Anche sull'urnetta descritta al numero successivo compare un cavallo.

92

92 Urna cineraria
Terracotta. Lunghezza 38
Dall'agro chiusino (?)
Chiusi, Museo archeologico, inv. 1053.
B.-K. III, 238-239, fig. 6a; Levi 1935, 70;
Small 1981, 41, n. 42.

Sul coperchio, figura virile recumbente a torso nudo, con una patera decorata nella mano destra. Sulla cassa, tra due guerrieri che si affrontano armati di corazza, scudo e spada, avancorpo di cavallo al galoppo verso sinistra. Per il soggetto di quest'urna, la cui esecuzione è assai rozza, si rimanda al numero precedente.

93 Frammento di urna cineraria
Terracotta. Altezza massima conservata
41,5; larghezza massima conservata 43,5
Dall'agro chiusino (?)
Palermo, Museo archeologico, inv. 11897
(già collezione Casuccini).
Inghirami 1833, tav. CXII; B.-K. II, 1,
117, tav. XLV, 11a.

È conservata solo una parte della fronte, decorata col mito della morte di Enomao. Questi, caduto dalla quadriga, si difende da Pelope, che lo assale brandendo una ruota. Sulla sinistra, guerriero in panoplia.
Per il mito, piuttosto frequente sulle urne in pietra sia chiusine che volterrane e perugine, v. B.-K. II, 1, 109 ss.

94 Frammento di urna cineraria
Terracotta. 37; 25 conservata
Dall'agro chiusino (?)
Firenze, Museo archeologico, inv. 5648.
B.-K. II, 1, 94, tav. XXXV, 5b.

È conservato solo un frammento della parte sinistra della fronte della cassa, su cui era raffigurato il mito della morte di Ippolito: si vedono gli avancorpi dei cavalli della quadriga e il busto del giovane caduto dal carro tra le loro zampe. A sinistra, un guerriero in panoplia.
Il mito della morte di Ippolito (per cui v. B.-K. II, 1, 90 ss.) è uno tra i più diffusi sulle urne chiusine in alabastro, con cui questo frammento presenta notevoli analogie compositive, mentre manca del tutto nel repertorio figurativo di quelle volterrane e perugine.

95 Frammento di urna cineraria
Terracotta. Altezza 23,7; larghezza
massima conservata 34
Dall'agro chiusino (?)
Chiusi, Museo archeologico, inv. 2245
Inedita.

È conservata solo la parte destra della fronte dell'urna, su cui è raffigurata a rilievo non molto alto una scena di battaglia: al centro un giovane vestito della sola clamide, caduto in ginocchio, è afferrato per i capelli da un guerriero descritto nell'inventario del museo come nudo e acefalo (la figura è ora perduta in una lacuna, insieme a quella di un compagno che impugna il fodero della spada) e aggredito da altri due guerrieri di cui uno nudo e acefalo brandisce una bipenne, mentre l'altro è armato di spada. Sulla destra della scena, un pilastro sormontato da un vaso.
Questa urna presenta notevoli affinità stilistiche e compositive con un'altra conservata nel Museo archeologico di Palermo (inv. 8490), che secondo il Brunn (B.-K. I, 63 s.) raffigurerebbe la morte di Troilo. Come un'urna in alabastro da Poggio al Moro (*ibidem*, 64, tav. LXI, 27) questa mostrerebbe una diversa versione della uccisione del giovane, che qui non compare a cavallo, come nella stragrande maggioranza delle urne sia volterrane che chiusine, presso la fonte ove Achille gli aveva teso l'agguato: l'altare su cui è inginocchiata la vittima nell'urna di Palermo e il pilastro col vaso nel nostro esemplare suggeriscono infatti l'ambientazione della scena in un santuario. Vi sarebbe stata cioè una sorta di contaminazione, per cui peraltro il Brunn cita dei confronti iconografici, con l'episodio del mito immediatamente successivo, quello cioè in cui Achille e Aiace si rifugiano presso l'altare del tempio di Apollo per sfuggire la vendetta dei troiani, episodio anch'esso documentato dalle urne chiusine e volterrane. La figura con la bipenne nell'urna di Palermo è interpretata dal Brunn, che confonde l'ascia con un martello, come Charun, ma già il De Ruyt 1934, 100 dubitava di questa interpretazione. Analoghe figure armate di bipenne compaiono in scene raffiguranti un uomo ucciso presso un altare rappresentate su urne chiusine in alabastro, di cui il Körte (B.-K. II, 2, 191 ss.) raccoglie alcuni esemplari, senza offrirne una interpretazione più precisa. È probabile che sia la nostra urna che quella di Palermo rientrino piuttosto in questo secondo gruppo.

96 Urna cineraria
Terracotta. Altezza 64,2; larghezza 48
Da Perugia, necropoli del Palazzone (?)
Perugia, Museo archeologico.
Bellucci 1910, 65, fig. 19a; B.-K. III, 18, fig. 4; Thimme 1954, 145, n. 77; Defosse 1972, 487 ss.; Sprenger-Bartoloni 1981, 156, n. 265.

Sul coperchio, coppia di sposi recumbenti: l'uomo, in tunica e mantello, con una ghirlanda sui capelli ed una al collo, abbraccia la sposa velata, che solleva il velo con la destra. Sulla cassa è raffigurato un mito di non facile interpretazione: al centro un essere mostruoso con corpo umano, mani ferine e una testa animalesca emerge da un puteale ed afferra per le chiome un giovane caduto in ginocchio; un secondo giovane, inginocchiato sull'altro lato del puteale, brandisce una spada per difendersi dal mostro. Alle sue spalle un uomo barbato liba con una patera sopra il mostro. Alla sua

94

95

96

sinistra ha un demone o una divinità femminile alata. Ai lati della scena, due uomini vestiti della sola clamide con un petaso sulla testa: uno stringe in mano un sasso.

Il Körte (B.-K. III, 16 ss.), basandosi su un'errata interpretazione del relativo passo di Plinio, interpreta questa scena, che compare con poche varianti su urne in alabastro volterrano e su altre due urne perugine in terracotta, come il re Porsenna che evoca il mostro Olta dal mondo degli inferi e lo esorcizza. Il Defosse vede invece nel mostro un demone infernale simboleggiante la morte (Calu?). Per una recente interpretazione di questa scena, cfr. n. 67. L'urna è stata inserita in questa sezione nonostante la sua provenienza da Perugia, perché gli studiosi concordano nel considerarla una importazione da Chiusi per i suoi stretti legami stilistici con la produzione di questa città.

a.r.

L'urna con scena mitologica si pone come un unicum all'interno della produzione perugina di cinerari in terracotta, produzione rappresentata da numerosi esemplari di foggia assai tipica: coerentemente con la tipologia adottata nella scultura funeraria in pietra, le casse hanno forma quasi cubica, spesso con alti peducci e fronte limitata da elementi architettonici, mentre sui coperchi di tipo figurato compare con frequenza la coppia maritale e nel caso di recumbenti singoli (come B.-K. III, 206, fig. 48), la tipologia e la disposizione delle gambe seguono le tendenze proprie dell'artigianato locale. I coperchi displuviati presentano timpano decorato sia con il caratteristico motivo a pelte (come in B.-K. III, 219, fig. 53) che con motivi figurati (B.-K. III, 216, CXLV, 11, con demone marino, oggi all'antiquarium dell'ipogeo dei Volumni).

a.m.

97 Urna cineraria
Terracotta. Cassa: 32; 50 × 26
Dall'agro chiusino (scavi della Società Colombaria)
Firenze, Museo archeologico, inv. 5758.
B.-K. III, 176-7, fig. 36; Laviosa 1964, 36, n. 3, tavv. IX-XI; CIE 3014.

Sulla cassa, scena di battaglia: al centro vi sono due guerrieri con la sola clamide sulle spalle, uno dei quali, caduto sopra lo scudo, si aggrappa al compagno (la figura è acefala), che si difende dall'assalto di due nemici. Sui lati della cassa restano tracce della presenza di figure alate.
Il Milani interpretava il soggetto di quest'urna come Menelao che sorregge il corpo di Patroclo, mentre il Körte lo considera una scena generica di battaglia, ritenendo che il torques al collo dei due guerrieri al centro sia insufficiente per inserirla tra le scene di lotta contro i galli, frequenti sulle urne ellenistiche in alabastro, ma in composizioni diverse. Questa urna è stata avvicinata dalla Laviosa a quella del

Worcester Art Museum ''per il gusto delle figure molto allungate''.

98 Fronte di urna cineraria
Terracotta. Altezza 34; lunghezza 66
Dall'agro chiusino (?)
Chiusi, Museo archeologico, inv. P 890.
Levi 1935, 79.

Sulla cassa, di cui è conservata solo la fronte, sono raffigurati due guerrieri che si battono contro una grifonessa.
Per le varianti di questa scena, nota anche nelle urnette volterrane e perugine, cfr. B.-K. III, 48 ss. Oltre che in scene più complesse come questa e quella precedente, i grifi compaiono spesso sulle urne di terracotta a stecca chiusine anche da soli, ora volti a sinistra, ora a destra (B.-K. III, 218), ma mai su quelle a stampo.

97

98

99 Urna cineraria
Terracotta. Coperchio: 44 × 22,5
Cassa: 29,5; 45 × 22
Da Montepulciano, località Setinaiola
Chiusi, Museo archeologico, inv. 534.
CIE 907; B.-K. III, 36, tav. XXIII, 5;
Thimme 1954, 80-82, fig. 29.

Sul coperchio, figura virile recumbente a torso nudo con una ghirlanda sui capelli, una al collo ed una patera nella mano destra. Sul bordo, iscrizione retrograda graffita: *arnϑ. minate*. Sulla fronte della cassa: Scilla che brandisce un remo; sui lati: due geni alati con la clamide avvolta intorno al braccio sinistro ed una frusta nella destra.
Questa urna fa parte del gruppo raccolto dal Thimme intorno all'urna n. 11 della tomba dei Matausni (cfr. Introduzione) con cui presenta identità anche nel soggetto raffigurato sulla cassa. Una scena pressoché identica è raffigurata sull'urna di Palermo 8492, sul cui coperchio è raffigurato un bambino giacente assai simile a quello presentato al numero successivo, cui si fa rimando per la discussione del tipo. I coperchi di questo gruppo di urne fabbricate forse in una stessa bottega da uno stesso artigiano si distinguono per la rozzezza dell'esecuzione: le teste sollevate verso l'alto sono sempre molto grosse e sommarie, il corpo abbreviato, le braccia quasi atrofizzate sui cuscini squadrati e il panneggio appena accennato. Il Körte inserisce le casse tra quelle prodotte a stampo, ma le repliche, pur molto simili tra di loro nella composizione, mostrano diversità sostanziali nei dettagli; anche il rilievo piuttosto alto suggerisce una produzione a stecca.

99

100

100 Coperchio di urna cineraria
Terracotta. 17; 49 × 22
Dall'agro chiusino (?)
Firenze, Museo archeologico, inv. 5736.
Inedito.

Sul coperchio, bambino giacente interamente
ammantato, con la mano destra sul cuscino ornato di nappe. Questo coperchio può essere
attribuito alla stessa mano di quello dell'urna
di Palermo 8492, che, per il soggetto raffigurato sulla cassa, abbiamo attribuito alla stessa
bottega delle urne raccolte da Thimme intorno all'urna Matausni 11. Se quindi la pertinenza del coperchio alla cassa di Palermo è fe-
dedegna, possiamo allargare le attribuzioni a
questa bottega, come parrebbe confermare l'esecuzione assai sommaria ed abbreviata del nostro coperchio.

101 Urna cineraria
Terracotta. 65; 60 × 35
Dall'agro chiusino (?)
Palermo, Museo archeologico, inv. 8483
(già collezione Casuccini).
Ransom 1905, 104, fig. 50; B.-K. III, 135
s., b; Tusa 1950-1951, 340, fig. 5;
Steingräber 1979, 286 s., n. 468, tav.
XXIV.

Sul coperchio, figura virile acefala in tunica
e toga, con una ghirlanda al collo ed una patera decorata nella mano destra, recumbente su
una kline coperta da una pelle villosa e decorata agli angoli da protomi di leone e da testi-
ne umane. La cassa è conformata a kline con
zampe riccamente modanate e munita di capitello in forma di sirena e base a foglie d'a-
canto. La fronte della cassa è decorata con un
motivo a cubi prospettici policromi. Sul suppedaneo, due figure di servitori (uno è acefalo) in veste succinta, tra cui si notano tracce
di un altro elemento figurativo, forse un cane: sulla destra, giovane acefalo con una lagynos in mano. Sulla cassa iscrizione graffita:
a.pul[n[a...]ustesa. Quest'ultima presenta cospicue analogie di forma e soggetto con quella successiva e con una terza conservata a Roma,
Museo di Villa Giulia, inv. 25158 (B.-K. III,
135, a, fig. 21); tutte e tre raffigurano il defunto seduto a banchetto in tunica e toga, inghirlandato e con in mano un vaso potorio, la
consueta patera nell'esemplare di Palermo, una
coppa profonda negli altri due, tenuta dal defunto con entrambe le mani, cioè con un gesto piuttosto inconsueto. La tipologia della kline e le figure dei servitori a tutto tondo permettono di associare il nostro esemplare a quello di Roma, le cui forme più tozze sono forse
da addebitare alle dimensioni ridotte. In realtà questi due esemplari, come quello di Firenze della scheda successiva, sembrano da attribuire ad una stessa bottega per le analogie che
li accomunano.

102

102   Urna cineraria
Terracotta. Coperchio: 23; 35,5 × 20
Cassa: 25; 35 × 20
Dall'agro chiusino (?)
Firenze, Museo archeologico, inv. 5543.
B.-K. III, 138-139, tav. CXX, 4; Minto
1941, 385 ss.; Steingräber 1979, 285, n.
461, tav. XXV; Pairault Massa 1981, 139,
fig. 4 b.

Sul coperchio, figura virile recumbente in tunica e mantello che gli vela la testa, con una ghirlanda sui capelli ed un vaso potorio nelle mani. La cassa è modellata in forma di kline con le zampe modanate e munita di suppedaneo. La fronte è decorata con un motivo a cubi policromi dipinti in prospettiva.
La decorazione della cassa è una riduzione della scena del banchetto funebre raffigurata sull'urna di Palermo al numero precedente e sull'urna di Villa Giulia (cfr. Introduzione e scheda precedente), con cui questa presenta analogie strettissime. Il motivo dei cubi prospettici, già presente nei mosaici pergameni e nell'affresco della casa dei Grifi, è comune anche all'urna di Palermo, mentre il coperchio è avvicinato dalla Pairault sia a quello dell'urna di Villa Giulia che a quello dell'urna con scena di battaglia del Worcester Art Museum, da lei inseriti nella corrente stilistica "realista", tipicamente patrizia, che si sviluppò a Chiusi e a Volterra nella seconda metà del II secolo a.C.

103   Urna cineraria
Terracotta. Cassa: 31; 48 × 26
Da Siena
Siena, Museo archeologico.
B.-K. III, 64 s., fig. 10, tav. LV, 3a; Siena
1979, 53, n. 63 (Ciacci).

Sul coperchio, non pertinente, figura virile recumbente a stampo di tipo A. Sulla cassa: il defunto, seduto in tunica e toga, si congeda da un amico stringendogli la mano. Ai lati, la sposa velata e un demone femminile alato con una torcia.
Questa urna, con quella seguente (inserite dal Körte nella produzione a stecca, anche se per il basso rilievo sembrerebbero quasi fabbricate a stampo) e la bella urna da Berlino 1302 (per cui cfr. Introduzione), costituisce la classe assai limitata di urne a stecca chiusine con temi direttamente legati al mondo dell'oltretomba.

104   Urna cineraria
Terracotta. Lunghezza 52
Dall'agro chiusino (?)
Arezzo, Museo archeologico, inv. 14276.
B.-K. III, 115, tav. XCVI, 8.

Sulla cassa, due demoni femminili alati seduti su una roccia ai lati della porta dell'Ade. Questo soggetto è un unicum nella produzione chiusina di urne in terracotta, mentre tro-

va confronti in quelle di alabastro: sopra un'urna nel museo di Palermo (B.-K. III, 115, tav. XCV, 7) è raffigurato un demone dello stesso tipo seduto entro la porta dell'Ade tra due suonatori di flauto. Molto più simile è la scena a tutto tondo sull'urna del fondatore dell'ipogeo dei Volumni (Sprenger - Bartoloni 1983², 157, n. 267), la cui singolarità nella produzione perugina è stata sottolineata più volte. Demoni femminili alati in chitone succinto e calzari, con una torcia in mano, sono spesso raffigurati nelle scene di congedo funebre sulle urnette a stampo, ove sembrano avere, come qui, la funzione di guardiani della porta dell'Ade, al pari della Culsu che compare sul sarcofago di Hasti Afunei a Palermo (Rallo 1974, 50, tav. XXXI, 1). Erroneamente interpretati come Lase, (cfr. in ultimo Small 1981, 180-182, con bibliografia sull'argomento, cui si può aggiungere Rallo, cit.), nelle scene mitologiche sulle urne in alabastro o in quelle col mito di Eteocle e Polinice o dell'eroe con l'aratro nella versione più complessa sulle urne in terracotta, questi demoni sembrano assumere funzioni assai simili a quelle di Vanth con cui possono in alcuni casi identificarsi.
Come già si è detto nell'Introduzione, la maggior parte delle tombe venute alla luce nell'agro chiusino è stata scavata nel corso del secolo passato senza metodo scientifico né documentazione, sì da causare la dispersione dei corredi e l'impossibilità di rintracciare la provenienza degli oggetti nella stragrande maggioranza dei casi: assai pochi sono i complessi ricostruibili sulla base di dati certi e talvolta è possibile associare monumenti pertinenti ad una stessa sepoltura solo in virtù del materiale epigrafico, il solo che veniva registrato con una certa accuratezza.

105   Tomba in località Palazzo Bandino

Questa tomba venne alla luce nel 1872 in località Palazzo Bandino, due chilometri a sud di Chianciano. Era costituita da una piccola cella, cui si accedeva mediante uno stretto dromos con loculi laterali chiusi da tegole. Le prime tre urnette sotto descritte erano deposte in due dei quattro loculi laterali: la n. 1 era insieme alla n. 2 in un loculo chiuso da una lastra di arenaria con doppia iscrizione: *arnt: marcni: fremrn* e *arnt: marcni: ziχnal* (Chiusi, Museo archeologico, inv. 527; CIE 1085). Negli altri due loculi furono trovate due urne di travertino col coperchio iscritto: la prima, decorata sulla fronte con un ippocampo, apparteneva ad una *ϑana: ziχnei: marcnisa* (Chiusi, Museo archeologico, inv. 853; CIE 1090); l'iscrizione è ripetuta sul tegolo che chiudeva il loculo (Chiusi, Museo archeologico, inv. 853; CIE 1089). La seconda urna apparteneva ad una *larϑi: marcnei: hutiesa* (Chiusi, Museo archeologico, inv. 516; CIE 1092); sul tegolo che chiudeva il loculo era incisa l'iscrizione *marcnei: hutiesa* (Chiusi, Museo archeologico, inv. 515; CIE 1091). Nella camera di fondo entro un'urnetta di travertino (Chiusi, Museo ar-

103

104

105.1

105.2

105.3

cheologico, inv. 938; CIE 1088) era sepolta
ϑana: fremrnei. L'urnetta n. 4, dello stesso tipo delle precedenti, fu trovata nei pressi di
questa tomba.

1. Urnetta cineraria
Terracotta. Coperchio 36 × 21,5
Cassa: 2,8; 35 × 18,5
Da Chianciano, loc. Palazzo Bandino.
Chiusi, Museo archeologico, inv. 525.
CIE 1086.

Sul coperchio, defunto giacente di tipo A. Sulla cassa è raffigurato il mito dell'eroe con l'aratro: un uomo visto di spalle con la clamide
cinta attorno ai fianchi abbatte col timone di
un aratro un guerriero che si copre con lo scudo; ai lati altri due nemici avanzano contro di
lui brandendo le spade. Iscrizione incisa: arnϑ:
marcni: fremnal.
Il mito qui raffigurato (per cui cfr. B.-K. III,
8 ss., tav. VI, 6 e VII, 7) è, insieme a quello
del fratricidio tebano, il più diffuso sulle urnette fittili a stampo chiusine. La sua esegesi
non è ancora certa: respinta l'identificazione
con Cadmo o Giasone in lotta contro i gigan-
ti, l'interpretazione più generalmente accettata
era quella, offerta già dal Winckelmann, che
vi riconosceva un mito raffigurato nella Stoà
Poikile di Atene: l'eroe Echetlo che a Maratona combatté i persiani armato di un aratro;
ma già il Körte pensava che la scena potesse
raffigurare un mito locale con un eroe agricolo. Come già si è detto, gli studiosi sembrano
oggi concordi nel riconoscervi un'eco delle lotte sociali che ebbero luogo in Etruria nel corso del II secolo a.C. Oltre al tipo che qui presentiamo, di formato medio, diffuso in centinaia di esemplari, si conosce una redazione dello stesso mito di dimensioni maggiori con l'aggiunta di un demone femminile alato. Gli
esemplari più tardi hanno dimensioni ridottissime e coperchi con giacenti indeterminati.

2. Urnetta cineraria
Terracotta. Coperchio: 36,5 × 22
Cassa: 22,4; 35 × 19
Chiusi, Museo archeologico, inv. 520.
CIE 1087.
Coperchio e cassa come il precedente.
Iscrizione incisa: arnt: marcni: ziχnal.
3. Urnetta cineraria
Terracotta. Cassa: 21,7; 35 × 19
Chiusi, Museo archeologico, inv. 181.
CIE 1094.
Coperchio e cassa come i precedenti.
Iscrizione incisa: ceicnei: petrsa.
4. Urnetta cineraria
Terracotta. Coperchio: 37 × 18
Cassa: 22; 34 × 18
Chiusi, Museo archeologico, inv. 371.
CIE 1095.
Coperchio e cassa come i precedenti.
Iscrizione graffita: vusineị.

106 Tomba di San Savino

Le urnette descritte nelle schede seguenti 1-3
furono rinvenute nel 1873 in località San Savino o Poggio alla Tomba, quattro chilometri
a sud di Chianciano, in una tomba ove era deposta anche un'urna di travertino a cassa liscia con l'iscrizione: *C.Papirius.L.f/Maxillo*
(Chiusi, Museo archeologico, inv. 565 bis). Per
l'uso del latino nelle iscrizioni v. Introduzione.

1. Urnetta cineraria
Terracotta. Coperchio: 29,5 × 18
Cassa: 17,5; 29 × 16. Chiusi, Museo
archeologico, inv. 545.
CIE 956; CIL 2174; Thimme 1957, 113,
fig. 9.

Sul coperchio, defunto giacente di tipo A. La
cassa è modellata in forma di kline con suppedaneo. Iscrizione incisa sulla fronte in caratteri latini: *Thanna. Naeipurs.*
Le urnette a stampo conformate a kline, una
evidente banalizzazione di quelle fabbricate a
stecca raffiguranti il convito funebre (nn. 101,
102), sono piuttosto diffuse a Chiusi in due
o tre tipi che differiscono tra di loro tanto per
le dimensioni che per le modanature delle gambe della kline. Appartengono tutte alla produzione più tarda di esecuzione assai sommaria.

2. Urnetta cineraria
Terracotta. Coperchio: 25,5 × 12,5
Cassa: 17; 25 × 13
Chiusi, Museo archeologico, inv. 566.
CIE 957; CIL 2172.
Sul coperchio, defunto giacente di tipo B.
Cassa come la precedente. Iscrizione
graffita: *L.Papirius.Cn.l.Pamphilus.*

3. Urnetta cineraria
Terracotta. Coperchio: 28 × 13,5
Cassa: 14; 24,5 × 12,5
Chiusi, Museo archeologico, inv. 869.
CIL 2173.

Del coperchio resta solo la base. Sulla cassa
è raffigurata una porta tra due cipressi, cui è
collegata mediante due festoni. Iscrizione graffita sulla fronte in caratteri latini su due file:
Thannia.Trebo/Sex.f. La stessa iscrizione
(*Thann.Trebonia/Sex.f.*) è sul lato posteriore.
Anche questo soggetto (per cui cfr. B.-K. III,
121 s., tav. CI, 2), di cui si conoscono due o
tre matrici che differiscono solo nelle dimensioni, è tipico della produzione chiusina a stampo più tarda. Secondo il Körte la porta che vi
è raffigurata simboleggerebbe quella della tomba piuttosto che quella dell'Ade. Un esemplare perduto dalla collezione Bucelli di Montepulciano (Gori I 1737, tav. CXCI, 3) presenta tre cipressi per parte ed uno dentro la porta.

105.4

106.1

106.2

106.3

Urnette fittili fabbricate a stampo

107   Urnetta cineraria
Terracotta. Coperchio: 43 × 25
Cassa: 26,5; 45 × 19
Dall'agro chiusino (?)
Chiusi, Museo archeologico, inv. 1029.
Inedita.

Sul coperchio, defunto recumbente velato di tipo B.
Sulla cassa, Eteocle e Polinice. I due fratelli si affrontano al centro della scena tra due demoni femminili alati: Polinice, caduto in ginocchio, affonda la spada nel ventre del fratello, che gli immerge la propria nella gola con la destra, afferrando con la sinistra il bordo dello scudo con cui l'altro si copre. Ai lati, due pilastri; al di sopra, bordo con ovuli dentellato. Insieme col mito dell'eroe con l'aratro, questo è il soggetto più diffuso sulle urnette a stampo chiusine: è raffigurato su centinaia di esemplari le cui matrici, derivate da un modello unico, differiscono solo per le dimensioni. Per il soggetto, v. B.-K. II, 1, 33-35, tav. XIX e il commento al n. 91. Il Körte nota che il momento dell'uccisione reciproca dei due fratelli è raffigurato solo su urne di produzione chiusina, sia in terracotta che in alabastro, in cui la composizione rigidamente simmetrica differisce di poco.

108   Urnetta cineraria
Terracotta. Coperchio: 49,5 × 28,5
Cassa: 27,8; 40,5 × 24
Dall'agro chiusino (?)
Chiusi, Museo archeologico, inv. 546.
CIE 1878; Levi 1933, 117, fig. 51; Levi 1935, 73, fig. 39.

Sul coperchio, defunto recumbente di tipo A. Sulla cassa, Eteocle e Polinice. Ai lati, pilastri scanalati. Iscrizione dipinta: *aϑ: navlis: cainal:*.

109   Urnetta cineraria
Terracotta. Coperchio: 50 × 27
Cassa: 27,5; 35,5 × 24
Da Santa Mustiola (Chiusi)
Chiusi, Museo archeologico, inv. 229.
CIE 2030; Thimme 1954, 88, fig. 33; Thimme 1957, 156.

Sul coperchio, non pertinente, defunto recumbente di tipo C. Sulla cassa, Eteocle e Polinice. Ai lati, pilastri; al di sopra, fila di dentelli. Iscrizione dipinta: *aϑ:cumni:amriϑial*.

110   Urnetta cineraria
Terracotta. Coperchio: 42,3 × 26,5
Cassa: 27; 44,5 × 21,5
Da Santa Mustiola (Chiusi)
Chiusi, Museo archeologico, inv. 232.
CIE 2026; Ducati 1927, 553, tav. 275, fig. 667; Thimme 1957, 157, fig. 29.

Sul coperchio, defunto recumbente di tipo A. Sulla cassa, Eteocle e Polinice. Ai lati, pilastri scanalati; al di sopra, fila di ovuli con dentelli. Iscrizione dipinta: *aϑ:cumni:ceristlial*. Questa urna, come le precedenti, viene forse dalla tomba dei Cumni rinvenuta in località Santa Mustiola nel corso degli scavi condotti dal vescovo di Chiusi.

111   Urnetta cineraria
Terracotta. Coperchio: 45 × 24
Cassa: 28,5; 44 × 24
Da Chiusi, località Santa Mustiola
Chiusi, Museo archeologico, inv. 230.
CIE 2031; Thimme 1957, 156, n. 3.

Sul coperchio, giacente di tipo A. Sulla cassa, Eteocle e Polinice. Ai lati, pilastri scanalati; al di sopra, fila di ovuli e dentelli. Iscrizione dipinta: *vl:cumni:amriϑial*.

112   Urnetta cineraria
Terracotta. Coperchio: 45 × 25
Cassa: 27,8; 43,5 × 21
Dall'agro chiusino (?)
Chiusi, Museo archeologico, inv. 68.
CIE 1735b.

Sul coperchio, defunto recumbente di tipo C. Sulla cassa, Eteocle e Polinice. Ai lati, pilastri scanalati; al di sopra, fila di ovuli e dentelli. Iscrizione dipinta: *[...]arnϑal*.

113   Urnetta cineraria
Terracotta. Coperchio: 49,5 × 22
Cassa: 27,5; 45 × 23
Da Chiusi, località Tassinaie
Chiusi, Museo archeologico, s. inv.
Levi 1928, 60, fig. 3; Thimme 1957, 90, fig. 1; Michelucci 1977, 100.

Sul coperchio, figura femminile recumbente col mantello che le vela la testa; con la destra trattiene un lembo del mantello. Sulla cassa, Eteocle e Polinice. Iscrizione dipinta: *ϑania:cainei:rusina*.
Questa urnetta fu rinvenuta priva di corredo nella nicchia n. 4, chiusa da una tegola anepigrafe, della tomba dei Rusina in località Tassinaie, scavata da Levi nel 1927.

107

108

109

114 Urnetta cineraria
Terracotta. Coperchio: 44 × 23
Cassa: 24,5; 41,5 × 19
Dall'agro chiusino (?)
Chiusi, Museo archeologico, inv. 436.
Inedita.

Sul coperchio, giacente di tipo A. Sulla cassa,
Eteocle e Polinice. Iscrizione graffita capovol-
ta: *larϑ:ϑri [...] vipinalisa*.

115 Urnetta cineraria
Terracotta. Coperchio: 46,5 × 20
Cassa: 25; 43 × 20
Dall'agro chiusino (?)
Chiusi, Museo archeologico, inv. 1066.
Levi 1935, 76 s.

Sul coperchio, forse non pertinente, giacente
di tipo A. Sulla cassa, Eteocle e Polinice.
Questa urna ci offre una variante del tipo più
diffuso, di cui si presenta come la versione spe-
culare, con lievi differenze: Polinice ha la spada abbassata, mentre Eteocle gli vibra la propria sopra la testa. Ai lati, i consueti demoni
femminili reggono la torcia con entrambe le
mani.

116 Urnetta cineraria
Terracotta. Cassa: 27; 42 × 19
Dall'agro chiusino (?)
Firenze, Museo archeologico, inv. 5556.
CIE 1691; Small 1981, 50, n. 60.

Sulla cassa, Eteocle e Polinice: i due fratelli
si battono tra due guerrieri in panoplia. Ai lati, pilastri scanalati; al di sopra, fila di ovuli
con dentelli. Iscrizione graffita: *vel ancari*.
Questa urnetta presenta una seconda variante del mito del fratricidio tebano (nota in un
altro esemplare in una collezione privata di
Sommacampagna — Verona — per cui si veda Small 1981, 49, n. 59), in cui i due fratelli
sono raffigurati nel momento del duello, tra
due compagni. L'esecuzione della scena è assai più rozza che negli esemplari precedenti.

117 Urna cineraria
Terracotta. Coperchio: 58 × 28
Cassa: 40 × 53,5
Dall'agro chiusino (?)
Chiusi, Museo archeologico, inv. 974.
Levi 1933, 116, fig. 50; Levi 1935, 69,
fig. 37.

Sul coperchio, eseguito a stecca, giovane recumbente in tunica e mantello, con una corona sui capelli ed una patera umbilicata nella
mano destra. Iscrizione dipinta, quasi illeggibile: *ϑ[...]*.
Sulla cassa, scena di battaglia: al centro, un
guerriero caduto si copre con lo scudo, difen-
dendosi con la spada dall'assalto di due nemici, con l'aiuto di due compagni, uno dei quali
cerca di sostenerlo.

110

112

111

114

113

115

Per il soggetto di battaglia generica raffigurato sulla cassa si veda B.-K. III, 177, fig. 37. Ai lati della scena, che compare anche su urne di dimensioni minori, vi possono essere due pilastri scanalati o due cipressi. Questa serie di casse a stampo è l'unica, come già si è detto, associata con coperchi a stecca.

118 Urna cineraria

Terracotta. Coperchio: 57,5 × 32
Cassa: 38,5 × 50
Dall'agro chiusino (?)
Chiusi, Museo archeologico, inv. 361.
Bianchi Bandinelli 1925, 470, fig. 69;
Giglioli 1935, tav. CCCCXIV, 1; Levi
1933, fig. a, p. 214; Levi 1935, 75, fig. 43
e tav. V,a; Thimme 1957, 94, fig. 3.

Sul coperchio, figura femminile recumbente, con un diadema sui capelli, interamente avvolta nel mantello che si porta con la mano destra sulla spalla sinistra e di cui sorregge un lembo con la sinistra posata sopra un cuscino: sulla kline è stesa una pelle di animale. Sulla cassa, scena di battaglia come la precedente. Ai lati, pilastri scanalati. Iscrizione dipinta illeggibile.
Anche il coperchio di questa urna, eseguito a stecca come il precedente, si segnala per l'esecuzione particolarmente raffinata.

119 Urnetta cineraria

Terracotta. Coperchio: 58 × 22,5
Cassa: 37; 53 × 25
Dll'agro chiusino (?)
Chiusi, Museo archeologico, inv. 991.
Giglioli 1935, tav. CCCCXII, 1; Levi
1935, 75, fig. 44.

Sul coperchio, figura femminile recumbente eseguita a stecca, con torques al collo, bulla sul petto trattenuta da due cordoni incrociati e armilla al braccio destro; con la sinistra la donna trattiene un lembo del mantello mentre con la destra sorregge una teca di specchio. Il retro del coperchio non è rifinito e mostra i segni della lavorazione manuale.
Sulla cassa, scena di battaglia come le precedenti.

120 Urna cineraria

Terracotta. Coperchio: 49 × 27
Cassa: 35,3 × 48,5
Da Chiusi, Santa Mustiola
Chiusi, Museo archeologico, inv. 31.
CIE 1681; B.-K. III, 178; Thimme
1957, 156.

Sul coperchio, figura femminile recumbente eseguita a stampo, con un flabello nella mano destra. Sulla cassa, scena di battaglia come le precedenti. Iscrizione dipinta: *ϑana:anainei:cumnisa*. Anche quest'urna, come i nn. 109-111, proverrebbe dalla tomba dei Cumni.

116

117

118

119

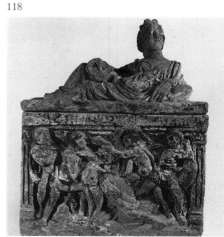

120

121 Urnetta cineraria
Terracotta. Coperchio: 47,7 × 22,5
Cassa: 30; 39,5 × 19
Dall'agro chiusino (?)
Chiusi, Museo archeologico, inv. 1064.
B.-K. III, 36, tav. XXIV, 4a.

Sul coperchio, non pertinente, eseguito a stecca, defunto recumbente a torso nudo con una patera nella mano destra. Sulla cassa, Scilla che brandisce due ancore. Ai lati, pilastri scanalati. Questa figura mitologica, già incontrata nella produzione di urne a stecca (n. 99) e su quella di urne in alabastro e travertino, è assai frequente nella produzione a stampo, ove è rappresentata in atteggiamenti diversi: o in atto di combattere contro due guerrieri o da sola con remi o ancore in mano. Il bel frammento con Scilla (Chiusi, Museo archeologico; Andrén 1939, 259, II. 12, tav. 86, 308) considerato dal Körte come parte di un'urnetta è molto più probabilmente pertinente alla decorazione fittile di un tempio; esso pertanto confermerebbe i rapporti già notati a Chiusi tra la produzione di urnette fittili e quella di terrecotte architettoniche.

122 Urnetta cineraria
Terracotta. Coperchio: 19 × 35
Cassa: 21; 31 × 16
Dall'agro chiusino (?)
Chiusi, Museo archeologico, inv. 763.
CIE 2734; B.-K. III, 224, tav. CLI, 22.

Sul coperchio, giacente di tipo A. Sulla cassa, testa di leone tra pelte. Ai lati, pilastri scanalati. Iscrizione dipinta: *hasϑi:setrni:velsusa*.
Per il soggetto, non molto diffuso sulle urne a stampo, in cui è riprodotto da un'unica matrice, si veda B.-K. III, 224. A Berlino (inv. 1315) è presente una variante con la bocca aperta. La testa di leone raffigurata su questa classe di urnette presenta una notevole somiglianza con un tipo di sima diffuso in area chiusina, di cui si presenta uno degli esemplari più belli (Chiusi, Museo archeologico, s. inv.; Andrén 1939, 259, tav. 87, 312). A parte le dimensioni, le uniche differenze tra le due teste consistono in particolari secondari, come il numero dei riccioli della criniera sulla fronte. D'altra parte le affinità stilistiche sono così evidenti da far supporre che le due classi di monumenti siano state fabbricate in una stessa bottega.

123 Urnetta cineraria
Terracotta. Cassa: 19; 29,5 × 16,5
Dai dintorni di Chiusi (scavi Nardi Dei)
Chiusi, Museo archeologico, inv. 359.
CIL 2201 d; CIE 1285; B.-K. III, 217, tav. CXLV, 13.

Sulla cassa, testa femminile con elmo cornuto (Medusa?) su foglie d'acanto tra due pilastri scanalati; ai lati, due cipressi. Iscrizione incisa: *ϑa.vipinei.aϑ.velχesa*.

È probabile che questo soggetto (per cui v. B.-K., cit.) sia riprodotto da una sola matrice.

124 Urnetta cineraria
Terracotta. Coperchio: 34 × 19
Cassa: 23; 30 × 15,5
Dall'agro chiusino
Chiusi, Museo archeologico, inv. 1056.
B.-K. III, 216, tav. CXLIV, 12.

Sul coperchio, giacente di tipo A. Sulla cassa, testa femminile con pileo alato su foglie d'acanto. Ai lati, due pilastri scanalati.
Questo soggetto, come quello precedente, non è molto diffuso, anche se si conosce più di una matrice. Lo si ritrova con poche varianti nella produzione di urne in travertino con coperchi displuviati. L'identificazione della testa con quella di Medusa è certa solo per una variante conservata nel Museo di Leida.

125 Urna cineraria
Terracotta. Cassa: 29; 50 × 25
Dall'agro chiusino (?)
Palermo, Museo archeologico (già collezione Casuccini).
B.-K. III, 217, tav. CXLV, 9a.

Sulla cassa (il coperchio non è pertinente) è raffigurata una maschera comica tra due spirali con al centro una palmetta.
Per il soggetto si veda B.-K. III, 218.

126 Urnetta cineraria
Terracotta. Coperchio: 41 × 20
Cassa: 21; 30 × 15
Dall'agro chiusino
Chiusi, Museo archeologico, inv. 432.
CIE 2329; Levi 1935, 76.

Coperchio non pertinente; sulla cassa, una coppia si congeda ai lati della porta dell'Ade tra un demone femminile a destra (Vanth?) e Charun a sinistra. Ai lati, due colonne lisce. Iscrizione graffita: *aϑ:ϑelazu:carpnatial*.
Questa urnetta appartiene al tipo di esecuzione più accurata tra quelli con scene di congedo davanti alla porta dell'Ade (per cui si veda B.-K. III, 67, tav. LVII, 7), delle cui varianti diamo una esemplificazione ai nn. 127-129.

127 Urnetta cineraria
Terracotta. Coperchio: 29 × 25
Cassa: 18; 22,5 × 13
Dall'agro chiusino (?)
Chiusi, Museo archeologico, inv. 57.
CIE 1082.

Coperchio non pertinente; sulla cassa, coppia che si congeda davanti alla porta dell'Ade tra due demoni femminili alati. Iscrizione dipinta su tre lati della cassa: *apluni:cumeres: lautni*.
Per il soggetto cfr. B.-K. III, 67, tav. LVII, 6. Per i demoni femminili, che qui compaio-

121

122

123

124

no in atteggiamento analogo a quelli raffigurati sulle urne col mito di Eteocle e Polinice, si veda il commento al n. 104.

128 Urnetta cineraria
Terracotta. Coperchio: 28,5 × 14
Cassa: 20,5; 30 × 13,5
Dall'agro chiusino (?)
Chiusi, Museo archeologico, inv. 655.
CIE 2100.

Sul coperchio, giacente di tipo E. Sulla cassa, congedo tra due figure ammantate separate da un demone femminile che stringe loro le mani e da Cerbero. A destra, la porta dell'Ade. Iscrizione dipinta: *ϑana.pumpui.velχ.cumni/sa.* Le urnette con questo soggetto (per cui si veda B.-K. III, 68, tav. LVII, 8) sembrano prodotte da un'unica matrice.

129 Urnetta cineraria
Terracotta. Coperchio: 27,5 × 16
Cassa: 17,5; 26 × 13,5
Da Chianciano, località Cerretelli
Chiusi, Museo archeologico, inv. 675.
CIE 1045; B.-K. III, 68-69, tav. LVII, 9;
Levi 1935, 76.

Sul coperchio, giacente di tipo A. Sulla cassa, due figure ammantate ai lati di un candelabro fra Charun e un demone femminile. Ai lati, due colonne. Iscrizione graffita: *ϑania.seianti.lϑ.[cu]merunia.*
Anche di questo soggetto (per cui cfr. B.-K., cit.) si conosce una unica matrice.

130 Urnetta cineraria
Terracotta. Altezza 29
Cassa: 17; 29 × 16
Dall'agro chiusino
Firenze, Museo archeologico, inv. 5525.
B.-K. III, 118, tav. XCIX, 15.

Sul coperchio, giacente di tipo C. Sulla cassa, un uomo entra in una grotta (Ade?) trattenuto per un braccio da una figura (Charun?) in chitonisco. Ai lati, le gambe di una kline. Questo soggetto presenta diverse varianti, di cui una descritta al numero successivo. Un esemplare analogo è raffigurato su un'urnetta già nella collezione Bucelli di Montepulciano (Gori I, 1737, 158, 2); una versione diversa su un'urnetta di Berlino 1319 (B.-K. III, 118, tav. XCIX, 14) presenta un uomo nudo entro una grotta.

128

129

130

131

132

131 Urnetta cineraria
Terracotta. Coperchio: 31 × 15
Cassa: 16,5; 29 × 16
Dalla tomba n. 13 in località Fonte Rotella
(Chiusi)
Chiusi, Museo archeologico, inv. 1065.
B.-K. III, 118, tav. XCIX, 15a; Levi
1935, 76, fig. 45; Thimme 1957, 113, fig. 6.

Sul coperchio, giacente di tipo C. Sulla cassa:
un uomo nudo con le mani legate dietro la
schiena è entrato in una grotta (Ade?) trattenuto con una corda da una figura in corta veste (Charun?). Ai lati, le gambe modanate della
kline.

132 Urnetta cineraria
Terracotta. Coperchio: 11; 29,5 × 15
Cassa: 19; 26,5 × 13
Siena, Museo archeologico.
B.-K. III, 69, tav. LVII, 9a; Pernier 1920,
22.

Sul coperchio, giacente di tipo D. Sulla cassa,
una coppia stante ai lati della porta dell'Ade.
A destra, una figura vestita di una pelle ferina.

133 Urnetta cineraria
Terracotta. Coperchio: 12,5; 25 × 14
Cassa: 19; 25,5 × 13,5
Siena, Museo archeologico.
Inedita.

Sul coperchio, giacente di tipo E. Sulla cassa,
scena come la precedente, con la figura vestita di una pelle ferina sulla sinistra della coppia.
Questa urnetta e la precedente (una proviene
da Chiusi, dai terreni già del monastero di Santa Chiara, e faceva parte della collezione Bargagli, mentre l'altra viene dalla collezione del-
l'Accademia dei Fisiocritici) sono state fabbricate con stampini separati, come dimostra la
variazione nella posizione delle figure. Una
replica a Perugia (Giglioli 1935, 76, tav.
CCCCXI, 2) ed una già nella collezione Bucelli di Montepulciano (Gori I 1737, tav. 157,
3) sono dello stesso tipo delle nostre, mentre
un'urna a Berlino mostra la figura con pelle
ferina iterata ai lati della coppia. Data la rozzezza dell'esecuzione, la scena si può prestare
a una duplice lettura. La figura con pelle ferina sulle spalle tiene in mano un oggetto non
riconoscibile: se si tratta di una clava, egli può
essere identificato con Herakles; in questo caso
la scena potrebbe raffigurare il mito di Alce-
sti. Ma sembra più probabile che si tratti di
un martello: la figura sarebbe quindi Charun
e la scena raffigurerebbe una coppia che si congeda davanti alla porta dell'Ade, come nei nn.
126-129.

a.r.

134 Urna cineraria
Terracotta. Coperchio: 18; 32 × 18
Cassa: 25; 32 × 17
Da Foiano della Chiana, necropoli di San
Francesco
Foiano della Chiana, Palazzo comunale.
Gamurrini 1900, 626.

Sul coperchio figura maschile recumbente, acefala. Sulla fronte della cassa, tra due listelli di
cui il superiore sorretto da due Pan, *dexiosis*:
a destra figura femminile stante, a sinistra figura maschile seduta su un trono. Sullo sfondo un cippo su base scanalata.
Il motivo sulla cassa, realizzato con figure a
stampo rifinite a stecca, non trova confronti
puntuali. La *dexiosis* (cfr.: Mercando 1976,
210, fig. 74; Délos XXX, 59 ss.; Pfuhl-Möbius
1977, 224 ss.) ritorna in alcune urne (B.-K.
III, fig. 10, tavv. XXXVIII, 3a; LV, 3); la presenza del cippo (Della Fina 1983, 36 e *passim*),
richiama schemi volterrani (CUV 1, nn. 188,
198, 297; CUV 2, nn. 102, 103, 105, 112,
119, 121). I Pan, mediati dalla grande architettura (specie teatrale: Herbig 1949, 30) s'inseriscono nella ricca serie di figure con funzioni di telamoni-cariatidi (per le urne: Pairault
1972, 50 s., tavv. 22, 28b, 29, 55; Maggiani
1973, 578; Maggiani 1976ᵃ, 171, n. 13. Inoltre: Cristofani 1969, 225; Coarelli 1976ᵃ, 23
ss., tavv. A e V, 2; Micali 1844, tav. XXXVII,
2; Beazley 1947, tavv. IV, 5; XII, 2; De Chiara 1960, tav. VII, 1; Giglioli 1935, tavv. 297,
2, 299, 2-3; Ducati 1912, nn. 12, 169). Il coperchio propone una datazione forse ancora
nell'ambito della prima metà del II secolo a.C.
(Thimme 1954; Thimme 1957; Pairault Massa 1981).

a.c.

135 Urnetta cineraria
Terracotta. Coperchio: 39,5 × 21,5
Cassa: 22; 35 × 17,5
Dall'agro chiusino (?)
Chiusi, Museo archeologico, inv. 1044.
Inedita.

Sul coperchio, giacente di tipo E. Sulla cassa,
l'eroe con l'aratro.
Questa urnetta e le due seguenti documentano la produzione di urnette a stampo più tarda, di dimensioni assai ridotte e di esecuzione assai trascurata.

136 Urnetta cineraria
Terracotta. Coperchio: 18 × 14
Cassa: 15; 20 × 15
Da Castelluccio la Foce (Pienza)
Chiusi, Museo archeologico, già collezione
Mieli Servadio.
Inedita.

Sul coperchio, giacente di tipo B. Il coperchio
è tagliato a metà per essere adattato alla cassa
di dimensioni minori, modellata in forma di
kline con suppedaneo.

133

134

135

137 Urnetta cineraria

Terracotta. Coperchio: 18 × 6
Cassa: 11,2; 18 × 11,5
Dall'agro chiusino (?)
Chiusi, Museo archeologico, inv. 1018.
Inedita.

Sul coperchio, giacente di tipo E; sulla cassa, porta tra cipressi.
Insieme alle urnette di terracotta a stampo, nelle tombe a loculi chiusine, erano usate come cinerari le ollette di forma troncoconica o campanulate decorate con festoni dipinti e iscritte con la formula onomastica del defunto, di cui si presenta una ridotta selezione.

138 Olla cineraria

Altezza 21; ∅ bocca 10
Dall'agro chiusino (?)
Chiusi, Museo archeologico, inv. 132.
CIE 3083.

Corpo campanulato decorato da un festone dipinto in vernice nera, intrecciato con una tenia rossa. Sul collarino è dipinta in vernice rossa l'iscrizione: *velia:caine:muteni:tite:lautna*.

139 Olla cineraria

Altezza 22,5; ∅ bocca 13; ∅ coperchio 16
Dall'agro chiusino (?)
Chiusi, Museo archeologico, inv. 878.
CIE 1280.

Corpo a botticella con coperchio a calotta munito di presa a bottone. Sul coperchio è dipinto un tralcio giallo con foglie gialle unite al ramo da gambi rossi e legato alle estremità da un fiocco rosso. Sul corpo del vaso, decorato con una tenia rossa sostenuta da chiodi, è graffita l'iscrizione: *aϑ:tumiltni:veluś*.

140 Olla cineraria

Altezza 21,5; ∅ bocca 12; ∅ coperchio 14,8
Dall'agro chiusino (?)
Chiusi, Museo archeologico, inv. 819.
CIE 2897.

Corpo troncoconico con listelli appiattiti alle estremità, decorato con un tralcio verde intrecciato con tenie rosse sostenute da chiodi. Sul collarino è dipinta in vernice rossa l'iscrizione: *vl:ṭite:cata:alχusnal*. Il coperchio a calotta è privo di decorazione.

141 Olla cineraria

Altezza 20,5; ∅ bocca 11,5
Dall'agro chiusino (?)
Chiusi, Museo archeologico, inv. 686.
CIE 3078.

Corpo troncoconico con listelli appiattiti alle estremità, decorato da un tralcio orizzontale di lauro dipinto in vernice verde, le cui estre-

137

136

138

mità sono legate da un fiocco rosso. Sul collarino è dipinta in vernice rossa l'iscrizione: *ramϑa:lautniϑa:venzileś*.

142 Olla cineraria
Altezza 21; ∅ bocca 11
Dall'agro chiusino (?)
Chiusi, Museo archeologico, inv. 666.
CIE 2651.

Il corpo campanulato, con due listelli appiattiti alle estremità, è decorato da una fascia ondulata nera con bordi dentellati rossi. Sul collarino è dipinta in vernice nera l'iscrizione: *larϑi:purnei:laucịnal*.

143 Olla cineraria
Altezza 20,7; ∅ bocca 9,8
Dall'agro chiusino (?)
Chiusi, Museo archeologico, inv. 67.
CIE 2573.

Corpo campanulato decorato con un festone in vernice verde intrecciato con tenie rosse sostenute da chiodi. Sul collarino è graffita l'iscrizione: *aḥ:petruni:au:maninal*.

144 Olla cineraria
Altezza 26; ∅ bocca 19; ∅ coperchio 23,5
Da Cetona (?)
Chiusi, Museo archeologico, inv. 702.
CIE 1611.

Corpo troncoconico decorato con un festone nero intrecciato con tenie rosse sostenute da chiodi. Sul collarino è dipinta in vernice nera l'iscrizione: *vel:nemsu:faltu*. Coperchio con linguette nere e rosse dipinte sulla calotta e fasce rosse sul battente.

145 Olla cineraria
Dall'agro chiusino (?)
Chiusi, Museo archeologico, inv. 936.
Inedita.

Corpo troncoconico. Coperchio a calotta ornato da solcature; sul bordo è dipinta in rosso l'iscrizione: *ϑre.faraunal.larϑal*.

146 Olla cineraria
Altezza 17; ∅ bocca 10
Dall'agro chiusino (?)
Chiusi, Museo archeologico, inv. 218.
CIL 7201a.

Corpo biconico con largo collarino su cui è graffita l'iscrizione latina: *Sex.Crispini. C. f.*

139

140

141

142

143

146

147 Olla cineraria

Altezza 17; ∅ bocca 13,3
Dall'agro chiusino (?)
Chiusi, Museo archeologico, inv. 460.
Inedita.

Corpo troncoconico decorato con un tralcio di lauro in vernice verde intrecciato con tenie rosse sostenute da chiodi. Vi è graffita l'iscrizione falsa: *lsmhrvolp.a elantiti*.
Con questa olletta si è voluto documentare un aspetto non secondario della storia dell'archeologia chiusina, cioè l'attività dei falsari, che furono particolarmente attivi in questa zona, con la fabbricazione di oggetti interamente spurii, ma anche con la manipolazione di quelli autentici, come nel nostro caso, o con interventi di restauro eccessivamente integrativi, che hanno alterato il pezzo originale fino al punto di renderlo irriconoscibile.

a.r.

Note

Lineamenti di uno sviluppo

[1] Per uno sguardo generale su alcuni orientamenti culturali di quest'area, Maggiani 1984ᵃ, 172 ss.
[2] Fiumi 1972, 52 ss.; Cristofani 1973, 246 ss.; Cristofani 1975ᵃ, 5 ss. Disamina generale del problema in Martelli 1977, 86 ss.
[3] Maggiani 1976, 3 ss.
[4] Camporeale 1984, 83, n. 1, tav. XXVII. La provenienza da Vada, fornita da Mantovani 1892, 102, è errata. Ho potuto identificare il monumento con quello descritto dal Brunn in Cinci 1860, 195, nota 1 (cfr. anche Fiumi in CUV 2, 14, note 119-120), proveniente dagli scavi di A. Norchi avviati verso il 1860 al Portone. Se non è agevole — anche se probabile — individuare tra le urne lisce a spioventi gli esemplari da attribuire al periodo per cui la documentazione scarseggia, più convincente sembra l'attribuzione al tardo V secolo dell'urnetta con protomi d'ariete CUV 2, n. 1 (coperchio non pertinente), per il confronto (già in Pairault Massa 1977, 155, nota 15) con le note basi portacippi (Sassatelli 1979, 107 ss.; Ciampoltrini 1981, 31 ss.).
[5] Cfr. CUV 2, nn. 12-15. Sul problema, Martelli 1977, 91; Pairault Massa 1977, 155.
[6] Pairault Massa 1977, 155; Cateni 1984, 24 ss. Cfr. i tipi simili (addirittura con le caratteristiche borchie tornite alle estremità inferiori dei lati corti) negli esemplari lignei di tardo V e IV secolo a.C. dall'Egitto e dalla Russia meridionale, Richter 1966, 77, nota 40, figg. 408-410. Escluderei pertanto qualunque connessione con il tetto degli edifici, la cui imitazione veniva risolta ben diversamente (cfr. Jannot 1984, fig. 164, CI 4b).
[7] Come hanno già visto, con riferimento alla produzione chiusina, Thimme 1954, 54 s.; Nielsen 1975, 285; Martelli 1977, 87; Pairault Massa 1977, 156.
[8] Ciò rende ragione della presenza di monumenti di qualità in aree molto distanti tra loro (Barberino, Monteriggioni) e delle forti affinità che collegano queste con le esperienze chiusine, Nielsen 1975, 285.
[9] Niccolai 1928, 419 ss.
[10] Pairault Massa 1977, 156, nota 43; Martelli 1977, 87; Cateni 1984, 25. Anche la forma della cassetta displuviata, tipo CUV 2, n. 38, sembra avere i suoi prototipi in cofanetti (lignei?), come quello raffigurato su un askos apulo, Richter 1966, 77, nota 37, fig. 400.

[11] CUV 1, n. 249 (Monteriggioni), CUV 2, n. 179 (cassa non pertinente); Nielsen 1975, 285 (cronologia corretta e associazione con cassa tipo Holztruhe). Cfr. anche Maggiani 1984ᵇ, 224, nota 20.
[12] Esemplari lignei dovettero sovente costituire il supporto dei coperchi di pietra, cfr. Fiumi 1972, 86, 96. Per analoghi fenomeni constatati ad Asciano, Mangani 1984, 103; Maggiani 1984ᵃ, 163.
[13] CUV 1, n. 240; Martelli 1977, 87 (con cronologia alla fine del III secolo).
[14] Cfr. il partito strutturale del sarcofago di Torre San Severo a Orvieto, Herbig 1952, n. 73, tav. 36.
[15] Martelli 1977, 87; Pairault Massa 1977, 156.
[16] CUV 1, n. 248. Il confronto è rafforzato dalla quasi assoluta identità nei caratteri epigrafici impiegati nei due monumenti; cfr. Moretti-Sgubini Moretti 1983, 23, n. 4, tav. XVI, nel quale sono state enucleate le medesime componenti stilistiche, ma con una cronologia forse un po' troppo alta. È comunque a modelli di questo genere che bisogna guardare per giustificare la creazione del tipo adottato sul sarcofago dei Flave, Herbig 1952, n. 261, che andrà dunque antedatato alla metà o al terzo quarto del III secolo (Pairault Massa 1977, 156; Martelli 1977, 87 s.).
[17] Pairault Massa 1977, 156.
[18] Mansuelli 1950, 35. In questo gruppo, cfr. CUV 2, n. 94 (amorini e cinghiale) con ES II 173, IV 324; B.-K. I, LVI, 18 (Achille e Aiace con la testa di Troilo) con Mansuelli 1950, 30, nota 13; B.-K. II, CXIX, 2 (Cacu) con ES V 127.
[19] La transizione tra il tipo con fronte a scomparti e quello a fronte aperta è documentata dalla serie: CUV 2, n. 178 (terzo quarto del III); n. 77 (ultimo quarto del III secolo); B.-K. II, 256, CXIX, 2 (cat. n. 68); B.-K. I, LXVI, 2 (n. 266).
[20] Pairault 1972, tav. 53, 59b (Troilo), 10 (Centauromachia + Enomao), 8 (prigionieri troiani), i cui prototipi, come è noto, risalgono ad archetipi italioti.
[21] CUV 2, n. 233 (ratto di Proserpina); Pairault 1972, tavv. 99-106 (matricidio di Oreste).
[22] Su Pisa, ma per un'età più recente, Pairault Massa 1977, 158, 160.
[23] Dubbi avanzati sulla provenienza volterrana, Nielsen 1975, 298, nota 3; Pairault Massa 1977, 157, nota 83.
[24] La rapidità con cui la nuova tipologia si afferma mi sembra dimostrata da due serie di coperchi che nel corso del loro sviluppo nel senso indicato modificano la forma eroica adottata precedentemente: A) CUV 2, nn. 108, 133, 170, 287 (a torace scoperto) - CUV 2, nn. 182, 254, CUV 1, n. 217 (tunicati); B) CUV 2, nn. 111, 229 (torace nudo) - CUV 2, nn. 74, 123, 110 - CUV 1, nn. 126, 135, 240 (tunicati). Quest'ultima serie è presente con due tunicati nella tomba Inghirami, dove non sono coperchi con defunto a torace scoperto (Maggiani 1977, 126, nota 28, "gruppo Firenze 78484").
[25] Salskov Roberts 1983, 41. Cfr. cat. n. 13.
[26] Su queste ultime, cfr. Clemente 1981, 1 ss.
[27] Pairault 1972, 68 ss.; Pairault Massa 1977, 160.
[28] Pairault Massa 1975, 222; Pairault Massa 1977, 158.
[29] Pairault Massa 1977, 158.
[30] Pairault 1972, 62 ss.
[31] Sul problema, cfr. van der Meer 1977, 147 ss.
[32] Maggiani 1977, 133.
[33] Maggiani 1976, 24; Martelli 1977, 91; Nielsen 1977, 138.
[34] Maggiani 1976, 36 s.; Maggiani 1977, 131; Pairault Massa 1977, 161.
[35] Pairault Massa 1977, 162.
[36] Pairault Massa 1977, 163.
[37] Nielsen 1975, 326 s.; Maggiani 1976ᵃ, 111 ss.
[38] Nielsen 1975, 377.
[39] Bianchi Bandinelli 1973, 223 s.
[40] Cristofani 1975, 57.

[41] Herbig 1952, n. 4, tav. 45; n. 75, tav. 46.
[42] Thimme 1954, 55, nota 30.
[43] Thimme 1954, 56, nota 30, figg. 6, 7.
[44] Thimme 1954, loc. cit.
[45] L'urna del Bottarone (Cristofani 1975, 44, n. 19) (prima metà IV secolo) e l'urna di Palermo, collezione Casuccini (Thimme 1954, fig. 8) (metà IV secolo) sono in alabastro.
[46] Herbig 1952, n. 75; cfr. Thimme 1954, fig. 1 (cat. n. 21). Per la serie più incolta, cfr. Palermo, collezione Casuccini, inv. n. 8451.
[47] Thimme 1954, 98 ss.
[48] Le deposizioni si succedono nell'ordine Thimme 1954, nn. 11-12, 7-8, 9.
[49] Thimme 1954, 101, n. 1 (da datare 270-240 a.C.). Cfr. Maggiani 1984ᵇ, 223, nota 17.
[50] Thimme 1954, 102 ss., nn. 2-5. Alla fine del III secolo a.C. o all'inizio del II si daterà Thimme 1954, 110, n. 6.
[51] Fondamentale la tomba dei Pulfna Peris, Thimme 1954, 60 ss., dove la relazione genealogica che lega le urne nn. 1 e 2, consente di collegare un monumento che conserva la tipologia eroica del defunto a torace scoperto ed uno nel quale il defunto veste la tunica, che rimane obbligatoria anche per l'altra generazione di sepolti.
[52] La produzione più tarda, dell'avanzata prima metà del II probabilmente, presenta caratteri di grande rozzezza, cfr. Small 1981, tavv. 21-24.
[53] Cfr. in particolare Thimme 1954, fig. 14 (secondo quarto del II secolo a.C.), nel quale le stoffe (tunica, mantello, coperte) sono accuratamente lavorate a scalpello portato verticalmente, mentre le parti nude sono accuratamente levigate. Medesima tecnica nel gruppo di coperchi riunito intorno a cat. n. 27. Il travertino è già usato nella seconda metà del III secolo, come dimostra l'importante Palermo, inv. n. 8455, che realizza il tipo eroico (CIE 2474).
[54] Il discrimine cronologico tra recumbenti (maschili) a torace scoperto e tunicati, vale anche per la produzione in terracotta. Su ciò, cfr. infra.
[55] Accanto a scene di battaglie generiche, particolarmente importanti per numero di esemplari la serie con Eteocle e Polinice e dell'eroe con l'aratro, B.-K. II, 1, 32 ss.; III, 5 ss.
[56] Dareggi 1972, 15 s.
[57] Cristofani 1984, 80 ss.
[58] Martelli 1984, fig. p. 207.
[59] Von Gerkan-Messerschmidt 1942, 122 ss., tavv. 18-21; Thimme 1954, 132 ss.
[60] Su questo aspetto, Maggiani 1984ᵇ, 224, nota 21.
[61] Thimme 1954, 145 e nota 77; Cristofani, in Caratteri 1977, 121; Feruglio, in Caratteri 1977, 122.
[62] Particolarmente evidenti sono gli influssi esercitati da questo maestro sulle maestranze locali, cfr. infra.
[63] Dohrn 1961, 1 ss., tav. 1; Pairault 1972, 169. Cfr. cat. n. 12.
[64] Cfr. Dareggi 1972, tavv. XLI-XLV, XLVIII, 1; Pairault 1972, tavv. 12-19.
[65] Pairault Massa 1977, 157, nota 84; Dareggi 1972, tav. XLIX.
[66] Ad es. Dareggi 1972, tavv. II-XL.
[67] Cfr. il gruppo di monumenti raccolto intorno alla bottega dei Satna, Feruglio 1977, 114 ss.
[68] Cfr. Bianchi Bandinelli-Giuliano 1973, 312, fig. 361.
[69] Pietrangeli 1953, 101, tav. XV, c.
[70] Cfr. B.-K. III, 216, CXLV, 11; B.-K. III, 219, fig. 53. Tipi eccezionali sono B.-K. III, 206, fig. 48 e B.-K. III, 18, fig. 4 (cat. n. 96).
[71] I coperchi figurati sono sovente bisomi (cfr. B.-K. III, 18, fig. 4; altro esemplare al Museo archeologico di Perugia; un coperchio con recumbente unico (B.-K. III, 206, fig. 48), presenta il tipico andamento delle gambe come nelle serie di travertino.

Coperchi displuviati sono decorati sul timpano da motivo di pelte (B.-K. III, 219, fig. 53) e da figura di demone con estremità pisciformi (B.-K. III, 216, CXLV, 11).

La bottega e l'organizzazione del lavoro

[1] I gruppi più modesti comprendono una ventina di urne; la maggior parte ne conta 40-60, mentre tre gruppi (le due fasi del "gruppo idealizzante" e il "gruppo del rotulo", cfr. *infra*) superano le cento unità. I dati sono desunti da un esame globale della produzione, contenuto in un lavoro generale sulle urne volterrane in preparazione da parte di chi scrive.
[2] In questo contesto, il termine gruppo equivale a serie di monumenti attribuibili a un maestro e ai suoi aiuti. Al di là di modeste sfumature, i termini gruppo, maestro, bottega si equivalgono.
[3] Il numero di tali collaboratori non è determinabile, dato che, malgrado la molteplicità delle mani, lo stile della bottega poteva rimanere il medesimo, cfr. Coarelli 1980, XXVI s.; Lauter 1980, 119 s.
[4] Cfr. Pairault 1972, 53 ss.; Cristofani, in CUV 1, 15.
[5] Westermann 1914, 295 s. In generale, Gummerus 1916, 1493 s.; Burford 1972, 87 ss., 180 s. (esempi di artigiani già esperti in giovanissima età); Philipp 1968, 87.
[6] Non sappiamo se la condizione sociale dei scultori nell'Etruria ellenistica fosse bassa come certo quella dei ceramisti. Cfr. per l'età arcaica Colonna 1975, 181 ss. La firma di *feziu paves*, sulla kylix a figure rosse da Grotti (Bocci 1979, 61; Siena 1979, 78, n. 103, fig. 103) è stata interpretata come quella di un personaggio di livello servile. Per la situazione a Roma, cfr. Coarelli 1977, 36, note 13-14; Smith 1981, 29, nota 45, 36 s.
[7] Dalla documentazione utilizzabile proveniente dai due ipogei della famiglia risulta che tutti i coperchi delle tombe sono usciti dalla "bottega idealizzante" e nessuno dalla sua concorrente, la "bottega realistica" (cfr. CUV 1, nn. 26-44). Ciò tuttavia può dipendere dal fatto che tale valutazione tiene conto soltanto dei coperchi iscritti, che sono nettamente più numerosi in questo atelier che nell'altro (la proporzione varia nel tempo da 3:1 a 3:2 circa). D'altronde l'ipogeo degli Ati (CUV 1, nn. 119-167), pervenuto nella sua integrità, dimostra come difficilmente possa esistere un tale filone preferenziale.
[8] Pairault Massa 1975, 91 ss.; Pairault Massa 1977, 159, 172 s.; Cristofani 1978, 51.
[9] Rix 1977, 64 ss.; Cristofani 1977, 74 ss. Per l'Etruria in generale, cfr. le firme su strigili e askoi, Cristofani 1977, 79, note 30, 31 con bibl.; Pfiffig 1976, 30 s.; Colonna di Paolo-Colonna 1978, 347; Pianu 1979, 123 s.; REE 1984, 76, 77, 95-100; Morel 1983, 22 s.
[10] Pur nella consapevolezza di una certa distonia esistente tra la cronologia sostenuta da chi scrive rispetto all'opinione corrente (distonia che in genere si concretizza in una sfasatura di circa 25 anni), si ritiene sostenibile una datazione della bottega nella fase immediatamente postsillana, circa 80-50 a.C.
[11] L'iconografia maschile si avvicina così a quella dei rilievi greci con convito funebre, cfr. Thönges Stringaris 1965, 1 s.; cfr. n. 46).
[12] Cfr. Nissen 1877, 86 s.; Dörpfeld 1885, 290 s. Sulla frequenza delle misure, Nielsen 1975, diagramma 3.
[13] Alcuni casi già in Nielsen 1975, 316 s., 385. Cfr. ora Nielsen 1985, in stampa.
[14] Cfr. ad es. Mustilli 1950, 208, note 4-5; Gaitzsch 1983, 9; Hopper 1979, 130 ss.
[15] Cfr. anche i prodotti della "officina di Poggio alle Croci" che provengono sia dalla necropoli di Poggio alle Croci che da quella del Portone. Martelli

1974-1975, 213 ss.
[16] Malgrado l'abilità del lapicida, esistono alcuni errori e ripetizioni di lettere, che sono state coperte di stucco e reincise, cfr. CIE 131, 40; Pfiffig 1964, 186.
[17] Cfr. Pairault 1972, 55, 173; Cristofani in CUV 1, 15, nota 98. Sui modelli a silhouette, Martelli 1974-1975, 221 s.; Small 1981, cap. IV.
[18] Cfr. diversi contributi in *Società romana e produzione schiavistica*, 1981, *passim*; Torelli 1976, 497; Morel 1983, 25 ss.

La distribuzione nel territorio

[1] Nella carta di distribuzione sono indicati solo i luoghi di rinvenimento di urne. Sono esclusi Artimino e Fiesole (cfr. pianta in CUV 1, nn. 15-16 e pianta p. 19). Per gli esemplari di Artimino la provenienza è troppo incerta; mentre l'urna di Fiesole in pietra locale non sembra di stretta dipendenza volterrana.
[2] Di tutte le urne di tipo volterrano, il dieci per cento viene dal territorio; se si tiene conto degli scavi sistematici subiti dalle necropoli di Volterra, e della casualità dei rinvenimenti nel territorio, ne conseguirà che quest'ultimo è certo sottorappresentato. Tra le urne databili tra III e inizi II, il territorio è presente con il venticinque per cento; nel corso del II secolo la percentuale scende al dieci, mentre nel I raggiunge l'uno per cento.
[3] CUV 1, nn. 250, 246, 248, 259.
[4] Per il tipo, cfr. CUV 1, nn. 76, 212-213, 220-221, 222, 226-227, 231, 234.
[5] Sono incluse nell'elenco anche le urne descritte da Gori nel 1737, XXI, nella Villa Giacomini a Bonazza, delle quali peraltro non esistono più precisi dati di provenienza, che lasciano sussistere pur sempre il dubbio che siano pervenute per donazione da Volterra. Due delle urne e il coperchio sono oggi conservati al museo di Fiesole, donati dal marchese Edoardo Albites di San Paterniano; nel 1879 state viste in un negozio di anticaglie a Firenze. Per il coperchio iscritto è attestata la provenienza, Semifonte (presso Bonazza), che però il Gori non include tra le località che hanno fornito antichità etrusche (inesatto Fiumi 1968, 55). Elenco delle urne: a) Fiesole, inv. n. 10: cassa in alabastro con magistrato in quadriga, Gori 1737, tav. 179; B.-K. III, 103, tav. 85, 3f; Galli 1914, fig. 41; b) inv. n. 11: cassa di alabastro, con Pelope e Ippodamia, Gori 1737, tav. 78; Galli 1914, fig. 42; Fiesole 1978, 67, fig. 60; c) inv. n. 12, coperchio maschile in alabastro, con iscrizione CIE 12, Gori 1737, tav. 190, 2; CII, App. 8, n. 34; De Marinis 1977, 82; Galli 1914, fig. 43; d) inv. n. 13: coperchio maschile in alabastro (non citato da Gori 1737, ma verosimilmente della medesima provenienza dei precedenti), Galli 1914, 73, fig. 44; e) cassa in alabastro con ratto di Elena, Gori 1737, tav. 138, dispersa.
[6] Una probabile cronologia intorno all'80 a.C. va proposta per due urne, da Pogni e Semifonte (nn. 18-19); lievemente più tarda può essere l'urna di Collalto (n. 28); tardissima, quella di Morrona (n. 7).
[7] Nielsen 1975, 140. Di recente, Ciampoltrini 1981[b], 41 ss. ha individuato zone centuriate aree di bassa pianura nella bassa val d'Era e val d'Elsa, nei pressi di Empoli, Pontedera, San Miniato, tutti assai lontano da Volterra.
[8] CUV 1, 13 s.
[9] Delle urne a rilievo distribuite sul territorio, ventotto presentano temi mitologici, ventiquattro funerari e dieci ornamentali.

Le produzioni locali nel territorio volterrano

[1] San Gimignano, Museo etrusco, inv. 93365, con corredo di pieno II secolo, dalla tomba 10.
[2] Cfr. CUV 1, nn. 250, 260, 308 da Monteriggioni e Barberino. Singolare è un coperchio, all'Antiquarium di Casole, che imita in maniera assai approssimativa l'elegante tipo volterrano con protomi di ariete (ad es. CUV 2, nn. 12, 14, 15).
[3] San Gimignano, Museo etrusco, inv. 93327, dalla tomba 9 (in marmo). Un'altra urna, di tufo e con decorazione a compasso, con orlo sagomato (*ibidem*, inv. 22) sembra costituire una forma di compromesso tra il tipo etrusco a quattro peducci e quello romano apodo.
[4] Per Volterra, cfr. *supra*.
[5] Cfr. CUV 1, nn. 258-259, 263-265, 267-270, 275, nn. 301, 304 e forse anche nn. 305-307, da Barberino. Parecchi coperchi e urne a San Gimignano e a Casole d'Elsa.
[6] Volterra, invv. 653, 655, CUV 1, nn. 217, 219, dalla tomba 60/D della necropoli di Badia. Da ultimo, Salskov Roberts 1983, 38-45, figg. 21, 24. Per le urne del territorio, v. CUV 1, nn. 253, 255-256, 263, 266, 271 (Monteriggioni); numerosi esempi nei musei di Casole e San Gimignano.
[7] San Gimignano, Museo etrusco, vetrina centrale, con materiale ellenistico e romano da Bucciano, dono Moggi. Manca la cassa. Per il "gruppo del dittico", v. Nielsen 1975, 358-379, figg. 38-60; Nielsen 1977, 139.
[8] Barberino: CUV 1, n. 294, assai raffinato. San Gimignano: Museo etrusco, inv. 4 e s. inv. Monteriggioni: CUV 1, n. 254; non escluderei, che questa cassa sia da collegare al coperchio n. 256, tutte e due di produzione locale, mentre il coperchio 254 e la cassa 256 sono di produzione volterrana. Poggibonsi: De Marinis 1980, 18 ss. n. 2. Esempi molto rozzi di questo soggetto non sono assenti nemmeno a Volterra, CUV 2, nn. 152, 158, 163, 171.
[9] Loc. n. 11. Le due urne sono illustrate in De Marinis - Nicosia - Ottanelli 1972. Per il soggetto dell'anfora fra grifi in produzione volterrana scadente (ma senza dati di provenienza), cfr. Firenze, M.A. 5476; Londra, British Museum (Pryce 1931, D 92); Leida (van der Meer 1975, n. 26).
[10] Località n. 4. Mantovani 1892, 95-96, n. 2.

Circolazione dei modelli e delle maestranze

[1] Cfr. Burckhardt 1980, 12; Schweitzer 1980, 27-29; Burford 1972, 35, 58, 65, 66, 78.
[2] Berlino E 54, Rumpf 1928, 32, tav. 39. Cfr. il "gruppo Firenze 78484", per es. CUV 1, nn. 48, 56, 126, 135, 158.
[3] CUV 1, nn. 48-49, 52.
[4] CUV 1, nn. 50-51, 54-56.
[5] Cfr. Pairault 1972, tav. 36; B.-K. I, tavv. 81-82, 84-85. Per l'urna, da M. Bonamici ritenuta volterrana, Bonamici 1984, n. 23.
[6] Uno studio approfondito su questi rapporti fra Perugia e Volterra è in corso di preparazione da chi scrive.
[7] Nielsen 1975, 326-350, figg. 1-27. Nielsen 1977, 138-139.
[8] Nielsen 1975, 350-358, figg. 28-37. Nielsen 1977, 138-139.
[9] Nielsen 1977, 139, 141, nota 28.
[10] Volterra 356, Fiumi 1976, fig. 85. Perugia MA 469, Bianchi Bandinelli-Giuliano 1973, fig. 361.
[11] Volterra 197, Maggiani 1976[a], 118 e *passim*, tav. 31 a.; van der Meer 1978, 68 n. 8.
[12] Ad esempio CUV 2, n. 86.
[13] Nielsen 1975, 358-377, figg. 39-60; Nielsen 1977, 139.

Il problema del ritratto

[1] Bianchi Bandinelli 1961, 177; Laviosa 1964, 18; Cristofani in CUV 1, 12; Maggiani 1976, 5, nota 4; Cateni 1984, 21, 31. Sull'indifferenza che sembra di cogliere, in generale, per questi aspetti, cfr, *supra*.
[2] Sul concetto di prototipo o "urna modello", Pairault 1972, 173.
[3] CUV 2, n. 192.
[4] Giglioli 1935, tav. CCCCVII, 2.
[5] Su alcuni aspetti teorici, Kubler 1976, 86 s.
[6] Pasquinucci 1968, 12 s.; Laviosa 1964, 18; Pairault Massa 1977, 156, nota 48.
[7] Cfr. ad esempio il noto bronzo dell'Apollo di Ferrara, Adam 1984, 166, n. 244. Il tipo femminile rappresentato dal n. 8 sembra avvicinabile, per la pettinatura e la genericità dei tratti del volto, alla serie dei bronzetti femminili di area settentrionale, quali l'Andromeda da San Casciano, Milani 1912, 139, e la danzatrice della Bibliothèque Nationale, Adam 1984, 159, n. 235.
[8] Cfr., ad esempio, tra le serie etrusche Sambon 1903, 39, n. 9, 59, n. 73 (da Populonia); tra quelle campane e romano campane Sambon 1903, 256 ss., 612-650; Breglia 1952, tavv. I, 6, III, 3.
[9] Colonna 1978, 112 (con datazione al 300 a.C.); Herbig 1952, n. 48.
[10] Pairault Massa 1977, 156, nota 47.
[11] Martelli in CUV 1, 164; Martelli 1977, 88; Pairault Massa 1975, 249, fig. 12-13; Cateni 1984, 31.
[12] Cfr. Martelli 1984, fig. a p. 207. Più che al ritratto di Alessandro, con cui peraltro esistono affinità (cfr., ad esempio, Alexander 1980, 101, n. 6-7; Laurenzi 1941, n. 86, tav. XXI), si può pensare alla serie delle repliche del cosiddetto Eubuleo del Museo nazionale di Atene, cfr. Rizzo 1932, 132 ss.; Harrison 1960, 383, tav. 85; Bieber 1964, tav. IV, n. 9; Fittschen 1977, 21, tav. 8.
[13] In particolare, Thimme 1954, fig. 49.
[14] Von Gerkan-Messerschmidt 1942, tavv. 18-21.
[15] Cfr. ad esempio il tipo di Seleuco Nicatore attestato nel bronzo di Napoli e sulle monete, Richter 1965, figg. 1866-1868; Laurenzi 1941, 106, tav. XVI, 43.
[16] Pairault Massa 1977, 158, nota 98. Sul tipo, *ibid.*, nota 99; Maggiani 1976, 20 (gruppo A).
[17] Coarelli 1972, 97 ss.; Cateni 1984, 31.
[18] Su questi aspetti, con elenco di monumenti, Maggiani 1976, 22 ss. ("gruppo Inghirami"); Pairault Massa 1977, 160.
[19] Maggiani 1976, 23, nota 53.
[20] Maggiani 1976, 32 ss., tavv. XVIII, 1; XIX, 2.
[21] Maggiani 1976, 36 ss.

[22] Pairault Massa 1977, 161.
[23] Maggiani 1976, 34 ss.; Nielsen 1975, 32 ss. ("Book Scroll Group"). Si vedano anche i tipi disarticolati, dalle grosse teste tondeggianti e dai tratti enfiati del "Diptych Group", *ibid.*, 358 ss.

La produzione in terracotta a Volterra

[1] Niccolai 1928, 419-420.
[2] Si consideri a mero titolo esemplificativo la descrizione dello scavo (Hübner 1857, 183-187) della tomba rinvenuta all'Osteriaccia (Necropoli del Portone) nel 1856 nella quale erano dodici urne, delle quali cinque in terracotta e le altre in alabastro. La ricerca sui dati di archivio condotta da M. Cristofani (CUV 1, 42) ha reso possibile l'identificazione di una soltanto delle cinque fittili (MG 388).
[3] Fiumi 1972, 54 ss.
[4] Martelli 1977, 86-87.
[5] Pairault Massa 1977, 155.
[6] Minto 1930, 63 ss.
[7] Mingazzini 1934, 59-75.
[8] Richter 1966, 77, nota 40, figg. 408-410.
[9] Libertini 1926, fig. XLVI al centro.
[10] CVA Napoli, IV E, fig. 25, fig. 36.
[11] Martelli 1977, 87.
[12] Sambon 1903, 221 ss.
[13] MG 12, MG 13, MG 387.
[14] CUV 2, n. 48.
[15] CUV 2, n. 181.
[16] Di diverso avviso è Pairault (Pairault Massa 1977, 155-156) che considera questo esemplare l'intermediario tra le urne con tetto a doppio spiovente e quelle con rappresentazione a bassorilievo sormontate da un coperchio antropomorfo.
[17] Cristofani 1973, 39 ss.
[18] Fiumi 1957, 373 ss., fig. 7.
[19] L'osservazione è di van der Meer (van der Meer 1978, 50).
[20] CUV 1, n. 45.
[21] Inedita.
[22] Bieber 1964, 56 ss.
[23] Inedito.
[24] CUV 2, n. 215.
[25] Gambetti 1974, 64, fig. 132.
[26] Becatti 1940, 22-24.
[27] Pairault Massa 1977, 158.
[28] Rhode 1968, n. 36.
[29] Inghirami I, 2, 1823, fig. X 3,3.
[30] L'osservazione è di Pairault Massa 1977, 156.
[31] Noll 1932, 435 ss., fig. XVI.
[32] B.-K. I, 67-69, fig. 56, 18.

[33] Van der Meer 1978, 71-72.
[34] Maggiani 1976ᵃ, 11 ss.
[35] EAA, s.v. "Etrusca arte", fig. 595.

La produzione in terracotta a Chiusi

[1] Cristofani 1978, 203, fig. 1.
[2] Si vedano in particolare Michelucci 1977, 93 ss. e Ponzi Bonomi 1977, 103 ss.
[3] Londra, British Museum, acq. 1875 (B.-K. II, 1, 8, tav. II 3).
[4] Palermo, Museo archeologico, inv. 11862 (B.-K. I, 103, tav. LXXXI 13).
[5] Hanfmann 1946, 15-32; Pairault Massa 1981, 123-142.
[6] B.-K. III, 118-119, fig. 15.
[7] B.-K. III, 136, fig. 21.
[8] Si veda in ultimo Pairault Massa 1981, 139.
[9] Thimme 1954, 25-147; Thimme 1957, 87-160.
[10] Al gruppo raccolto dal Thimme intorno al coperchio dell'urna Matausni 11 (Thimme 1954, 79-82, figg. 27-28) si possono con ogni probabilità aggiungere le due urne con bambino giacente sul coperchio a Firenze e Palermo (v. commento ai nn. 99 e 100), mentre il coperchio Chiusi 1012 (*ibid.*, 91, fig. 41) è invece più vicino alla bottega che ha prodotto l'urna Matausni 5 (*ibid.*, 77, fig. 24), cui può attribuire con certezza il coperchio di Chiusi, inv. 359b (inedito).
[11] Small 1981, 123 ss.
[12] Cristofani 1978, 210; I Galli 1978, 211 (Michelucci); Prima Italia 1981, 215 (Michelucci).
[13] Si vedano l'urna di Palermo 12078 (B.-K. III, 182, fig. 40, tav. CXXIV 1); l'altra sempre a Palermo, con repliche a Perugia e Firenze 77655 (*ibid.*, 183, fig. 41).
[14] Firenze 5566 e Firenze 5569.
[15] Il tipo B ha la testa posata sulla mano sinistra ed il braccio destro teso lungo la gamba; il tipo C ha una posa analoga, ma poggia la mano destra, con cui talvolta tiene una corona conviviale, sul bordo della kline; il tipo D ha la mano destra posata sul cuscino, mentre il braccio sinistro non è visibile; infine il tipo E, in posizione supina, con la testa sollevata su un alto cuscino, ha la mano destra che sporge dal mantello sotto la testa e la sinistra posata sulla kline.
[16] Matteini Chiari 1975, *passim*; Oleson 1976, 69-85; Oleson 1982, *passim*.
[17] Sprenger-Bartoloni 1983², 158, nn. 270-271.
[18] Londra, British Museum, inv. 1887.4-2.1 (Walters 1903, D 786).

I sarcofagi

La produzione dei sarcofagi a Chiusi

Se a Volterra l'inumazione, per quanto non assente, conobbe solo rarissimamente una sistemazione monumentale (esclusivamente nella tomba della gens Flave, peraltro emigrata forse dall'Etruria centro-meridionale)[1], a Chiusi è invece attestata una fiorente produzione di sarcofagi figurati, che affiancano una altrettanto numerosa, ma assai più trascurata, classe di sarcofagi aniconici[2]. Le due varianti sono testimoniate fin dal primo riorganizzarsi delle botteghe di scultori nella città, alla fine del IV secolo a.C. Al sarcofago in pietra fetida con cassa a kline e figura del defunto distesa, con gambe piegate ma non incrociate, di Palermo[3] fa seguito, nella prima metà del III, il sarcofago con giacente femminile di Berlino[4], anch'esso in tufo (pietra fetida?) e anch'esso con cassa a kline, molto adorna, che dimostra, con il confronto puntualissimo istituibile con l'urna n. 23, la stretta integrazione (o identità) tra i decoratori dei diversi tipi di contenitori funerari.

La tipologia del sarcofago sembra mutare lentamente adottando il tipo di osservanza meridionale della cassa a scomparti lignei, come può indicare un noto esemplare di Palermo, databile forse verso la metà del III secolo[5]. Poco dopo debbono situarsi i grandi esemplari in calcare[6] con scene mitologiche (Troilo, lotta in un santuario)[7] o con le straordinarie galatomachie[8], i cui schemi iconografici, come ha opportunamente ribadito Mansuelli, riferendosi ai risultati dell'indagine di Bienkowski, non sono connessi con le galatomachie pergamene, ma rimandano a modelli almeno tardo-classici o del primo Ellenismo[9], quegli stessi che hanno guidato l'ispirazione dei decoratori dell'ipogeo Palmieri di Lecce, dove i gruppi della composizione chiusina si ritrovano tutti[10]. Anche la produzione di sarcofagi in alabastro si esaurisce nei primi decenni del II secolo a.C., sostituita da una saltuaria produzione di eccezionali esemplari in terracotta, anche in questo caso con coperchio sia figurato[11] che displuviato[12].

a.m.

148

149

150

148 Sarcofago
Calcare. Coperchio: 54; 192 × 56
Cassa: 54; 190 × 46
Da Chiusi
Chiusi, Museo archeologico, inv. 973.
Herbig 1952, 17, n. 12, tav. 47a.

Sul coperchio figura femminile semidistesa, sontuosamente abbigliata di tunica allacciata sotto il seno e mantello, torques, collana a treccia e collare di bulle al collo; nella sinistra oggetto non ben definibile (specchio o coppa); la destra, appoggiata su due cuscini, sembra sostenere il capo. Sulla cassa battaglia tra greci e galati. La tipologia del coperchio corrisponde a quella delle urnette contemporanee. Cronologia: seconda metà del III secolo a.C.

149 Sarcofago

Calcare. Coperchio: 73; 210 × 67
Cassa: 56; 198 × 62
Da Chiusi
Chiusi, Museo archeologico, inv. 752.
Levi 1933, 127 s., nota 189, fig. 63;
Herbig 1952, n. 14, tav. 48a; CIE 1190.

Sul coperchio recumbente maschile a torace
scoperto e ghirlanda conviviale con patera umbilicata nella destra. Sulla cassa, battaglia tra
greci e galati.
Il coperchio rientra agevolmente in un cospicuo gruppo di monumenti di stile nobile (cfr.
n. 25) che si scaglionano nella seconda metà
del III secolo a.C., mentre nel tipo ritrattistico si evincono chiare tendenze alla creazione
di uno schema semplice, che ha assonanze nel
filone del cosiddetto ritratto medioitalico, largamente diffuso nella coroplastica devozionale
dell'Etruria meridionale. La cassa di questo,
come del precedente, combina moduli e schemi tratti da un'ampia composizione, forse eco
di un quadro famoso (battaglia di Lisimachia
del 278 a.C.?). Fine del III secolo a.C.

150 Sarcofago

Calcare. Coperchio: 78; 200 × 62
Cassa: 52; 203 × 63
Da Chiusi
Chiusi, Museo archeologico, inv. 860.
Herbig 1952, n. 15, tav. 49; CIE 905.

Sul coperchio recumbente maschile in tunica
e mantello, con ghirlanda (?) sul petto e patera nella destra. Sulla cassa, un cavaliere fron-
teggia un enorme *ketos*; al di fuori del pannello, sulla destra, una figura di guerriero.
Il monumento, non rifinito, appartiene alla fase estrema della produzione, contemporanea
alla crisi che coinvolge le fabbriche degli alabastrai, come dimostra anche la tipologia del
coperchio, mentre la cassa, nella sua esecuzione
affrettata, introduce un tema funerario, il viaggio a cavallo verso un aldilà popolato di mostri, non consueto nelle precedenti fasi della
produzione. Cronologia: primo-secondo quarto
del II secolo a.C.

a.m.

151 La tomba a camera delle Tassinaie (Chiusi)

La tomba delle Tassinaie fu scoperta nel 1866,
ma richiusa dopo poco tempo. Nella ricostruzione che qui ne è presentata sono esposte le
copie delle pitture eseguite dal Gatti per la
Galleria della pittura etrusca del Museo archeologico di Firenze, in occasione della riapertura della tomba dopo circa cinquant'anni. Nel 1927 la tomba fu nuovamente aperta
dal Levi, che provvide a restaurarne l'accesso
con un atrio in mattoni tuttora visibile.
La tomba è costituita da una piccola camera
quadrangolare scavata nell'arenaria (m 2,
11 × 1,95) con volta a botte e banchine late-

151

151

151

151

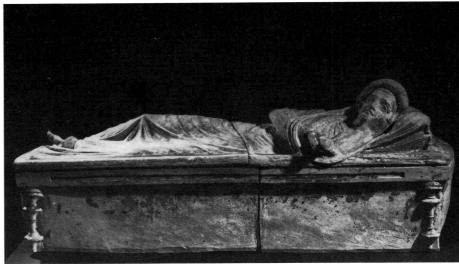
151.1

rali, cui si accedeva da un dromos lungo e stretto tramite una porta ad arco a tutto sesto, chiusa in origine da tre grandi tegole, due delle quali iscritte. Sulle banchine erano deposti un sarcofago di terracotta (n. 151.1), un'urnetta fittile iscritta (CIE 1300) ora scomparsa, ed un'olla cineraria campanulata anch'essa iscritta (n. 151.2). Del corredo fu rinvenuto solo un sottile cerchio di bronzo (uno specchio?), ma la tomba non mostrava tracce di violazione. Tutte le pareti della camera sono dipinte, con i colori distribuiti direttamente sull'arenaria. Al centro di quelle laterali sono raffigurati due dei defunti: un uomo di profilo a sinistra con una patera nella destra, identificato dalla propria formula onomastica: *tiuza tius: vetusal/ clan:ϑanas/tlesnal/ avils XIII* (CIE 1304) ed una donna *[f]as[t]i hermnei* (CIE 1301) rispettivamente figlio e moglie del fondatore della tomba; questi doveva aver avuto due mogli, perché la donna sepolta con lui non era la madre del ragazzo. Il Colonna nota che le iscrizioni "sono redatte... secondo l'ortografia e il formulario in uso nell'Etruria meridionale"; e poiché il gentilizio ha caratteri volsiniesi, ritiene che il fondatore della tomba sia un "servo" volsiniese fuggito dalla città in seguito al *bellum servile*.

Sulla parete di fondo e su quella d'ingresso è dipinto uno scudo rotondo tra festoni sospeso a tenie; sulle pareti laterali corrono gli stessi festoni legati da tenie appese a chiodi, al di sopra dei quali è una mezzaluna (che il Pallottino ritiene in rapporto col nome familiare *tiu* che vuol dire appunto luna) sovrapposta ad un piccolo disco, sospesa a un chiodo mediante un gancio; sulla parete destra si vede un corvo che cerca di sciogliere uno dei nodi. Queste pitture, che ricordano da vicino quelle sulle olle cinerarie campanulate, una delle quali fu rinvenuta appunto entro la tomba, mostrano nel soggetto una notevole affinità con quelle dipinte su alcune tombe di Tarquinia (tomba Giglioli, tomba dei Festoni, eccetera), datate dal Colonna nel III secolo a.C. La tomba di Chiusi è dipinta in una tecnica più abbreviata, che, sempre secondo il Colonna, sarebbe comunque databile entro lo stesso secolo.
Ma diversi elementi sembrano suggerire per la tomba delle Tassinaie una datazione più vicina a quella tradizionalmente accettata, non anteriore alla metà del secondo secolo a.C.: la tipologia del sepolcro, chiaramente derivata dalle tombe a camera con volta a botte costruite in blocchi di travertino, la stessa tipologia del sarcofago fittile, che non ci sembra di poter discostare cronologicamente dagli altri esemplari di questa classe, databili entro il secondo quarto del II secolo a.C. e, soprattutto, la presenza dell'olletta cineraria campanulata in cui era sepolto il tredicenne figlio del fondatore della tomba, perché la produzione di cinerari di questo tipo, che ricordiamo, erano decorati con gli stessi motivi dipinti sulle pareti della tomba, non può risalire oltre la seconda metà del II secolo a.C.
Conestabile 1866, 193 ss.; Dennis, 1883[3], 329; Galli 1915, 11 e ss.; Bianchi Bandinelli

1925, 263-265; Pallottino 1952, 245-247; Markussen 1979, 71, n. 29; Colonna 1984, 15-16.

1. Sarcofago fittile
Lunghezza 172
Chiusi, Museo archeologico.
Bianchi Bandinelli 1925, 263; Giglioli 1935, tav. CCCXCII, 2; Levi 1935, 71, fig. 35; Thimme 1957, 112 ss.; Türr 1969, 68, n. 3; Colonna 1984 16, fig. 34.

Il sarcofago è costruito in due parti collegate con grappe di bronzo. Sul coperchio, figura virile giacente in tunica e toga con una ghirlanda sui capelli ed una al collo, la mano sinistra accostata al volto e un rotolo nella destra. La cassa è conformata a kline con i piedi torniti; lo spazio centrale è decorato a rombi e triangoli policromi.
La tipologia della cassa e la posizione supina del defunto, secondo il Colonna, sarebbero da collegare con i più antichi sarcofagi chiusini della prima metà del III secolo a.C. Tuttavia alcuni elementi, come l'abbigliamento del defunto e la decorazione della fronte della cassa (che, se pur diversa, ricorda da vicino quella sui nostri nn. 101, 102) ci inducono piuttosto a confrontare questo sarcofago con le urnette a stecca col convito funebre e con i coperchi delle urnette a stampo con giacenti, confermando una datazione, già proposta per la tomba, non anteriore alla metà del II secolo a.C.

2. Olla fittile
Altezza 18,5; ⌀ bocca 9,5/10
Chiusi, Museo archeologico, inv. 852.
CIE 1303.

Corpo campanulato con listello appiattito alle estremità, decorato con festoni in vernice nera sorretti da tenie rosse appese a chiodi. Sul collarino è dipinta l'iscrizione: *tiuza:tius:vetusal:clan:ϑanas*.
L'olla conteneva le ceneri del figlio del fondatore della tomba, morto in tenera età, ed era deposta in corrispondenza della figura dipinta sulla parete sinistra.

3. Tegola
Altezza 72,5; larghezza 56,2
Chiusi, Museo archeologico, inv. 413.
CIE 1299.

Sulla tegola è graffita la formula onomastica della donna sepolta in questa tomba, forse la moglie del fondatore, le cui ceneri sono conservate nell'urnetta fittile perduta *fasti/hermnei/tiusa/vatusal*.

a.r.

Note

[1] Herbig 1952, 86, nn. 260-261, tavv. 85-86.
[2] Sembra di intravedere un pur modesto sviluppo tipologico anche in questa classe di sarcofagi. I più antichi sono quelli intonacati e dipinti ad imitazione di una cassa lignea dalla cella B della tomba del-

151.2

151.3

la Pellegrina, da datare tra la fine del IV e la prima metà del III secolo. Il tipo più diffuso è quello in travertino o calcare, con coperchio displuviato e iscrizioni dipinte o incise, cfr. Thimme 1954, 112, nn. 7-9 (dalla tomba della Pellegrina) e Thimme 1954, 74, n. 1 (dalla tomba della gens Matausni).

[3] Herbig 1952, n. 75, tav. 46. Il tipo sembra più o meno contemporaneo al capostipite della tomba dei Vipinana di Tuscania, Colonna 1978, 105, tav. XXVI, j 1 (Herbig 1952, n. 48).

[4] Herbig 1952, n. 4, tav. 45; Thimme 1954, 56, nota 30.

[5] Herbig 1952, n. 74, tav. 44b; Thimme 1954, 55, nota 30.

[6] Ad esempio Herbig, n. 161, tav. 61c (Thimme 1954, 79, n. 9) con cassa liscia e recumbente femminile simile alle urne della prima metà del III secolo.

[7] Herbig 1952, 17, n. 13, tav. 50 (Sarteano); 42, n. 77, tav. 54.

[8] Herbig 1952, n. 12, tav. 47 (cat. n. 148); 14, tav. 48 (cat. n. 149), 19, tav. 51, n. 77, tav. 54.

[9] Mansuelli 1950, 46 s. (da riferire al dipinto ateniese raffigurante la battaglia di Lisimachia combattuta nel 278 da Antigono Gonata); Bienkovski 1908, 79 ss. Diversamente I Galli 1978, 217 (Pairault Massa) ad n. 593 (Michelucci).

[10] Bernabò Brea 1952, figg. 53-54.

[11] Herbig 1952, 21, n. 20, tav. 53 (sarcofago di Larthia Seianti); Herbig 1952, 21, n. 20a (sarcofago di Seianti Hanunia); Bianchi Bandinelli 1925, 108, e (sarcofago con defunta distesa, dalla tomba di Larthia Seianti); Bianchi Bandinelli 1925, 472, fig. 70 (dalla tomba delle Tassinaie, cfr. n. 151.1); Bianchi Bandinelli 1925, 305, nn. 209-210 (?).

[12] Bianchi Bandinelli 1925, 305a (dalla tomba di Larthia Seianti); REE 1980, 367 ss. (Maggiani), (dalla tomba con volta a botte di Chianciano).

L'uso del marmo nell'Etruria settentrionale

Le statue funerarie

Dopo il classico lavoro di Andrén[1], dedicato ai *Marmora Etruriae*, ma limitato in realtà alle sole opere di scultura provenienti dall'Etruria propria e padana, il problema dell'uso del marmo nell'Italia preromana ha conosciuto negli ultimi anni un notevole ritorno di interesse. Del fenomeno sono stati affrontati, su diversi versanti storico-geografici, vari aspetti, che vanno dalla produzione, accanto all'importazione, nel IV secolo, di sculture di marmo greco a Taranto[2], alla circolazione, che coinvolge Cartagine, Sicilia, Etruria meridionale, nel IV secolo, di sarcofagi di marmo pario[3], alla presenza infine, nella prima metà del V secolo a.C. a Roma come a Cere e a Spina, di urne di marmo greco, smistate dal commercio ionico ed eginetico[4].

Particolare attenzione è stata dedicata alla documentazione di manufatti marmorei dell'Etruria padana, per la quale si dispone adesso, ad opera di Sassatelli[5], di un corpus esauriente, che include opportunamente anche monumenti di minore impegno, come bacili e cippi, alcuni dei quali, a bulbo e con basi decorate con teste d'ariete, rivestono notevole interesse in quanto documentano lo stretto legame culturale tra i due opposti versanti dell'Appennino[6]. In realtà, dopo i recenti lavori di Sassatelli, di Ciampoltrini e di Maggiani[7], l'estrema fascia dell'Etruria settentrionale — nella quale già Andrén aveva censito a suo tempo cinque monumenti, vale a dire la metà esattamente dell'intero corpus delle opere da lui raccolte[8] — si va rivelando dal punto di vista dell'uso del marmo un terreno particolarmente fertile. Nella regione le testimonianze di manufatti marmorei, costituiti nella gran maggioranza da cippi a clava e a bulbo, quindi da opere di maggiore impegno come basi con teste d'ariete e statue, assommano, ad un computo molto approssimato, ad un totale di circa centodieci unità[9], coprendo una zona incentrata sulla direttrice della valle dell'Arno e dei suoi affluenti, con punte estreme che raggiungono a sud Populonia e Volterra, a nord Seravezza, Ponte a Moriano, Artimino.

La fortunata, recente scoperta, o riscoperta, di due statue femminili ellenistiche provenienti l'una da Volterra, l'altra da Pisa (nn. 155, 160) ha indotto dunque ad un riesame del problema, nel tentativo di individuare il ruolo che la lavorazione del marmo svolge nell'ambito della produzione artigianale dell'Etruria settentrionale in età ellenistica.

Nonostante che l'interesse della mostra sia incentrato appunto sull'età ellenistica, è opportuno rilevare, come fatto di particolarissima importanza, che la documentazione di monumenti marmorei nell'estrema Etruria settentrionale si dispone ininterrottamente dall'età arcaica almeno all'Ellenismo tardo, costituendo un caso straordinario di continuità artigianale. All'età arcaica (VI-V secolo a.C.) è databile un cospicuo gruppo di monumenti, che annovera anzitutto esemplari iscritti, quali nell'agro fiesolano i cippi a clava Antinori e di Palastreto, la stele di Panzano[10], in val d'Era uno dei due esemplari da Celli[11]; in secondo luogo i sette segnacoli (sei a colonnetta e uno emisferico) conservati nel Museo di Pietrasanta e provenienti dalle zone di Pietrasanta e Seravezza, per i quali una cronologia alta è assicurata e dal confronto con il cippo Antinori e dalla dinamica, sufficientemente chiara dopo recenti indagini, della presenza etrusca nel territorio[12].

Ancora nell'età arcaica, almeno nel corso del V secolo a.C., sono collocabili i cippi a bulbo su basi decorate con teste d'ariete, documentati, oltre che a Marzabotto, a Volterra e a Pisa, la cui origine è stata ricondotta recentemente dal Ciampoltrini nell'ambito degli impulsi culturali greco-orientali che interessano la regione, e Pisa stessa, dalla seconda metà del VI secolo a.C.[13]. Un discorso a parte, ma solo sotto il profilo dell'eccezionale pregio artistico, merita in questo ambito di considerazioni la testa Lorenzini, di recente rivendicata a matrice stilistica greco-orientale[14], che forse non sarà inopportuno riconsiderare in futuro, salvo naturalmente il suo carattere speciale, nell'ambito del contesto dei monumenti marmorei della regione, tanto più se una auspicata analisi di laboratorio potrà confermare quanto già Bianchi Bandinelli osservò circa il carattere "locale" e non greco del materiale lapideo, propendendo a sua volta per una sua attribuzione a giacimenti del territorio volterrano[15].

Ad età ellenistica (III-II secolo a.C.) è attribuibile, oltre le cinque statue femminili (nn. 152, 153, 155, 156, 158, 160), il grosso della documentazione dei cippi a clava, sempre accuratamente levigati e arricchiti spesso con ornati semplici, come umboni, collane, tralci vegetali, nonché l'eccezionale esemplare da San Martino alla Palma, decorato con una scena a rilievo e iscritto, sul quale torneremo. All'inizio dell'età ellenistica, secondo la datazione, credo corretta, di Andrén, dovrebbe porsi inoltre un altro documento eccezionale, la testa marmorea da Populonia, interpretabile, più che come pertinente ad una statua, come busto funerario del tipo di quelli attestati nell'agro tarquiniese[16].

Ma tornando alle cinque statue femminili oggetto specifico di questa sezione della mostra, e tralasciando al momento ogni valutazione di natura storico-artistica, una considerazione preliminare è dettata dalla loro dislocazione topografica, in un'area che comporta Volterra, Pisa con il suo entroterra (San Miniato), l'estrema propaggine occidentale dell'agro fiesolano (San Martino alla Palma), località alle quali potremmo aggiungere Pistoia, se dobbiamo prestar fede ad una notizia del Marmocchini, riportata dal Buonarroti, secondo la quale nella città "fu trovata una immagine di marmo che fu portata al Magnifico Lorenzo de' Medici, e veduta da M. Marcello, Cancelliere della Signoria, fu giudicato da lui che l'epitaffio della statua fosse di lettere etrusche"[17]. L'area

si sovrappone dunque perfettamente a quella, tuttavia maggiormente estesa, che vede la diffusione dei cippi marmorei prima menzionati, inducendo ad affrontare, ancora come fatto preliminare, il problema, assai difficoltoso, della funzione delle statue stesse, per il quale sono state prospettate nel tempo diverse soluzioni. Se infatti tra gli studiosi dei due secoli scorsi l'interpretazione prevalente, se non esclusiva, degli esemplari allora noti fu quella di simulacri di culto[18], le opinioni dei moderni oscillano tra la funzione votiva[19] e quella funeraria, vista quest'ultima tuttavia sotto i due diversi aspetti di immagine della defunta, ovvero immagine della divinità dell'oltretomba[20].

In realtà, mentre gli schemi iconografici non recano in questo senso un contributo determinante, potendo ben applicarsi a contesti di carattere sia votivo che funerario, elementi di notevole interesse si individuano invece nei dati di provenienza, i quali, quando non siano oscuri o controversi, riconducono inequivocabilmente a siti di necropoli[21], ma soprattutto nella documentazione epigrafica.

Anzitutto il termina *cana*, con il quale le due sculture n. 152 e n. 156 si autodesignano, ricorre in analoghi contesti pressoché esclusivamente su cippi, anche del tipo a clava e a colonnetta, tanto da potersi ricondurre nell'area semantica di segnacolo, equivalente al latino *monumentum* e al greco σῆμα[22]. Inoltre la tipologia stessa dell'iscrizione della kourotrophos, nella quale viene menzionato e il personaggio femminile, *larθia*, cui il *cana* (in ogni modo la statua) pertiene e un secondo personaggio ancora femminile, *velχinei se...* come colui che offre il monumento, appare inseribile a pieno titolo nell'ambito delle dediche funerarie, del tipo attestato ad esempio nelle stele arcaiche dell'Etruria settentrionale e di Volterra stessa[23]. Infine la caratterizzazione femminile dal punto di vista onomastico dei personaggi cui le due statue sono attribuite induce a ritenere che l'immagine rappresenti non una divinità, ma la defunta stessa[24].

A proposito delle statue femminili marmoree dell'Etruria settentrionale — ora cinque e non più tre — si è guadagnato dunque un primo dato rilevante: esse sono da intendersi come cippi e, lungi dal rappresentare manifestazioni isolate dell'uso di un materiale pregiato, possono, al contrario, essere legittimamente inserite nel concreto tessuto di una tradizione scultorea che, a partire almeno dalla fine del VI secolo a.C., si esplica in una vasta produzione di monumenti funerari.

In queste sculture deve vedersi insomma una sorta di pendant femminile, certo eccezionale e dovuto a commissioni esplicite, dei consueti cippi a colonnetta. E se non si deve alla pura casualità dei rinvenimenti, la loro tipologia esclusivamente femminile potrebbe adombrare un'opposizione ideologicamente funzionale tra colonnetta o clava come cippo maschile, ovvero segnacolo genericamente inteso[25], e statua iconica come cippo tipicamente, o prevalentemente femminile[26]. L'opposizione sem-

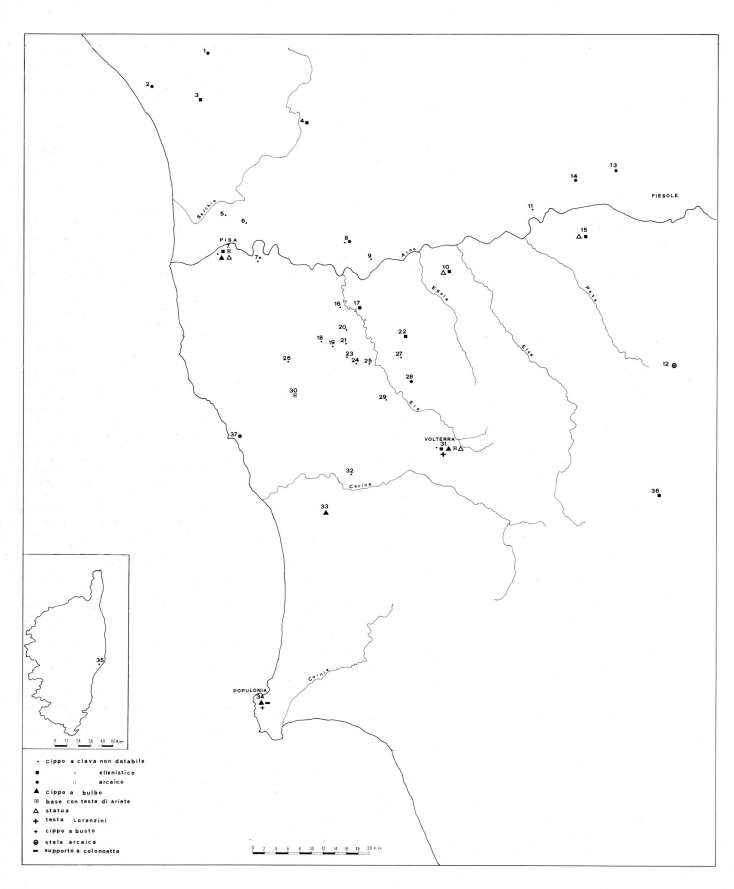

FIESOLE

Serchio

PISA

Arno

Egola

Elsa

Pesa

VOLTERRA

Era

Cecina

Cornia

POPULONIA

- cippo a clava non databile
- ■   "   ellenistico
- ●   "   arcaico
- ▲ cippo a bulbo
- ⊡ base con teste di ariete
- △ statua
- + testa Lorenzini
- + cippo a busto
- ◉ stele arcaica
- — supporto a colonnetta

0 12 24 36 48 60 Km

0 2 4 6 8 10 12 14 16 18 20 Km

Carta di distribuzione dei monumenti di marmo nell'Etruria settentrionale.

1. Seravezza. Maggiani 1984, 344, nota 71.
2. Pietrasanta. Maggiani 1984, 344, nota 71.
3. Vado di Camaiore. Pfanner 1958, 114 ss., fig. 8.
4. Ponte a Moriano. Ciampoltrini 1980, 76, nota 36.
5. Arena (San Giuliano Terme). Ciampoltrini 1984, 67, nota 2.
6. La Figuretta (San Giuliano Terme). Ciampoltrini 1984, 67, nota 2.
7. Pisa. Neppi Modona 1932, 433; Pfanner 1958, 117, fig. 11; Ciampoltrini 1981, 31 ss., nn. 1-4, 33ss., nn. 1-4; Ciampoltrini 1984, 66 s., nn. 17-18; cat. n. 160.
7*. Badia di San Savino. Ciampoltrini 1984, 67, nota 2.
8. Bientina. Maggiani 1984, 344, nota 68.
9. San Donato (Santa Maria a Monte). Ciampoltrini 1980, nota 33.
10. San Miniato - Ciampoltrini 1981ᵃ, 142, n. 26; cat. n. 158.
11. Artimino. Ciampoltrini 1980, nota 29.
12. Panzano (Greve). Magi 1932, 20, n. 3.
13. Palastreto (Settimello). CIE 6; Magi 1932, 19, n. 2.
14. Capalle (agro fiesolano). CIE 168; Ciampoltrini 1980, nota 39.
15. San Martino alla Palma. Buonamici 1930, 267 ss.; cat. nn. 156-157.
16. Ponsacco. Ciampoltrini 1980, 75, n. 7.
17. Treggiaia. Ciampoltrini 1980, 74, s., n. 1.
18. Lari. Ciampoltrini 1980, 76, n. 13.
19. San Ruffino (Lari). Ciampoltrini 1980, 76, n. 14.
20. Pieve San Marco (Terricciola). Ciampoltrini 1980, 75, n. 8.
21. Soianella (Terricciola). Ciampoltrini 1980, 76, n. 9.
22. Montefoscoli (Palaia). Ciampoltrini 1980, 75, nn. 2-3.
23. Badia di Morrona (Terricciola). Ciampoltrini 1980, 76, n. 11
24. Morrona (Terricciola). Ciampoltrini 1980, 76, n. 12.
25. San Pietro a Guilica (Terricciola). Ciampoltrini 1980, 76, n. 10
26. Colle Alberti (Lorenzana). Ciampoltrini 1980, nota 30.
27. Piappina (Peccioli). Ciampoltrini 1980, 75, n. 4.
28. Celli (Peccioli). Ciampoltrini 1980, 75, nn. 5-6.
29. Laiatico. Ciampoltrini 1980, nota 30.
30. Pieve di Santa Luce. Ciampoltrini 1981, 32, n. 5.
31. Volterra; Sassatelli 1979, 107 ss.; Ciampoltrini 1980, nota 47 e *passim*; cat. nn. 152-153, 155.
32. Casaglia. Cippo a clava inedito nel Museo di Cecina.
33. Casale Marittimo. Sassatelli 1979, 110; Ciampoltrini 1981, nota 15.
34. Populonia. Bernardi 1964, tav. II, n. 8; Andrén 1967, 31 s., n. 7; Sassatelli 1979, 116.
35. Aleria. Jehasse 1973, 244, n. 642.
36. Territorio senese. CIE 304: Buonamici 1930, 275, 281.
37. Castiglioncello. Pfanner 1958, 115 s., fig. 10; Ciampoltrini 1980, note 46, 50, 65.

bra poi realizzata concretamente nella compresenza a San Martino alla Palma di due segnacoli funerari, pressoché contemporanei e pertinenti alla medesima famiglia, dei quali quello della donna, *larϑia numϑrai*, in forma di statua, quello dell'uomo, *arnϑ prastna*, probabilmente il figlio di costei, in forma di colonnetta riccamente decorata a rilievo (cfr. n. 156 e n. 157). Una ulteriore conferma può individuarsi infine nella circostanza che, nei casi in cui cippi a clava siano iscritti, essi recano dati onomastici esclusivamente maschili[27].

Il fondamento ideologico di tale costume funerario risiede probabilmente nel fatto che, in una società come quella dell'Etruria ellenistica che vede una forte ripresa dell'ideologia aristocratica, è la donna il polo sul quale ruota la pratica dello scambio matrimoniale, fondamento, come sappiamo, della solidarietà tra le grandi famiglie. E alla donna inoltre, rappresentata nel suo ruolo sociale tipico del matrimonio e della fecondità, o come offerente nello sfarzo dei suoi ornamenti, che è affidata come messaggio l'ostentazione della ricchezza familiare[28].

Se ancora recentemente, a proposito delle basi volterrane con teste d'ariete, si è potuto non escludere l'impiego di marmo importato dalla Grecia, nella convinzione, più o meno esplicita, che si trattasse di monumenti isolati[29], il graduale delinearsi nell'estrema Etruria settentrionale di una tradizione cospicua e persistente nel campo della lavorazione del marmo postula di per sé, credo, come possibile un approvvigionamento da giacimenti locali. Si tratta, come è noto, di un problema assai spinoso, con il quale si sono misurati, spesso con evidente imbarazzo, gli studiosi che, dal Gerhard ai moderni, abbiano trattato di monumenti marmorei preromani della zona[30]. Sulle soluzioni di volta in volta individuate al problema — esistenza di altre cave locali, importazione, datazione bassa di monumenti — ha influito inoltre in modo determinante il presupposto, del resto basato su fonti antiche, che i giacimenti del distretto apuano siano stati individuati e sfruttati intensivamente soltanto con il I secolo a.C. Così, da ultimo, Sassatelli[31], sulla scorta di Bianchi Bandinelli[32] e di Cristofani[33], ha riproposto l'ipotesi, come alternativa all'importazione, dello sfruttamento di piccole cave del territorio volterrano. Curiosamente, non è stato tuttavia finora rilevato che rimarrebbe inspiegabile in questa eventualità la mancata utilizzazione di tale materiale lapideo nella vasta produzione di urne cinerarie, che nel III e II secolo a.C. costituisce il fulcro dell'attività artigianale della città. Una svolta decisiva al problema è ora recata dalle analisi di laboratorio che, usufruendo di diverse metodologie e in diversi centri di ricerca, sono state condotte su campioni prelevati dalle cinque statue e da una delle basi pisane con teste d'ariete e dalle quali emergono due risultati di grande interesse: anzitutto l'assoluta identità dal punto di vista litologico di tutti i monumenti in questione; in secondo luogo una forte propensione a favore

della pertinenza del marmo ai bacini apuani[34]. Dall'analisi petrografica si dedurrebbe inoltre la provenienza della materia prima dai giacimenti di marmo cosiddetto statuario situati a quote piuttosto basse all'imbocco della valle di Torano, ciò che dovette consentire un approvvigionamento in qualche modo spontaneo e agevole anche in assenza di grandi apprestamenti tecnici[35]. Le caratteristiche di questa varietà di marmo — grana grossa e colore non candido, ma dalle tonalità dorate — può anche rendere ragione della sua comune identificazione con la pietra che si estrae dalle cave di Campiglia Marittima.

È da rilevare del resto come le scoperte archeologiche di questi ultimi anni vadano progressivamente arricchendo il quadro, non nuovo in assoluto, dell'uso del marmo locale a Luni già nel periodo immediatamente successivo alla fondazione della colonia, e dunque in diretta continuità con la tradizione instauratasi nei secoli precedenti, inducendo così ad una lettura meno drastica delle fonti sulle quali si è tradizionalmente basata l'ipotesi del tardivo sfruttamento delle cave del distretto apuano[36].

Se dunque l'approvvigionamento della materia prima avvenne nel distretto apuano, la lavorazione d'altro canto deve con ogni probabilità ritenersi localizzata in una zona assai vicina alle cave stesse, o comunque in posizione geografica tale che il trasporto debba essere stato un fatto di semplice routine. Ora il criterio della verosimiglianza storica e il dato stesso di diffusione che vede la valle dell'Arno come direttrice centrale e di più intensa concentrazione dei monumenti durante l'intero loro excursus cronologico, inducono a ipotizzare che cuore di questa lavorazione sia stata Pisa, il cui territorio, estendendosi a nord della valle dell'Arno, arriva quasi a lambire in epoca etrusca l'area dei bacini marmiferi[37]. La città va assumendo inoltre nelle ricerche, non tutte sistematiche, degli ultimi anni, una sempre più precisa fisionomia di centro marittimo coinvolto nella frequentazione commerciale dal VI almeno fino al II secolo a.C.[38].

Cippi e urne cinerarie costituiscono dunque due tradizioni artigianali diverse, e distinte anche topograficamente, l'una delle quali dedita alla produzione, in un materiale notevolmente resistente agli agenti atmosferici, di monumenti destinati ad essere sistemati all'aperto (n. 161); l'altra impegnata a soddisfare il fabbisogno locale di cinerari destinati ad essere chiusi in tombe e per i quali materiali come tufo e alabastro, di facile approvvigionamento e lavorazione, risultano pienamente funzionali. È ovvio d'altra parte che il mercato dei qualificati manufatti marmorei abbia largamente superato i confini del territorio pisano, per sopperire alla richiesta di una fascia cospicua dell'estrema Etruria settentrionale[39].

Alla luce della rilettura qui proposta della documentazione archeologica assume nuova e straordinaria pienezza di significato il passo, famoso, ma tuttavia del tutto trascurato sotto questo aspetto dagli studiosi, in cui Strabone, enumerando i fattori della passata (e presente) grandezza della città, menziona, accanto alla fertilità del suolo e alla ricchezza di legname, τὰ λιθουργεῖα, cioè l'attività di lavorazione della pietra, in un contesto storico che l'accenno alle incursioni liguri pone nel III secolo a.C.[40]. A differenza di quanto parve ritenere la Banti, questa attività di estrazione-lavorazione della pietra non può infatti che essere riferita allo sfruttamento delle cave di marmo, che l'indagine archeologica va mettendo gradatamente in luce e la cui rilevanza, anche a giudicare soltanto dalla vasta diffusione dei prodotti, appare essere stata assolutamente notevole, tale appunto da poter confluire, attraverso probabilmente la mediazione di Posidonio, in un autore che scrisse a tre secoli di distanza dagli avvenimenti[41].

Ci domandiamo a questo punto come si configura l'attività produttiva di questa che, anziché come una vera e propria bottega, potremmo più propriamente intendere come una tradizione artigianale, basata sulla perizia tecnica acquisita per lunga consuetudine nella lavorazione di un materiale difficile ed estremamente pregiato al tempo stesso. Un giudizio circostanziato non è facile, tanto più che il carattere semplice e apparentemente banale di questo tipo di monumenti ne ha ostacolato la conservazione, sottraendoci certamente la gran parte della documentazione archeologica.

Si può affermare tuttavia con una qualche certezza che il tessuto connettivo e la ragione di continuità di vita di questa tradizione risieda nella realizzazione di cippi dalle forme elementari: a bulbo, ma soprattutto a colonnetta o clava, tipo quest'ultimo la cui vitalità è possibile cogliere dal VI fino almeno al II secolo a.C. Su questo continuum sembrano talora innestarsi episodi di cesura, che si manifestano nell'introduzione di nuove tipologie, spesso destinate ad esaurirsi in breve tempo, che possiamo anche ritenere conseguenza dell'avvento, sia pure fuggevole, di maestranze esterne. È il caso delle basi con teste d'ariete, una tipologia, come si è detto, mutuata dal mondo greco-orientale, la cui introduzione si pone in un periodo in cui la città appare fortemente coinvolta nel circuito commerciale focese[42]. È ancora il caso, secondo la convincente interpretazione di Cristofani, della testa Lorenzini, che segna l'avvento nell'Etruria settentrionale della statua di culto iconica, destinata a divenire fonte di ispirazione per la produzione bronzistica minore[43].

Con una dinamica analoga sembra doversi spiegare, a due secoli di distanza, la nuova acquisizione, nella prima metà del III secolo a.C., di tipologie estranee alla tradizione locale, come quella del cippo configurato a forma di busto, derivato dall'ambiente etrusco-laziale e magnogreco, documentato dall'esemplare di Populonia, che sembra peraltro non avere seguito[44]. Nel medesimo ambito cronologico-culturale — e con questo torniamo alle sculture femminili — deve vedersi anche l'introduzione del segnacolo funerario iconico, mutuato da un costume attestato nel IV-III secolo in Grecia e in Magna Grecia, e del quale

152

152

153

153

sembrano non mancare attestazioni, sia pure sporadiche, anche nel Lazio[45].

È significativo che il fenomeno di tali innovazioni si verifichi, ancora una volta, in un momento in cui, a partire dalla seconda metà del IV secolo a.C., le coste dell'alto Tirreno da Pisa a Marsiglia partecipano con Populonia del circuito commerciale che smista prodotti ceramici delle officine etrusco-meridionali e laziali[46]. L'inserimento di Pisa e del suo entroterra in questo ambito è documentato, pur nel panorama sconfortante delle conoscenze archeologiche sulla città, dal rinvenimento di ceramiche dell'Etruria meridionale a San Rocchino, nell'alveo del Bientina, a Ponte a Moriano, e di prodotti dell'"atelier des petites estampilles" nel centro storico di Pisa e di Lucca[47].

Le due statue di provenienza volterrana (nn. 152, 155) si configurano come l'opera di una maestranza eccezionalmente qualificata, estranea all'ambiente locale, cui appare difficile attribuire una precisa collocazione stilistica, ma della quale non sarà azzardato ipotizzare la pertinenza alla koinè artistica che lega nel IV-III secolo a.C. Magna Grecia, Lazio ed Etruria meridionale. Non è probabilmente un caso che essa operi per una committenza volterrana, essendo Volterra e centro di grande fioritura economica, come basterebbe a dimostrare la produzione ceramica ora in forte espansione su vasti mercati[48], e al tempo stesso l'ambiente maggiormente in grado di esprimere la domanda di opere stilisticamente colte.

L'attività di questo maestro (o maestri) che, inserendosi in un'antica tradizione, produce nella prima metà, forse all'inizio del secolo, sculture di alta qualità per una clientela, come quella volterrana, ugualmente di prestigio, non sembra dar vita ad una bottega in senso proprio, caratterizzata cioè da continuità di produzione e dalla messa in opera di formule stilistiche costanti, delle quali si possa cogliere uno sviluppo coerente per evoluzione interna. Se non si deve infatti invocare la casualità dei rinvenimenti, occorre constatare che tra le due statue più antiche, volterrane (nn. 152 e 155), e le sculture più recenti (statue nn. 156, 158, 160 e cippo di San Martino alla Palma, n. 157), distribuite lungo la valle dell'Arno, sussiste una notevole lacuna cronologica, per la quale si potrebbe ipotizzare un venir meno della committenza, che andrà collegato forse con l'intensificarsi nei decenni centrali della prima metà del III secolo dei conflitti con Roma, che coinvolgono particolarmente le città dell'Etruria settentrionale interna[49]. Tra i due gruppi di sculture non c'è inoltre alcuna continuità in senso stilistico, ma, per quanto riguarda le statue, solo latamente tipologico (figura femminile panneggiata, stante), oltre che ideologico (cippo femminile iconico).

I monumenti distribuiti lungo la valle dell'Arno, che segnano la ripresa della produzione d'impegno, sembrano tradire, per la coerenza cronologica e relativamente alle statue anche tipologica e stilistica, un qualche principio di organizzazione interna del lavoro. Il fenomeno si pone forse in coincidenza non casuale con le vicende delle guerre liguri, le quali, comportando l'attestarsi degli eserciti romani lungo la valle dell'Arno e il loro stanziamento a Pisa stessa, ora assurta al ruolo fondamentale di piazzaforte, impressero probabilmente a tutta la zona un sensibile, seppur momentaneo benessere[50].

Le quattro sculture che vengono adesso prodotte dalla "bottega" pisana manifestano un'impronta stilistica povera e diseguale e, quando non siano assolutamente generiche e incerte come ad esempio la statua di Pisa e il cippo di San Martino alla Palma, rivelano l'opera di uno scultore che, privo di una disciplina stilistica propria, maturata all'interno di una bottega, trae ispirazione, forse tramite la committenza stessa, da opere di artigianato minore. Particolarmente illuminanti da questo punto di vista appaiono le due sculture di San Miniato e di San Martino alla Palma, nelle quali si palesa ad un tempo e la perizia tecnica nel modellato morbido delle superfici e l'inadeguatezza dell'artigiano nel trasferire su grande scala le proporzioni organiche del modello in miniatura.

Con l'ultima opera di un certo impegno della bottega, il cippo di San Martino alla Palma, siamo, a giudicare almeno dai caratteri paleografici, verso l'inizio del II secolo a.C., e forse non è azzardato vedere nella insolita scena di partenza di guerriero che esso reca una precisa allusione biografica alla partecipazione del defunto *arnϑ prastna* ad una qualche operazione delle guerre contro i liguri. Il monumento segna, ancora una volta, l'avvento di una nuova tipologia, ispirata, nell'introduzione di modanature, ai segnacoli funerari attici, in un momento in cui un linguaggio stilistico atticizzante si afferma in un gruppo di rilievi di urne volterrane[51].

Ma la tradizione pisana nella lavorazione del marmo si esaurirà presto, quando, a conclusione delle guerre liguri, la fondazione della colonia di Luni destituirà la città dalla funzione di struttura portuale del comprensorio, e la priverà nel medesimo tempo dell'antico ruolo privilegiato nell'estrazione e lavorazione del pregiato materiale lapideo.

m.b.

152 Statua di kourotrophos

Marmo italico, probabilmente apuano
Altezza conservata 114
Da Volterra
Volterra, Museo Guarnacci, ivi confluita con la donazione di Mario Guarnacci, che aveva acquistato la scultura, unitamente al palazzo Maffei, nel 1757.
Buonarroti in Dempster 1723, tav. XLII; Idem 1724, 20; Andrén 1967, 36-37, n. 11, tav. 23, fig. 15, dove è raccolta la bibliografia precedente, cui è da aggiungere Alberti 1550, 48; Bianchi Bandinelli 1968, 225 ss.; Bianchi Bandinelli 1968[a], 234-235; Fiumi in CUV 2, 11, 14, nota 12; Fiumi 1976, 29, 31, fig. 19; Hadzisteliou Price 1978, 54, n. 602.

Secondo una tradizione risalente a Raffaello Maffei e invalsa tra gli studiosi, anche moderni, la statua fu rinvenuta nel 1494 a Vallebuona, nei pressi del teatro romano, e subito donata al medesimo Maffei; tuttavia una diversa tradizione, passata ad oggi inosservata, ma testimoniata da fonte autorevole come Leandro Alberti, vuole che verso la metà del Cinquecento essa fosse sistemata nella "via di Corso Martio", cioè nell'attuale Borgo Santo Stefano.

La scultura, mancante della testa e della parte inferiore, rappresenta una figura femminile — stante, con gamba destra rigida e sinistra flessa — che tiene in braccio un bambino avvolto in fasce, del quale manca parte della testa. Indossa chitone panneggiato e mantello trattato a pieghe rigide, che avvolge il corpo interamente eccetto la mano sinistra, risale sulla spalla destra, ne discende sul dorso formando un bordo di pieghe tubolari multiple ad andamento angolato e ricadendo quindi lungo il fianco in un lembo panneggiato.

Il bambino emerge da una sacca ricavata nel mantello, al di sotto del quale si intravedono i piedi puntati contro la stoffa. Sul braccio destro è incisa l'iscrizione CIE 76 (= TLE[2] 397) *mi: cana: larϑiaš: zanl: velχinei: se[...]ce*.

Il panneggio è realizzato in maniera assai peculiare, esprimendosi, al di sopra di una salda struttura volumetrica, in un gioco di pieghe leggere e sottili, articolate in segmenti rigidi spezzati. Tecnicamente esso è ottenuto o mediante creste a spigolo acuto o, come sul dorso e sulla coscia sinistra, mediante l'incavo di solcature su una superficie piatta.

Per la ponderazione e per la foggia della veste, sulla quale rimane fondamentale l'analisi di Bianchi Bandinelli[52], propone fedelmente un tipo statuario di ispirazione prassitelica risalente alla seconda metà del IV secolo a.C., il tipo cosiddetto Trentham Hall-Uffizi, n. 30, che ricorre in Grecia nella grande statuaria anche di impiego funerario[53] ed è inoltre largamente adottato nella piccola plastica fittile di stile tanagrino, sia in Grecia[54], che nell'Italia meridionale[55], che in Etruria[56]. Un unicum risulta invece, come già noto Bianchi Bandinelli, l'adattamento di questa iconografia, caratterizzata dal peculiare andamento del mantello oltre che dalla posizione del braccio destro, al tema della madre con bambino in braccio. Infatti il tipo della kourotrophos stante, velata, nell'atto di racchiudere il bambino nella propria veste, documentato in età ellenistica nella piccola plastica fittile in Grecia, in Magna Grecia e in Etruria, comporta normalmente una trattazione più banale e meno sofisticata degli elementi del panneggio[57]. In particolare il mantello, anziché avvolgere completamente la figura risalendo sopra la spalla sinistra, si allarga nella parte anteriore scoprendo il petto e formando un ampio sinus nel quale è accolto il bambino[58]. Questa medesima, più facile iconografia è adottata anche nella figuretta fittile volterrana, catalogata qui di seguito, che pure deve intendersi come fenomeno di imitazione della

127

pregiata statua marmorea (cfr. n. 154).
Rispetto al repertorio iconografico corrente
nella coeva grande e piccola plastica, la kourotrophos si configura così come la sapiente
e originale creazione di una personalità di
estrazione colta, la cui opera sembra segnare,
nella tradizione locale della lavorazione del
marmo, un reale atto di rottura, in un momento che i caratteri iconografico-stilistici e il dato paleografico contribuiscono a porre latamente nella prima metà del III secolo a.C., più probabilmente all'inizio di questo periodo.
Il problema dell'estrazione stilistica di questo
scultore, per non parlare volutamente in termini di "provenienza", resta al momento, e
nonostante il ripetuto intervento degli studiosi,
irrisolto. Non si può non rilevare tuttavia, pur
rimanendo la valutazione del fatto assai problematica, come la realizzazione dei panneggi
e la trattazione delle superfici trovino un innegabile riscontro nella scultura di pietra tenera tarantina[60].

153 Testa femminile

Marmo italico, probabilmente apuano
Altezza conservata 29
Volterra, Museo Guarnacci, inv. R II, 6,
pertinente al vecchio fondo del Museo.
Bianchi Bandinelli 1968, 226, 236, figg. 2,
9-12; Fiumi 1976, 31, fig. 20.

La testa, velata secondo una tipologia estremamente diffusa in età ellenistica, è scolpita
con notevole freschezza e sensibilità naturalistica, come si rivela nel modellato della fronte, finemente articolata, e delle guance, nei
grandi occhi, nella bocca carnosa semiaperta,
nelle graziose ciocche di capelli che scendono
sulla fronte.
Si deve a Bianchi Bandinelli[61] l'ipotesi che in
questa testa possa individuarsi un possibile
completamento della statua della kourotrophos, ipotesi la cui validità appare adesso suffragata anche dall'accertata identità della
pietra.

154 Statuetta fittile di kourotrophos

Argilla giallina. Altezza 17
Da Volterra, necropoli del Portone, tomba
D degli scavi Cinci del 1873-1874
Volterra, Museo Guarnacci, inv. 22.
Fiumi 1957, 393-394, fig. 25; Bianchi
Bandinelli 1968, 234; figg. 5-6; Fiumi
1976, 63, fig. 131.

La figurina, stante, indossa chitone e mantello che avvolge completamente la testa e le braccia, lasciando scoperto il petto e formando un
ampio sinus dal quale emerge il bambino in fasce appoggiato alla spalla sinistra.
La statuetta, pur non recependone fedelmente la sofisticata foggia della veste, appare tuttavia esemplata da vicino sulla kourotrophos,
documentando il ruolo di esemplarità svolto
in ambito locale dall'eccezionale monumento
marmoreo[62]. Una cronologia compresa entro

154

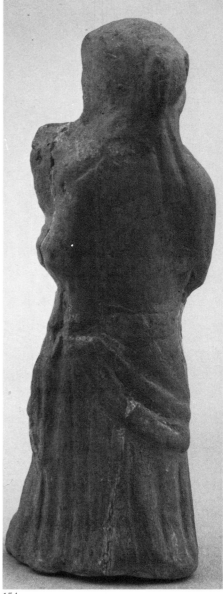

154

il III secolo a.C., forse ancora intorno alla metà, conseguente allo stretto rapporto di derivazione dal modello, non è contraddetta dal dato di associazione, peraltro assai problematico, fornito dalla tomba D del Portone[63]. Si conoscono, da Volterra, altre due statuette di *kourotrophoi*, modellate sul medesimo stampo, di qualità più scadente e di iconografia diversa rispetto alla figuretta qui in esame. Sulla base del corredo della tomba 60 F di Badia, cui una appartiene, esse risultano databili all'inizio del III secolo a.C., attestando la persistente funzionalità, dal punto di vista tematico, di questo tipo di rappresentazioni in contesti funerari[64].

155 Statua femminile frammentaria
Marmo italico, probabilmente apuano
Altezza conservata 59
Da Volterra, rinvenuta, secondo il Gori, nel 1738 "in praediis Ornatissimi Equitis Marii Maffeii", cioè nei possedimenti della famiglia Maffei, senza peraltro che sia possibile al momento precisare ulteriormente il sito
Volterra, Museo Guarnacci, acquisita nel 1875 per donazione di Niccolò Maffei, all'epoca direttore del museo.
Gori 1743, III, pars I, 61-62, tav. X; Consortini 1940, fig. a p. 96; Bonamici 1984, 270, nota 14.

Il frammento conserva il tronco, mutilo della testa, della mano sinistra e del relativo lembo del mantello, e una porzione della parte inferiore del corpo, la cui originaria superficie di frattura appare essere stata regolarizzata in epoca non precisabile. La figura indossa chitone privo di maniche fermato sotto il seno da una cintura, e mantello che non doveva coprire la testa e di cui un'estremità ricade passando sopra l'avambraccio sinistro sollevato, mentre l'altra doveva essere trattenuta e lievemente discostata dalla mano sinistra. Con la destra, abbassata, stringe e increspa lievemente la veste; si adorna di un'armilla al polso destro e di una doppia collana.
La figura, che indossa la comunissima veste a manto trasverso di derivazione prassitelica[65], si caratterizza per l'atteggiamento detto in greco dell'*anakalypsis*, che consiste nel discostare il velo dal volto. Di questo gesto, riferito in origine agli sponsali di Hera, ma passato a significare il momento delle nozze in genere, l'arte greca offre numerosissime attestazioni in diversi contesti, ivi compresi — è opportuno sottolinearlo — quelli di carattere funerario, come le stele attiche o le statue cirenaiche di divinità infere[66].
Funzionale in ambito funerario il gesto risulta anche nell'arte magnogreca, dal momento che esso caratterizza nella pittura vascolare apula statue di defunte poste entro *naiskoi*[67].
Nell'Italia centrale infine, pur non essendo ignoto in terrecotte votive[68], esso compare con particolare frequenza in manifestazioni di arte funeraria, che vanno, per limitare l'atten-

155

zione all'Etruria, dall'urna del Bottarone, alla tomba Campanari, al coperchio chiusino di Larthia Seianti[69].

Dal punto di vista stilistico la statua, pur frammentaria, mostra notevole analogia con la kourotrophos, improntata come essa è alla medesima salda concezione volumetrica e alla medesima sensibilità per i panneggi leggeri dall'andamento rigido, realizzati ora mediante pieghe a spigoli taglienti, come sul dorso, ora a solchi incavati, come sul fianco destro.

Allo stesso modo che per la kourotrophos, e con tutte le riserve già espresse, è opportuno notare anche qui come un analogo modo di realizzare le vesti si riscontri nella scultura di pietra tenera tarantina, dove particolarmente trova riscontro la peculiare concezione, qui evidente nella parte dorsale, del panneggio come di fasci di pieghe schiacciate, nettamente tra loro distanziati e disposti con andamento quasi rigidamente parallelo[70].

156   Statua femminile

Marmo italico, probabilmente apuano
Altezza conservata 137; larghezza base 39
Da San Martino alla Palma (Scandicci, Firenze)
Firenze, Museo archeologico, inv. 5861, già nella collezione Lotaringhi Della Stufa.
La statua, rinvenuta prima della metà del Cinquecento, fu resa nota da Buonarroti in Dempster 1723, tav. XLIII; Idem 1724, 13; per la bibliografia antica cfr. Andrén 1967, 34-35, n. 9, tav. 19, fig. 14, cui è da aggiungere De Agostino 1936, 94-95, tav. XXXI, 3, con altra bibliografia; Bianchi Bandinelli 1968, 225, fig. 8; Bianchi Bandinelli 1968ª, 235; Bonamici 1984, 268 ss.

La statua rappresenta una figura femminile stante, su base quadrangolare, con gamba destra rigida e sinistra flessa, vestita di lungo chitone e mantello che avvolge il corpo ad eccezione della testa, del petto e del braccio destro, e ricade lungo il fianco sinistro. Il braccio destro è piegato all'altezza della vita lungo il bordo del mantello, mentre il sinistro è lievemente abbassato e reca nella mano una melograna. La figura è ornata di torques, di due armille al braccio destro, di anello alla mano sinistra; ai piedi indossa calzari. Sulle spalle e sul dorso si conservano ciocche di capelli; alla base del collo foro antico ($\varnothing$ 6,2) per l'inserimento della testa, che non è conservata; sul piano d'appoggio della statua si conservano tracce di un tenone scalpellato (cfr. n. 158) al centro del quale si osserva un foro moderno, che potrebbe essere stato praticato per assicurare la scultura sopra al cippo della medesima collezione (n. 157) che reca anch'esso un foro nella parte superiore. Lungo il margine inferiore del mantello è incisa l'iscrizione CIE 15 (= TLE² 682) *mi:cana:larϑi:al/numϑral:lauciś/puil:*.
La statua, insieme all'esemplare gemello da San Miniato e a quello, iconograficamente analo-

go, da Pisa, manifesta da una parte la fedele recezione di un modello colto della scultura greca tardo classica[71], dall'altra invece la notevole modestia dei mezzi espressivi in uso nella "bottega" che diffonde questa produzione lungo la valle dell'Arno. Se infatti la realizzazione del panneggio, articolato in un gioco di pieghe sciolte e sinuose, tradisce una buona maestria tecnica nella trattazione delle superfici, la forma plastica che si intuisce sotto la veste si rivela assolutamente incerta e approssimativa. Lo dimostrano la disorganicità delle proporzioni, la ponderazione addirittura travisata, la gratuità di certi intrecci di pieghe (ad esempio sulla coscia destra), che indizia una mancata armonizzazione tra forme organiche e panneggio e infine l'infelice raccordo tra le visioni frontale e dorsale e quelle laterali[72]. La peculiare realizzazione del panneggio a creste acute nettamente distanziate dall'andamento sinuoso potrebbe suggerire l'ispirazione da un modello bronzeo, che forse non è azzardato individuare nel campo della piccola plastica, e specificatamente nella nutrita serie di offerenti di analoga iconografia che si diffondono nell'Etruria settentrionale a partire almeno dalla metà del III secolo a.C., annoverando anche esemplari di notevole pregio, come la nota statuetta con dedica di *larce lecni* esposta in questa stessa mostra (cfr. n. 159). Si spiegherebbe così anche lo squilibrio delle proporzioni, nel quale potrebbe vedersi una conseguenza dell'inadeguatezza dello scultore nel fronteggiare la difficoltà insita nella traduzione del piccolo modello su una scala di grandi dimensioni.

I caratteri paleografici dell'iscrizione, di recente riesaminata nell'ambito della documentazione epigrafica di età ellenistica dell'Etruria settentrionale, sembrano indicare una datazione recenziore rispetto alla kourotrophos, ma da comprendersi comunque ancora negli ultimi decenni del III secolo a.C.[73] Tale cronologia risulta indirettamente confermata dal ricorrere di una figura analoga per iconografia e trattazione del panneggio sul fianco sinistro dell'urna inv. 270 del Museo Guarnacci, databile appunto verso la fine del secolo, in unione, per di più, con una figura di guerriero che mostra sorprendente analogia con quella del cippo di analoga provenienza[74]. Il ricorrere di queste due figure nel repertorio dei rilievi delle urne può fornire una qualche indicazione, da valutarsi tuttavia con prudenza, circa la concreta dinamica della recezione da parte della produzione artigianale corrente dei modelli della grande statuaria.

155

156

157 Cippo a colonnetta decorato

Marmo italico, probabilmente apuano
Altezza conservata 118; ∅ sommità 54;
∅ base 38
Da San Martino alla Palma (Scandicci,
Firenze)
Firenze, collezione Lotaringhi Della Stufa.
Il cippo, rinvenuto con ogni probabilità
nella stessa occasione della statua
precedente, fu reso noto da Buonarroti in
Dempster 1723, tav. XLVI; Idem 1724,
29 ss.; per la raccolta della bibliografia
antica cfr. CIE 16; Buonamici 1930, 267
ss., tavv. XXI-XXII; Felletti Maj 1977,
110-111, 180, 346, tav. XII, figg. 24, a-e
(con altra bibliografia).

Il cippo, di forma troncoconica, con base e cornice modanate, ha il fusto decorato a rilievo
con una scena di congedo: un guerriero, vestito di elmo e corazza, stringe la mano ad un
giovane a torso nudo che gli cinge le spalle con
la mano sinistra; dietro quest'ultima figura è
un personaggio maschile coronato interamente avvolto nel mantello. Tra questi e il guerriero sono posti due littori in corta tunica (notare in quello di sinistra un "pentimento" nella
realizzazione della spalla) recanti nella sinistra
un fascio di verghe. Lo zoccolo si compone di
due fasce piatte di cui la superiore aggettante; la cornice di due modanature analoghe di
cui quella superiore reca trattini verticali incisi a formare una sorta di corsiva decorazione a dentelli, quella inferiore reca incisa l'i-
scrizione CIE 16 (= TLE² 681) *mi: cana: arn-
ϑal: prastnaś: lavcisla.* Nella parte superiore del
cippo, radicalmente scalpellata si conservano
tracce di una corona di foglie ed è praticato
un foro, forse moderno (cfr. statua precedente).
Il monumento, assai poco studiato e per il quale la mostra offre la rara opportunità di una
osservazione autoptica, costituisce, nella sua
modesta qualità, in qualche modo un unicum,
per la tipologia e per la rappresentazione figurata. Rispetto alla tradizione dei cippi a clava, nella quale pure è pienamente inseribile,
esso presenta una sostanziale innovazione, l'a-
dozione di modanature nella parte superiore
del fusto, per cui appare difficile non ipotizzare una qualche influenza esterna. Non è improbabile che la fonte di ispirazione per questo elemento debba individuarsi nei segnacoli
funerari attici a colonnetta (le cosiddette co-
lumellae), i quali non offrono, è vero, alcun
riscontro preciso sul piano della tipologia della cornice, ma hanno tuttavia come tratto caratterizzante la costante presenza nella parte
superiore di modanature, più spesso semplici
ma anche doppie, nonché dei dati onomastici
iscritti[75].
Quanto poi alla rappresentazione figurata, della quale il Buonamici diede a suo tempo una
lettura in chiave di partenza per la guerra, mi
sembra che, pur sussistendovi una allusione alle vicende biografiche del defunto, il significato funerario ne sia assicurato dalla presenza
della figura maschile coronata e velata, inter-

157

157

pretabile per questo come di defunto. Simili figure, da intendersi come membri della famiglia premorti che si fanno incontro al congiunto, ricorrono infatti sulle urne volterrane in scene di viaggio agli inferi a cavallo, tra le quali mi limito a segnalare la cassa Guarnacci 118, per cui l'interpretazione è avvalorata anche dalle iscrizioni apposte alle figure, e la Guarnacci 114, che offre anche un buon parallelo per la realizzazione dei panneggi a fitte piegoline[76].

Per quanto riguarda infine la cronologia, ritenuta tradizionalmente tarda (metà o fine del I secolo a.C.), l'elemento maggiormente affidabile appare, dopo la recente seriazione delle iscrizioni ellenistiche dell'Etruria settentrionale, il dato paleografico, in base al quale il monumento deve porsi in epoca di poco successiva alla statua di analoga provenienza, cioè al più tardi nel primo quarto del II secolo a.C.[77]. Tale datazione appare inoltre avvalorata dal richiamo stilistico ad un gruppo di coperchi e di casse volterrane, ivi compresa la Guarnacci 114, che presentano analoga realizzazione dei panneggi e, in parte, delle capigliature, e inoltre, per la figura del guerriero, alla cassa Guarnacci 270, già richiamata a proposito della statua precedente[78].

Ora se, in base ai dati paleografici ed iconografico-stilistici, i due monumenti — statua e cippo — sono cronologicamente consecutivi, risulta assai probabile l'ipotesi che il *lauci* di cui è moglie *larϑia numϑrai* e il *lauci* di cui è figlio *arnϑ prastna* siano non due distinti, bensì un unico individuo. Le due iscrizioni risulterebbero di conseguenza relative a madre e figlio.

158 Statua femminile
Marmo italico, probabilmente apuano
Altezza conservata 103; larghezza alla base 33
Da San Miniato (Pisa), immediate vicinanze della località Fonte Vivo[79]
Firenze, Museo archeologico, inv. 5593, acquisto Pacini del 1891.
Milani 1912, 162; De Agostino 1936, 93-94, tav. XXXI, 1-2; Andrén 1967, 32-33, n. 8, tav. 18; Bianchi Bandinelli 1968, 234, fig. 7; Bianchi Bandinelli 1968[a], 235; Bonamici 1984, 268 ss.

La statua rappresenta una figura femminile stante che insiste sulla gamba destra ed arretra leggermente la sinistra flessa. Indossa chitone pieghettato fermato alla vita da una cintura e mantello che avvolge il corpo (compresa la testa, ora mancante) ad esclusione del braccio destro e del petto, formando sotto la vita un sinus arrotolato e ricadendo lungo il fianco sinistro. Con la mano destra trattiene un lembo del mantello, mentre il braccio sinistro è piegato e arretrato e impugna nella mano relativa una melagrana.

La figura, che conserva sul petto tracce di ciocche di capelli, si adorna di una collana a pendenti e di due armille al braccio sinistro; ai pie-

158

158

di indossa calzari. Un tenone a forma di cuneo, ricavato nel medesimo blocco di marmo, doveva assicurare il fissaggio della scultura ad una base[80].

La scultura, pure assai più riuscita nella ponderazione, nelle proporzioni e nelle visioni laterali e di scorcio, appare tuttavia strettamente avvicinabile all'esemplare da San Martino alla Palma, con il quale condivide lo schema della veste, la tipologia degli ornamenti e soprattutto il peculiare rendimento del panneggio a pieghe secche nettamente distanziate.

159 Statuetta bronzea di offerente femminile

Bronzo modellato a fusione piena, con patina di colore bruno. Altezza 29,8
Provenienza sconosciuta
Firenze, Museo archeologico, inv. 554.
Buonarroti in Dempster 1724, 108-110, tav. XCIII; CIE 301, dove è raccolta la bibliografia antica; Buffa 1933, 451 ss., tav. XXV; REE 1979, n. 57 (Maggiani).

La figura, stante, con gamba destra portante e sinistra flessa, indossa chitone privo di maniche e mantello con bordo arrotolato che avvolge il corpo e l'avambraccio sinistro, ricadendo lungo il fianco e lasciando interamente scoperto il torso; nella mano destra (di restauro) regge una coppetta, con la sinistra abbassata tiene un lembo della veste. La testa, diademata, ha una lunga capigliatura suddivisa sulla fronte in due lunghe ciocche ondulate; il volto ha un'espressione fortemente patetica, con occhi infossati dal taglio obliquo e piccola bocca semiaperta; al collo torques. Lungo il fianco destro è incisa l'iscrizione CIE 301 (= TLE[2] 739), che qualifica la statuetta come dedica di *larce lecni*.

La statuetta ripropone fedelmente un tipo greco di derivazione prassitelica, caratterizzato dal manto trasverso, che trova, proprio in virtù del suo carattere generico, capillare accoglienza in ogni manifestazione figurativa dell'Italia centrale durante l'intero periodo ellenistico[81]. Frequentissimo impiego questo semplice schema della veste trova nel tipo dell'offerente femminile, velata o a capo scoperto, che si diffonde dall'inizio del III secolo a.C. nella piccola plastica bronzea delle stipi centroitaliche, con realizzazioni che coprono, dal punto di vista dell'impegno artistico, l'intera gamma dei possibili esiti (su questo cfr. n. 214). Nell'ambito dell'Etruria settentrionale il bronzetto qui in esame rappresenta, insieme alla sacerdotessa del museo di Firenze[82], una delle redazioni più colme del tipo, diretta eco probabilmente di prototipi attestati nel Lazio, come quello di Norba, il più antico[83], o quello di Nemi[84]. I tratti del volto, e l'acconciatura dei capelli con l'*anastolè* ispirata al ritratto d'Alessandro, pongono la cronologia della statuetta ancora nel III secolo a.C., più probabilmente nei decenni centrali[85]. Ciò trova conferma anche nei caratteri paleografici dell'iscrizione, in base alla quale inoltre, per la menzione del

159

159

gentilizio *lecni*, l'origine può essere con ogni verosimiglianza circoscritta all'Etruria settentrionale interna, più probabilmente all'agro senese[86].

160 Statua femminile

Marmo italico, probabilmente apuano[87].
Altezza conservata 89, larghezza base 33
Da Pisa, centro storico; rinvenuta nel 1871 lungo la spalletta sinistra dell'Arno, nelle adiacenze dell'attuale Ponte di Mezzo, in un sito corrispondente con ogni probabilità ad una delle necropoli antiche[88]
Pisa, Opera della Primaziale, inv. 1963, n. 378.
Dütschke 1874, 111, n. 142; Papini 1914, 102, n. 170; Arias-Carli 1937, 23; Bonamici 1984, 268 ss., n. 123 (con altra bibliografia).

La figura, che poggia su una base a forma irregolarmente quadrangolare, insiste sulla gamba destra e porta leggermente in avanti la gamba sinistra flessa. Indossa chitone privo di maniche stretto sotto il seno da un'alta cintura e mantello che copre la spalla e il braccio sinistro, ricadendo lungo il fianco; avvolge la parte inferiore del corpo lasciando scoperti il torso e il braccio destro. Con la mano destra stringe l'orlo del mantello, mentre la sinistra, abbassata, regge un oggetto non più identificabile per la profonda corrosione (melograna?). La figura reca come ornamenti un torques, due armille al braccio destro e sul petto una bulla circolare tenuta da due cordoni pendenti dalle spalle. Alla base del collo la statua, giunta acefala, reca un foro moderno; sul piano d'appoggio tracce di un tenone, ora scalpellato, che doveva ancorarla ad una base (cfr. n. 158).
La statua, solo di recente individuata come preromana, reca, pur nella sua qualità evidentemente modesta, notevole contributo all'archeologia dell'estrema Etruria settentrionale, e come unico documento ad oggi noto di scultura preromana proveniente dall'area di Pisa antica e in quanto aggiunge alla carta di distribuzione delle sculture ellenistiche di marmo un dato topografico che risulta, come si è visto, prezioso alla luce di una possibile rilettura delle fonti antiche sulla città.
Per quanto riguarda il tipo statuario, la forma della veste, il gesto, gli ornamenti personali, la scultura trova un termine di raffronto molto puntuale nei due esemplari di San Miniato e di San Martino alla Palma (nn. 158 e 156) con i quali condivide anche una concezione della forma plastica estremamente rude e disorganica. Essa se ne differenzia invece per la trattazione del panneggio, assai più duro, che si realizza, com'è evidente nel mantello, in una monotona sequenza di fitte pieghe tubolari, insensibili alle forme organiche.
Si tratta certamente di una maniera di scolpire assolutamente elementare, incolta e generica; tuttavia non è forse inopportuno, sia pure soltanto al fine di un orientamento cronologico, richiamare la circostanza che una simile

160

160

trattazione delle vesti si riscontra in un gruppo di coperchi volterrani riunito dalla Pairault intorno al coperchio Guarnacci 100[89] e nei rilievi di alcune casse con scene di congedo[90]. Sia la stretta analogia con i due esemplari provenienti dalla valle dell'Arno, sia il richiamo alla scultura volterrana contribuiscono a porre la cronologia della statua nei decenni finali del III secolo, con la possibilità tuttavia di scendere anche all'inizio del II secolo a.C.

161 Urna cineraria

Tufo. Coperchio: 39,5; 58,5 × 18,5
Cassa: 40,5; 55,5 × 19,5
Da Volterra, tomba 61/4 della necropoli di Badia
Volterra, Museo Guarnacci, inv. 667.
Fiumi 1972, 87, n. 9, fig. 44; CUV 1, n. 230.

Sul coperchio figura femminile recumbente velata e coronata, vestita di chitone e mantello, che poggia l'avambraccio sinistro su due cuscini con cuciture ondulate e impugna nella mano destra un flabello. La cassa, parallelepipeda, apoda, reca sulla fronte una scena a rilievo limitata in alto da cornice (perle, due listelli affiancati, dentelli, perle, fascia piana) e in basso da zoccolo liscio. Al centro della scena si erge un monumento costituito da alto basamento cilindrico, con cornici modanate, sormontato da una statua maschile togata affiancata da due stele a forma di obelischi. Semisdraiati al suolo ai due lati del monumento si fronteggiano due personaggi vestiti di tunica e di berretto conico, che impugnano una corta spada; dietro di loro due demoni alati, maschile quello a sinistra, femminile quello a destra, che brandiscono una torcia. All'estremità destra della scena battente semiaperto di una porta.
In virtù della tipologia del coperchio, pertinente all'ultima produzione dei gruppi tardoellenistici, l'urna, che si qualifica come prodotto piuttosto corrente, è databile, secondo le recenti classificazioni, verso la fine del II secolo a.C.[91]
Rappresentazioni di questo tipo, non infrequenti sulle urne volterrane dell'avanzato II secolo a.C., vengono interpretate, sia pure non senza una qualche difficoltà, come scene di combattimenti gladiatorii che si svolgono, in onore di defunti, intorno ad un monumento funebre, normalmente costituito da basamento sormontato da tre cippi aniconici[92]. Ora l'importanza di questa specifica rappresentazione consiste nel fatto che essa presenta la sostituzione del cippo centrale con una statua, nel caso specifico maschile, attestando la funzionalità di simili figure quali segnacoli funerari e suggerendone al tempo stesso un possibile modo di sistemazione.

m.b.

Note

[1] Andrén 1967.
[2] Carter 1973.
[3] Martelli 1975.
[4] Da ultimo Colonna 1977, 140 ss.
[5] Sassatelli 1977.
[6] Il tipo è infatti attestato a Bologna, Marzabotto e Sasso Marconi (Sassatelli 1977, 120, n. 9; 126 ss., nn. 18-21; 133 ss., n. 26), a Volterra (Sassatelli 1979), a Pisa (Ciampoltrini 1981).
[7] Oltre ai lavori citati alla nota precedente, v. Ciampoltrini 1980, sui cippi a clava. I cippi marmorei pisani conservati nel Camposanto sono stati ripresentati da Ciampoltrini 1984, 63-67, nn. 13-18. Sulle attestazioni in Versilia cfr. Maggiani 1984, 384.
[8] Si tratta di Andrén 1967, 29 ss., nn. 6-9; 36 ss., n. 11. La testa da Montalcino *ibid.*, n. 10 deve essere espunta, in quanto dall'analisi petrografica essa è risultata d'alabastro e non di marmo, come già si poteva ritenere in base alla semplice ricognizione esterna.
[9] Nell'impossibilità di operare un censimento sistematico della documentazione archeologica e d'archivio, ho condotto questo computo sulla base dei lavori citati alle note precedenti. Ai risultati deve attribuirsi certamente un valore fortemente approssimato per difetto, almeno per alcune località, come ad esempio Pisa, per la quale una cronaca manoscritta del XVII secolo menziona "molte anfore con cenere e accanto a ciascuna urna o anfora era un termine di pietra bianca". Di questi monumenti tuttavia solo un esemplare si conserva tuttora (Banti 1943, 88-89).
[10] Per questi monumenti (rispettivamente CIE 168, 6, 11) cfr. Magi 1932, 18 ss., nn. 1-3. Per il recupero, sulla base di documentazione d'archivio, della provenienza del cippo Antinori, da località Capalle nell'agro fiesolano, cfr. Ciampoltrini 1980, 76, nota 39.
[11] Ciampoltrini 1980, 75, n. 6. Al V-IV secolo, su base paleografica, è databile anche il cippo a clava in travertino da Monteriggioni, per il quale cfr. Bianchi Bandinelli 1931, 117, a, fig. 16.
[12] Per i cippi cfr. Maggiani 1984, 344, dove assai interessante è l'attribuzione del marmo a cave del distretto apuano, in base all'opinione di studiosi locali. Per il problema dell'occupazione etrusca tra Arno e Magra, relativamente a questo periodo, cfr. Maggiani 1983, 95; Maggiani 1984, 351 ss.
[13] Ciampoltrini 1981, 36. Per la datazione del tipo cfr. Sassatelli 1977, 138. Assolutamente non giustificata la datazione bassa proposta da Pensabene 1982[a], 47, note 35, 37.
[14] Per la pubblicazione vedi Andrén 1967, 29 ss., n. 6; l'attribuzione a corrente stilistica greco-orientale si deve a Cristofani 1979, 88 ss.
[15] Bianchi Bandinelli 1968, 236, nota 2; Bianchi Bandinelli 1968[a], 229-230.
[16] Andrén 1967, 31-32, n. 7, tav. 17, fig. 12.
[17] Buonarroti in Dempster 1724, 98.
[18] Per la kourotrophos cfr. Buonarroti in Dempster 1724, 20 (Fortuna o Nortia); Gori 1737, II, 16 ss.; Gori 1743, III, pars I, 60-61 (Nortia); Gerhard 1847, 39, 60 (Eilithya o Giunone Lucina); Dennis 1848, II, 202 ss. Per la statua di San Martino alla Palma cfr. Buonarroti in Dempster 1724, 13 (Venere); Gori 1737, II, 114-115 (Venere); Dennis 1848, II, 114. Per la statua n. 155 cfr. Gori 1743, III, pars I, 62 (statua di divinità).
[19] Cfr. a proposito della kourotrophos, Andrén 1967, 37, indotto anche dal dato di provenienza, tuttavia non sicuro (cfr. scheda n. 152), da Vallebuona, dove sarebbe da localizzare un tempio.
[20] Per l'interpretazione come immagine della defunta cfr. De Agostino 1936, 93 ss.; Andrén 1967, 34,

161

161

a proposito delle statue n. 156 e n. 158. Le stesse sono interpretate da Milani 1912, 162, 278 come rappresentazioni di Proserpina.

[21] Cfr. nn. 158 e 160.

[22] Ad esempio l'esemplare stesso da San Martino alla Palma (n. 157). Per la raccolta della documentazione e la discussione del valore del termine, cfr. REE 1975, 208-209, n. 13 (Maggiani).

[23] Quanto al termine *zanl*, è forse interpretabile come "madre" (comunicazione orale di G. Colonna), nel qual caso potrebbe trattarsi della dedica di una figlia alla madre. Per la struttura della formula cfr. le stele volterrane TLE² 386 e 407, nonché la stele di Vetulonia TLE² 363, con rilettura di Colonna 1977ᵃ, 189 ss.

[24] Diverso ad esempio il caso delle statue funerarie di Cirene, le cui basi recano indifferentemente titoli maschili e femminili, avvalorando l'interpretazione di immagini di divinità: cfr. Beschi 1969-1970, 196 ss.

[25] Esistono in realtà cippi a clava decorati con una collana (cfr. Ciampoltrini 1980, 78, fig. 9), ma, mancando ogni altro dato di contesto, è problematico individuare se siano di pertinenza maschile o femminile, essendo tra l'altro documentate collane su personaggi maschili (cfr. la figura di Cacu nella celebre urna chiusina Thimme 1957, 122, tav. IV, 1). La collana potrebbe essere segno generico di antropomorfizzazione e d'altra parte l'esistenza di statue iconiche femminili non implica che tutti i segnacoli femminili debbano essere stati in forma di statua.

[26] Una statua funeraria maschile, di togato, è rappresentata sulla cassa dell'urna n. 161, sulla quale ha attirato la mia attenzione A. Maggiani. Essa è databile tuttavia in epoca assai più tarda (fine del II secolo a.C.).

[27] Si tratta delle iscrizioni CIE 6, da Palastreto; CIE 168, da Capalle nel territorio fiesolano; CIE 16, San Martino alla Palma; CIE 304, Etruria settentrionale interna; CIE 111, Celli in Valdera; TLE² 426, Monteriggioni, di difficile interpretazione, ma forse maschile.

[28] Si tratta di una concezione vigente in ogni società di tipo aristocratico: cfr. per la Grecia arcaica Gernet 1983, 295-299; Vernant 1978, 165-168; Vernant 1981, 64 ss.; D'Onofrio 1982, 166-167. Sulla politica dell'imparentamento tra le *gentes* della tarda società etrusca cfr. Cristofani 1969, 246-247.

[29] Sassatelli 1979, 116.

[30] Sul dibattito, sorto già nell'Ottocento, cfr. Andrén 1967, 36. Da notare comunque che già il Buonamici 1930, 272 e il De Agostino 1936, 93 ss. identificavano rispettivamente il cippo di San Martino alla Palma e le statue n. 156 e n. 158 come di marmo apuano. La Banti 1931, 489, nel tentativo di far concordare le fonti con la documentazione archeologica, datava il cippo alla metà del I secolo a.C., ritenendolo il più antico monumento di marmo lunense al di fuori di Luni stessa.

[31] Sassatelli 1979, 115.

[32] Bianchi Bandinelli 1968, 236.

[33] Cristofani 1973, 243.

[34] Cfr. *infra*, Appendice. La base pisana con teste d'ariete, Ciampoltrini 1981, 31, n. 1, è stata sottoposta ad analisi presso l'Institute of Geological Sciences di Londra con il metodo degli isotopi stabili del carbonio e dell'ossigeno, tramite l'amica Susan Walker, conservatrice presso il British Museum, che ringrazio.

[35] Dopo il lavoro della Banti 1931, un nuovo rilevamento sistematico delle antiche cave lunensi è stato condotto recentemente da E. Dolci. In particolare per il bacino di Torano cfr. Dolci 1980, 23-24, figg. 5-6; 136 ss.

[36] Sull'uso precoce del marmo locale a Luni cfr. Frova 1984, 5-10. Sull'interpretazione tradizionale delle fonti cfr. Banti 1931, 487 ss. Una raccolta completa delle fonti antiche è ora in Dolci 1980, 254 ss.

[37] Sull'estensione del territorio pisano cfr. Banti 1943, 66 ss. Dopo il lavoro della Banti, l'argomento è stato oggetto recentemente di nuovo interesse: cfr. Campoltrini 1980, 67 e, relativamente alla parte settentrionale, Maggiani 1983, 95-96; Maggiani 1984, 342 ss.

[38] Sul deposito di piazza dei Cavalieri, nel quale sono documentate ceramiche almeno dal IV secolo a.C. ad età tardo romana, cfr. al momento Pancrazzi 1982, 331 ss., per le anfore arcaiche da trasporto. Cfr. anche letteratura citata a nota precedente e Cristofani 1983, 39, 68-69, 86.

[39] Il tipo di soluzione che qui si prospetta non coinvolge ovviamente l'area padana, dove il problema deve essere risolto, credo, nel senso indicato da Sassatelli 1977, 145 ss.

[40] Strab. V, 2, 5. Nonostante che queste risorse economiche siano riferite ugualmente al passato e al presente, il brusco salto di costruzione nella frase dopo l'avverbio πότε potrebbe indicare forse che la sequenza καὶ νυν οὐκ ἀδοξεῖ debba considerarsi un inciso, riferendosi così tutto il discorso sulla fioritura della città addirittura soltanto al passato. Che comunque il complesso di attività costituito da agricoltura - sfruttamento del legname - lavorazione della pietra vada riferito almeno anche al passato lo conferma, oltre all'avverbio πότε, anche la specificazione che si tratta di legname per navi, per quelle navi che, come precisa subito dopo lo stesso Strabone, i Pisani usarono in passato contro i liguri loro nemici. Significativo anche il fatto che Strabone noti poi come questo legname adesso serva per lo più per costruzioni edilizie.

[41] È improbabile che debba trattarsi, come accenna, per la verità assai di sfuggita, la Banti 1943, 132, di una attività di sfruttamento delle cave dei monti pisani, attività la cui portata, se ci fu, fu certamente assai modesta e limitata ad ambito locale. Non si giustificava inoltre, in quanto comporta una forzatura del testo, il tentativo da parte della Banti di riferire il passo di Strabone, peraltro non citato esplicitamente, ad epoca solo contemporanea all'autore stesso. Certamente ancora una volta questa interpretazione il presupposto del tardo sfruttamento delle cave apuane. Per la discussione delle fonti di Strabone cfr. Lasserre 1967, 10 ss. e specialmente 18-19.

[42] Cfr. letteratura citata a nota 38.

[43] Cristofani 1979, 85 ss.

[44] Per l'Etruria cfr. da ultimo Martelli 1976ᵃ, 47; Prima Italia 1981, 188-189, n. 138 (Spadea). Per Palestrina cfr. Giuliano 1953-1954, 172 ss. Sull'origine del tipo Kilmer 1977, 304 ss.

[45] Per la Grecia e la Magna Grecia fr. Collignon 1911, 94 ss., 110-112. Per la Magna Grecia il costume è documentato e dalle rappresentazioni nella pittura vascolare di figure entro edicole, alcune delle quali identificabili come rappresentazioni della statua del defunto, e da sculture a tutto tondo in marmo: sul problema v. da ultimo Carter 1973, 97 ss. Quanto al Lazio, si ricorda il rinvenimento di alcune statue, maschili e femminili, nella necropoli di Palestrina (Giuliano 1953-1954, 181-182), nessuna delle quali peraltro conservata e il cui contesto rimane oscuro. Per la testa Fortnum, proveniente dall'Esquilino, forse interpretabile come statua funeraria, cfr. La Rocca 1973, 197 ss., n. 282, tavv. XLIV-XLV.

[46] Per Populonia cfr. Martelli 1981, 421 ss.; per la costa tra Arno e Magra cfr. da ultimo Maggiani 1983, 88-89 e Maggiani 1984, 345-346; per Genova, Melli 1979-1980, 113 ss. Un quadro d'insieme della diffusione della ceramica etrusca del IV secolo nell'alto Tirreno è dato da Jolivet 1980, 683 ss. e specialmente 706 ss.

[47] Su tutto cfr. Maggiani 1983 e Maggiani 1984, cit. a nota precedente. Da non trascurare inoltre la massiccia presenza di anfore greco-italiche, segnalate da Ciampoltrini 1981ᵃ, 143, nell'insediamento di Casa del Vento, nel medio Valdarno. Anche il materiale proveniente dallo sterro di piazza dei Cavalieri a Pisa, attualmente in corso di edizione, include ceramiche dell'Etruria meridionale come piattelli di Genucilia. Per le olle a colletto di Ponte a Moriano, cfr. anche Colonna 1984ᵃ, 175-176.

[48] Cfr. nn. 259-263 di questo stesso catalogo.

[49] Harris 1971, 78 ss.

[50] Per la discussione delle fonti in proposito cfr. Banti 1943, 126 ss.

[51] Da ultimo Pairault Massa 1977, 159-160, "atelier delle piccole patere".

[52] Bianchi Bandinelli 1968, 228 ss., anche per la letteratura sul tipo statuario.

[53] Collignon 1911, 163-166.

[54] Per il tipo cfr. Horn 1931, tav. 27,1; Mollard-Besques 1972, III, tav. 21, b, c, e; v. anche Bianchi Bandinelli 1968, 233.

[55] Herderjürgen 1978, 57, A 58 (Taranto); Letta 1971, 135-136, tipo XX, tav. XXVII, 1 (Metaponto).

[56] Ad esempio Vagnetti 1971, 64, F XXII, tav. XXVIII. Per la documentazione del tipo in rilievi di urne e sarcofagi etruschi cfr. Bianchi Bandinelli 1968, 232-233.

[57] In realtà mi è noto, da Myrina, un tipo di statuetta fittile di Afrodite con Eros che unisce questo peculiare abbigliamento alla presenza di un bambino in braccio, ma la sua datazione è tarda (I secolo a.C.): cfr. Kleiner 1942, 220, tav. 45, c; Mollard-Besques 1963, II, 32, tav. 35, a.

[58] La documentazione è raccolta da Hadzisteliou Price 1978, 55-56, n. 5. Aggiungi Della Torre-Ciaghi, 1980, 23, tipo D I a 1, tav. VIII, 1 (Capua); Breitenstein 1941, 70, n. 660, tav. 81 (Ruvo); Vagnetti 1971, 62, F XVI, tav. XXVII; 89, n. III, tav. XLVII (Veio); Gatti Lo Guzzo 1978, 62, E LXXVII, tav. XXII (Roma).

[59] Per una datazione alta della scultura cfr. anche Bianchi Bandinelli 1968, 240 (III secolo a.C.); Torelli 1968, 240 (inizio del III secolo a.C.); Pairault Massa 1977, 156. Per i dati epigrafici cfr. Maggiani 1984ᵃ, 148, nota 4; Maggiani 1984ᵇ, 219, nota 7. Immotivata la datazione alla tarda età ellenistica proposta a Andrén 1967, 37.

[60] Cfr. Bernabò Brea 1952, 32, fig. 15: pieghe a solchi incisi sulla coscia. Per la realizzazione rigida del panneggio cfr. Carter 1975, tavv. 1-2, 3b. Per il bordo del mantello angolato cfr. Carter 1975, tav. 17, b; per la realizzazione a fascio di pieghe tubolari Klumbach 1937, tav. 23, n. 135-136.

[61] Per il tipo iconografico e per l'inquadramento cronologico si rimanda a n. 152.

[62] Bianchi Bandinelli 1968, 234. Repliche esatte di questa statuetta non si conoscono né a Volterra, né altrove.

[63] Fiumi 1957, 393-395. Sul corredo la tradizione non è sicura; in esso sembra individuarsi un nucleo di oggetti che potrebbero datarsi nel III secolo (ceramica a vernice nera), ma anche un secondo gruppo pertinente alla prima età imperiale (ad esempio lo stilo d'osso e la fiaschetta di vetro).

[64] Per le due figurine cfr. Fiumi 1972, 72-73, fig. 30, con interpretazione non corretta.

[65] Per l'origine e diffusione del tipo cfr. n. 159.

[66] Per le stele attiche, dove il gesto è peraltro comunissimo, cfr. Conze 1900, II, 171, n. 804, tav. CLI. Per le divinità infere cfr. Beschi 1960-1970, 223-224, 325, anche per la storia del motivo in Grecia.

[67] Sichtermann 1966, 129, K 74. Nella ceramica apula il gesto è comunque comunissimo, soprattutto in scene generiche e di gineceo.

[68] Gatti Lo Guzzo 1978, 66, LXXXVII, tav. XXIV; Pensabene 1980, 125-126, nn. 175-178, tav. 40.

[69] Per l'urna del Bottarone cfr. Cristofani 1975, 44, n. 19, tav. XXVII; per la tomba Campanari cfr. Messerschmidt 1930, 51, fig. 28, dove il gesto è attribuito a Persefone, sposa di Ade; per il coperchio di Larthia Seianti v. Herbig 1952, 21, n. 20, tav. 53. Per il significato del gesto, da ultimo Stopponi 1983, 67.

[70] Cfr. Klumbach 1937, tav. 23, n. 137; Bernabò Brea 1952, 43, fig. 28, 55, fig. 33.

[71] Per la derivazione del tipo cfr. n. 159.

[72] Di questo fatto è prova eclatante il rendimento, assolutamente non rispondente alla realtà, delle pieghe del chitone sui due fianchi della statua, nella parte inferiore delle gambe, dove la serie delle pieghe arcuate della parte frontale si scontrano con la serie delle pieghe verticali della parte dorsale.

[73] Maggiani 1984ᵃ, 148, nota 4; Maggiani 1984ᵇ, 219, nota 7. Immotivata la datazione bassa di Andrén 1967, 40.

[74] L'urna è pubblicata in Fiumi 1976, 51, figg. 76, a-b.

[75] Cfr. Conze 1911-1922, IV, 5 ss. e in particolare 17, n. 1790, tav. CCCXXXIII per il cippo di Hieronymos, con modanatura doppia, di cui l'elemento superiore a fascia piatta; Kurtz-Boardmann 1971, 162 ss. Il modello immediato per la cornice del nostro cippo può forse individuarsi, data anche la decorazione a dentelli del fregio superiore, nelle cornici delle contemporanee urne volterrane.

[76] Rispettivamente: REE 1977 (Maggiani) 276 ss., n. 2 e CUV 2, n. 183; CUV 2, n. 177: si tratta della figura posta all'estremità sinistra della scena (dove la descrizione è da rettificare).

[77] Nell'ambito della seriazione stabilita da Maggiani 1984ᵃ l'iscrizione del cippo, che conserva ad esempio la lettera *m* ancora di forma antica, appare inseribile o in un momento di passaggio tra il tipo I e il tipo II, o nella fase antica del tipo II: cfr. Maggiani 1984ᵃ, 148-150, fig. 1, 166 ss. Sull'argomento cfr. anche Maggiani 1984ᵇ.

[78] Per questo gruppo di monumenti cfr. note 91 e 92. Particolarmente stringente l'analogia nel trattamento della capigliatura tra le figure del cippo e il defunto a cavallo della cassa Guarnacci 100 (CUV 2, n. 170).

[79] La provenienza si ricava da De Agostino 1935, 33. Sulla necropoli di Fonte Vivo, pertinente per il rituale funerario al territorio pisano e in vita dalla fine del IV ai primi decenni del I secolo a.C., cfr. da ultimo Ciampoltrini 1981ᵃ, 123 ss.

[80] Di questo elemento non esiste alcuna menzione nella letteratura; esso è stato scoperto durante le operazioni di rimozione della statua dal precedente luogo di collocazione nel museo fiorentino.

[81] Per l'origine e diffusione del tipo nella scultura greca cfr. Kabus-Jahn 1963, 53-54; Pinkwart 1965, 31; Gualandi 1978, 38. Per attestazioni in Etruria cfr. Bonamici 1984, 269-270.

[82] Gori 1737, I, tav. XLVIII; II, 126; la stessa in Cristofani 1978ᵃ, 111, fig. in basso a destra.

[83] Savignoni-Mengarelli 1903, 225, n. 2, fig. 23: il bronzetto, di stile tardo classico, è databile forse ancora entro il IV secolo a.C. Un notevole punto di riferimento cronologico per la serie è costituito dall'esemplare da Sepino, per il quale il 293 a.C., data dell'espugnazione dell'acropoli, fornisce un sicuro terminus ante quem, cfr. Di Niro 1978, 72 ss., n. 29, tavv. XXXI-XXXIII.

[84] Haynes 1960, 36, 45, tavv. 12-14: dove la datazione proposta, seconda metà del II secolo, appare inverosimilmente bassa. La capigliatura trova, per la disposizione delle ciocche sulla fronte, un confronto puntuale in Hafner 1966-1967, 43-44, tav. 13, con datazione alla prima metà del III secolo per il confronto con il ritratto di Alessandro di Dresda.

[85] La capigliatura, relativamente alla disposizione delle ciocche sulla fronte e ai lati del volto, trova confronti in teste votive di terracotta da Cerveteri come Hafner 1965, 55-56, tavv. 22, 1-2, 23, 1-2, datate alla prima metà del III secolo a.C.

[86] REE 1979 (Maggiani), 342-343, n. 57.

[87] Da rettificare, alla luce delle recenti analisi di laboratorio, l'identificazione della pietra così come essa è riportata sia pure dubitativamente in Bonamici 1984, 268-269, nota 7.

[88] Cfr. Bonamici 1984, 270-271.

[89] Da ultimo Pairault Massa 1977, 156, gruppo 1.

[90] Ad esempio CUV 2, nn. 146, 170, 177.

[91] Su questo tipo di coperchi cfr. Maggiani 1976, 22 ss., B.a. 9-12; Maggiani 1977, 130-131; Nielsen 1977, 138-139, gruppo 8.1.

[92] Su queste rappresentazioni cfr. B.-K. II, 2, 213 ss., tav. CXIII ss.

La coroplastica

Le terrecotte architettoniche

Nel panorama vasto e complesso in cui si articola la produzione fittile di decorazione architettonica nell'Etruria ellenistica, i piccoli nuclei di terrecotte che qui si presentano costituiscono soltanto due tessere di un mosaico che si va gradualmente delineando, sebbene tante siano ancora le lacune e le zone d'ombra. Già nell'ultimo quarto del VII secolo a.C. è attestato in Etruria l'impiego di elementi fittili a scopo decorativo, derivato dalla primitiva necessità di proteggere con rivestimenti in terracotta edifici realizzati in materiali deperibili.

Le scoperte recenti di Acquarossa e Murlo mostrano un'evoluzione dal più semplice sistema ornamentale con lastre di rivestimento dapprima soltanto dipinte verso forme decorative progressivamente più ricche: lastre con scene figurate a bassorilievo, varietà di antefisse, statue a tutto tondo impiegate in funzione acroteriale[1].

L'alto grado di specializzazione raggiunto dagli artigiani etruschi nel campo della produzione coroplastica era già riconosciuto nell'antichità: tramandano le fonti che maestranze etrusche furono chiamate a Roma per realizzare, nella seconda metà del VI secolo a.C., la decorazione fittile del più importante edificio di culto della città: il tempio di Giove Capitolino[2].

Non si possono ovviamente affrontare in questa sede tutti i problemi connessi con questo tipo di produzione che, legata all'edilizia urbana e di conseguenza alle vicende politiche e sociali dei diversi centri dell'Etruria, si sviluppa con continuità quasi ininterrotta sino all'età romana; se ne possono seguire nel tempo i momenti più significativi attraverso i cicli decorativi di Veio, Caere, Pyrgi, Satricum, Orvieto, Falerii, Arezzo, Luni. In questa linea di sviluppo, il momento storico che qui particolarmente ci interessa — l'Ellenismo medio e tardo — rimane ancora per la complessità delle situazioni storico-politiche, la lacunosità dei materiali, l'assenza di contesti di scavo significativi, pieno di incognite e punti oscuri. Nonostante recenti puntualizzazioni, fondamentali per la conoscenza delle manifestazioni artistiche e artigianali nelle diverse aree culturali dell'Italia centrale in età ellenistica[3], si sente ancora per questa classe di monumenti la necessità di indagini specifiche e insieme di una revisione della situazione generale[4].

Complessi decorativi tra i più citati e costantemente presi come punti di riferimento sono tutt'ora privi di una edizione scientifica completa; altri, espressione forse di correnti culturali periferiche, ma estremamente significativi per la comprensione dei modi di recezione e interpretazione dei modelli ellenistici, rimangono sostanzialmente inediti[5].

I due nuclei di terrecotte architettoniche presi in considerazione, pertinenti alla decorazione di edifici pubblici, probabilmente sacri, di Vetulonia e Volterra, sono stati generalmente collegati, al pari di analoghi monumenti di ambiente etrusco ed italico, alla ripresa economica e alla rinascita artistica del II secolo a.C., conseguente all'influenza variamente esercitata da Roma dopo le conquiste asiatiche[6].

Vetulonia

Rinvenute nel 1896 nell'area dell'abitato ellenistico, le lastre fittili di Vetulonia sono prive di qualsiasi riferimento esterno significativo[7]. Unico mezzo di ricerca rimane quindi l'indagine stilistica, tipologica e iconografica. Attribuite dai primi editori ad un edificio sacro di piccole dimensioni, databile al III-II secolo a.C. e frequentemente citate in seguito, non sono state mai più fino ad ora sottoposte ad un esame specifico[8]. La recente revisione dei frammenti ha portato alla parziale ricomposizione di una lastra e al riconoscimento di almeno altre tre (nn. 162-171)[9].

Realizzate in argilla beige, con toni rosati, ricca di inclusi micacei, hanno uno spessore di tre centimetri e forma rettangolare (44 × 50 circa). Erano fissate alla parete mediante grossi chiodi di cui rimangono i fori per l'alloggiamento. Le figure, modellate a mano e arricchite con ritocchi a stecca, elementi plasmati a parte e aggiunti prima della cottura e colore, sono applicate alle lastre con un aggetto sempre più accentuato verso l'alto, dove si raggiunge il tutto tondo.

La possibilità di giunzione tra le lastre (cfr. n. 171) rende verosimile l'ipotesi di un fregio continuo, malgrado la problematicità delle connessioni iconografiche, il cui interesse merita un approfondimento che in questa sede non è consentito. Ci si limiterà pertanto a presentare le prime riflessioni derivate dai risultati del nuovo restauro.

Colpiscono immediatamente nelle lastre di Vetulonia le notevoli corrispondenze con alcune serie di urne volterrane in alabastro. La composizione della scena, la costruzione delle figure, il parziale emergere di alcune di esse dal piano di fondo, la resa dei panneggi a steccature dure e decise, con pesanti ricadute, trovano riscontri precisi nei rilievi delle urne assegnate all'"atelier delle rosette e palmette" e in quelle raccolte intorno alla personalità del Maestro di Mirtilo[10].

Fondamentale indicazione cronologica per un monumento altrimenti decontestualizzato, queste affinità permettono di datare con relativa certezza le lastre al secondo quarto del II secolo a.C. Difficile però trarre da queste constatazioni eventuali dati di cronologia interna con conseguenti rapporti di reciproca dipendenza, come in altri casi e con maggiori dati a disposizione si è potuto fare[11]. È indubbia comunque la profonda affinità di ispirazione che, nel caso di Vetulonia, va molto al di là dei frequenti ma saltuari contatti tra i rilievi sulle urne e i frontoni in terracotta già ripetutamente sottolineati[12].

L'esame specifico delle lastre mette più che mai in evidenza tali contatti. Il rilievo più completo (n. 162) offre ovviamente il maggior numero di suggerimenti e insieme di problemi. Già il Pernier aveva riconosciuto nel gruppo uomo-fanciullo, ora rivelatosi parte di una scena più ampia e complessa, lo schema iconografico adottato sulle urne per la rappresentazione di Telefo che, nel campo degli Argivi, tiene in ostaggio Oreste fanciullo[13]. Nel medesimo repertorio trova riscontro anche il gruppo ora ricomposto (nn. 163-164) con due figure — maschile e femminile — in corsa verso sinistra[14]. Ad una figura perduta di Agamennone potrebbe essere infine riferito il frammento con braccio sinistro coperto da un himation, che stringe nella mano un fodero di spada (n. 165).

Perplessità e interrogativi suscita invece il gruppo che si è rivelato pertinente alla stessa lastra e strettamente connesso con Telefo: una figura femminile con lungo chitone, in deciso movimento verso sinistra, sorregge un bambino nudo che cade dall'ara con erma satiresca. La connotazione dionisiaca non stupisce nel mito di Telefo: nel santuario di Dioniso ad Atene, Telefo chiede di espiare l'omicidio degli Aleadi (lastra S del piccolo fregio di Pergamo)[15] e per l'ira di Dioniso avrebbe ricevuto la ferita nella battaglia sul Caico.

Per la scena nel suo insieme una chiave di lettura può forse venire dalla rappresentazione dello stesso episodio su un vaso apulo già nella collezione di Lord Hamilton e noto da un disegno di Tischbein: Telefo, inginocchiato sull'ara, tiene in ostaggio il fanciullo, proteso verso una figura femminile che si muove ad accoglierlo[16].

Le due azioni — Oreste minacciato da Telefo e accolto e protetto da una donna (Clitemnestra?) — sintetizzate dal ceramografo apulo in un solo momento sarebbero, sulle lastre di Vetulonia, sciolte in due gruppi che si intersecano e divergono, secondo un gusto compositivo comune alle rappresentazioni sulle urne. Più semplicemente si potrebbe pensare, per il bambino raccolto dalla donna, ad un qualsiasi fanciullo del campo di Agamennone. Ma l'urna Guarnacci 345 con matricidio di Oreste, in cui Oreste è contemporaneamente rappresentato rifugiato sull'altare e impegnato nell'uccisione di Clitemnestra, può forse suffragare l'ipotesi su esposta[17].

Le rappresentazioni sulle urne, dove il gruppo di Telefo è sempre collocato all'estrema destra, non soccorrono invece per una proposta compositiva tra le lastre. Qui l'ara con erma è chiaramente un elemento delimitante; si deve quindi supporre che le due figure in corsa (nn. 163-164) si muovano verso il gruppo uomo-fanciullo che diventa così il centro nello sviluppo narrativo dell'episodio.

L'identità dello schema iconografico, la popolarità di questo mito sulle urne, che rivela l'importanza certamente annessa alla storia di Telefo, secondo alcune fonti padre di Tarconte e Tirreno, mitici fondatori dell'Etruria, e figlio di Eracle, il cui culto è attestato a Vetulonia[18], incoraggiano a riconoscere anche nelle lastre la rappresentazione di un episodio legato a questo eroe.

Estremamente problematica risulta la connessione di questi con gli altri gruppi conservati: se la nave può ancora legarsi al mito di Telefo (ritorno in Misia, arrivo ad Argo), estraneo alla vicenda sembra invece il gruppo con le due figure femminili, pervaso da uno spirito più sereno e rilassato (n. 166). Il significato della scena è chiaro: uno svelamento, la presentazione di una sposa; gli elementi associati, una fonte e un'anfora rovesciata, sono forse insufficienti per riconoscere nella sposa svelata Amymone, una delle figlie di Danao, mandata a cercare acqua per l'Argolide; assalita da un satiro è liberata da Poseidon, che fa scaturire per lei una fonte.

Può forse il tritone alludere al corteggio marino di Poseidon? Se questa proposta può caricare di significato dettagli altrimenti generici (fonte, anfora rovesciata) e inserire anche la figura del tritone nel contesto narrativo, rimane però la grossa difficoltà di dover riconoscere in un fregio due episodi differenti, anche se legati a divinità venerate a Vetulonia. Una divinità marina infatti rappresenta Vetulonia sul rilievo di Caere e i simboli di Poseidon sono sulle monete vetuloniesi[19].

Volterra

Riferite alla decorazione fittile di uno degli edifici sacri dell'acropoli di Volterra, il cosiddetto tempio A, queste terrecotte sono state rinvenute in differenti condizioni di giacitura e in momenti diversi: in una prima campagna di scavo sul Piano di Castello nel 1926, in due successive nel 1967-1968, e infine nel 1970[20]. Modellati a mano ad altissimo rilievo, quasi tutto tondo, questi frammenti sembrano realizzati con due tipi differenti di argilla: nocciola dura e compatta nei frr. 173-175, 180-182, 184, 188, chiara e ricca di mica nei frr. 176-179, 185-187, 189-194; ma l'attacco sicuro della testa silenica al torso prova che questa apparente diversità è forse soltanto dovuta alle diverse condizioni di giacitura. Il complesso è edito nella sua globalità da Cristofani e riferito ad un fregio figurato con scene di combattimento databile al secondo quarto del II secolo a.C.[21]. La "caduta" delle terrecotte e quindi la fine dell'edificio cui sono state riferite è collocata, dai materiali associati, nella seconda metà del III secolo a.C.[22].

Lo stato di lacunosità di queste terrecotte, se rende estremamente difficile ed arbitraria una precisa proposta di lettura, lascia però la libertà di formulare ipotesi alternative a quelle già avanzate.

Dall'insieme dei frammenti, sembra di poter estrapolare una serie di figure che per il forte aggetto rispetto al piano di fondo e l'audace profondità del rilievo mal si conciliano con le lastre associate. Intorno alle due figure con chitone e himation, la cui pertinenza ad un frontoncino era già stata ipotizzata da Andrén, si può infatti raccogliere un gruppo stilisticamente e tecnicamente coerente: la figura femminile recumbente, il satiro accovacciato, i due torsi virili. Quasi a tutto tondo, con grossa e pesante presa d'attacco al piano di fondo, so-

no modellati a mano e lisciati a stecca; i panneggi sono lavorati a parte e applicati prima della cottura. Il modellato plastico ed essenziale, estremamente vigoroso ed efficace nei torsi meglio conservati, la resa rapida e sicura del panneggio, l'espressività dell'unica testa sicuramente pertinente, pongono queste terrecotte al di sopra della media di analoghi monumenti coevi o di poco posteriori (notevole il contrasto con il frontone di Talamone, dal rilievo uniforme e poco incisivo; completamente differente la realizzazione tecnica e stilistica delle lastre di Vetulonia).

Quanto ci è rimasto non permette di cogliere i nessi tra le figure né l'ordine in cui dovevano essere disposte: forse progressivamente degradanti (la figura recumbente sembrerebbe una figura angolare) e ben inseribili quindi in uno spazio frontonale, appaiono in atto d'osservare, in stato di agitazione e spaventato stupore, una scena drammatica che si svolge al centro. Sicura è la convergenza degli sguardi e dei movimenti verso il luogo di un'azione drammatica di cui solo una parziale testimonianza si è conservata: unico protagonista si direbbe infatti il personaggio impegnato in uno sforzo violento, quasi un tentativo estremo di liberazione.

Stilisticamente differenti le figure femminili nn. 177-179 in atteggiamento più statico e rilassato, dal panneggio più lineare e composto. Proporre una collocazione per queste figure è estremamente arduo, come tentare di attribuire le altre teste che si sono conservate, nessuna delle quali presenta tracce d'attacco o anche di sicura connessione con i torsi. Solo la testa con *anastolè*, dall'espressione sofferta, ben si adatterebbe allo sforzo drammatico della presunta figura centrale.

Dei frammenti di lastre pertinenti ad un fregio e inquadrati da elementi architettonici o paesaggistici (nn. 192-195) nessuno presenta tracce dell'attacco di figure al piano di fondo. Solo il frammento n. 192 che conserva la base sagomata a toro, il piede nudo di una figura in movimento e un arco appoggiato al suolo fornisce una indicazione certa sulle rappresentazioni: come già ipotizzato, scene di combattimento e di caccia.

Per la lacunosità degli elementi con certezza riferibili al fregio risulta anche molto difficile coglierne i rapporti con i monumenti analoghi o con altre classi di materiale.

I contatti con il ricco repertorio di urne volterrane in alabastro non vanno molto al di là di generici riferimenti a rilievi con inquadrature architettoniche e paesaggistiche o con somiglianti soluzioni tettoniche[23], non risultano quindi, come a Vetulonia, determinanti ai fini di una datazione o anche soltanto dell'inquadramento in una medesima temperie stilistica.

Più stimolanti e problematici invece i frammenti ipoteticamente attribuiti ad un frontoncino, dal cui esame scaturiscono molteplici suggestioni e punti di riferimento diversi.

Mentre non esistono contatti diretti con altri monumenti dello stesso ambiente e di uguale

destinazione[24], precise corrispondenze di iconografia e stile si possono notare con realizzazioni diverse dell'ambiente tarantino.

Così tra i rilievi in pietra tenera che decoravano i monumenti funerari, il guerriero barbato dall'ipogeo di via Umbria[25] costituisce un precedente molto puntuale per il personaggio con chitone e himation, n. 180, mentre il peculiare andamento delle pieghe sul seno nel busto femminile, n. 178, trova confronti precisi in diversi rilievi della fine del IV-inizio III secolo a.C.[26]. La toreutica fornisce invece i parallelli più efficaci per la figura virile in violenta torsione: in particolare il rilievo con compagno di Ulisse travolto da una Scilla (potrebbe essere anche un suggerimento iconografico?) su un *Klappspiegel* a Berlino attribuito ad officina magnogreca e quello con Atena e Tifone, sempre su un coperchio di specchio tarantino da Palestrina[27].

In ambiente etrusco invece le immagini dei telamoni della tomba del Tifone di Tarquinia, riportata di recente da Colonna al terzo venticinquennio del III secolo a.C.[28], offrono col "pathos... e la torsione variamente pronunciata dei corpi" un punto di riferimento più efficace della semplice, manieristica dilatazione dei volumi nei torsi dei tritoni sulle urne volterrane in alabastro con ratto di Proserpina[29].

I termini stilistici e cronologici all'interno dei quali le sculture volterrane devono trovare una collocazione risultano, come talora per questa classe di monumenti, piuttosto ampi[30]. Da una parte le realizzazioni dell'ambiente tarantino della fine del IV-prima metà del III secolo a.C., dall'altra, come supremo punto d'arrivo, le grandi creazioni dell'Ellenismo greco: Pergamo e soprattutto Rodi. Pur con le ovvie differenze infatti la plasticità e la tensione dei modellati, l'esasperata torsione della figura centrale, e insieme alcune corrispondenze iconografiche (la veste del n. 180 ricorda la tunica *exomìs* dei marinai) richiamano le immagini di Ulisse e dei compagni nei gruppi di Sperlonga o il disperato tentativo di liberazione del Laoconte.

All'interno di questo ampio arco cronologico (fine IV-I secolo a.C.), il ciclo coroplastico di Volterra — per lo stile delle figure meglio conservate, i contatti evidenti con i rilievi in pietra tenera di Taranto, l'assenza quasi assoluta di corrispondenze con la produzione di urne del II secolo a.C. — sembrerebbe da collocare almeno negli anni finali del III secolo a.C. Notevole appare quindi la differenza tra i due complessi: profondo senso del volume, altissimo rilievo, spazio nettamente scandito nelle terrecotte di Volterra, con figure disposte forse paratatticamente; gioco di linee, piani che si intersecano, movimento violento e pittorico a Vetulonia.

Profonda affinità di ispirazione tra le lastre di Vetulonia e le urne volterrane in alabastro, appena qualche somiglianza tra le terrecotte di Volterra e questa produzione vastissima e parallela. Nessun contatto con quanto ci è pervenuto della produzione volterrana di urne in terracotta che, raggiungendo livelli qualitativi talora anche molto alti, prova la maestria degli artigiani volterrani anche nell'uso di questo diverso mezzo tecnico e la conoscenza delle diverse capacità espressive di un artigianato che non costruisce togliendo e scavando, ma per aggiunte e sovrapposizioni.

Se è quasi ovvia l'esistenza di contatti tra differenti manifestazioni di uno stesso momento artistico, rimane peraltro aperto il problema dell'organizzazione del lavoro, dei contatti tra le officine e le maestranze attive in questi diversi campi della produzione.

In che rapporto sta a Volterra la produzione di urne in alabastro con quella delle urne fittili, e queste a loro volta con le maestranze che lavorano alla decorazione degli edifici pubblici? Come si spiega la profonda affinità tra le lastre fittili di Vetulonia e le urne in alabastro volterrane?

Circolazione di modelli, di schemi iconografici e formule stilistiche, attività di artigiani formatisi nei medesimi ambienti, maestranze itineranti[31]: ipotesi, tentativi di soluzione che ripropongono la necessità di una rete di connessioni all'interno della quale ogni fenomeno possa trovare, per quanto possibile, una precisa collocazione cronologica, stilistica e storica.

a.m.e.

Vetulonia

162 Lastra

Altezza 48; larghezza 44
Firenze, Museo archeologico, inv. 8984, 8990, 8992, 9000.
Pernier 1919, 41-47, figg. 24-31; Andrén 1939 tav. 84, 295 (gruppo uomo-fanciullo); Falchi 1898, 97-98, figg. 10-11.

La complessa scena rappresentata nella lastra è chiusa e sinistra da un'ara adorna di ghirlande e frutta, su cui si leva un'alta e sottile erma silenica, dal volto estremamente vivido e incisivo. Poco al di sopra dell'altare la figura di un bambino nudo che sembra stia per cadere è sorretta da una figura femminile di tre quarti con lungo chitone e himation, in deciso movimento verso destra.

Su un piano leggermente più basso un secondo gruppo: una figura virile acefala, con corto chitone cinto in vita e himation completamente spiegato sul petto e un fanciullo nudo, in leggero scorcio, stretto contro l'uomo cui sembra volgersi.

L'uomo ha la gamba destra piegata e la sinistra, a tutto tondo, protesa.

Alle proporzioni armoniche delle figure in primo piano si contrappone l'allungamento e la rigidezza della figura femminile, solo parzialmente emergente dal piano di fondo nella parte inferiore del corpo (la gamba sinistra non è assolutamente resa) e quasi a tutto tondo dalla vita in su.

La costruzione del rilievo è condizionata dalla possibilità di visione dal basso: così l'ara, per esempio, oltre che di scorcio è costruita anche in modo che fosse visibile il piano con le offerte.

163 Figura femminile

Altezza 31
Firenze, Museo archeologico, inv. 34633, 34637.
Inedita.

Figura femminile in movimento verso sinistra. Veste un lungo chitone che lascia scoperto il seno destro e la gamba sinistra e ricade al centro in pieghe fitte e pesanti. La gamba sinistra termina in basso con un taglio obliquo, forse per l'adesione alla lastra, manca il piede (indicato sullo zoccolo di base o annullato nel fondo).

La figura taglia obliquamente lo spazio avanzando dal fondo con movimento deciso. Il tipo della veste e l'atteggiamento richiamano molto da vicino la portatrice di fiaccola del frontone di Talamone (von Vacano 1982, tav. VIII) e le immagini di furie sulle urne volterrane in alabastro.

164 Figura virile

Altezza 30,5
Firenze, Museo archeologico, inv. 8991.
Pernier 1919, fig. 25; Andrén 1939, tav. 84, 297.

Figura virile in corsa verso sinistra. Veste un corto chitone con alta cintura e pieghe rese con profondi colpi di stecca.

La gamba sinistra, rapidamente modellata sino al ginocchio, si perde nel fondo con un'appendice appena abbozzata.

Anche in assenza di un attacco sicuro questa figura sembra da associare alla precedente, secondo una iconografia che trova ancora una volta precisi riscontri sulle urne in alabastro di Volterra.

165 Frammento di braccio

Lunghezza 10,5
Firenze, Museo archeologico, inv. 9001.

Avambraccio sinistro coperto dal lembo di un himation e ornato al polso da un'armilla. La mano stringe un oggetto a sezione rettangolare, probabilmente un fodero di spada.

166 Lastra

Altezza 40; larghezza (alla base) 28,5; spessore 2,5-3
Firenze, Museo archeologico, inv. 8993.
Milani 1912, tav. LXXI, 2; Pernier 1919, 38, fig. 22; Andrén 1939, tav. 84, 294; Cristofani 1976ᵃ, 58, fig. 72; Michelucci 1981, 148.

Una figura femminile stante, acefala, vestita di un lungo chitone cinto in vita, con maniche staccate, dispiega un panneggio quasi svelando un'altra figura femminile anch'essa acefala, nuda, di tre quarti, inginocchiata e con la mano destra appoggiata ad un'anfora rovesciata.

163

164

165

La figura di fondo, estremamente allungata, emerge dalla lastra con rilievo bassissimo (le gambe non sono indicate), acquistando sempre maggiore corporeità verso l'alto, sino a raggiungere il tutto tondo. Questa sproporzione, funzionale alla visione del rilievo dal basso, scompare nella figura armonica e aggraziata in primo piano.

167 Frammento di lastra
Altezza 23; larghezza 20
Firenze, Museo archeologico, inv. 8995.
Pernier 1919, 49, fig. 33.

Frammento di lastra con rappresentazione di una fontana a maschera leonina completamente lavorata a stecca. Sotto il getto d'acqua ad alto rilievo probabilmente i resti di un *labrum*.

168 Torso femminile
Altezza 9
Firenze, Museo archeologico, inv. 8982.
Pernier 1919, 40, fig. 23; Andrén 1939, tav. 84, 296.

Torso femminile nudo, estremamente vicino per il modellato e le proporzioni alla figura femminile inginocchiata della lastra n. 166.

169 Testina femminile
Altezza 8
Firenze, Museo archeologico, inv. 8982.
Pernier 1919, 40, fig. 23; Andrén 1939, tav. 84, 296; Falchi 1898, 96, fig. 9.

Le tracce di un velo sui capelli inducono ad escludere la pertinenza al torso n. 168 su cui era stata montata, pur in mancanza di un attacco reale.

170 Lastra
Larghezza 32; altezza 25; spessore 3
Firenze, Museo archeologico, inv. 8991, 34686.
Pernier 1919, 46, fig. 32.

Parzialmente ricomposta con l'aggiunta della nave, inv. 9002.
Frammento di lastra con rappresentazione di una nave sul mare. Le onde sono rese con grossi riccioli d'argilla applicati sulla lastra già incisa. Nave lacunosa, remo sulla sinistra.

171 Frammenti di lastre
Lunghezza 23,2
Firenze, Museo archeologico, inv. 34641 e 34647.
Inediti.

Frammento di himation realizzato a rilievo su due lastre contigue. Tracce di colore rosso tra le pieghe.

166

167

168

172 Figura di tritone
Altezza 26; larghezza 13; spessore della
lastra 2
Firenze, Museo archeologico, inv. 9006.
Inedito.

Il corpo, nudo, è modellato con un colorismo
quasi impressionistico, pur nella cura del dettaglio. Un breve himation scende dalla spalla
sinistra e avvolge l'avambraccio. Una ghirlanda
applicata attraversa il torso; il braccio destro
doveva essere sollevato.
Le estremità pisciformi, parallele, si perdono
in basso, tra fiocchi d'argilla non lisciata; a sinistra doveva snodarsi un'ampia coda, di cui
rimane l'attacco. Il lato destro della figura è
meglio rifinito, quello sinistro è concluso, sopra l'attacco della coda, da un "foglio" d'argilla modellato a mano.

Volterra

173 Figura virile
Altezza 34
Scavi 1970
Volterra, Museo Guarnacci (dep.),
inv. (SAT) 3599.
Cristofani 1973, 55, n. 105; Volterra
1981, tav. 29; Moscati 1984, fig. 73.

Figura virile nuda in violenta torsione. Vigoroso modellato del torso con accentuazione dei
muscoli pettorali e incisiva indicazione delle
clavicole. Le braccia, dall'attacco, sembrerebbero levate verso l'alto. Lungo la vita una profonda lacuna provocata dal distacco di un elemento applicato (cilindrico?). Le gambe, leggermente piegate a destra, sembra avessero andamento parallelo.

174 Figura virile
Altezza 34
Scavi 1970
Volterra, Museo Guarnacci (dep.),
inv. (SAT) 99888.
Cristofani 1973, 55, n. 106; Volterra
1981, tav. 30; Moscati 1984, fig. 72.

Figura virile di profilo verso sinistra, con breve himation sulla spalla. La gamba sinistra, dal-
l'attacco, sembrerebbe protesa in avanti; la figura era forse in movimento verso sinistra.
L'indicazione della linea dorsale e l'accurata
resa del panneggio sui due lati fanno preferi-
re per la figura una visione in leggero scorcio.

170

169

172

171

142

175 Figura silenica
Altezza 35
Scavi 1970
Volterra, Museo Guarnacci (dep.),
inv. (SAT) 99890, ricomposizione Maggiani.
Cristofani 1973, 55, n. 108 (figura
femminile) e 48, n. 48; Cristofani 1976,
114; Volterra 1981, tavv. 13, 32; Moscati
1984, fig. 78.

Figura di sileno accovacciato. Volto estremamente espressivo: testa calva, occhi infossati,
naso largo, bocca dischiusa, barba fluente. La
figura (che conserva la lastra d'appoggio in basso e sul retro), leggermente piegata e con la
testa decisamente volta a sinistra, sembra quasi
ritrarsi con spavento e curiosità.

176 Figura femminile
Altezza 21
Scavi 1926
Volterra, Museo Guarnacci,
inv. Castello 3.
Cristofani 1973, 48, n. 47; Volterra 1981,
tav. 12.

Figura femminile semisdraiata, vestita di un
chitone che lascia scoperto il seno destro; un
breve himation cade rigidamente dalla spalla
sinistra.

177 Frammento di figura femminile
Altezza 35
Scavi 1967-1968
Volterra, Museo Guarnacci (dep.),
inv. (SAT) 99799.
Cristofani 1973, 49, n. 58; Volterra 1981,
tav. 22.

Parte inferiore del corpo di una figura femminile stante. Un himation avvolto sotto i fianchi scende a coprire le gambe formando una
profonda piega centrale. La figura sembrerebb-
be leggermente inclinata sul fianco destro.

178 Torso femminile
Altezza 20
Scavi 1967-1968
Volterra, Museo Guarnacci (dep.),
inv. (SAT) 99798.
Cristofani 1973, 48, n. 57; Volterra 1981,
tav. 21; Moscati 1984, fig. 75.

Torso femminile con chitone senza maniche,
cinto in vita, con leggero rimbocco. Pieghe
profonde rese a stecca, con andamento molto
peculiare tra i seni. Breve himation sulla spalla sinistra.

173

174

175

179 Frammento di figura femminile
Altezza 27
Scavi 1967-1968
Volterra, Museo Guarnacci (dep.)
inv. (SAT) 99801.
Cristofani 1973, 49, n. 60; Volterra 1981,
tav. 23; Moscati 1984, fig. 77.

Parte inferiore del corpo di una figura femminile stante. La gamba sinistra, leggermente
flessa e avanzata, è coperta da un chitone che
scende in lunghe pieghe sottili, e da un lungo
lembo dell'himation.

180 Figura virile
Altezza 24
Scavi 1926
Volterra, Museo Guarnacci,
inv. Castello 4.
Levi 1928ᵃ, 42, fig. 8; Andrén 1939, 248,
n. 1; Cristofani 1973, 46, n. 42; Cristofani
1976, 114; Volterra 1981, tav. 9; Moscati
1984, fig. 76.

Parte superiore del corpo di una figura virile
vestita di chitone senza maniche, cinto in vita, che lascia scoperta la parte destra del petto, e himation trasversale fermato da un gancio sulla spalla destra. La figura, in forte aggetto
rispetto al piano di fondo, appare appe-
na piegata in avanti e leggermente volta a
sinistra.

181 Figura virile
Altezza 27
Scavi 1926
Volterra, Museo Guarnacci,
inv. Castello 8.
Levi 1928ᵃ, 42; Andrén 1939, 248, n. 2;
Cristofani 1973, 46, n. 43; Cristofani
1976, 114; Volterra 1981, tav. 10.

Figura virile stante, vestita di un corto chitone senza maniche, cinto in vita, con lunga ri-
caduta e himation trasversale. Il braccio destro, dall'attacco, sembra sollevato.

182 Figura di fanciullo
Altezza 24
Scavi 1970
Volterra, Museo Guarnacci (dep.),
inv. (SAT) 99891.
Cristofani 1973, 55, n. 109; Volterra
1981, tav. 33.

Le dimensioni nettamente inferiori rispetto alle altre figure fanno supporre che si tratti di
un fanciullo, cui si addice anche il modellato
pieno e sommario. Due piccole appendici sulle spalle fanno pensare ai resti di un himation
o di ali.

176

177

178

179

180

183 Torso virile
Altezza 20
Scavi 1967-1968
Volterra, Museo Guarnacci (dep.),
inv. (SAT) 99796.
Cristofani 1973, 48, n. 55; Volterra 1981,
tav. 20.

Torso virile attraversato da un lembo dell'himation che cade in pieghe leggere sulla spalla
sinistra e gira intorno alla vita. La visione doveva essere dorsale, questa parte risulta infatti meglio rifinita, con anatomia precisa ed
essenziale.

184 Testina
Altezza 14
Scavi 1970
Volterra, Museo Guarnacci (dep.), inv.
(SAT) 99889.
Cristofani 1973, 55, n. 107; Cristofani
1976, 114; Volterra 1981, tav. 28; Moscati
1984, fig. 79.

Testa virile elmata, con grossi riccioli sulla
fronte e sulle orecchie. La visione doveva essere di tre quarti, il lato sinistro del volto sembra infatti più appiattito, con dettagli appena
indicati.

185 Testina
Altezza 12
Scavi 1970
Volterra, Museo Guarnacci (dep.), inv.
(SAT) 99886.
Cristofani 1973, 55, n. 104; Volterra
1981, tav. 31.

Del volto rimangono visibili solo gli occhi sotto
arcate orbitali molto accentuate. I capelli sono raccolti sulla fronte in un nodo, da cui parte
una serie di doppie ciocche divergenti. Piccoli colpi di stecca indicano i riccioli sul lato sinistro della testa, la cui visione doveva essere
di tre quarti.

186 Testina
Altezza 14
Scavi 1967-1968
Volterra, Museo Guarnacci (dep.), inv.
(SAT) 99790.
Cristofani 1973, 48, n. 49; Cristofani
1976, 114; Volterra 1981, tav. 14; Moscati
1984, fig. 82.

La testa, inclinata a destra, doveva essere coperta da un elmo o da riccioli staccati. La visione era probabilmente limitata al lato sinistro, la parte destra del volto appare infatti appiattita e deformata.

181

182

183

184

185

186

145

187 Testina
Altezza 9,5
Scavi 1967-1968
Volterra, Museo Guarnacci (dep.), inv.
(SAT) 99792.
Cristofani 1973, 48, n. 51; Cristofani
1976, 114; Volterra 1981, tav. 16; Moscati
1984, fig. 80.

Testina probabilmente femminile. Volto incorniciato da riccioli coperti da un velo, di cui rimane solo una piccola traccia. Modellato molto curato sul lato destro del volto, cui doveva essere limitata la visione.

188 Testina
Altezza 12
Scavi 1967-1968
Volterra, Museo Guarnacci (dep.), inv.
(SAT) 99791.
Cristofani 1973, 48, n. 50; Cristofani
1976, 114; Volterra 1981, tav. 15.

La testa virile, con *anastolè* e profonda ruga sulla fronte, è riconducibile a prototipi dipendenti dal ritratto di Alessandro.

189 Testina
Altezza 11
Scavi 1967-1968
Volterra, Museo Guarnacci (dep.), inv.
(SAT) 99793.
Cristofani 1973, 48, n. 52; Volterra 1981,
tav. 17.

Testina elmata. Dall'elmo, con visiera alzata, escono i capelli in ciocche ondulate sulla fronte e corti riccioli sulla nuca.

190 Corazza
Altezza 13
Scavi 1967-1968
Volterra, Museo Guarnacci (dep.), inv.
(SAT) 99795.
Cristofani 1973, 48, n. 54; Volterra 1981,
tav. 19; Moscati 1984, fig. 74.

Corazza di tipo anatomico resa soltanto nella metà anteriore.

191 Elmo di tipo corinzio
Altezza 11
Scavi 1967-1968
Volterra, Museo Guarnacci (dep.), inv.
(SAT) 99794.
Cristofani 1973, 48, n. 53; Volterra 1981,
tav. 18.

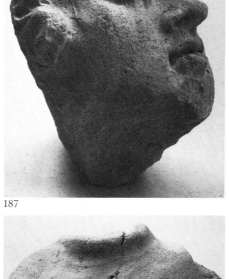

187

188

190

191

189

192 Frammento di lastra
Altezza 12
Scavi 1967-1968
Volterra, Museo Guarnacci (dep.), inv.
(SAT) 99868.
Cristofani 1973, 51, n. 95; Pairault Massa-
Pailler 1979, 138; Volterra 1981, tav. 25.

Frammento di lastra con zoccolo di base arro-
tondato, finita sul margine sinistro (su cui rimangono le tacche per la giunzione). All'estremità un piede modellato a mano e ritoccato
a stecca, appoggiato con la punta, e accanto
un arco lacunoso.

193 Frammento di lastra
Altezza 29
Scavi 1967-1968
Volterra, Museo Guarnacci (dep.), inv.
(SAT) 99911.
Inedito.

Frammento di lastra con rappresentazione probabilmente di una grotta ad alto rilievo, con
tracce di colore rosso.

194 Frammento di lastra
Altezza 30
Scavi 1967-1968
Volterra, Museo Guarnacci (dep.), inv.
(SAT) 99870.
Cristofani 1973, 55, n. 99; Pairault Massa-
Pailler 1979, 138, fig. III, 17; Volterra
1981, tav. 27.

Frammento di lastra delimitata a sinistra da
un pilastrino con capitello di tipo corinzio in
leggero scorcio.

195 Frammento di lastra
Altezza 19,5
Scavi 1967-1968
Volterra, Museo Guarnacci (dep.), inv.
(SAT) 99874.
Cristofani 1973, 55; Pairault Massa-Pailler
1979, 138, fig. III, 17; Volterra 1981,
tav. 27.

Frammento di lastra con pilastrino laterale aggettante su base a plinto e zoccolo a gradini.
a.m.e.

Note

[1] Per Acquarossa cfr. da ultimo: Strandberg Olofsson 1984 (con bibl. prec.); per Murlo: Phillips 1983,
1-24 (con bibl. prec.).
[2] La notizia di Varrone è tramandata da Plinio,
Nat. hist. XXXV, 157; v. anche Plutarco, *Poblico-
la*, 13; Verrio Flacco, in Festo L, 342; Servio, *Aen.*
VII, 188.
[3] Cfr. Coarelli 1970, 77 ss., 1976, 21 ss., 1977, 35
ss.; Strazzulla 1977, 41 ss. e le edizioni recenti di
Bolsena, Pairault Massa-Pailler 1979 o del fregio di
Pompei, D'Agostino 1982, 63 ss.
[4] Anche a questo campo della produzione artistica
sembrerebbe per esempio talora estendibile il giudizio di Colonna sulla cronologia delle tombe dipinte del-
l'ellenismo medio in Etruria, cfr. Colonna 1984, 1 ss.
[5] Vedi l'interessante gruppo frontonale da Tortore-
to con rappresentazione dell'episodio di Polifemo,
unico caso finora noto in ambiente italico, dell'a-
dozione di questo tema in un frontone: Franchi
Dell'Orto-La Regina 1978, 137 ss.
[6] Sulla differente situazione dell'Etruria meridionale e settentrionale in questo momento storico cfr.
Torelli 1976, 97 ss.
[7] Falchi 1898, 97-98. Le notizie rapide e sommarie non forniscono alcuna indicazione sul contesto
di scavo né un riferimento a strutture precise.
[8] Pernier 1919, 36 ss.; Andrén 1939, 239, tav.
LXXXIV; Minto 1952-1953, 44-46; Cristofani
1976ᵃ, 58, fig. 72; Michelucci 1981, 148.
[9] La ricomposizione è dovuta soprattutto al restau-
ratore F. Cecchi della SAT. Tecnicamente estranea
all'insieme delle lastre, ma forse iconograficamente
pertinente, la figura acefala di tritone (n. 172) realizzata in argilla depurata, con lastra di fondo più
sottile, non citata da Pernier e da Andrén, è però
registrata negli inventari del Museo archeologico di
Firenze come proveniente dallo stesso complesso.
[10] Pairault 1972, 11 ss. Cfr. per la resa delle vesti,
il movimento e la costruzione delle figure, le urne
Guarnacci 256, *ibidem* fig. 8 e Guarnacci 338, fig.
12, quest'ultima con due figure di tritoni vicini a
quello di Vetulonia.
[11] Per esempio Pairault Massa 1977, 159: coincidenza tra un demone femminile da Luni e quelli del-
l'urna Guarnacci 427 dell''atelier delle piccole patere'' da cui si deduce l'inizio dell'attività dell'atelier dopo il 177 a.C.
[12] Per Luni e Roma, via San Gregorio: Pairault
Massa 1977, 159; per Civitalba: Pairault 1972, 159
e 1977, 166 nota 136; per Talamone, da ultimo: von
Vacano 1982.
[13] Schema invertito sulle urne: la gamba piegata è
sempre la sinistra, cfr. B.-K. I, tavv. XXIX-XXXIII.
[14] In particolre l'urna Guarnacci 203 (B.-K. I, tav.
XXX, 10) presenta una figura femminile in atteggiamento e abbigliamento molto simili.
[15] Robert 1888, 90.
[16] Tischbein 1873, tav. 6; De Puma 1980, 16, fig. 5.
[17] Pairault 1972, 152 ss., tav. 99.

[18] Sul ritrovamento di una grossa clava in bronzo
cf. Falchi 1898, 90, fig. 7. Immagini di Eracle sono
anche sulle monete di Vetulonia.
[19] Sembra interessante segnalare l'esistenza di due
frammenti conservati nei magazzini del Museo archeologico di Firenze: una testina virile barbata e
un frammento di torso, stilisticamente e tecnicamente affini alle lastre del Poggiarello Renzetti, da cui
differiscono soltanto per la qualità dell'argilla. Provenienti dal tempio di via dei Sepolcri a Vetulonia
(Falchi 1895, 298 ss.) testimoniano la contemporanea attività delle stesse maestranze in due differenti complessi vetuloniesi: l'edificio urbano e un santuario extraurbano in zona di necropoli.
[20] Levi 1928ᵃ, 34 ss.; Cristofani 1973, 43 ss. I
frammenti ritrovati nel 1926 furono editi da Andrén come pertinenti ad un frontoncino (Andrén
1939, 249).
[21] Cristofani 1973, 43 ss.; Volterra 1981.
[22] Cristofani 1973, 61.
[23] Pairault Massa-Pailler 1979, 137, 142. Un suggerimento iconografico può forse venire dall'urna
chiusina in terracotta al Worcester Art Museum, per
la scansione dello spazio mediante elementi architettonici, le armi appoggiate al suolo e forse il torso
virile riverso. Cfr. da ultimo sull'urna: Pairault Massa
1981, 123 ss.
[24] Assonanze di stile si possono notare con i frammenti da Vulci (Andrén 1939, 220, tav. 80) attribuiti ad un frontoncino e, per alcune teste, con quelle
in peperino dalla Via Tiburtina (Coarelli 1977, 37,
figg. 5-6).
[25] Carter 1975, 72, tav. 34, databile dal corredo alla I metà del III secolo a.C.
[26] Carter 1975, tav. 13, dalla tomba 16 e tav. 22 a-b.
[27] Zückner 1942, 66, fig. 120 (l'attribuzione è messa in dubbio, con motivazioni poco convincenti, da
Θέμελη 1979, 118 ss.) e La Rocca 1973, fig. 427.
[28] Colonna 1984ᵃ, 21-23.
[29] Cfr. l'urna Guarnacci 183 (CUV 2, 171, n. 223).
[30] Su questi problemi cfr. D'Agostino 1982, 63 ss.
[31] Cfr. le osservazioni sulle scoperte di Blera in Andrén 1974, 13-16.

I bronzi

Il vasellame

La lavorazione dei metalli è tradizionalmente considerata una delle massime espressioni dell'artigiato etrusco: già i poeti attici del V secolo a.C. decantavano i bronzi tirrenici (Ateneo I, 28 B; XV, 700 C), ed ancora nella Roma augustea i *tyrrhena sigilla* arricchivano i grandi tesori gentilizi (Orazio, *Epist.*, II, 2, 180 ss.). Ma nonostante siano numerosissimi i manufatti bronzei giunti sino a noi, dagli oggetti meramente decorativi a quelli d'uso, affrontare lo studio della toreutica, anche limitandosi a classi ben definite di materiale, presenta oggettive difficoltà. Anzitutto va sottolineato che il grande valore attribuito a tutti i prodotti metallici li ha resi particolarmente ricercati da collezionisti antichi e moderni, determinando spesso la loro estrapolazione dai contesti di provenienza e provocandone la dispersione, con la conseguente perdita della maggior parte dei dati essenziali ad uno studio di insieme. Da ciò deriva la difficoltà di determinare la cronologia assoluta di molte classi di materiale e di individuarne i centri di produzione.

A problemi di questo tipo non sfuggono i bronzi di età ellenistica, di un periodo in cui, fra l'altro, l'artigianato in genere tende ad assumere sempre più un carattere "industriale", cui consegue una sorta di standardizzazione dei prodotti. A ciò si aggiunga che, almeno fino a tutto il III secolo a.C., la produzione artigianale nel suo insieme presenta caratteri sufficientemente omogenei, dalla Magna Grecia all'Etruria. È probabile che, per quanto riguarda la toreutica, un tale fenomeno sia da mettere in relazione, oltre che con la circolazione dei prodotti stessi[1], con il diffondersi di modelli direttamente dalla Grecia, forse sotto forma di calchi o stampi di gesso, il cui uso in età ellenistica è testimoniato non solo dall'evidenza archeologica, ma anche dalle fonti letterarie[2].

È infatti innegabile che gran parte dell'instrumentum bronzeo etrusco di questo periodo richiami, nelle forme e nella decorazione, il vasellame prezioso rinvenuto in alcune zone periferiche del mondo greco, come la Macedonia, la Tracia, le colonie del mar Nero e quelle dell'Italia meridionale: è il caso di situle, *oinochoai, lekythoi, simpula, cola*[3]. Del resto, anche molte forme della ceramica a vernice nera riproducono modelli metallici[4].

Il fatto che la toreutica del primo Ellenismo sia documentata soprattutto nelle zone marginali del mondo greco non è casuale. Mentre nei maggiori centri artistici, come Atene e Corinto, gli artigiani continuano a lavorare non già per i privati, ma per i grandi santuari, nelle aree periferiche la committenza è rappresentata dalle aristocrazie locali che richiedono al mercato essenzialmente prodotti di lusso, quali il vasellame in metallo prezioso. Essendo difficilmente ipotizzabile un'esportazione massiccia di materiali di valore tanto elevato, si può pensare all'opera di artisti itineranti ai quali

le materie prime erano fornite localmente[5]. Allo stesso modo, in Etruria, le suppellettili bronzee trovano acquirenti sia nel ceto magnatizio che nelle classi "medie" emergenti che imitano costumi e atteggiamenti della *nobilitas*. D'altra parte, il vasellame da mensa è spesso riunito in servizi, e se da un lato denota una notevole omogeneità tecnica e formale, dall'altro è stato rinvenuto in gran numero in tutta l'Etruria e anche al di fuori di essa; l'ipotesi più probabile è pertanto che le stesse classi di materiale siano state prodotte un po' ovunque, a meno di non pensare, anche in questo caso, all'opera di maestranze itineranti.

Altri manufatti bronzei frequentemente attestati nelle tombe etrusche sono gli oggetti "da toilette". Molti di essi, come gli specchi e le ciste, sono legati al *mundus muliebris*, ma ce ne sono anche di tipicamente maschili, come gli strigili. Alcune di queste classi di materiale sono già state raccolte e classificate: è il caso delle ciste, la cui produzione è localizzabile prevalentemente a Preneste tra gli ultimi decenni del IV e la fine del III secolo a.C.[6]. Più complesso è il problema degli specchi di cui si parla dettagliatamente in altra parte del catalogo[7].

Il censimento comparativo dei corredi tombali accessibili ha permesso di individuare, proprio fra gli oggetti "da toilette", alcune forme che sembrano tipiche della toreutica etrusco-settentrionale.

Sono state scelte in questa sede, a titolo esemplificativo, ma anche perché i dati disponibili sono risultati sufficienti per tentarne la classificazione, due forme, entrambe definibili come fiaschette.

Si tratta di due tipi di vasi bronzei di piccole dimensioni, probabilmente destinati a contenere olii o unguenti: il primo, interamente laminato, fornito di piede, il secondo, con bocca e collo fusi e corpo globulare laminato.

Le fiaschette ascrivibili al *primo tipo* sono caratterizzate da alto collo cilindrico, corpo ovoide, basso piede ad anello o leggermente svasato, talvolta provvisto di peducci fusi. Gli esemplari più completi sono forniti di un tappo cilindrico, recante al centro un anellino di sospensione nel quale è inserita una catenella. Pur mantenendosi la morfologia del vaso fondamentalmente immutata, si registrano alcune variazioni nella sagoma e nella decorazione. Si assiste infatti ad un progressivo irrigidimento della forma, cui sembra seguire anche un certo impoverimento dei motivi ornamentali, talvolta addirittura omessi: alcuni esemplari sono infatti completamente lisci. La decorazione, presente nella maggior parte dei casi, è costituita da elementi vegetali e geometrici, eseguiti a stampo con ritocchi a bulino, disposti su fasce orizzontali di varia ampiezza.

196 Fiaschetta

Bronzo laminato. Altezza 15
Sporadica da L'Abbandonato di Cinigiano (Grosseto)
Firenze, Museo archeologico, inv. 24034.
Inedita.

Fornita di tappo cilindrico. Decorazione: sul collo, due file di foglie lanceolate; sul corpo, dall'alto verso il basso, le fasce esibiscono i seguenti motivi, intercalati da sottili bande puntinate: tratteggio verticale, reticolo, fiori di loto stilizzati disposti orizzontalmente, onde correnti, tralcio d'edera, kyma lesbio, ovuli.

197 Fiaschetta

Bronzo laminato. Altezza 15
Da Bolsena, acquisto Coveri 1873
Firenze, Museo archeologico, inv. 70804.
Levi 1932, 37, fig. 29, 1.

Decorazione: sul collo, tripla fila di foglie lanceolate; sul corpo, dall'alto verso il basso, le fasce esibiscono i seguenti motivi, compresi entro sottili bande puntinate: ovuli, onde correnti, kyma lesbio, ovuli, tralcio d'edera, kyma lesbio, ovuli.

198 Fiaschetta

Bronzo laminato. Altezza 15,5
Provenienza ignota
Firenze, Museo archeologico, inv. 7381.
Levi 1932, 37, fig. 29, 2.

Decorazione: sul collo, quattro file di foglie lanceolate; sul corpo, dall'alto verso il basso, le fasce esibiscono i seguenti motivi, intercalati da sottili bande puntinate e zone lisce: onde correnti, ovuli, onde correnti, serie di rettangoli alternativamente lisci e campiti a reticolo, onde correnti, ovuli.

199 Fiaschetta

Bronzo laminato. Altezza 16,2
Provenienza ignota. Già collezione Bargagli di Sarteano
Siena, Museo archeologico, inv. B 389.
Pernier 1920, 20, n. 389.

Decorazione: sul collo, tre file di foglie lanceolate sovrapposte a formare un motivo a squame, fila di ovuli e serie di onde correnti; sul corpo, dall'alto verso il basso, le fasce esibiscono i seguenti motivi, compresi entro sottili bande puntinate e a tratteggio: kyma lesbio, ovuli, serie di rettangoli alternativamente lisci e campiti a reticolo, ovuli, kyma lesbio, ovuli.

200 Fiaschetta
Bronzo laminato. Altezza 14,5
Provenienza ignota. Già collezione Bargagli
di Sarteano
Siena, Museo archeologico, inv. B 390.
Pernier 1920, 20, n. 390.

Fornita di tappo cilindrico recante al centro
l'attacco di un anellino di sospensione. Decorazione: sul collo, doppia fila di foglie lanceolate; sul corpo, serie di ovuli e di onde correnti
comprese entro sottili bande puntinate, alternate a fasce lisce.

201 Fiaschetta
Bronzo laminato. Altezza 14
Provenienza ignota. Già collezione Bargagli
di Sarteano
Siena, Museo archeologico, inv. B 391.
Pernier 1920, 20, n. 391.

Decorazione: sul collo, due file di foglie lanceolate sovrapposte a formare un motivo a
squame; sul corpo, dall'alto verso il basso, le
fasce esibiscono i seguenti motivi, compresi entro sottili bande puntinate: onde correnti,
triangoli alternativamente diritti e rovesci, foglie lanceolate disposte orizzontalmente,
baccellature.

202 Fiaschetta
Bronzo laminato e fuso. Altezza 14
Da Volterra, necropoli del Portone, tomba K
Volterra, Museo Guarnacci, inv. 737.
Fiumi 1957, 379, n. 1, 392, fig. 12.

Il piede, leggermente svasato, è fornito di quattro peducci fusi. Lo stato della superficie, fortemente corrosa, non permette di distinguere
l'eventuale decorazione.

203 Fiaschetta
Bronzo laminato. Altezza 14,5
Provenienza ignota
Firenze, Museo archeologico, inv. 1382.
Levi 1932, 37, fig. 30, 1.

Fornita di tappo cilindrico recante al centro
un anellino di sospensione, nel quale sono inserite due maglie di una catenella. Non
decorata[8].

Dal censimento operato si può dedurre che le
fiaschette di questo tipo costituiscono un gruppo di oggetti sostanzialmente omogeneo, prodotto da una tecnica artigiana abbastanza per-
fezionata, ma che ha ormai assunto i caratteri
della ripetitività. Il repertorio figurativo risulta
infatti assai limitato e la sintassi ornamentale
estremamente schematica: il corpo del vaso è
sempre scandito da una serie di zone orizzontali decorate dagli stessi motivi che, pur variamente combinati, sono ripetuti con mono-
tonia. I confronti più prossimi per simili sche-

196
197

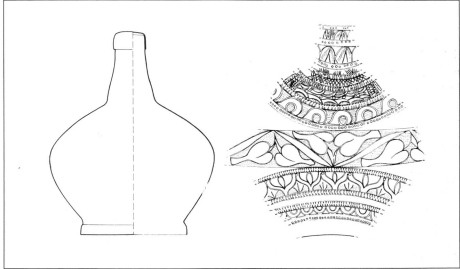

196

mi ornamentali sono reperibili sulla ceramica a rilievo, dove, fra l'altro, ricorrono anche motivi simili[9].

Ma in realtà i cosiddetti "bols à reliefs" non hanno una grande diffusione in Etruria[10], anche se è interessante rilevare che officine produttrici di ceramica italo-megarese sono state localizzate proprio nell'Italia centrale, ed in particolare in Umbria, nella zona fra Mevania e Ocriculum, dove fu attivo C. Popillius[11].

D'altro canto, dato che per motivi cronologici non è proponibile una interdipendenza tra questi prodotti e le fiaschette in esame[12], si potrebbe pensare alla circolazione di modelli comuni, da ricercare, non solo nella ceramica a rilievo di importazione, ma anche, e direi soprattutto, nei prototipi metallici di quella ceramica[13].

Sulla base delle associazioni, in particolare quelle relative alle tombe di Gioiella e di Chianciano, sembra legittimo collocare la produzione delle fiaschette entro un arco di tempo abbastanza limitato, e cioè tra la seconda metà del III e gli inizi del II secolo a.C.[14]. L'unico corredo che potrebbe abbassare il termine finale della datazione è quello di Populonia che, includendo forme della campana A, scende almeno alla metà del II secolo a.C.[15]

La concentrazione degli esemplari di cui si conosce la provenienza nell'Etruria settentrionale interna (10 su 16), e prevalentemente nell'agro di Chiusi (5 su 10), rende verosimile l'ipotesi che questi vasi siano stati prodotti proprio da una bottega chiusina[16].

Ciò può considerarsi un'ulteriore conferma del ruolo fondamentale svolto da Chiusi, in età ellenistica, nella creazione e nello smistamento di determinate classi di materiale. L'elevato livello artigianale, più volte ribadito a proposito delle urne, ma che evidentemente si esprime anche in altri campi, come la toreutica, dimostra l'esistenza di un'ampia classe "media", rurale e cittadina, con capacità di acquisto pressoché uniforme, disponibile ad acquisire beni "artistici"[17].

D'altra parte, il fatto che l'area di distribuzione di queste fiaschette oltrepassi abbondantemente i confini dell'agro, denota per Chiusi un'eccellente organizzazione anche per quanto riguarda i canali di diffusione, che permettono il diffondersi di tali prodotti, oltre che nell'Etruria settentrionale (agro volterrano, Populonia) e in quella centro-meridionale (Bolsena, Vulci), anche negli stanziamenti gallici del Piceno (Montefortino di Arcevia).

Le fiaschette ascrivibili al *secondo tipo* hanno bocca e collo fusi in un solo pezzo, e corpo laminato. La bocca è a collarino cilindrico, il collo a profilo concavo, ornato da una serie di baccellature incavate, il corpo globulare; l'ansa, mobile, è costituita da una catenella collegata al vaso mediante due anellini saldati lateralmente sulla parte superiore del collo. Alcuni esemplari integri sono anche forniti di un tappo conico, sormontato da un anello di sospensione nel quale è inserita una catenina, la cui estremità è a sua volta collegata all'ansa mobile (nn. 204-206; nota 19). Più spesso, data

198

200

199

202

la maggiore deperibilità del bronzo laminato, di queste fiaschette si conservano solo le parti fuse, cioè la bocca e il collo (nn. 207-210, nota 19).

204   Fiaschetta
Bronzo fuso e laminato. Altezza 8,6; altezza con il tappo 11,2
Provenienza ignota
Firenze, Museo archeologico, inv. 1383.
Inedita.

205   Fiaschetta
Bronzo fuso e laminato. Altezza 8,3; altezza con il tappo 11,3
Provenienza ignota
Firenze, Museo archeologico, inv. 1384.
Inedita.

206   Fiaschetta
Bronzo fuso e laminato. Altezza con il tappo 9,5
Verosimilmente da Volterra[18]
Volterra, Museo Guarnacci, inv. 734.
Inedita, ma menzionata in Fiumi 1976, 68.

207   Bocca e collo di fiaschetta
Bronzo fuso. Altezza conservata 3
Verosimilmente da Volterra
Volterra, Museo Guarnacci, inv. 744.
Inedita.

208   Bocca e collo di fiaschetta
Bronzo fuso. Altezza conservata 3
Verosimilmente da Volterra
Volterra, Museo Guarnacci, inv. 745.
Inedita.

209   Bocca e collo di fiaschetta
Bronzo fuso. Altezza conservata 4
Verosimilmente da Volterra
Volterra, Museo Guarnacci, inv. 746.
Inedita.

210   Bocca e collo di fiaschetta
Bronzo fuso. Altezza conservata 4
Verosimilmente da Volterra
Volterra, Museo Guarnacci, inv. 747.
Inedita[19].

Ad eccezione delle baccellature sul collo, queste fiaschette sono del tutto prive di decorazione e, se si escludono lievi variazioni nella forma del bocchello, presentano tutte la stessa semplice morfologia, dando ancora una volta l'impressione che si tratti di prodotti "di serie", per quanto di elevato livello tecnico, da attribuire ad un'unica bottega in un arco di tempo assai limitato.
Gli esemplari più significativi ai fini di una determinazione cronologica del tipo sono senz'al-

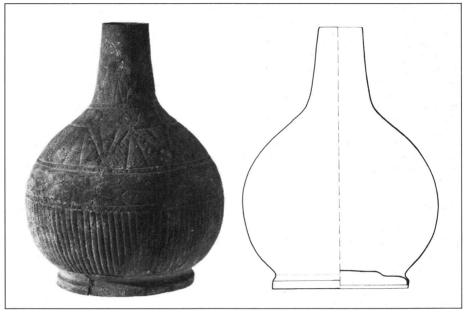

201

201

203

tro quello del sarcofago di Larthia Seianti, associato ad un asse romano del 189-158 a.C., e quello della tomba Pineschi di Volterra, databile tra l'ultimo quarto del III e la metà del II secolo a.C.[20] Meno indicativi, perché di più lunga durata, sono gli altri contesti. Sembra comunque legittimo ipotizzare che queste fiaschette siano più o meno contemporanee a quelle del primo tipo (metà III-metà II secolo a.C.), con le quali condividono in buona parte anche l'area di distribuzione. A questo proposito, va inoltre sottolineato che in ben due casi, tomba dei Calisna Sepu a Monteriggioni e tomba 10 dell'Osteria a Vulci, i due tipi ricorrono associati.

Per quanto riguarda invece la possibilità di localizzarne la zona di produzione, il discorso diventa più problematico, essendo molti esemplari di origine dubbia o addirittura sconosciuta. Sulla base delle provenienze note, anche in questo caso prevalentemente riferibili all'Etruria settentrionale, sembra comunque plausibile postularne una produzione volterrana: Volterra, con il suo agro, è infatti il centro che ne ha per ora restituito il maggior numero. È inoltre significativo che in una tomba come quella di Tuscania, dove sono state rinvenute ben due fiaschette di questo tipo, sia presente anche ceramica a vernice nera di fabbrica volterrana[21].

Anche a Volterra dunque, come a Chiusi, al di là di quel fenomeno artistico "di massa" rappresentato dalle urne funerarie, è attestata la presenza di piccole imprese artigianali nel campo della toreutica che producono oggetti di un certo pregio almeno fino alla metà del II secolo a.C.

g.c.c.

204

206

205

207 - 210

110

118

162

172

245.1

La piccola plastica

Nella fascia interna dell'Etruria settentrionale e centro-settentrionale si concentrano, a partire almeno dal V secolo a.C., le manifestazioni della grande statuaria etrusca di bronzo, se dobbiamo prestar fede alla testimonianza di celebri capolavori superstiti: dai frammenti di Chianciano, al *Marte* di Todi, alla statua-coperchio dell'Ermitage, alla *Chimera* e *Minerva* di Arezzo, fino alle due teste di giovinetti di Firenze e da Fiesole al Louvre, per finire, alle soglie della romanizzazione, con l'*Arringatore*[1]. La creazione di queste grandi opere, dovute certamente a personalità d'eccezione, si inserisce tuttavia come momento privilegiato in una antica pratica artigianale, che si esplica fin dal VI se non dal VII secolo a.C. nella produzione di statuette di piccole dimensioni, nella grande maggioranza di carattere votivo.

Si tratta di una massa di oggetti rilevantissima come quantità e capacità di diffusione, estremamente sfaccettata dal punto di vista del livello qualitativo, ma sempre comunque di grande importanza, se non altro, ma non solo, in quanto facile veicolo di diffusione di modelli e di tendenze stilistiche. Senza alcuna pretesa di esaurire una problematica che è ben lontana, al momento, dal trovare una soddisfacente sistemazione scientifica, questa sezione della mostra, sinteticamente e procedendo per campioni, intende illustrare i caratteri salienti di questo fenomeno. In armonia con il tema generale dell'esposizione, l'attenzione è incentrata sull'età ellenistica, per la quale si propongono come emblematici da una parte un bronzetto inedito del Museo di Firenze, di fattura molto raffinata, proveniente da una stipe finora pressoché ignota di San Casciano val di Pesa (n. 211), dall'altra una modesta stipe volterrana, intorno alla quale è possibile raggruppare alcune opere adespote, ivi compresa la celebre *Ombra della sera*, di cui risulta in qualche modo ridimensionato il carattere di eccezionalità (nn. 212-215).

Manca tuttora per l'Etruria propria un censimento sistematico delle stipi votive del tipo di quello condotto da G. Gualandi per l'Etruria padana[2]; ancora di più rimane da affrontare l'analisi scientifica delle cospicue collezioni, tutte di antica formazione, che si conservano nel museo fiorentino e in alcuni musei periferici, come Volterra, Arezzo, Siena, Cortona, Fiesole, mentre soltanto le raccolte di Chiusi e di Grosseto hanno avuto un'edizione esauriente[3]. All'interno di queste collezioni accurate ricerche d'archivio, solo in parte già avviate, potranno auspicabilmente portare all'identificazione di nuclei omogenei e al recupero del dato di provenienza di esemplari di notevole qualità, taluni, come la *Sacerdotessa*, o l'*Offerente* in stile policleteo, e la cosiddetta *Pomona* — tutti del museo di Firenze — divenuti pezzi da manuale, ma destinati tuttavia per il carattere adespota a rimanere al margine di ogni considerazione scientifica[4].

Nonostante queste riserve, e limitando l'attenzione al periodo tra il IV e il II secolo a.C., un primo elemento caratterizzante che sembra potersi enucleare all'interno della piccola plastica bronzea dell'Etruria settentrionale è la costante acquisizione dei modelli, o comunque di tendenze stilistiche, dall'ambiente genericamente etrusco meridionale e laziale. Essi improntano ugualmente, anche se in modo più o meno diretto, i due livelli qualitativi nei quali vediamo articolarsi la documentazione archeologica: l'uno, di prestigio, che si esplica nella circolazione di opere stilisticamente raffinate; l'altro, il più cospicuo quantitativamente, che concerne la produzione media e bassa, fortemente radicata nelle situazioni locali, nella quale i modelli colti appaiono spesso imbarbariti, ma talora, come nel caso dei portatori d'acqua (nn. 212, 213, 216, 217), o della serie allungata (nn. 213, 218-219), spontaneamente reinventati con fantasia e creatività.

Il circuito dei prodotti di pregio, caratterizzato da una koiné stilistica all'interno della quale le connotazioni locali tendono virtualmente ad annullarsi, sembra concentrarsi di preferenza nei santuari posti su itinerari di grande comunicazione, primo fra tutti quello del Falterona, ubicato presso le sorgenti dell'Arno, su un valico di primaria importanza per l'accesso al versante emiliano e adriatico, e nello stesso tempo agevolmente collegato attraverso le vie fluviali all'area tiberina[5]. Non è un caso che da questo santuario di confine, il più rilevante dell'intera Etruria, siano state restituite statuette di stile classico, che trovano confronti ad un tempo e nell'area tiberina, centro vitale in quest'epoca di elaborazione stilistica, e sull'opposto versante dell'Appennino. Basti ricordare a questo proposito il *Guerriero* del British Museum, tradizionalmente avvicinato al *Marte* di Todi, ma che trova confronto anche nell'*Eracle* del santuario di Villa Cassarini a Bologna[6] e inoltre i due giovinetti cimase di candelabro di stile policleteo che appaiono confrontabili con analoghe esperienze di ambito tiberino (ad esempio il *Giovinetto da Falerii*) e con un esemplare, documentato dalla sola testa, da Carpegna nel Montefeltro[7].

Da questa stessa località proviene il bronzetto iscritto dedicato da una donna, *ramθa uftavi* di origine perugina, che costituisce il termine di confronto più puntuale per la statuetta dalla località San Donato in Luciana, in val di Pesa, che qui si presenta (n. 211), disegnando così uno dei possibili itinerari lungo i quali si articola in quest'epoca il movimento delle persone e delle tendenze culturali. Anche questa finora ignota località dovette costituire una tappa di una via di grande comunicazione, una tappa segnata da una qualche istituzione santuariale, se dobbiamo giudicare dal fatto che da essa proviene, secondo dati inventariali, anche la celebre *Andromeda*, dal linguaggio stilistico esemplato sulle ciste prenestine e capostipite a sua volta di una nutrita serie di statuette localizzabili nell'Etruria settentrionale interna[8].

Nella piccola plastica bronzea dell'Etruria settentrionale interna sembra riscontrarsi insomma un fenomeno analogo e parallelo a quello individuato dalla Pairault nell'ambito delle più antiche ceramiche del ''gruppo Clusium'', all'interno delle quali è possibile riscontrare una koiné di stile e di modo di lavorazione che coinvolge ugualmente esemplari provenienti da Volsinii, Chiusi e Volterra[9].

Come fattore determinante di tutto questo dovremo certamente invocare anzitutto la tradizionale mobilità delle aristocrazie, che si deduce con particolare evidenza da oggetti iscritti, come lo specchio attribuibile ad una bottega di Bomarzo, ma commissionato da un Tite Cale volterrano[10], o il bronzetto da Carpegna sopra ricordato, il quale, fabbricato o no nel luogo del rinvenimento, documenta pur sempre e la migrazione di una donna dall'area perugina e l'importazione, quanto meno, di un modello dall'Etruria centro-meridionale.

Ma fenomeno ancor più rilevante dovette essere certamente la circolazione all'interno delle botteghe locali di artigiani qualificati itineranti, che introducono di volta in volta nuovi modelli, fungendo da veicolo di aggiornamento culturale.

Questa duplicità di livello — l'uno colto e in qualche modo sovralocale, l'altro più modesto e variegato — pur avendo il suo fluoruit nel IV secolo, sembra potersi cogliere ancora fin verso la metà del III secolo a.C., come dimostra la statuetta con dedica di *larce lecni* (*supra*, n. 159) e, nel caso, il più probabile, che siano di provenienza etrusca settentrionale, i due bronzetti del museo di Firenze (inv. 143 e inv. 176) dalle Gallerie, inediti, ispirati assai da vicino a tipi lisippei del ritratto di Alessandro. Relativamente a questo periodo il tradizionale flusso di maestranze dell'area tiberina può aver avuto un nuovo impulso a seguito della caduta di Volsinii, vicenda quest'ultima della quale si ha tangibile riflesso nella presenza a Chiusi, nella tomba delle Tassinaie, di iscrizioni dalle peculiarità grafiche meridionali e del gentilizio, di tipo volsiniese, Tiu[11]. Proprio al venir meno dei centri di elaborazione stilistica e di tradizione artigianale situati nella bassa valle tiberina, oltre che alla graduale disattivazione, per la mutata situazione storica, dei grandi itinerari verso il nord, è forse da imputarsi il fenomeno, che non pare dubbio in questa branca della produzione artigianale, dello scomparire, o quanto meno dell'affievolirsi, della circolazione di maestranze colte nell'Etruria settentrionale. Pur con ogni prudenza infatti non si può fare a meno di constatare che bisogna arrivare al pieno II secolo per trovare di nuovo, nel campo della piccola plastica, una produzione di alta qualità, a cui diffusione pare tuttavia limitata alla regione gravitante intorno al Trasimeno, come dimostrano celebri statuette quali l'*Offerente femminile*[12] e il *Putto con l'oca* dalle vicinanze di Cortona a Leida e il *Fanciullo* del Museo gregoriano[13]. Non sarà azzardato tuttavia ritenere, sulla scorta dell'*Arringatore*, che il centro di propulsione delle rinnovate esperienze colte sia adesso da individuarsi non più in Etruria, ma a Roma.

Venendo ora a considerare l'aspetto locale della piccola plastica bronzea, la modesta stipe che qui si espone ad illustrare, sia pur parzialmente, il fenomeno, offre diversi spunti di interesse, primo dei quali la sua stessa ubicazione. A giudicare dalla circostanza che i bronzetti furono rinvenuti, in giacitura secondaria, durante i lavori di sistemazione dell'area antistante la bella fonte medievale di Docciola, il piccolo santuario dovette essere posto proprio presso la sorgente perenne, anzi a presidio dell'approvvigionamento pubblico di acqua, come sembra dedursi dalla tipologia degli ex voto, in questo rispecchiando un costume che in Etruria appare pressoché generalizzato, sia pure con connotazioni diverse[14]. Inoltre il complesso così riunito costituisce uno spaccato sul repertorio dei tipi iconografici e sulla differenziazione qualitativa interna presenti in una bottega di età ellenistica, fatto che nella sua banalità è pur tuttavia un'acquisizione di non trascurabile interesse, vista la generale dispersione dei complessi o comunque la totale o quasi mancanza di edizioni esaurienti. Quanto al repertorio iconografico, di particolare interesse risulta il tipo dell'offerente femminile, una sorta di leit motiv, come si è visto (n. 159) dei santuari centroitalici, del quale è possibile cogliere l'intera gamma degli esiti qualitativi e di cui la stipe volterrana presenta una versione di media raffinatezza, rappresentativa dunque della produzione comune. Per ragioni opposte si segnala all'attenzione la peculiare iconografia del *Portatore d'acqua*, che risulta in pratica un unicum nell'ambito delle stipi e delle rappresentazioni figurative in assoluto dell'arte italica e che appare essere stata disinvoltamente creata, anche se forse sulla base di lontani precedenti greci, in uno spirito di spontanea osservazione della realtà. Le quattro figurine di portatori ci offrono inoltre l'interessante opportunità di osservare, nella fissità rituale del tipo, e le differenti soluzioni stilistiche adottate e il carattere in qualche modo di creazione unica di ogni statuetta, modellata secondo il procedimento a cera perduta, ogni volta *ex nihilo* e senza l'ausilio di strumenti di ripetizione meccanica. Ma tra gli indirizzi stilistici che è possibile enucleare in questo piccolo gruppo di bronzetti, degno di attenzione su tutti è quello che obbedisce al gusto di uno straordinario e innaturale allungamento della figura e che, insieme all'*Ombra della sera* (n. 218) risulta ora rappresentato anche dai due bronzetti n. 213 e n. 219. Come è noto, si tratta di una peculiare visione della forma, che si diffonde dal III secolo a.C. nella piccola plastica dell'Etruria centro-settentrionale, irradiandosi, ancora una volta, dall'ambiente laziale, nel quale, come ha rilevato G. Colonna, si colgono tutte le successive tappe della sua elaborazione, dalle figure laminari dello scorcio del VII secolo alla statuetta femminile, del IV secolo, della stipe del tempio di Diana a Nemi[15]. Nell'ambito di questa tendenza formale, per cui è stata invo-

cata la persistenza rituale della struttura lignea degli ex voto arcaici e che non vale peraltro di per sé ad individuare botteghe e centri di produzione, la bottega volterrana si caratterizza per la sua attenta osservazione naturalistica. È facile rilevare infatti nelle tre statuette di questo tipo, come sulla fondamentale struttura laminare della figura si innesti un dolce modellato, fortemente sensibile per le forme naturali, che appaiono soltanto diluite nelle proporzioni allungate. Alla struttura laminare non mancano anzi interessanti forzature, che risultano particolarmente evidenti nella visione di profilo, come il passo lievemente accennato nelle figure n. 213 e n. 219, e ancora in quest'ultima il braccio destro portato in avanti e infine la notazione plastica nei nn. 218 e 219 di ogni particolare anatomico.

Non sappiamo, visto il carattere non sistematico dello scavo, quando e se il modesto santuario nato intorno alla fonte cessò mai nell'antichità di coagulare la piccola devozione locale. Ma non mancano tuttavia indizi per ritenere che gli umili culti di questo tipo, creatisi attorno ad esigenze elementari di vita, siano vissuti a lungo, talora anche fino ad età pienamente romana, costituendo, al di là dei mutamenti storici, uno dei pochi fattori di continuità[16].

m.b.

211

211 Statuetta di offerente maschile

Bronzo modellato a fusione piena, con patina di colore verde bruno; mancante della parte inferiore del braccio destro e delle gambe. Altezza conservata 16,8
Da San Casciano val di Pesa, località San Donato in Luciana
Firenze, Museo archeologico, inv. 79030, acquisto Pacini del 1900.
Inedito.

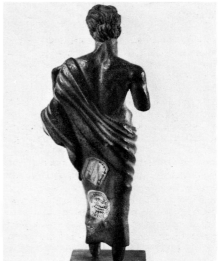

211

Figura maschile stante, che insiste sulla gamba destra ed ha la sinistra flessa; indossa un mantello con orlo perlinato che lascia scoperto il torso. Con la mano sinistra tiene appoggiato contro la spalla uno strumento dal lungo manico mutilo all'estremità, interpretabile, sulla base del confronto con un esemplare del Museo di Verona[17], come uno strumento agricolo di cui si conserva in alto l'immanicatura.
Nella disposizione delle ciocche sulla fronte, nella fresca sensibilità per le partizioni anatomiche e infine nella ponderazione e nel gesto che inducono una immediata suggestione al modello del *Doriforo*, la figura manifesta una stretta connessione con la serie di stretta osservanza policletea proveniente dal Falterona e con un offerente di provenienza sconosciuta del museo di Lione[18]. Tuttavia il superamento dei moduli stilistici classici vi appare evidente nelle proporzioni slanciate del corpo, nella testa piccola con calotta appiattita e fronte bombata, nella torsione del volto dagli occhi ravvicinati e infossati. La capigliatura inoltre, pur essendo conformata sulla fronte alla

maniera policletea, appare poi trattata ai lati del volto a grandi masse lisce nelle quali si individua la recezione dei nuovi canoni instaurati dal ritratto giovanile di Alessandro[19].
La cronologia della statuetta sembra doversi porre di conseguenza negli ultimi decenni del IV secolo, mentre la persistenza di peculiari tratti stilistici policletei non consente di scendere oltre questo limite.
Sia l'attributo, interpretabile come un attrezzo da agricoltore o da boscaiolo, sia l'affinità stilistica con l'esemplare, prima ricordato, da Carpegna recante una dedica iscritta a Selvan-Silvano[20] inducono a vedere in questa statuetta un ex voto ad una divinità di tipo agrario, con una qualche probabilità lo stesso Selvan.

212   Statuetta di portatore d'acqua
Bronzo modellato a fusione piena, con patina di colore verde bruno. Altezza 12
Da Volterra, fonte di Docciola
Volterra, Museo Guarnacci, inv. 1971/2.
Fiumi 1976, 74, fig. 161.

La figura, maschile, vestita di perizoma, è rappresentata nell'atto di sollevarsi sotto il peso del recipiente pieno d'acqua. Ha infatti ambedue le gambe flesse, più accentuatamente la sinistra, mentre la destra è arretrata e marcatamente ruotata verso l'esterno; con la mano sinistra regge sulla spalla un'olla a corpo ovoide e bilancia lo sforzo poggiando l'altra mano sul fianco. La statuetta, nella quale e per l'abbigliamento[21], e per il recipiente di uso tipicamente domestico[22] è da vedersi un servitore nell'atto di trasportare acqua, si segnala per un vivace senso di osservazione realistica che la assimila in qualche modo alla numerosa serie di figurine e di gruppi plastici pertinenti ad utensili (ciste, candelabri), che sono rappresentati spesso in azioni di genere e in pose anticonvenzionali, dettate unicamente, come ha rilevato Brendel, da uno spirito bizzarro di adesione alla situazione reale[23]. La medesima posizione delle gambe si riscontra ad esempio in due figurine di guerrieri rappresentati — sul coperchio della nota cista di Berlino con liberazione di Marte dal pithos — nell'atto di sollevare un compagno morto e in genere, sempre su coperchi di ciste, nei personaggi impegnati in azioni di lotta e di sforzo[24]. Le peculiarità stilistiche del bronzetto in esame, caratterizzato dalle proporzioni tozze e dal nudo carnoso e morbido, oltre che dal movimento ardito delle gambe, trovano un qualche riscontro, se non una precisa analogia, in un gruppo di figurette maschili nude inserite come terminali di *kottaboi*, ascrivibili ad una bottega volsiniese-perugina e databili intorno alla metà del IV secolo a.C.[25]
Per i richiami appena addotti e per la capigliatura a sottili ciocche cadenti sulla fronte, generica, ma interpretabile come estrema banalizzazione di modi policletei[26], la statuetta può collocarsi ancora nella seconda metà del IV secolo a.C.

212

212

213 Statuetta di portatore d'acqua
Bronzo modellato a fusione piena, con
patina di color verde bruno. Altezza 20,8
Da Volterra, fonte di Docciola
Volterra, Museo Guarnacci, inv. 1971/1.
Fiumi 1976, 74, figg. 160, a-b.

La figura, laminare, rappresenta un giovinetto vestito di perizoma che regge con la mano
sinistra un'olla ovoide sulla spalla, mentre poggia la destra sul fianco. La testa, piccola e inclinata a destra, ha una capigliatura a ciocche
sottili e ondulate che si dipartono dal sommo
della calotta e ricadono sulla fronte divergendo al centro, mentre ai lati del volto assumono un curioso andamento obliquo convergente verso il sommo della fronte. Questo tipo assai peculiare di pettinatura, documentata in teste votive di terracotta dell'Etruria meridionale, la più nota delle quali, il *Barbaro* del Gregoriano, ricorre nell'Etruria settentrionale nella testa del giovinetto da Fiesole, alla quale va
attribuito con ogni probabilità il ruolo di prototipo nei confronti della produzione minore[27]. La cronologia intorno alla metà del III
secolo, che secondo la seriazione Hafner risulta
attribuibile a questo tipo di capigliatura, appare suffragata nel nostro bronzetto sia dalla
realizzazione del perizoma, analoga a quella
che compare sulla cista con scena di cucina[28],
sia dalla trattazione del volto, che mostra sorprendente analogia con quello del busto di
marmo da Populonia, proponendo ancora una
volta concretamente il meccanismo della dipendenza della produzione corrente da prototipi colti[29].

214 Statuetta di offerente femminile
Bronzo modellato a fusione piena, con
patina color verde-grigio. Altezza 11,5
Da Volterra, fonte di Docciola
Volterra, Museo Guarnacci, inv. 1971/3.
Fiumi 1976, 74.

La figura, modellata, salvo l'indicazione dell'orlo del mantello, solo nella parte anteriore,
ha l'aspetto, nella visione di profilo, di una lamina incurvata con andamento a esse. Indossa chitone cinto e mantello che avvolge anche
la testa, lasciando scoperto il petto e il braccio destro e ricade quindi lungo il fianco sinistro passando sopra l'avambraccio. Il volto, rotondo e piatto, è modellato sommariamente;
nella mano destra ora mancante la figura doveva recare la patera, rappresentando così una
delle numerose redazioni correnti, anche se
non del tutto incolte, del tipo, capillarmente
diffuso, dell'offerente femminile. Per la struttura a lamina sinuosa, per la trattazione semplificata della parte dorsale e per la realizzazione della veste, la statuetta, pure caratterizzata in senso locale, appare accomunata ai pochi esemplari del tipo attualmente noti da
Fiesole[30]. La cronologia, per la quale non sussistono peraltro sicuri elementi di giudizio, dovrebbe essere piuttosto tarda, da collocarsi latamente durante il II secolo a.C.

214

214

215 Statuetta di offerente femminile
Bronzo modellato a fusione piena, con
patina color verde-grigio. Altezza 7,5
Da Volterra, fonte di Docciola
Volterra, Museo Guarnacci, inv. 1971/4.

La statuetta, laminare, sommariamente abbozzata, rappresenta una figura femminile amman-
tata e velata, che stringe al petto la mano destra sotto la quale si intravede la sagoma di una
patera; mentre la sinistra, abbassata, trattiene un lembo della veste. Sono modellati i tratti
del volto e i piedi.
Nella figura si riconosce, al di là della somma-
rietà dell'esecuzione, un tipo statuario ellenistico, rielaborato sulla base della grande Er-
colanese e documentato dalla seconda metà del
III secolo a.C. in terrecotte greche, magnogreche e centroitaliche[31]. Il bronzetto, insieme
ad altri esemplari simili nel Museo Guarnacci,
rappresenta bene il fenomeno, quantitativamente assai rilevante, della produzione bassa
e ripetitiva delle piccole botteghe locali.

216 Statuetta di portatore d'acqua
Bronzo modellato a fusione piena, con
patina color grigio biancastra; mancante
della parte inferiore della gamba sinistra.
Altezza 8
Da Volterra, località sconosciuta
Volterra, Museo Guarnacci, inv. 12/52,
pertinente al vecchio fondo del museo.

La statuetta rappresenta un portatore d'acqua
vestito di perizoma, con la mano destra sul
fianco e la sinistra sollevata a reggere sulla spalla un'olla biansata poggiata su un cercine. Il
bronzetto, rozzo e mal conservato, trova confronto per la struttura del corpo — busto sottile e gambe divaricate — in un gruppo di
esemplari del Museo di Grosseto, peraltro di
analogo abbigliamento, per i quali viene così
a cadere il sospetto di non autenticità[32]. Per
i tratti del volto e per la capigliatura con ciuffo rialzato sulla fronte la testa appare come una
versione rozza di quella dell'*Ombra della sera*,
assicurando così una cronologia di massima nel
III secolo a.C. (infra, n. 218). Da notare infine che l'olla è direttamente esemplata su un
tipo di recipiente locale, documentato da un
esemplare nei magazzini del Museo proveniente da Monteriggioni e da numerosi frammenti recuperati recentemente durante l'esplora-
zione archeologica dell'area antistante la fonte medievale di San Felice, confermando così
il carattere di derivazione realistica di questo
tipo di rappresentazioni.

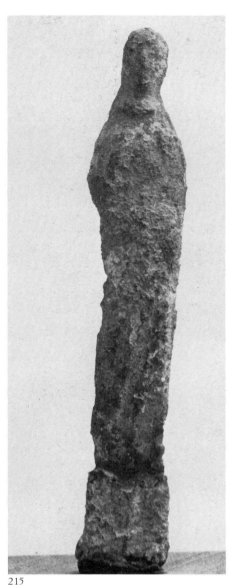 

215   215

216

216

217

217 Statuetta di portatore d'acqua
Bronzo modellato a fusione piena, con
patina verde; fortemente corroso
Altezza 8,5
Da Volterra, località sconosciuta
Volterra, Museo Guarnacci, inv. 76,
pertinente al vecchio fondo del museo.

La statuetta, analoga alla precedente salvo la
diversa struttura del corpo e, al di là della corrosione, l'ancora più accentuata rozzezza, riveste tuttavia un suo interesse in quanto contribuisce a documentare l'estrema varietà degli esiti qualitativi possibili all'interno di una
medesima bottega.

218 Ombra della sera
Bronzetto modellato a fusione piena, con
patina bruna. Altezza 57,5
Secondo il Gori, "nuper Volaterris
erutum est"
Volterra, Museo Guarnacci, inv. 226.
Gori 1737, I, tav. CIV, n. III; Gori 1937,
II, 230; Terrosi Zanco 1961, 456-458,
n. 10, figg. 19-22 (con bibliografia
precedente); Fiumi 1976, 74, fig. 159, a-c;
von Vacano 1977.

La celebre statuetta nota come *Ombra della sera* rappresenta un giovinetto nudo stante, con
le gambe unite e le braccia tese lungo i fianchi. Il corpo, se pure allungato, è modellato
morbidamente in ogni sua parte; mani, piedi
e sesso sono accuratamente lavorati. La testa,
con calotta leggermente appiattita, ha una capigliatura resa a lunghe ciocche sinuose che si
irradiano dal sommo della testa, formando sulle guance due lunghi ricci virgolati e sulla fronte un ciuffo rialzato portato sulla destra; il volto ha tratti marcati di sapore infantile. La scultura, apparentemente tanto abnorme da susci-
tare acritici giudizi di "modernità", ha avuto
fin dal suo lontano apparire la non felice sorte di venire circondata, spesso dagli studiosi
stessi, di un certo alone di mistero, come oggetto curioso e dal vago sapore demoniaco. Se
il Gori la considerò come un lare, o meglio un
lemure, o anzi il genio stesso del male, non è
mancato chi, in anni recenti, ha confrontato
"l'eccitante statuetta" con l'opera dello scultore Giacometti (von Vacano, cit. *supra*).
Data invece l'inconfondibile analogia stilistica con il *Portatore d'acqua* (n. 213) e con il
bronzetto n. 219 catalogato qui di seguito, la
scultura appare oggi concretamente restituita
al contesto di una bottega volterrana che ela-
bora una sua peculiare interpretazione della
tendenza all'allungamento. Anche l'iconografia, lungi dall'essere isolata, come ancora la
considerò la Zanco, qualifica la figura come
un ex voto raffigurante un fanciullo, essendo
documentata in bronzetti[33] e, per le terrecotte votive, nei gruppi delle madri che tengono
strettamente affiancato un bambino[34].
La testa, improntata da vicino a modelli ellenistici tra i quali, per i tratti del volto, è immediata la suggestione del *Fantino*

219

219

218

218

218

218

dell'Artemision[35], risulta assai bene contestualizzata nell'ambito delle terrecotte votive dell'Etruria meridionale. Essa appare particolarmente vicina al celebre ritratto di fanciullo del Gregoriano inv. 13761 e per i tratti del volto, e per la capigliatura, per la quale, relativamente al particolare del ciuffo sulla fronte, un ulteriore confronto è costituito da un secondo esemplare della medesima collezione[36]. La cronologia di questi monumenti, che Hafner pone nella prima metà del III secolo individuandone la dipendenza da opere lisippee come l'*Alessandro* di Dresda e l'*Eros*, costituisce anche per la statuetta volterrana un valido punto di riferimento, ponendo l'esigenza di rialzarne decisamente la datazione, tuttora corrente, del II-I secolo a.C.

219 Figura di giovinetto
Bronzo modellato a fusione piena, con patina verde-bruna; braccio destro ricongiunto poco al di sopra del gomito.
Altezza conservata 20,5
Firenze, Museo archeologico, inv. 150, dalle Gallerie.
Inedito.

La figura, nuda, con corpo laminare, ma accuratamente modellato, poggia sulla gamba destra rigida e avanza lievemente la sinistra, che doveva essere flessa. Ha il braccio destro piegato e lievemente portato in avanti con la mano poggiata sul fianco, il braccio sinistro steso lungo il corpo. Il volto, dalle forme piene, mostra delicati tratti giovanili; la capigliatura è trattata a lunghe ciocche ondulate che formano sulla fronte una frangetta corta volta a sinistra.
Per le proporzioni, per la struttura e per il modellato del corpo, la statuetta, pure di esecuzione assai più corsiva, appare strettamente affine alla precedente. Il gesto del braccio destro, così come la concavità del dorso e la for-

ma delle gambe, avvicinano poi questo bronzetto al *Portatore d'acqua* n. 213.
Si tratta anche in questo caso di un ex voto di giovinetto, essendo lo schema iconografico, variante di quello con le braccia ambedue distese, documentato nella statuetta di fanciullo dal santuario dell'Impruneta, Firenze, inv. 75354. Il volto e la capigliatura possono considerarsi redazioni semplificate di quelli della figura precedente.

220 Statuetta di portatrice d'acqua
Bronzo modellato a fusione piena, con patina bruna. Altezza 9,5
Firenze, Museo archeologico, inv. 388, dalle Gallerie.
Inghirami 1825, III, 198-199, tav. XV, 2.

La statuetta rappresenta una figura femminile completamente avvolta nel mantello, con il braccio destro piegato sul petto e il sinistro abbassato, che reca sulla testa un'olla biansata posta, pare, su un cercine. La figura è ottenuta giustapponendo meccanicamente un'olla, del tipo di quella del bronzetto n. 216, ad una figura del tipo della n. 215, proveniente dalla stipe di Docciola. Essa risulta per questo con ogni probabilità attribuibile a bottega volterrana e probabilmente a questa stessa stipe. Pur essendo il suo schema esemplato latamente sul modello delle portatrici d'acqua attestate almeno dall'età classica nelle terrecotte della Grecia e della Magna Grecia[37], la statuetta appare costruita con procedimento assolutamente sommario, che prescinde dall'osservazione realistica, secondo la quale, come accade ad esempio nelle figure appena citate, un braccio dovrebbe essere alzato nell'atto di reggere il recipiente. Ciò è particolarmente indicativo del modo di lavorare, corsivo e semplificato, che le piccole botteghe adottano nella produzione più di carattere corrente.

m.b.

220

Gli specchi

Più volte è stato proposto di attribuire ad ambiente settentrionale, in particolare a Chiusi, gli specchi che per stile e per schemi iconografici trovano confronti con le raffigurazioni sulle *kylikes* chiusine, sulle *kelebai* volterrane o sulle urne a rilievo: sono gli specchi a campo tripartito (una fascia centrale e due zone d'esergo), attribuiti al Maestro di Menelao e alla sua scuola[1]; gli specchi a quattro o tre figure con cornice a girali o privi di cornice e quelli con lasa diademata o con due guerrieri, anch'essi senza cornice[2]; il gruppo "a corona di spine"[3]; gli specchi con lasa incappucciata e quelli con Dioscuri tunicati a manico fuso[4]. Comunque, se si dovesse tener conto di schemi e di dettagli del disegno che si ritrovano sulla ceramica figurata, più convincenti sarebbero i richiami ai vasi vulcenti, falisci, o italioti; ma tali confronti, se sono utili per capire la ricchezza, la complessità, l'omogeneità culturale del patrimonio artistico al quale attingevano gli artigiani degli specchi, non servono a risolvere il problema che qui interessa, quello di trovare validi motivi per giustificare l'esistenza di officine di specchi in Etruria settentrionale. A tale scopo si sono rivisti i raggruppamenti già fatti e si sono costituiti piccoli gruppi omogenei sulla base di analogie di forma, di stile, di schemi della composizione principale e della decorazione accessoria, di motivi decorativi sul lato riflettente.

Si è poi verificato quanto questi piccoli gruppi omogenei siano diffusi in Etruria settentrionale, tenendo conto delle provenienze e dei caratteri delle iscrizioni. In questa sede si presentano in breve i risultati della ricerca.

Fra gli specchi con codolo a linguetta, sono documentati in Etruria settentrionale alcuni esemplari a campo tripartito o senza l'esergo superiore, che con ogni probabilità sono stati fabbricati nella stessa officina[5]; hanno il disco largo, con il bordo decorato a ovoli e chiuso da una fascetta perlinata, la targhetta larga rettangolare con apici marcati, il recto decorato con un motivo a lira sormontata da una palmetta. Le figure sono ancora di impianto classico, in atteggiamento statuario, con le vesti ampie che danno il senso del volume dei corpi, con le teste grandi dal mento pesante. Per lo studio efficace della tridimensionalità, con la resa dei corpi di scorcio e la presenza di almeno due piani prospettici, oltre che per la disposizione delle figure che sembra non tener conto del campo circolare, le scene sembrano riprese da megalografie. Il fondo è puntinato. L'esergo superiore, sugli esemplari a campo tripartito, è decorato con una figura sdraiata o, più spesso, con la quadriga; la targhetta è decorata con Ercole. Le provenienze conosciute (Volterra, Chiusi, Todi, Bomarzo) rimandano all'area interna centro-settentrionale; ma le iscrizioni non sono di tipo settentrionale: probabilmente l'officina era attiva nell'Etruria interna centrale, attorno al 350-325 a.C.

Da questo gruppo derivano alcuni specchi a campo tripartito, già assegnati al Maestro di Menelao[6], caratterizzati dal disco relativamente largo, con bordo decorato in genere a ovoli e con targhetta a lati inflessi, decorati con cinque personaggi su uno sfondo architettonico. In alto si ripete la quadriga (a volte sostituita da una figura supina o da una lasa in volo); sulla targhetta si trova Ercole, o un erote, o una lasa. Il lato riflettente è decorato con un motivo a lira e palmetta simile a quello del gruppo precedente. Tratti salienti dello stile sono i capelli lisci sulla calotta e arricciati attorno al viso in rigide spirali, le pieghe delle vesti rese a doppia linea, i dettagli dei nudi segnati a tratteggio, che insiste particolarmente, nelle figure maschili, sui muscoli dello sterno. Le provenienze conosciute (Chiusi e Cetona) sembrerebbero assegnare il gruppo all'Etruria settentrionale, ma le iscrizioni hanno caratteri meridionali; pertanto anche questi specchi vanno attribuiti ad officine dell'Etruria centrale interna, attive nell'ultimo quarto del IV secolo.

Altri specchi a campo tripartito non possono essere riuniti in gruppi omogenei, ma vanno considerati singolarmente[7]: essi si ricollegano stilisticamente al gruppo precedente, differenziandosene alcuni nel disegno delle teste, altri nel trattamento più schematico delle vesti o nell'appiattimento dei volumi dei corpi, privi di dettagli anatomici.

Questi specchi provengono tutti dall'Etruria centro-meridionale.

Dal gruppo a campo tripartito deriva una copiosa produzione standardizzata, a quattro personaggi (più raramente a tre) disposti su uno sfondo architettonico sovrastato da un timpano, che spesso è sostituito da un motivo arcuato[8].

Soggetto preferito di questi specchi sono i Dioscuri, con Elena e Minerva; talvolta al posto di Elena compare un giovane. La targhetta è decorata con un fiore a tre petali, più raramente con una doppia serie di bocci; sul lato riflettente è ripetuto il motivo a lira e palmetta. Mancano del tutto le iscrizioni. Tale produzione è documentata sia in Etruria centrale interna (a Porano, Amelia, Tuscania, Bomarzo) che in Etruria settentrionale (a Bologna, Volterra, Chiusi); è verosimile supporre che si siano aperte diverse officine in località anche distanti fra loro, e che fra queste circolassero i medesimi cartoni. Il gruppo è databile nell'ultimo quarto del IV secolo, sulla base dei contesti tombali conosciuti per alcuni esemplari[9].

Gli specchi a campo tripartito non esauriscono da soli la documentazione dei materiali dell'Etruria settentrionale. Esistono altri tipi, che dipendono stilisticamente dagli specchi a tre o quattro personaggi, con cornice a girali, ampiamente analizzati dal Mansuelli, che li attribuisce ai Maestri di Telefo e di Usil[10]. Ad essi si collega una vasta produzione standardizzata, comprendente alcuni esemplari a quattro personaggi e numerosi specchi con tre, due e un solo personaggio[11]. Lo stile è molto omogeneo: le figure sono massicce, le donne portano i capelli rialzati fermati da un diadema o da una tenia, con una ciocca libera alle tempie, resa a contorno ondulato e spesso priva di linee incise; spesso compaiono guerrieri con scudo ornato[12]. Questi specchi sono molto diffusi, oltre che in Etruria centro-meridionale (a Orvieto, Perugia, Bagnaia, Bomarzo, Viterbo, Tarquinia, Corchiano, Caere, Canino, Tolentino), anche in Etruria settentrionale (a Populonia, Vetulonia, Volterra, Bologna, Chiusi, Asciano, Arezzo, Talamone): è evidente che erano fabbricati da officine attive sia nel nord che nel sud dell'Etruria, anche se è impossibile distinguere le botteghe per la notevole omogeneità di stile e di schemi, dipendenti dai medesimi cartoni. Questa produzione di serie si lega all'altra con quattro personaggi su fondo porticato, sia per la forma dello specchio e della targhetta, che per la decorazione della stessa, dove è ripetuto spesso il fiore a tre petali; mentre sul lato riflettente compare ancora il motivo della lira e palmetta.

Sicuramente prodotti da officine settentrionali sono alcuni specchi che sfuggono a rigidi raggruppamenti, presentando proprie caratteristiche sia di forma che di stile: meritano menzione almeno quattro esemplari, che presentano le iscrizioni con il kappa davanti a vocale palatale, nel nome *pultuke* (ES 355, ES 56,1 da Chiusi, ES V 78 da Perugia) e nel nome *euntke* (Mangani 1983, n. 181 da Asciano). I primi due sono simili anche per la forma della targhetta, dagli apici orizzontali; lo specchio da Perugia è probabilmente della stessa mano di ES 66 da Arezzo (v. ora CSE Italia 1, I, n. 13). La produzione di specchi con codolo a linguetta finisce con la fine del IV secolo: per gli specchi con lasa diademata i pochi contesti conosciuti comprendono forme antiche di ceramica a vernice nera e vasi a figure rosse o a decorazione sovradipinta[13].

Gli specchi con disco piccolo e manico fuso cominciano ad essere prodotti alla fine del IV secolo, contemporaneamente agli specchi con codolo a linguetta delle serie standardizzate; anzi, alcuni esemplari, come lo specchio di Tuscania[14] possono risalire ancora ai decenni centrali del IV secolo. La contemporaneità della produzione dei due tipi è evidente per alcuni esemplari con manico fuso, identici per lo stile e per la composizione a quelli con codolo a linguetta[15]. Nel III secolo la produzione di specchi subisce un incremento notevole, a scapito della qualità. Nel gruppo "a corona di spine"[16] solo alcuni pezzi sono da considerarsi capolavori miniaturistici (ad esempio ES V 118 da Vulci), ma per lo più lo stile è corsivo: tema ricorrente sono i Dioscuri ed Elena, con Minerva in secondo piano, oppure i Dioscuri con un giovane nudo al centro (spesso indicato come Vile). La targhetta è decorata con tre foglie di acanto, il lato riflettente con un motivo triangolare sormontato da una fiammella. Le provenienze si riferiscono ad una vasta area dell'Etruria interna fra Volterra e Caere[17]; è plausibile che fossero prodotti da molte officine attive in più parti d'Etruria; le iscrizioni sono comunque tutte di tipo meridionale.

Un altro cospicuo gruppo, in tutto simile al precedente, è decorato con cornice a foglie d'alloro[18]. La qualità non si solleva mai da un livello mediocre: sono ripetuti all'infinito i Dioscuri con Elena e Minerva o con un altro giovane; rare sono le iscrizioni. Il gruppo è ampiamente diffuso sia in Etruria centro-meridionale (a Orvieto, Perugia, Viterbo, Tarquinia, Vulci, Caere, Tolentino) che in Etruria settentrionale (a Volterra, Siena, Monteriggioni, Casole d'Elsa, Chiusi, Gioiella); è evidente che anche questo era prodotto da officine attive in località diverse.

I gruppi con lase incappucciate e con i Dioscuri tunicati si differenziano dai due gruppi precedenti per la mancanza della cornice e per la diminuzione delle figure, ridotte a due o a una sola; la decorazione della targhetta e del recto è identica a quella dei due gruppi precedenti. Gli specchi con lasa sono documentati fino ai primi decenni del II secolo, ma è probabile che la loro produzione finisca alla fine del III[19].

In conclusione, non abbiamo validi argomenti per attribuire ad officine settentrionali i tipi di specchi a campo tripartito finora ritenuti di fabbrica chiusina e i tipi con cornice a girali, ugualmente attribuiti all'Etruria settentrionale; per essi le fabbriche sono piuttosto da ricercare nell'Etruria centrale interna, mentre sicuramente di produzione settentrionale sono alcuni specchi che presentano iscrizioni appunto di tipo settentrionale e che sembrano opera di artigiani che si mantengono sostanzialmente autonomi dalle produzioni di serie, nella composizione e nello stile.

La standardizzazione della produzione determina un proliferare delle officine sia in Etruria centrale che in Etruria settentrionale, da dove vengono numerosi esemplari di serie. Gli specchi con manico fuso nascono probabilmente nell'Etruria centrale interna, soppiantando progressivamente i tipi con codolo a linguetta. La loro produzione conserva nel corso del III secolo caratteristiche costanti di forma, di stile e di decorazione accessoria. Dei tipi con corona di spine e con cornice a ramo d'alloro dovevano esistere diverse fabbriche, sia in Etruria centrale che in Etruria settentrionale, mentre per quelli con lase e con Dioscuri la maggiore diffusione in Etruria settentrionale farebbe ipotizzare che la produzione più tarda sopravvivesse solo in quest'area.

el.m.

221 Specchio a disco circolare

⌀ 20; altezza 23,5; peso 1980 grammi
Da Chiusi
Firenze, Museo archeologico, inv. 638.
ES 290; Mansuelli 1946-1947, 52; Rallo 1974, 25; Baglione 1976, 122; Fischer-Graf 1980, 2, n. 15.

Disco circolare poco convesso, con bordo rialzato decorato ad ovoli, separato dal disco da una scanalatura e da una fascetta perlinata; tar-

ghetta larga rettangolare, con apici espansi; codolo a linguetta destinato ad essere inserito in un manico di altro materiale. Sulla faccia riflettente restano visibili le volute inferiori di un motivo a lira.
Sulla faccia interna è una composizione a quattro personaggi: al centro Eos e Titone in atto di abbracciarsi, a sinistra una figura femminile appoggiata ad una colonna, a destra un uomo barbato. I personaggi sono indicati da iscrizioni: *lasa, tinϑun, ϑesan, memrun.*
In alto e a destra spuntano girali e fiori; sulla targhetta è seduto un erote; manca la linea d'esergo; il fondo è puntinato.
Lo stile è ancora classico, sia nell'atteggiamento statico delle figure, che nel trattamento dei capelli ondulati e nella resa morbida e naturale delle vesti. Lo specchio è il prodotto della medesima officina dalla quale sono usciti altri due esemplari conservati a Firenze, uno da Bomarzo e l'altro da Volterra, oltre ad un esemplare alla Indiana University Art Museum e ad un altro da Todi a Villa Giulia (v. nota 5). Lo specchio in esame in particolare si avvicina a quello di Bomarzo per la composizione a quattro personaggi, su fondo puntinato.
Lo specchio è databile fra il 350 e il 325 a.C.

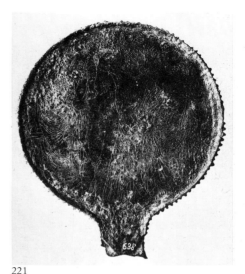

221

222 Specchio a disco circolare

⌀ 17,7; altezza 23,8; peso 245 grammi
Da Chiusi
Siena, Museo archeologico, collezione Bargagli Petrucci, inv. 437.
Pernier 1920, 20 s.

Disco circolare poco convesso, bordo rialzato e decorato a tacche, targhetta rettangolare a lati inflessi ed espansa agli apici, codolo a linguetta destinato ad essere inserito in un manico di altro materiale. Sul lato riflettente il disco è decorato con una lira sormontata da una palmetta, affiancata da due bocci di loto.
Sul lato interno, composizione a quattro personaggi: ai lati i Dioscuri nudi, con un manto dietro le spalle, al centro Elena di scorcio verso destra, e Minerva in secondo piano.
L'esergo è segnato da due linee orizzontali; la targhetta è decorata con un fiore a tre petali. Attorno al bordo corre una cornice ad archetti legati da trattini.
L'esemplare è un documento della vasta produzione standardizzata, dipendente stilisticamente dagli specchi a composizione tripartita. Gli specchi di questo tipo erano probabilmente prodotti da diverse officine, sia in Etruria meridionale che in Etruria settentrionale, strettamente legate fra loro per l'adozione del medesimo tipo di specchio e delle medesime composizioni, copiate da cartoni circolanti. Tale produzione si data nell'ultimo quarto del IV secolo.

222

223

223 Specchio a disco circolare
Ø 17,8; altezza 25,8; peso 190 grammi
Da Volterra, collezione Cinci
Firenze, Museo archeologico, inv. 616.
ES 300.1; Fiumi 1957ª, 472, n. 147.

Forma come il precedente; il bordo è perlinato. Sul lato riflettente due foglie di acanto si
alzano da due volute. Sul lato interno, composizione a quattro personaggi: i Dioscuri, Elena e una lasa. La fascia d'esergo è decorata a
triangoli alterni tratteggiati.
Lo specchio appartiene, come il precedente,
alla produzione standardizzata dipendente dagli specchi a campo tripartito. Rispetto al precedente si osserva una maggiore stilizzazione,
nella rigidità delle figure, nella resa dei riccioli
alle tempie ridotti ad una fila di cuori, nella
mancanza di un porticato di fondo. Lo specchio si data nell'ultimo quarto del IV secolo.

224 Specchio a disco circolare
Ø 17,6; altezza 20,8; peso 243 grammi
Da Chiusi
Siena, Museo archeologico, collezione
Bargagli Petrucci, inv. 436.
Pernier 1920, 20 s.

Forma come precedenti, con bordo decorato
a tacche. Sul lato riflettente resta parte di una
palmetta. Sul lato interno è una composizione con tre figure femminili danzanti. Sulla targhetta sono visibili due foglie allungate; il resto è nascosto da una incrostazione di ferro.
L'esemplare appartiene al cospicuo gruppo di
produzione standardizzata, caratterizzato da
donne diademate e da guerrieri. Lo specchio
è databile alla fine del IV secolo.

225 Specchio a disco circolare
Ø 18; altezza 27; peso 1250 grammi
Provenienza sconosciuta
Firenze, Museo archeologico, inv. 604.
ES 355.

Disco poco convesso con bordo rialzato decorato a ovuli, targhetta rettangolare con apici
orizzontali, codolo a linguetta destinato ad essere inserito in un manico di altro materiale.
Sul lato riflettente sono tre foglie di acanto
sormontate da una palmetta fra due coppie di
volute. Sul lato interno, composizione a quattro personaggi su uno sfondo architettonico
formato da due colonne tuscaniche sovrasta-
te da un architrave: al centro è seduto Meleagro, affiancato da Menelao in piedi dietro di
lui; ai lati sono i Dioscuri. La composizione
è chiusa lateralmente da archetti sovrapposti.
I personaggi sono indicati da iscrizioni: *men-
le, melakre, pultuke, kastur*. In alto è un motivo a spicchi; sulla targhetta è un parapetasma
alzato, seguito da un motivo a foglie di acanto.
Lo specchio non è inseribile in un gruppo preciso: se si avvicina per lo schema della composizione agli esemplari a campo tripartito e
a quelli con timpano in alto derivati dai pre-

224

225

226

227

cedenti, se ne differenzia per la forma della targhetta, per la sobrietà del disegno, ridotto a pochi tratti essenziali nelle vesti e nei dettagli anatomici e tuttavia molto rigoroso e attento alle proporzioni e alla resa dello scorcio. Per la presenza della velare kappa davanti a vocale palatale, lo specchio è collocabile in ambiente settentrionale, in particolare si avvicina ad ES 56.1 da Chiusi, non solo per la presenza dello stesso morfema di tipo settentrionale, ma anche per gli stessi motivi che chiudono lateralmente la composizione, ad archetti sovrapposti. Lo specchio è databile attorno al 325 a.C.

226 Specchio a disco circolare

Ø 12,5; altezza 27; peso 245 grammi
Da Casole d'Elsa
Siena, Museo archeologico, s. inv.
Scamuzzi 1940, 456, fig. 2.

Disco circolare convesso, con bordo a fascia rilevata; manico fuso a verghetta di sezione rettangolare, terminante a protome di ariete.
Il lato riflettente non è decorato. Sul verso, composizione a quattro personaggi, con i Dioscuri nudi ai lati, un altro giovane nudo al centro e una figura imprecisabile in secondo piano. La composizione è chiusa da una cornice a doppie foglie d'alloro. Sulla targhetta sono tre foglie di acanto.
Lo specchio è un esemplare della produzione più tarda, caratterizzata da una estrema omogeneità sia nella forma che nei particolari della decorazione accessoria. Lo stile è molto sciatto; le scene hanno perso il loro significato: si confronti, per una composizione simile, lo specchio ES 255 B con cornice a foglie d'alloro e l'esemplare ES 262 A.2 con corona di spine, sul quale i personaggi sono contrassegnati da nomi: *pultuce, castur, menrva, vile*.
Il giovane nudo al centro può dunque essere interpretato come Vile (Iolao), mentre la figura in secondo piano è Minerva, che compare quasi sempre su questi tipi di specchi. L'esemplare è databile nel III secolo.

227 Specchio a disco circolare

Ø 11,7; altezza 22,2; peso 160 grammi
Da Chiusi
Firenze, Museo archeologico, inv. 627.
ES 32.4

Forma come precedente, con manico decorato a fasce trasversali di motivi fitomorfi. Il lato riflettente non è decorato; sul lato interno è una lasa incappucciata rivolta a sinistra.
Si tratta di un esemplare del gruppo delle lase, particolarmente documentato in Etruria settentrionale dove dovevano essere attive le officine. Il gruppo è databile nel III secolo a.C. ed è documentato fino agli inizi del secolo successivo.

el.m.

Note

Il vasellame

[1] Basti ricordare gli argenti, di probabile produzione magnogreca, rinvenuti a Bolsena (un amphoriscos, uno strigile e una pisside: von Bothmer 1984, 61, nn. 107-109), e quelli della tomba 33 di Montefortino di Arcevia (von Bothmer 1984, 62-63, nn. 110-114).
[2] Sul problema dei "modelli" di gesso in rapporto alla toreutica cfr. Coarelli 1977ª, 517-518, 527, con bibliografia precedente.
[3] Prescindendo dalle forme di tradizione più antica, un esempio può essere costituito dalle situle cosiddette a campana, attestate, nel IV e III secolo a.C., non solo in Etruria, ma anche a nord delle Alpi (Giuliani Pomes 1957, 66-76: tipo F; Riis 1959, 17-26), e di cui sono note versioni in metallo prezioso e in bronzo anche dalla Grecia (per i rinvenimenti più recenti cfr. ad esempio Alexander 1980, 181, n. 157, tav. 26: da Vergina, tomba III, in argento; *Ibidem*, 156, n. 107, tav. 17: dal tumulo di Arzos, in bronzo; Macedonia 1979, 81, n. 332, tav. 47: da Tessalonica, in bronzo).
[4] Cfr. Morel 1981, 513-515. Alle forme ivi elencate, aggiungerei anche gli *askoi* lenticolari specie 8420 (un esemplare argenteo proviene da Derveni: Alexander 1980, 167, n. 129, tav. 19) e le coppe a vasca profonda con peducci configurati specie 2130, di cui sono note versioni in metallo prezioso (von Bothmer 1984, 59-60, nn. 105-106).
[5] Coarelli 1977ª, 516 ss.
[6] Bordenache Battaglia 1979.
[7] Cfr. nn. 221-227 (Mangani).
[8] Si fa seguire, in nota, l'elenco degli altri esemplari ascrivibili al *primo tipo*:
- Da Gioiella (Castiglion del Lago, Perugia), tomba 5, nicchiotto 1. Perugia, Museo archeologico. Decorata. Ponzi Bonomi 1977, 106, fig. 58; Salskov Roberts 1983, 35, fig. 7.
- Da Gioiella, tomba 5, camera principale, urna 2. Perugia, Museo archeologico. Decorata. Ponzi Bonomi 1977, 105.
- Da Gioiella, tomba 7, nicchiotto 4. Perugia, Museo archeologico, Ponzi Bonomi 1977, 107.
- Da Gioiella, tomba 8, nicchiotto 4. Perugia, Museo archeologico. Liscia. Ponzi Bonomi 1977, 108, fig. 67.
- Da Chianciano, tomba Nachrni. Firenze, Museo archeologico, inv. 7374. Decorata. Levi 1932, 36, fig. 28; Michelucci 1977, 96, fig. 33.
- Da Monteriggioni, tomba dei Calisna Sepu. Dispersa. Decorata. Bianchi Bandinelli 1928, 159, n. 158, tav. XXXVI.
- Da San Miniato (Pisa). Firenze, Museo archeologico. Decorata. De Agostino 1935, 35, fig. 5.
- Da Populonia, necropoli di Buca delle Fate, tomba a camera 1/1. Firenze, Museo archeologico. Decorata. Inedita.
- Da Montefortino di Arcevia, tomba XXXII. Ancona, Museo archeologico. Decorata. Brizio 1899, 692, tav. VIII, n. 8; Mercando 1976, 179, fig. 5; Salskov Roberts 1983, 51, fig. 40.
- Da Montefortino di Arcevia. Ancona, Museo archeologico. Decorata. Brizio 1899, 692, fig. 23.
- Da Vulci, necropoli dell'Osteria, tomba 10. Roma, Museo di Villa Giulia, inv. 63315. Liscia. Inedita, ma menzionata in Moretti-Sgubini Moretti 1983, 114, n. 80, nota 1.
- Da Vulci o Bomarzo, scavi dal 1834 al 1836. Musei Vaticani. Decorate. Museo Gregoriano, tav. IX, 3.
- Provenienza ignota. Chiusi, Museo archeologico, inv. 2054. Decorata. Inedita.
- Provenienza ignota. Già collezione Paolozzi. Chiu-

si, Museo archeologico, inv. P 26, P 57. Decorate. Inedite.
- Provenienza ignota. Chiusi, Museo archeologico. Liscia. Inedita.
- Provenienza ignota. Già collezione Bargagli di Sarteano. Siena, Museo archeologico, inv. B 388. Decorata. Pernier 1920, 20, n. 388.
- Provenienza ignota. Edimburgo, Royal Scottish Museum. Decorata. Johnstone 1937, 399, n. 241, tav. LIII, 3.
- Provenienza ignota. Karlsruhe. Decorata. Schumacher 1890, 33, n. 221, tav. IV, 15.
- Da Chiusi (corredo di tomba a camera con urna cineraria di travertino). Boston, Museum of Fine Arts, inv. 13. 2864. Esemplare d'argento, decorato (tra i motivi decorativi eccezionali le protomi di toro tra festoni). Eldridge 1918, 262, n. 1, fig. 6.
[9] Sulla ceramica "megarese" v. da ultimo: Délos XXXI; Agorà XXII.
[10] Morel 1976, 486-488.
[11] Sulla produzione italo-megarese in generale cfr. Marabini Moeus 1980, 169 ss. con riferimenti; sull'atelier di Popillius in particolare von Vacano 1966-1967, 78 ss.; Arena 1969, 101 ss.
[12] Cfr. Marabini Moevs 1980, 183 ss., che pone la fase più antica della produzione italo-megarese tra il 175 e il 150 a.C.
[13] Oltre ai rinvenimenti di materiale prezioso citati *supra* è opportuno ricordare, in questo caso specifico, che da Civita Castellana proviene un grande tesoro di argenterie, di fabbrica pergamena o siriaca, comprendente, fra l'altro, tre coppe argentee del tipo delle "coppe megaresi" (Coarelli 1977ª, 529-530, tav. 66).
[14] La tomba Nachrni è attribuita all'ultimo ventennio del III secolo a.C. (Michelucci 1977, 93 ss.); le tombe di Gioiella sono datate: tomba 5, camera principale, urna 2, agli inizi del II; tomba 5, nicchiotto 1 al III-inizi II; tomba 7, nicchiotto 4, agli inizi del II; tomba 8, nicchiotto 4, al III (Ponzi Bonomi 1977, 105-108).
[15] La tomba, in corso di studio da parte di A. Maggiani, comprende materiali databili tra la fine del III e la metà del II a.C.
[16] Va considerato che, molto probabilmente, provengono dal territorio chiusino anche quegli esemplari di origine ignota, conservati al Museo di Chiusi, già facenti parte di collezioni locali che sappiamo essersi formate in maggioranza in seguito a scavi.
[17] Cristofani 1977, 76-80.
[18] Trattandosi di materiale proveniente da antiche collezioni costituitesi in seguito a scavi eseguiti non solo a Volterra ma anche nel suo agro, la provenienza rimane dubbia, ma è pur sempre da ricercare nell'agro volterrano. Lo stesso dicasi per gli esemplari seguenti (nn. 207-210).
[19] Anche in questo caso, si fornisce di seguito l'elenco di altri esemplari attribuibili al *secondo tipo*:
- Da Volterra, necropoli del Portone, tomba Pineschi. Volterra, Museo Guarnacci.
- Da Monteriggioni, tomba dei Calisna Sepu. Dispersa. Bianchi Bandinelli 1928, 159, tav. XXXVI, n. 159.
- Da Chiusi, sarcofago di Larthia Seianti. Firenze, Museo archeologico. Levi 1932, 37, fig. 30, 2; Salskov Roberts 1983, 49-50.
- Da Orbetello (?). Acquisto Noñes 1885. Firenze, Museo archeologico 22582. Inedita.
- Da Civita Castellana, necropoli di La Penna, tomba 86. Inedita, ma citata in Moretti-Sgubini Moretti 1983, 114, n. 80, nota 1.
- Da Tuscania, tomba II Curunas. Roma, Museo di Villa Giulia 74425 + 74356, 74481a. Moretti-Sgubini Moretti 1983, 114-115, nn. 80-81.
- Da Vulci, necropoli dell'Osteria, tomba 10. Roma, Museo di Villa Giulia 63314.

La piccola plastica

[1] Si dà per ognuno dei monumenti un'unica voce bibliografica, a scopo di semplice riferimento. Nell'ordine: Cristofani 1975, 77; Dohrn 1982, 56 ss., n. 11, tav. 35; 40 ss., tav. 22, 2; 65 ss., n. 15, tav. 45, 1; Rizzo 1932, 93-94, tav. 139; Kaschnitz Weinberg 1965, 23, 25, 32-35.
[2] Gualandi 1974, 37 ss.
[3] Rispettivamente Maetzke 1957, 489 ss.; Mazzolai 1958, 193 ss.
[4] Rispettivamente Cristofani 1978[a], fig. a p. 111; Brendel 1978, 328-329, fig. 251; Martelli 1980, 32, n. 40.
[5] EAA, s.v. (Colonna); Fortuna-Giovannoni 1975.
[6] Dohrn 1982, 59 ss. n. 12; Gualandi 1974, 54 ss., tavv. X-XI.
[7] Dohrn 1982, 28 ss.; per l'esemplare da Carpegna v. Roncalli 1982, 89 ss.
[8] Per l'*Andromeda* cfr. Giglioli 1935, tav. 367; per alcuni bronzetti confrontabili Adam 1984, 159, n. 235; Boucher 1970, 83, n. 61, dato come proveniente dai dintorni di Firenze; Bianchi Bandinelli 1928[a], 3-4, n. 1.
[9] Pairault Massa 1980, 63 ss.
[10] Pairault Massa 1980, 75-76, fig. 14.
[11] Colonna 1984, 15-16.
[12] Neppi Modona 1925, 150-151, tav. XXII, a. Il tipo statuario è quello della Melpomene Farnese, databile intorno alla metà del II secolo a.C.: cfr. Gualandi 1978, 37 ss. Contemporanea, ma in redazione piuttosto corsiva, la statuetta iscritta da Montalcino REE 1981, 269 ss., n. 40, tav. XLI (Maggiani) e altre analoghe.
[13] Bianchi Bandinelli 1935-1936, 90 ss.; Colonna 1976-1977, 57 ss.
[14] Aebischer 1932, 123 ss.; Gualandi 1973, 332 ss.
[15] Su questo tipo di statuette cfr. Terrosi Zanco 1961, 433 ss.; Colonna 1970, 107 ss. e in particolare 112-114.
[16] Per l'Etruria settentrionale il problema dovrebbe essere indagato accuratamente, mediante la revisione, quanto meno, dei vecchi depositi e la pubblicazione di recenti interventi di scavo. Cfr. al momento Aebischer 1932, 132 ss.; per l'Etruria meridionale, dove la chiusura di alcune stipi è databile verso la metà del I secolo a.C., cfr. Torelli 1976, 105.
[17] Franzoni 1980, 73-74, n. 55.
[18] Cfr. nota 7; Boucher 1970, 84, n. 62.
[19] Ad esempio l'*Alessandro* di Dresda: cfr. Bieber 1964, 27, tav. VII, 12.
[20] REE 1976, 229-230, n. 26, tav. XLV (Colonna).
[21] Si tratta della veste tipica dei servitori; cfr. Herbig 1952, 13, n. 5, tav. 40; Feruglio 1982, 51, fig. 22; Bordenache Battaglia 1979, 70 ss., tav. LXXX, 12a. Nel repertorio delle urne figure di portatori d'acqua compaiono soltanto in una scena, tradizionalmente interpretata come di sacrificio umano, in un contesto dunque che parrebbe di carattere rituale: cfr. B.-K. II, 2, 258 ss., tav. CXV.
[22] Colonna 1963-64, 14 ss.
[23] Brendel 1978, 331 ss.
[24] Bordenache Battaglia 1979, 54 ss., tav. LXI, 5, c-d.
[25] Da ultimo Adam 1984, 74-75, n. 77.
[26] Hafner 1966-1967, 36-37, tav. 8, 2-4.
[27] Hafner 1966-1967, 47-48, tav. 18.
[28] Cfr. nota 21.
[29] Andrén 1967, 31, n. 7, tav. 17.
[30] Maetzke 1955-1956, 236, fig. 7.
[31] Comella 1978, 33, CI 22, tav. XI, 52, da Gravisca; Pensabene 1980, 92, 97, n. 67, tav. 20, da Roma.
[32] Mazzolai 1958, 219 ss., fig. 35 a-b, 36 d, 37 a-b, 39.
[33] Falchi 1895, 300, fig. 12.
[34] Comella 1978, 42, CI 61, tav. XVIII, 81.
[35] Moreno 1977, 443-444, tav. 29.
[36] Rispettivamente Hafner 1966-1967, 46, tav. 17; 44, tav. 14, 1-2.
[37] Per la Grecia cfr. Mollard-Besques I, 1954, tavv. LXVI, LXXII, LXXX, LXXXVI, LXXXVII; Mollard-Besques III, 1971, tav. 77. Per la Magna Grecia cfr. Levi 1926, 82, n. 341, fig. 69. Se per la Grecia e la Magna Grecia è accertata la pertinenza di questo tipo di statuette a santuari di Demetra (Diehl 1964, 187 ss.), non sembra essere questo il caso delle figurette volterrane, non fosse altro per la coesistenza di tipi maschili e femminili.

Gli specchi

[1] Sul Maestro di Menelao, così definito da Mansuelli 1946-1947, 36 v. Haynes 1953, 21 s., con riferimenti; inoltre Bonfante 1977, nota 31; De Grummond 1982, 155 s.
[2] Fischer-Graf 1980, 1 ss.
[3] Herbig 1955-1956, 183 ss.; Bonfante, in De Grummond 1982, 157 ss.
[4] Salskov Roberts 1983, 53; De Grummond 1982, 163 ss. con riferimenti.
[5] Si tratta degli esemplari ES 290 da Chiusi; ES V 60 da Volterra; Bendinelli 1914, 621 ss., n. 17 da Todi; Mansuelli 1942, 546 ss., tav. 46 da Bomarzo; Bonfante 1977, 149 ss.
[6] Sono gli esemplari ES 149 da Chiusi, ES 374 da Cetona, ES 196, ES 257 B; ES 402; Bianchi Bandinelli 1925, 545 ss., fig. 10 da Chiusi; Haynes 1953, 21 ss.
[7] Si citano ad esempio uno specchio da Todi (Becatti 1935, 296 ss., tav. XXXVII); uno da Porano (ES V 77); uno da Castelgiorgio (ES V 34) che sembra della stessa mano di ES 381; uno da Praeneste (ES 378).
[8] Alcuni di questi specchi sono attribuiti dalla Haynes al secondo sottogruppo, dipendente dal Maestro di Menelao (Haynes 1953, 30).
[9] Uno specchio da Porano aveva fra gli oggetti di corredo crateri e *stamnoi* del "gruppo fluido" (Minto 1932, 97 ss.).
[10] Mansuelli 1946-1947, 24 ss.
[11] Ad esempio ES 201; ES 104; ES 152; ES 35.3, rispettivamente a quattro, tre, due e un personaggio.
[12] Ad una stessa mano sono da attribuire ES 261 (lo stesso esemplare edito in CSE Denmark 1, n. 15) e Mansuelli 1943, 511 ss., n. 11 da Corchiano; ad un'altra gli esemplari ES 200 (Rebuffat Emmanuel 1973, n. 10), ES 373, 1 (Lambrechts 1978, n. 7; Adembri 1982, 97 da Orvieto). Per gli specchi con guerrieri v. le osservazioni di Sassatelli, in CSE Italia 1, I, n. 2.
[13] Si citano in particolare la tomba IV di Poggio Pinci, Asciano (Mangani 1983, 84 ss.), le tombe 5672 e 5859 di Tarquinia (Cavagnaro Vanoni 1972, 159 ss.; Cavagnaro Vanoni 1977, 184 ss.) e una tomba a camera da Populonia (Minto 1925, 367 ss.).
[14] Milani 1912, 143, tav. XXXIX; Pallottino 1930, 70 ss.
[15] Si citano ad esempio ES 257 A; ES 323 da Bomarzo (per la provenienza v. Baglione 1976, 120, nota 7); ES 356; ES V 125 da Vulci.
[16] V. nota 3.
[17] Herbig 1955-1956, 204.
[18] Sull'esemplare ES 202 la corona di spine è sostituita in alto da foglie di alloro, documentando che i due tipi erano fatti nelle stesse officine.
[19] Per la datazione, Salskov Roberts 1983, 53; per la fine della produzione nel III secolo, v. Sassatelli, in CSE Italia 1, I, 50.
- Provenienza ignota. Già collezione Chigi Zondadari. Siena, Museo archeologico 37267-37271. Inedite.
- Provenienza ignota. Già Fraternita del Laici. Arezzo, Museo archeologico 11121. Inedita.
- Provenienza ignota. Karlsruhe. Schumacher 1890, 34, n. 222, tav. IV, 19.
[20] Le urne sono già edite in CUV 1, 66-67, nn. 81-85 (Fiumi).
[21] Si tratta di alcuni *kantharoi* ad anse annodate e di una oinochoe a becco (cfr. Moretti-Sgubini Moretti 1983, 124-126, nn. 123, 149-151).

Le monete

L'artigianato monetario nell'Etruria settentrionale

È nel quadro di una vasta koinè di artigianato monetario che si devono collocare le monete dell'Etruria per una loro piena comprensione.

Una rete di relazioni tra gli artigiani monetari percorre e collega tutto il mondo antico, per una serie di ragioni diverse: l'arte monetaria è evidentemente arte specializzata, e perciò le zecche che via via sorgevano avevano bisogno di tecnici esperti dei centri di vecchia tradizione. E ancora: una piccola, o anche media, zecca difficilmente avrebbe potuto tenere impiegati gli artigiani monetari per tutto il tempo della loro attività, ed è quindi probabile, se non certo, che non solo gli "artisti" monetari più qualificati, ma buona parte degli "operai specializzati", formatisi nelle zecche maggiori, fossero chiamati nelle minori secondo le necessità di emissioni imposte dalle condizioni economico-politiche del momento, cosa che vedremo documentata per il Medioevo[1].

Non possiamo evidentemente, nel caso specifico delle monete etrusche, dare un quadro di relazioni senza stabilire prioritariamente in che effettivamente consista il materiale numismatico etrusco, che, nella sua reale individuazione, offre ancor oggi qualche difficoltà. Questo, perché le monete etrusche presentino una particolare varietà di tipi: si può anzi dire che, in confronto con altre regioni anche periferiche del mondo antico, la monetazione etrusca si distingua piuttosto per povertà e scarsezza di zecche e di emissioni. L'ostacolo vero è trovarsi dinanzi a elementi spesso quasi inconciliabili, come non avviene per altre zone geografiche. Tuttavia, se invece di tentare di organizzare in sistemi e serie poco convincenti questi elementi disparati, li esaminiamo criticamente, potremo vedere quante, delle monete etrusche, abbiano effettivamente e sicuramente costituito opera dell'artigianato monetario antico: così l'auspicabile quadro delle relazioni potrebbe meglio e più fondamente delinearsi.

Monete con testa di leone
Escludiamo dalla nostra analisi queste monete (n. 242) per talune perplessità che proviamo davanti a simile serie. Non mi pare che si sia posta sufficiente attenzione su un fatto rilevante, e cioè: le monete da serie presenti hanno ben tre valori diversi, e forse quattro: da dodici e mezzo, da venticinque, da cinquanta, dubitativamente a cento. Ciò presuppone, da un punto di vista economico, una intensa circolazione dell'oro con conseguente necessità di numerosi frazionamenti; ma, contrariamente alla ragionevole aspettativa, gli esemplari noti sono assai pochi: la serie, fin dalle prime segnalazioni, mostrò un numero di frazioni quasi pari a quello dei pezzi noti: tre valori diversi su quattro esemplari rinvenuti. Davanti a tale singolare incongruenza, sembrerà forse opportuno, anche senza insistere sul carattere più arcaizzante, in senso lato, che ar-

caico dei leoni, non includere la serie in questo discorso.

Monete con legenda thezi
La legenda *thezi* è su due tipi senza alcuna affinità tipologica fra di loro: arcaico il primo, con Gorgone in corsa; classico il secondo, di cui presentiamo l'esemplare di Firenze. Questa seconda moneta, con volto umano e la sfinge, ha in comune con la prima soltanto l'iscrizione.

La moneta del Medagliere di Firenze, con la scritta *thezi* e la sfinge, fu la prima del nuovo tipo a essere segnalata (n. 230). Non fu pubblicata come etrusca, bensì come moneta di Chio, priva evidentemente di qualsiasi indicazione di provenienza, che la facesse credere etrusca. Qualche anno dopo, secondo un antiquario romano, il Capranesi, erano scoperte in un sepolcro di Vulci due monete con legenda *thezi* e il tipo arcaico della Gorgone. Prese così credito l'assegnazione della singolare serie a una città etrusca, Thezi[2]. In linea di principio, nulla giustifica, davanti a una legenda senza alcuna corrispondenza nell'onomastico locale, l'assegnazione della moneta a una città etrusca.

Una piccola serie, assegnata questa da alcuni dubitativamente a Pisa, presenta un'anfora da cui fuoriescono tentacoli (n. 240), conosciuta prima attraverso una moneta con valore dieci, poi attraverso il suo doppio; un esemplare di valore doppio sarebbe stato acquistato a Pisa, quando la moneta di Volterra era nota da tempo[3]. La moneta non ha alcuna indicazione di zecca; ma, sulla base del luogo di acquisto (non di provenienza) e del nome greco del calamaro, inteso come "stemma parlante", si pensò a Pisa, cioè Teutha, nome antico di Pisa secondo Plinio e altri. L'interpretazione lascia piuttosto perplessi, e per le monete etrusche di Pisa si rileva l'estrema incoerenza della raffigurazione, che sembra dovuta a incongrua sovrapposizione di due immagini.

Sono inoltre conosciute alcune piccole monete d'argento anepigrafi con il rovescio liscio, e il polipo al diritto (n. 233). Il polipo appare anche su monete della Sicilia e di molte altre località, come Taranto, e si sarebbe perciò portati a vedere collegamenti tra i centri etruschi e altre regioni d'Italia, se la raffigurazione non apparisse artificiosa, come invece non si mostra nelle monete di sicura antichità raffiguranti tale animale. Questo tipo monetario fu segnalato solo ai primi del Novecento dal Sambon, da esemplari che avevano fatto parte della raccolta Mazzolini[4].

Serie di bronzo con rovescio incuso
Esiste in pochi esemplari ma con gran varietà di tipi, una decina, una categoria di monete etrusche che presentano una testa al diritto, con segno del valore, e al rovescio una figura, in genere di animale, data in incuso (nn. 235-236). Credo che nella storia della moneta antica non si conoscano altri esempi di una serie di bronzo così povera di esemplari conosciuti, ma tanto ricca di valori diversi: fatto

veramente sorprendente, soprattutto trattandosi di moneta di bronzo, quindi se autentica, di largo uso quotidiano e quindi, verosimilmente, battuta in quantità adeguate. È da tener presente che le spese di fabbricazione delle monete di bronzo sono sempre state, per motivi tecnici, molto alte in proporzione al valore intrinseco, e quindi, ben difficilmente artigiani etruschi sarebbero stati impegnati nell'esecuzione di una serie così numerosa nelle frazioni, e quindi così costosa per la zecca, senza una effettiva necessità di circolazione. Nei manuali, alcune monete di tale serie sono talvolta indicate come provenienti da Populonia. Ma sembrerebbe trattarsi di arbitraria interpretazione del dato originario, che nei primi editori è invece "raccolta Mazzolini"[5]. Non è evidentemente possibile, da un punto di vista critico, servirsi di vecchie raccolte, come se fossero costituite necessariamente di pezzi autentici e di provenienza locale.

Serie con l'ippocampo
Anche in questo caso, ad una estrema rarità degli esemplari, uno dei quali, d'oro, è a Firenze (n. 228), corrisponde un numero elevato di valori, che non sembrano neppure riconducibili allo stesso sistema ponderale. L'importanza dell'immagine dell'ippocampo, in altre zecche, è ben nota, e la figura ha quindi precisi riscontri. Ma davanti a tanta diversità di valori, per monete praticamente non attestate nella circolazione, e distribuite per di più in vari sistemi ponderali differenti, cosa che presupporrebbe, in aperta contraddizione con la scarsezza dei pezzi noti, una certa continuità nel tempo di tale serie, non si può fare a meno di pensare alla possibilità di una imitazione di monete antiche fatta non dagli etruschi ma da popolazioni più moderne.

Volterra
Le serie di Volterra sono caratterizzate dall'immagine di un bifronte, e perciò sono in genere collegate con le emissioni romane con figura gianiforme. È tuttavia da tenere ben presente, per evitare di vedere nelle manifestazioni monetarie di questo centro etrusco un rapporto di dipendenza iconografica con Roma, che il bifronte rientra in una diffusa iconografia monetaria che nasce nell'Egeo, dove il bifronte è ben attestato, e passa in Magna Grecia, ove si osserva nella monetazione di Reggio. Più tardi altre attestazioni si hanno a Capua, nei territori sabini ecc.

Non necessariamente alla dipendenza dalla moneta romana, ma alla diffusione generale del motivo gianiforme sembrerebbe qui essere dovuta la scelta del tipo da parte di Volterra. Si osservi come, in questo caso, la coscienza del fatto che esiste su orizzonte mediterraneo una koinè di tipi monetari, lungi dall'incoraggiare facili accostamenti, giovi invece a porre in guardia dallo scambiare un fenomeno che può essere di convergenza tra due città (Roma e Volterra), con un fenomeno di "dipendenza iconografica", e dal trarre quindi conclusioni storico-cronologiche erronee o non provate.

Populonia

La successione dei tipi e la loro correlazione ha avuto interpretazioni tutt'altro che concordi. Nei vari sistemi costruiti si avvertono talune intime contraddizioni che forse verrebbero superate, se si partisse dalla riflessione che elementi di dubbia autenticità o, se si preferisce, di incidenza molto relativa nel complesso della monetazione, possano aver fuorviato gli studiosi. Perplessità suscitano, ad esempio, talune frazioni con immagine gorgonica. I nominali d'argento maggiori della zecca di Populonia, generalmente considerati monete da venti unità sulla base di un doppio segno cruciforme che su essi si riscontra, si distinguono in a) monete con la Gorgone, b) monete con la testa di Eracle di fronte, c) monete con la testa di Athena di tre quarti. Il problema della loro cronologia relativa non è risolto in modo soddisfacente. Si dovrebbe tuttavia provare a risolvere il problema cronologico, tenendo conto dei problemi che reca con sé l'installazione di una zecca, che non nasce come fenomeno isolato, ma in stretta relazione tecnica con le zecche già esistenti. Di massima, quando popoli senza tradizione monetaria installano officine, i primi tipi sono fatti da esperti stranieri, e risultano anche i migliori, se non si creano situazioni tali che inducano i tecnici a stabilirsi in loco originando una scuola. Ora, nel caso delle monete di Populonia, tipi come quello di Eracle e soprattutto quello di Athena, implicano difficoltà tecniche e artistiche assai maggiori di quelle con il Gorgoneion. Tipi come quello di una testa di tre quarti sono destinati ad essere abbandonati appena i primi coni, creati da artefice esperto, siano consumati. Assai più facile è invece replicare con buoni effetti tipi come l'immagine gorgonica. La successione, se si tiene conto del problema tecnico suddetto, che si allaccia ad un problema storico, quello dei rapporti degli etruschi con la Magna Grecia, nelle cui zecche l'immagine di tre quarti era ben diffusa, non può essere che dalla moneta con Athena a quelle con la testa di Eracle frontale, e infine alla Gorgone, l'unico tipo largamente attestato. È da osservare che la forma più completa della legenda monetaria si incontra sulle monete con la testa di Athena, proprio come avverrebbe per una zecca nuova che dichiari la sua esistenza sul mercato internazionale[6].

Un dato di ritrovamento mi pare confermi la prospettata successione. La prima moneta a testa di Athena, infatti, non fu riconosciuta subito come etrusca, perché trovata in Campania, dove venne acquistata dal cardinale Borgia. Solo più tardi la sua diffusione in Etruria fu dimostrata dal ritrovamento di Sovana[7]. L'attestazione di tale rarissima moneta in Campania sembra riportarci ad un'epoca in cui la presenza etrusca in tale regione fosse ancora considerevole (V secolo a.C.). La successione cronologica che abbiamo proposto sulla base di una riflessione di tecnica monetaria, ci pare trovi conferma indiretta in tale ritrovamento; la presenza di tale moneta in Campania è infatti storicamente naturale ed ovvia, se il tipo con Athena è il più antico, e corrisponde ad una fase di intensi rapporti con la Magna Grecia, che sulla moneta, quasi come in uno specchio, si riflettono.

Vediamo bene, nel bronzo, come siano le serie più antiche quelle che rivelano una fattura più accurata, e maggiore perizia negli artigiani monetari: la successione delle serie si apre infatti con monete che presentano la testa di Athena e la civetta, e monete con testa imberbe di Eracle (cosa che rende la serie del bronzo, mi pare, iconograficamente coerente con quelle monete d'argento con testa di Athena e di Eracle appena descritte); seguono più tardi monete assai più rozze con la testa di Mercurio o la testa di Vulca, talvolta ribattute sulle precedenti, mentre tra queste due serie parrebbe da collocare una più rara emissione, testimoniata da un esemplare con testa di Mercurio del Museo di Volterra.

Un processo analogo di involuzione sembra essersi verificato a Vetulonia, dove la monetazione di bronzo pare offrire un ottimo esempio di come possa imbarbarirsi un tipo monetale, quasi codice passato attraverso trascrizioni peggiorative.

Un fenomeno analogo pare osservabile anche su monete d'argento anonime ma attribuite a Populonia: ad un tipo di buona fattura, presentante una testa femminile di profilo, pare succedere un tipo assai inferiore nel trattamento, con testa maschile di profilo (nn. 238-239). A Volterra e in altri musei, sono presenti monete d'argento anonime con testa di Mercurio, che potrebbero essere contemporanee, nella cronologia relativa, alle ultime serie di Populonia con la testa di Mercurio (n. 241).

Emissioni tarde

Un tipo particolare di moneta d'argento, presente con un esemplare anche nel Medagliere di Firenze, che mostra la decadenza dell'arte monetaria, è costituito da emissioni con testa maschile di profilo, barbata o imberbe, estremamente irregolare, con rovescio liscio su cui si notano segni paragonabili a quelli presenti sulle monete col Gorgoneion (n. 234).

Del fatto che la scoperta sia effettivamente avvenuta in Toscana, è testimone Sebastiano Ciampi, che diede notizia del rinvenimento di un tesoretto nelle montagne della Lucchesia. Il dato, poco noto, è piuttosto interessante. Ciò come il ritrovamento, sopra rammentato, della moneta di Populonia con la testa di Athena in Campania potrebbe rappresentare lo stretto collegamento tra le migliori, e più antiche, produzioni dell'artigianato monetario etrusco e la Magna Grecia. Nello stesso modo la scoperta sul confine settentrionale dell'Etruria di queste monete che tanto ricordano talune imitazioni di moneta greca da parte dell'Europa barbarica, può mostrare lo spostarsi degli interessi etruschi, e l'adeguarsi della monetazione ad una nuova koinè, caratterizzata dalla decadenza dell'arte monetaria[8].

Queste monete, proprio con il basso livello artigianale che manifestano, certo poco soddisfacente per la circolazione in qualsiasi città etrusca, farebbero pensare a coniazioni eseguite dagli artigiani non per uso interno, ma per il commercio dell'argento verso il nord, ridotto in monete quindi non per esigenze di circolazione nei centri etruschi, bensì per essere commerciato in quanto argento nei paesi dell'Europa barbarica.

Non essendo possibile, sia per motivi di spazio, sia soprattutto per contemporanee esigenze di altre manifestazioni espositive, presentare visivamente un quadro completo dell'artigianato monetario etrusco, ci limitiamo qui a offrire dal Medagliere di Firenze una scelta di monete che, per le loro caratteristiche, rappresentano nella maggior parte dei casi problemi aperti. Così come problema aperto è quello della definizione stessa delle specie monetarie etrusche, che indichiamo per motivi di praticità secondo le consuetudini più diffuse.

l.t.

228 Aureo
Peso grammi 0,75
Dalla collezione Piccione
Firenze, Museo archeologico, inv. 84015.
Ippocampo a sinistra; sopra, delfino; sotto valore XII e 1/2. Rovescio liscio. Aureo di incerta attribuzione.
Milani 1912, 187.

229 Aureo
Peso grammi 0,59
Firenze, Museo archeologico, inv. 36434.
Ancora, ai lati segni cruciformi. Rovescio liscio.
Probabilmente creazione moderna ispirata alle serie bronzee "ruota/ancora".

230 Mezzo statere
Argento. Peso grammi 5,25
Firenze, Museo archeologico, inv. 36253.
Testa barbata di tre quarti, legenda *θezi*.
Rovescio: sfinge a destra.
Attribuita alla zecca "Tezi".
Garrucci 1885, tav. LXXIV, n. 32; Sambon 1903, n. 13.

231 "Denario"
Argento. Peso grammi 2,15
Dalla collezione Strozzi
Firenze, Museo archeologico, inv. 83857.
Testa giovanile a destra; legenda *metl*.
Rovescio liscio.
Moneta di incerta sede, attribuita dal Garrucci ad una città "Metlia" e dal Gamurrini, in precedenza, a Populonia.
CII, *App.*, 10, n. 54; Garrucci 1885, II, 53; Sambon 1903, n. 76; Collection Strozzi 1907, 43, n. 622.

232 Quinario
Argento. Peso grammi 1,37
Firenze, Museo archeologico, inv. 36284.
Testa giovanile. Rovescio: due tentacoli,
resti di legenda *curṭ*.
Moneta di incerta sede, attribuita dal
Garrucci e dal Sambon a Cortona.
Garrucci 1885, II, 53; Sambon 1903, n. 77.

233 Frazione d'argento
Peso grammi 0,9
Firenze, Museo archeologico, inv. 87141.
Polipo a sei tentacoli. Rovescio liscio.
Attribuita a Populonia.
Sambon 1903, 21, n. 28.

234 Tetradracma (?)
Argento. Peso grammi 10,7
Firenze, Museo archeologico, inv. 36285.
Testa giovanile laureata a destra, dietro
segno Λ. Rovescio liscio.
Moneta di fattura quasi barbarica.
Populonia (?).
Garrucci 1885, tav. LXXII; Sambon 1903,
n. 101.

235 Frazione di bronzo
Peso grammi 4,20
Dalla collezione Strozzi
Firenze, Museo archeologico, inv. 83103.
Testa virile a destra, entro corona di lauro.
Rovescio: pesce entro corona di lauro.
Moneta della serie "a rovescio incuso".
Garrucci 1885, II, 53, n. 9; Sambon
1903, n. 140.

236 Frazione di bronzo
Peso grammi 11,17
Firenze, Museo archeologico, inv. 83102.
Testa giovanile a destra. Rovescio:
raffigurazione zoomorfa.
Moneta della serie "a rovescio incuso".
Sambon 1903, n. 137.

237 Frazione d'argento
Peso grammi 2,10
Da Populonia
Firenze, Museo archeologico, inv. 36258.
Civetta a sinistra. Rovescio liscio.
Sambon 1903, n. 32.

238 Dracma
Argento. Peso grammi 4,19
Dalla collezione Strozzi
Firenze, Museo archeologico, inv. 83097.
Testa femminile a destra; dietro, segno
cruciforme. Rovescio: ruota.
Moneta anonima, dubitativamente
assegnabile a Populonia.
Garrucci 1885, tav. LXXIII, n. 7; Sambon
1903, n. 70.

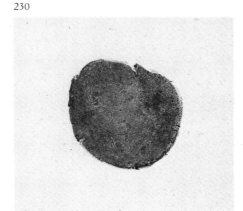

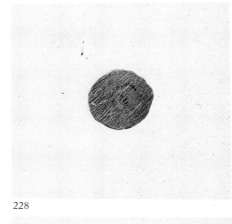

228 228

229 229

230 230

231 231

239 Dracma
Argento. Peso grammi 3,74
Firenze, Museo archeologico, inv. 83856.
Testa femminile a destra, dietro, segno
cruciforme. Rovescio: polipo.
Moneta anonima, dubitativamente
assegnabile a Populonia.
Sambon 1903, n. 69.

240 Statere
Argento. Peso grammi 11,7
Firenze, Museo archeologico, inv. 83100.
Anfora da cui fuoriescono tentacoli; sotto,
segno cruciforme. Rovescio liscio. Moneta
attribuita tradizionalmente a Pisa.
Sambon 1903, n. 21.

241 Quinario
Argento. Peso grammi 3,8
Firenze, Museo archeologico, inv. 36293.
Testa di Hermes a sinistra; dietro, segno a
semiluna. Rovescio liscio.
Moneta anonima, dubitativamente
assegnabile a Populonia.
Sambon 1903, n. 91.

242 Aureo da venticinque
Peso grammi 1,41
Firenze, Museo archeologico, inv. 36246.
Testa di leone a destra; dietro, segno di
valore. Rovescio liscio.
Moneta attribuita tradizionalmente a
Populonia.
Sambon 1903, n. 2.

l.t.

Note

[1] La koinè monetaria cui le emissioni degli etruschi
e delle popolazioni finitime partecipavano, appare
di assai vasto respiro. L'ampiezza dei rapporti, im-
plicita nell'adozione di alcuni tipi, si rivela, ad esempio, considerando come quello che è spesso ritenuto il più caratteristico tipo monetario etrusco, il Gorgoneion di Populonia, non sia ben attestato nei centri
greci della madrepatria e dell'Italia; ma sia anche
adottato, fatto non trascurabile, tanto in bronzo
quanto in argento, dai punici di Mozia, cioè da una
popolazione considerata tradizionalmente amica degli etruschi.
Le varie serie fuse partecipano alla koinè al pari di
quelle coniate; e che si tratti appunto di una comu-
nanza artigianale e non di un semplice processo imi-
tativo da prototipi, pare evidente ove si pensi che,
tra le più comuni monete fuse d'Italia, una, quella
anonima con la tartaruga terrestre, ha strette affinità con le serie eginetiche tarde, che non risultano
aver mai influito sulla circolazione antica della
penisola.
[2] A torto il Garrucci 1885, II, 54 s., ricordò l'esemplare di Firenze come scoperto dopo che lui era venuto in possesso di una moneta analoga, passata poi
al De Luines.
[3] Il tipo fu edito dal Micali 1810, tav. 59.
[4] Sambon 1903, 46 s. In taluni casi, la falsificazione antica è chiaramente riconoscibile come tale (cfr.
n. 229); ma in altri casi può essere più insidiosa. Inu-

232

232

233

233

234

234

236

236

tile aggiungere che quasi ogni tipo noto in pochissimi esemplari o in uno solo costituisce un problema aperto (cfr. nn. 231 e 232).

[5] Garrucci 1885, II, 57.

[6] La formula, letta dal Garrucci 1885, 53 su una moneta scoperta a Sovana, è rara; ma trova riscontro in un pezzo della zecca di Taranto visto dal Minervino, cfr. Garrucci 1885, 52.

[7] La moneta con testa di Minerva fu segnalata, ma non spiegata, dal Lanzi: sulla questione, è in preparazione una comunicazione da parte dello scrivente nel prossimo convegno di studi etruschi.

[8] Ciampi 1813.

[9] Giova forse osservare che, anche per i tipi con il Gorgoneion, all'intensa attività, almeno momentanea, delle officine monetarie, così come è attestata dai ritrovamenti di alcuni tesori (principalmente quello di Populonia), non sembra corrispondere una adeguata diffusione della moneta dei centri etruschi. La contraddizione apparente, tra una intensa attività delle officine, attestata dalla presenza di un gran numero di varianti, e la relativa scarsità di quei piccoli ritrovamenti sporadici che sarebbe logico aspettarsi, potrebbe almeno in parte spiegarsi ammettendo che l'attività degli artigiani monetari fosse rivolta non tanto a fornire di "circolante" i centri etruschi, quanto a commerciare l'argento, garantito dal Gorgoneion, presso popolazioni interessate a tale metallo. Non è mancato il ritrovamento di monete con il Gorgoneion sulla via del nord: cfr. Cini 1737, 185.

238 238

239 239

240 240

241 241

Le ceramiche

Ceramiche a figure rosse

Delineare un quadro della pittura vascolare etrusca del IV secolo a.C. si rivela compito assai difficile e incerto, data la mancanza di studi che ne indaghino la genesi e non soltanto le sue espressioni più tarde[1]. Lo prova il fatto che da decenni è completamente ferma la ricerca su quelli che si possono annoverare tra gli esempi più raffinati della ceramografia etrusca in senso lato, i vasi "protofalisci", distribuiti nell'arco della prima metà del IV secolo a.C.[2]. Di dimensioni ragguardevoli e di alto impegno figurativo, questi pezzi rieccheggiano in maniera brillante ed efficace anatomie, vesti, elementi di paesaggio e composizioni dei ceramografi attici di epoca meidiaca e postmeidiaca, distaccandosi notevolmente dalle espressioni artistiche di altri centri etruschi; tra gli esemplari di più alta qualità potremmo citare due celebri vasi del Pittore del Diespater, uno stamnos con Zeus e Athena e un cratere a calice con la vicenda di Apollo e Marsia[3], o la neck-amphora di Monaco 3225 a soggetto dionisiaco[4]. Si è molto discusso sull'origine di questa produzione vascolare, paragonabile alla fioritura della plastica verificatasi durante il V e IV secolo a.C. nelle città della cosiddetta area tiberina[5]. È certo che vi furono contatti culturali con l'Italia meridionale, se ben presto si nota, accanto ai modelli attici, una graduale influenza dell'arte italiota, rintracciabile peraltro in diverse classi dell'artigianato artistico etrusco, tra cui specchi, bronzi, oreficerie[6]: è possibile che tali rapporti si siano instaurati sfruttando vie interne che dall'Apulia attraversavano probabilmente la Campania per giungere fino al Lazio[7], consentendo forse anche l'arrivo di artigiani immigrati. Continuare a definire genericamente atticizzanti tutti i pittori di ambiente falisco è, perciò, fuorviante o perlomeno limitativo, se si pensa alla formazione di personalità artistiche di grande rilievo come il Pittore di Nazzano o il Pittore dell'Aurora[8].

Anche per le produzioni a figure rosse degli altri centri etruschi lo stato attuale della ricerca non consente di offrire un quadro dettagliato o di proporre ipotesi suffragate da prove sicure: ci troviamo infatti di fronte a una pittura vascolare quanto mai contraddittoria e problematica, meno organizzata e vasta di quelle coeve dell'Italia meridionale e spesso capace di creare degli autentici *hapax*, dovuti a rare scelte iconografiche e ad elaborazioni stilistiche particolarmente raffinate o quanto meno singolari. La stessa produzione falisca canonica, che contribuisce in maniera determinante alla nascita di officine ceretane nella seconda metà del IV secolo a.C., sembra influenzare anche una serie di botteghe che creano *kylikes*, per lo più ad alto piede, e grandi vasi. Un piccolo nucleo di esemplari, caratterizzato da composizioni di notevole impegno e di qualità elevata, potrebbe essere ugualmente assegnato ad una bottega vulcente o di un centro interno[10], operante in stretto contatto con l'ambiente ar-

tistico falisco; altri, probabilmente più tardi, sono stati attribuiti di recente a bottega orvietana[11] e rivelano una serie di motivi riferibili al milieu falisco e chiusino o da ricondurre all'"Alcsti" e al "Turmuca Group", considerati da Beazley di scuola vulcente[12]. Quanto alle *kylikes* cui si è fatto cenno[13], si tratta di prodotti assai peculiari, che sembrano tradurre nella tecnica delle figure rosse temi, motivi ornamentali e stilizzazioni cari al "gruppo Sokra"[14], facendo uso talora della linea a rilievo che, insieme a certi dettagli[15], rimanda a una serie di vasi attribuiti a Vulci; caratteristico, in ogni caso, l'uso dell'elemento vegetale a tre petali su lunghissimo stelo, che compare anche sulle *kylikes* del "gruppo Sokra" e sullo stesso cratere del Pittore dell'Aurora[16]. Problemi più complessi pone una interessante kylix di Berlino proveniente da Chiusi[17], accostata solo parzialmente dal Beazley al Pittore di Settecamini e tuttora priva di riferimenti precisi: i lati esterni, con efebi ammantati inquadrati dai medesimi motivi ornamentali delle *kylikes* già ricordate, contrastano con una raffigurazione interna dalle caratteristiche eterogenee, dove elementi di stile aulico appaiono quasi soffocati da un gran numero di riempitivi e dettagli di estrazione italiota[18]; la coppa risulta, quindi, espressione di un artigianato culturalmente misto, che accoglie nel proprio repertorio motivi di tipo diverso e, insieme alle precedenti, testimonia la rilevanza e la vitalità dell'elemento falisco in pitture vascolari che nella loro diffusione toccano numerosi centri, tra cui Cerveteri, Vulci, Orvieto, Chiusi.

Un altro gruppo di vasi, apparentemente senza un reale seguito nella successiva produzione a figure rosse, è stato attribuito dall'Albizzati e da Beazley a officine vulcenti[19] e collocato negli ultimi decenni del V secolo a.C. Un recente riesame di tali pezzi[20] e uno studio parallelo dell'arte incisoria etrusca del IV secolo a.C. hanno permesso di rilevare anche in questo caso differenze nella formazione dei singoli pittori: alcuni, come il Pittore di Perugia, più pienamente e autenticamente vicini ai modelli attici nel rendimento dei profili, dei riccioli e delle vesti minutamente decorate; altri, come il Pittore di Londra F 484 o il Pittore della biga vaticana, capaci di copiare prestigiose opere dell'artigianato ateniese del V secolo a.C., ma in uno stile tipico del IV secolo maturo. Benché questo gruppo di pittori vada attualmente ampliandosi rispetto a quello noto al Beazley, sono ancora pochi gli elementi emergenti da contesti tombali: ma sembrerebbero comunque indicare, diversamente da quanto finora ritenuto, un avvio di tale produzione nell'ambito della prima metà del IV secolo a.C., con una consistente presenza anche nella seconda metà del secolo. È proprio in questo orizzonte che si inserisce la celebre coppa Rodin[21], non *hapax* della pittura vascolare etrusca a figure rosse di epoca severa, bensì esponente tra i più significativi di un gusto per la ripresa colta che investe diversi settori dell'artigianato artistico del IV secolo.

Per tutti questi vasi non sembra più adeguato parlare, con Beazley e Albizzati, semplicemente di bottega vulcente: se, da un lato, molte delle provenienze accertate indicano località dell'Etruria interna, dall'altro i dati stilistici denotano elementi di raccordo con produzioni di altri centri, falische o chiusine, nella scelta dei partiti decorativi e talora nelle stesse caratteristiche del disegno e dei soggetti. Non ci sarebbe da meravigliarsi, dunque, se almeno una parte di questo gruppo "atticizzante" fosse stata prodotta anche in altre località[22], Orvieto e Chiusi ad esempio, oltre che a Vulci. La relativa limitatezza del territorio, l'apparente uniformità di estrazione culturale dei pittori e la frequente mancanza di qualsiasi dato di scavo, rendono tuttavia difficile enucleare gli elementi propri di ciascuna area: la possibilità di procedere per studi rigidamente monografici rimane del tutto teorica e una riprova tangibile ne è il "gruppo Clusium"[23], che denota consistenti *attaches* con la ceramografia falisca, con quella vulcente e anche con vasi rimasti finora pressoché esclusi dal dibattito scientifico, come gli *stamnoi* Fould[24], a loro volta collegati alle *kelebai* volterrane e alla produzione tarquiniese; tutto ciò rende inoltre più complesso il problema, sempre vivacemente dibattuto, del passaggio dal "gruppo Clusium" al "Volaterrae"[25].

Il quadro della ceramografia nord-etrusca non si esaurisce con questi due nuclei di vasi: si pensi alle coppe apode studiate da P. Bocci[26], affini per la tettonica ad esemplari attici della seconda metà del V secolo a.C., ma che nelle loro figure non mancano di richiamare opere attiche più tarde, come quelle del Pittore Q[27] e, in ambito etrusco, le stesse *kelebai* volterrane. Le analogie della coppa Rodin con *kylikes* chiusine e i legami dei Pittori di Perugia e di Sommavilla con l'artigianato artistico dell'Etruria interna, ma anche con altre produzioni vascolari dell'ambiente centro-settentrionale, inducono a pensare che queste aree abbiano giocato un ruolo di prim'ordine nel campo della ceramografia a figure rosse, pari se non forse superiore, per qualità, a quello delle città dell'Etruria meridionale costiera; tale impressione viene rafforzata anche da altri indizi, tra cui un'anfora da Orvieto, databile verso la metà del V secolo a.C.[28], che costituisce il più antico esempio a figure rosse a tutt'oggi noto, o il piccolo nucleo di pezzi di provenienza chiusina appartenenti al "Praxias Group"[29], che si distinguono dagli altri del gruppo per alcuni dettagli tecnici e sono caratterizzati da una notevole raffinatezza stilistica. A questi potremmo aggiungere *stamnoi* e crateri di stile protoclassico[30] e altri vasi di estremo interesse[31], che ampliano la prospettiva finora suggerita dalle sole classi note.

f.g.

243 Cratere a colonnette (kelebe)
Altezza 31; ∅ bocca 23
Da Volterra
Volterra, Museo Guarnacci, inv. 49.
Pasquinucci 1968, 49, n. XXII, figg. 38-39
(con bibl.) e inoltre 6, nota 30; Harari
1980, 86, n. 3, tav. LXIV, 3 (con
bibliografia) e 194 ss.

Sul collo decorazione a losanghe con crocette
all'interno.
A. Centauro gradiente verso sinistra con ramo frondoso nella sinistra e cuscino nella destra; B. A sinistra, figura femminile stante, con
corno potorio nella destra e forse unguenta-
rio nella sinistra, di fronte ad un giovane nudo, con strigile nella destra sollevata.
Sotto le anse, palmette e viticci intrecciati.

244 Cratere a colonnette (kelebe)
Altezza 32; ∅ bocca 20
Da Volterra
Volterra, Museo Guarnacci, inv. 39
Pasquinucci 1968, 41, n. XII, figg. 20-21.

Sul collo, decorazione a losanghe, con crocette all'interno, e fascia di rosette stilizzate.
A. Testa giovanile imberbe di profilo a sinistra; B. Testa giovanile imberbe di profilo a
sinistra.
Sotto le anse, palmette e viticci intrecciati.

Le *kelebai* costituiscono il nucleo più consistente di vasi attribuiti finora a officine volterrane, la cui attività si colloca in un arco cronologico che comprende la seconda metà del IV
secolo a.C. e forse i primi decenni del III. L'i-
nizio di tale produzione, come del resto di
quella di altri centri etrusco-settentrionali (cfr.
Introduzione), viene genericamente ricollegato
all'influsso della ceramica falisca a figure rosse, a cui sembra riportare in effetti tutta una
serie di temi e motivi; in particolare, nel caso
di Volterra, tuttavia, il problema della nascita di una manifattura locale è stato oggetto di
un lungo e ancora aperto dibattito, determinato dall'esistenza di rapporti particolarmente stretti con la ceramica del "Clusium
Group"; è emblematica, a questo riguardo, la
kelebe n. 243, che insieme ad un nucleo di vasi
di varia forma (*stamnoi, oinochoai, skyphoi*),
si distingue dal resto della produzione ed è stata di volta in volta considerata chiusina o volterrana (su tutta la questione, cfr. Beazley
1947, 123; Fiumi 1958, 245 ss.; Harari 1980,
193 ss.). Appare comunque evidente che sia
la decorazione figurata che quella accessoria
della kelebe richiamano in maniera puntuale
per soggetti e stile le *kylikes* chiusine; e questo fatto, insieme alla forma stessa del vaso,
che ricorda più da vicino quella dei crateri a
colonnette (da cui sarebbero derivate le *kelebai*), inducono a ritenere l'esemplare in esame espressione della prima fase del "gruppo
Volaterrae" e di datarlo nell'ambito del terzo
venticinquennio del IV secolo a.C.
La kelebe n. 244, sicuramente più tarda, esem-

245.1

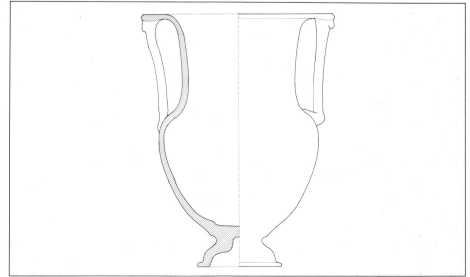

245.1

177

plifica invece la produzione corrente, con il tipico repertorio delle teste isolate che occupa-
no i due lati del vaso, spesso quasi soffocate
dalla decorazione fitomorfa: generalmente maschili e con i tratti variamente caratterizzati,
sono state già da tempo interpretate (Dohrn
1937) come una prima testimonianza di ritratto; in effetti, questi volti, certo lontani da immagini ideali, sembrano esprimere una tendenza all'individuazione di determinati tipi, probabilmente dettata anche dalla funzione stessa dei vasi, adibiti alla conservazione delle ceneri del defunto.

b.a.

245 Corredo tombale
Necropoli del Portone, tomba a nicchiotto
1970/7.

La tomba, scavata nell'estate del 1970 nell'a-
rea della necropoli del Portone, presso l'Osteriaccia, località ben nota per antichi e più recenti rinvenimenti (CUV 1, 23), era costituita
da un nicchiotto di modeste dimensioni, che
conteneva probabilmente una sola deposizione.

1. Cratere a colonnette
Argilla beige; vernice nero bruna; dettagli
e ombreggiature a vernice diluita. Altezza
34,3; ⌀ bocca 22
Firenze, Museo archeologico, inv. 111.251.

Decorazione a figure rosse: in A, testa giovanile maschile di profilo a sinistra, con corona
di alloro; nella destra sollevata, un tirso; leg-
gera ombreggiatura ottenuta con trattini a vernice diluita sul volto e sul collo. In B, figura
maschile nuda, con grande benda ad estremità frangiate nella destra. Decorazione accessoria: sul collo, in A e B, reticolo a losanghe
riempite di motivi cruciformi; sul piano del
labbro, serie di triangoli eretti e capovolti e
riempiti da trattini obliqui. Alla base del collo, cerchielli con punto centrale, alternati a segmenti verticali; sotto le anse, palmette com-
posite schematizzate, sul raccordo tra ansa e
labbro, palmetta.
Il vaso rientra nella produzione più fine delle
fabbriche a figure rosse dell'Etruria settentrionale, che verso la fine del IV secolo a.C. distribuiscono i loro prodotti in un'area che tocca le principali metropoli della zona. Il vaso,
come dimostra l'iconografia della testa e la peculiarità della ombreggiatura a trattini, appartiene probabilmente alla produzione del Pittore di Esione, una delle personalità principali
individuate all'interno di questa classe vascolare (Pasquinucci 1968 n. XXIV, 51, n. 41;
52, XXXVIII, figg. 50-55). Più di recente la
Pairault ha raccolto attorno a questa personalità un piccolo nucleo di vasi, in parte già attribuiti ad altri pittori, sostenendo che questo maestro è strettamente legato a quello che
ha eseguito il cratere Guarnacci, inv. 89 e una
kelebe da Montediano, oltre a un certo numero
di *kylikes* del cosiddetto "gruppo Clusium"
(Pairault Massa 1980, 85 ss.).

245.1

2. Skyphos
Vernice nera; decorazione sovradipinta in rosso. Altezza 20,6; ⌀ 21,7
Firenze, Museo archeologico, inv. 111.251.

In A e B, grande volatile (cigno) ad ali aperte, di profilo a sinistra. Sotto le anse, palmette a cuore triangolare, comprese tra volute. Serie assai numerosa, già riunita da Beazley sotto la denominazione di "gruppo Ferrara T 585", e oggi riferita concordemente a fabbriche volterrane, che la diffusero ampiamente, sia verso l'Emilia (Sassatelli 1977ᵃ, 29 ss.; Mangani 1980, 138), che verso la costa tirrenica (Maggiani 1983, 88, nota 40; Durante-Massari 1977, fig. 11, 4) e l'interno (Mangani 1983, 84, n. 1; Martelli 1981ᵃ, 169).

3. Kylix
Argilla beige; vernice nera. Altezza 7,7; ⌀ bocca 13,2; larghezza totale 20
Firenze, Museo archeologico, inv. 111.253.

Vasca poco profonda, con carena pronunciata e imboccatura svasata; anse a bastoncello orizzontali, ad andamento trapezoidale. Sul fondo interno decorazione impressa a palmette e fiori di loto, collegati da archetti.

4. Kylix
Argilla e vernice come sopra. Altezza 7,7; ⌀ bocca 13,6; larghezza massima 20,5
Firenze, Museo archeologico, inv. 111.252.
Come la precedente.

Le due *kylikes*, che come consimili pezzi a vernice nera di prestigio compaiono in coppia nel corredo, trovano confronti nella tomba A dei Marmini (Cristofani 1973, 252, n. 66), nei corredi provenienti da tombe diverse dislocate a Monteriggioni e in una tomba dell'Appennino bolognese (Peyre 1965, 32, n. 3, fig. a p. 33).

5. Olletta
Argilla chiara depurata. Altezza 14,4; ⌀ bocca 10,7
Firenze, Museo archeologico, inv. 111.254.
Corpo ovoide con labbro distinto e fondo piano.

6. Coppetta
Argilla bruno giallastra, micacea
Altezza 5,6; ⌀ 12,5
Firenze, Museo archeologico, inv. 111.255.

Vasca a calotta con orlo lievemente rientrante, piede anulare con costa obliqua.
Argilla e tecnica esecutiva inducono a ipotizzare una produzione locale.

7. Olletta
Impasto bruno. Altezza 10,2; ⌀ bocca 10,4
Firenze, Museo archeologico, inv. 111.256.
Corpo ovoide con labbro svasato e fondo piano.

245.1

245.1

8. Olletta

Impasto bruno. Altezza 7; Ø bocca 8
Firenze, Museo archeologico, inv. 111.257.
Come la precedente.

9. Strigile

Bronzo. Lunghezza 23
Firenze, Museo archeologico, inv. 111.258.

Patina verde scuro. Tipo a cucchiaio con
ampio manico compresso lateralmente
presso l'attacco e apofisi lanceolata
all'estremità.
Sulla classe, da ultimo, Mangani 1983, 48,
s., n. 171.

Il corredo, pertinente probabilmente a una sola
deposizione maschile, come indica lo strigile
e come sembra suggerire la tipologia della raffigurazione sul vaso cinerario, è databile ai decenni finali dei IV secolo a.C.

a.m.

245.2

245.2

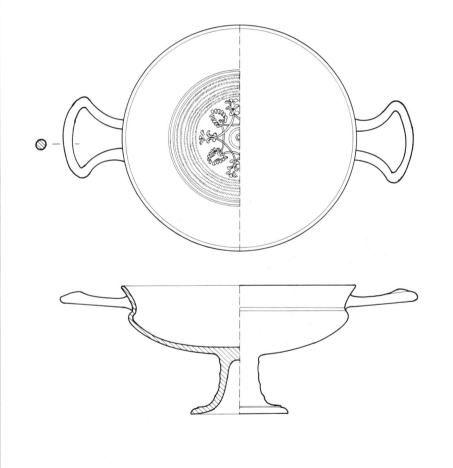

245.3

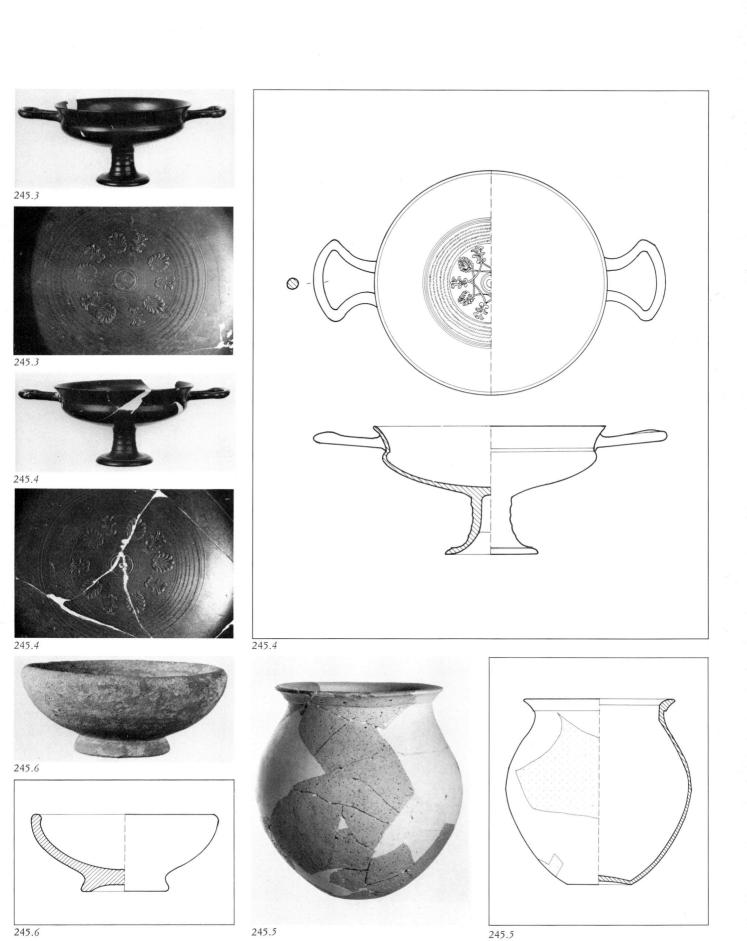

245.3

245.3

245.4

245.4

245.4

245.6

245.6

245.5

245.5

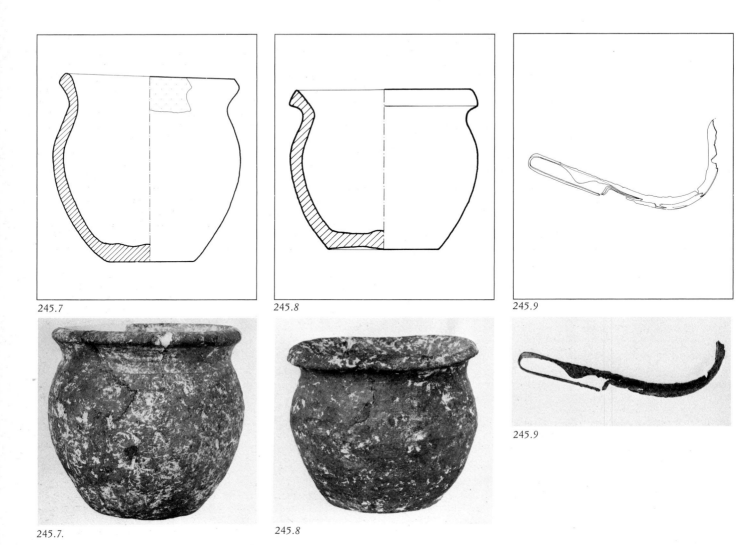

245.7

245.8

245.9

245.7.

245.8

245.9

Ceramiche a vernice nera

La produzione volterrana: la fabbrica di Malacena

La produzione della ceramica a vernice nera inizia nella penisola italiana nel corso del IV secolo a.C. su imitazione delle ceramiche greche, in particolare attiche, completamente dipinte di nero, diffuse in gran quantità in tutto il bacino occidentale del Mediterraneo. In breve tempo sorgono dappertutto officine locali produttrici di vasi che gradualmente si distaccano dai modelli greci e che si distinguono fra di loro per il repertorio formale, per la diversa qualità e per la differente estensione del mercato. Proprio l'estrema diffusione di tali officine e dei loro prodotti rende difficile l'individuazione delle fabbriche, anche per il mondo etrusco. In particolare nell'Etruria settentrionale interna i vasi a vernice nera, in genere di serie, di esecuzione poco curata e talvolta con forme prive di elementi distintivi determinanti, accentuano ancor più questo problema. Allo stato attuale degli studi possiamo individuare almeno tre zone di produzione dislocate nei centri di Arezzo, Chiusi e Volterra[1].

L'indagine sul materiale ceramico volterrano, meglio noto di altri, ha consentito di ipotizzare una molteplicità di botteghe locali. Uno dei problemi maggiormente discussi riguarda il loro sistema organizzativo e le loro caratteristiche: allo stato attuale delle conoscenze non si può stabilire né il numero né l'esatta localizzazione di queste nel territorio. Fra tutte una sola si evidenzia per l'alta qualità della produzione: la cosiddetta fabbrica di Malacena, il cui nome è modellato sul toponimo del podere, presso Monteriggioni, dove fu scavata la tomba dei Calisna Sepu, ricchissima di questi vasi[2]. Considerando, infatti, la quantità e la diffusione dei materiali di Malacena sembra giusto attribuire a questa produzione la denominazione di "fabbrica". Sicuramente una parte del suo repertorio formale comprendeva vasi curati, eleganti e destinati ad un consumo di lusso, quindi accessibili, proprio per il loro valore, ad un limitato numero di acquirenti.

L'argilla delle sue ceramiche presenta un colore che varia dal beige-rosato, fino ad un più intenso rosa-arancio; la pasta è depurata, dura o tenera, sempre a frattura netta; la vernice ha spesso riflessi bluastri metallici, è lucida e resistente. L'imitazione dei prototipi in metallo, confermata dall'uso frequente delle decorazioni plastiche applicate in alcuni vasi, è accentuata anche dalle caratteristiche della vernice. Il repertorio vascolare della fabbrica comprende forme particolarmente complesse ed elaborate, talora di dimensioni monumentali quali i crateri a volute (n. 246), a calice (n. 247) e a colonnette, le anfore, le *hydriai*, le *oinochoai* tribolate (nn. 249-250) con protomi all'attacco inferiore dell'ansa, le *oinochoai* a becco (n. 248) e inoltre *olpai* (n. 251), situle, teglie e colini (n. 256), nonché forme rarissime come i sostegni di candelabro (n. 258). Altre forme, pur tipiche della produzione etrusca settentrionale, non sono invece esclusive della fabbrica di Malacena, bensì appaiono diffuse in tutto il volterrano: le più comuni sono le coppe con anse non ripiegate (n. 254), i *kantharoi* con anse annodate, le ciotole con orlo ingrossato e le *phialai* con o senza umbilico (n. 257). Nei vasi di forma aperta la decorazione preferita è quella ad impressione, ottenuta premendo degli stampi sull'argilla fresca.

Dall'analisi della carta di distribuzione, emerge innanzitutto l'ampiezza dell'area di diffusione dei prodotti volterrani, in gran parte attribuibili al "gruppo Malacena": data la notevole quantità di materiali rinvenuti in diverse località, si può escludere che debba trattarsi di esportazioni solo occasionali. Probabilmente la fabbrica di Malacena, nata forse per iniziativa di poche maestranze itineranti, assunse in seguito proporzioni considerevoli, modificando e modellando la struttura produttiva su una domanda in forte crescita. Restano aperti e di non facile soluzione i problemi della distribuzione del lavoro all'interno della fabbrica e dell'eventuale impiego di manodopera servile.

Per le necessità della clientela dalle minori possibilità economiche sorsero, sia nell'area volterrana che negli altri centri in cui questa ceramica era esportata, piccole botteghe che producevano vasi di imitazione, di qualità scadente, ma di costi contenuti, il cui mercato era costituito dalle aree immediatamente circostanti il centro di produzione.

L'alto livello qualitativo raggiunto dai prodotti volterrani permise la loro esportazione in molti centri dell'Etruria; ma è soprattutto l'importanza che assunse questo movimento commerciale verso le regioni al di fuori dell'Etruria propria che ha sottolineato la sua eccezionalità.

a.p.

Nell'area coperta dal flusso del commercio volterrano si segnala per interesse quella della Padania, che sembra aver costituito un mercato particolarmente aperto e ricettivo. La distribuzione dei prodotti risulta capillare e coinvolge anche i centri minori del territorio. I percorsi montani seguiti dovevano essere le valli del Reno, del Setta e dell'Idice: i recenti scavi di Monterenzio hanno segnalato la presenza di molti materiali volterrani, che indicano come la valle dell'Idice dovesse essere una delle direttrici preferite, per lo meno verso il delta del Po. Non sorprende quindi che tale percorso venga seguito anche nei secoli successivi, dato che su di esso si modellerà quello della via Flaminia minore[3]. Per i vasi volterrani distribuiti nella padana centro-settentrionale, solo nuovi studi potranno chiarire se in tali località quei prodotti arrivarono col tramite di grossi centri come Spina e Adria aventi ruolo di smistamento, come è stato recentemente sostenuto, oppure per altre vie commerciali[4]. Nei centri liguri indicati nella carta di distribuzione arrivano in gran quantità vasi volterrani, in un periodo compreso fra il III e i primi decenni del II secolo a.C.: in particolare si ritrovano coppe biansate con anse non ripiegate e ciotole con orlo ingrossato[5], cioè le forme più correnti e spesso di qualità addirittura scadente. Mancano invece del tutto vasi attribuibili alla fabbrica di Malacena. L'unica eccezione, nell'area ligure, è rappresentata da Luni dove materiale della tarda produzione di Malacena è stato rinvenuto in quantità rilevante nei livelli repubblicani della colonia, corrispondenti alla seconda metà del II secolo a.C.[6] Insieme a questi vasi di alta qualità si ritrovano anche i prodotti meno pregiati delle fabbriche minori volterrane, a dimostrazione di come l'area ligure fosse un mercato costante, anche se modesto.

Prendendo atto della presenza di prodotti volterrani nell'area marchigiana, sorge il problema dell'individuazione dell'iter percorso per giungere in tali centri; mancano dati precisi per cui si può forse ipotizzare, oltre a un non molto probabile contatto diretto con Volterra, una distribuzione attraverso il delta padano. Un'eventuale conferma di quest'ipotesi potrebbe venire dall'individuazione di prodotti spinetici o padani nei centri marchigiani: non sarà da escludere però che la scadente qualità di quelli abbia reso difficile la loro esportazione. Vasi volterrani sono presenti anche nell'area umbra, dove molto probabilmente arrivavano direttamente da Volterra: si potrebbe allora anche ipotizzare una via di commercio appenninica diretta da questi territori verso l'area marchigiana.

Rarissime sembrano invece le esportazioni nell'area propriamente laziale: ne abbiamo testimonianza tramite la segnalazione di Morel[7], che nota la presenza di pochi prodotti di Malacena a Roma. Tale situazione è del resto spiegabile con la concorrenza dei prodotti dell'Etruria meridionale e con la presenza di fabbriche locali che saturavano il mercato sia laziale che romano.

È attestata infine una rilevante esportazione marittima dei prodotti volterrani in Corsica, dove compare materiale della fabbrica di Malacena in buona quantità, cosa che conferma il grande favore incontrato da quei vasi. La sporadica presenza di ceramica a vernice nera volterrana nel relitto del Grand Congloué documenta, forse, una corrente di traffico marittimo verso la Francia meridionale.

La fabbrica di Malacena iniziò la sua produzione nella seconda metà del IV secolo a.C.: ne sono conferma le esportazioni oltre Appennino, in particolare le associazioni tombali di Spina, nonché i materiali dall'abitato di Monterenzio, di recente pubblicazione. L'analisi della tabella, che fornisce il quadro delle associazioni dei tipi vascolari in un congruo numero di tombe delle necropoli spinetiche di valle Trebba e valle Pega, mostra come accanto a prodotti attici la cui datazione è ben ancorata ai decenni intorno o poco dopo la metà del IV secolo a.C. si incontrino numerosi esemplari di ceramiche a vernice nera, morfologicamente e tecnicamente attribuibili alla produzione dell'Etruria settentrionale. Il dato archeologico, che sembra inoppugnabile, orienta decisamente per una datazione alta dell'inizio di queste serie ceramiche, almeno al terzo quarto del secolo.

Tra i tipi presenti nei corredi, si segnala in particolare per la sua antichità il numero delle forme aperte (quali le ciotole serie Morel 2536b e le coppe biansate serie Morel 4115a), che potrebbe ritenersi conseguente ad una organizzazione produttiva in funzione della vendita sui mercati esterni, già nella fase iniziale dell'attività delle fabbriche.

È invece difficile stabilire la fine di questa produzione ceramica, che sicuramente proseguì nel corso del III secolo a.C. e i cui limiti cronologici inferiori sono, al momento attuale, offerti dagli scavi di Luni, poiché in questa colonia prodotti della fabbrica di Malacena sono attestati nella seconda metà del II secolo a.C. Contemporaneamente agirono nel volterrano quelle fabbriche minori di difficile individuazione, delle quali si è parlato precedentemente, la cui produzione sembra giungere al I secolo a.C.[8]

Solamente la pubblicazione sistematica di scavi e di materiali permetterà di ottenere un quadro più completo della diffusione dei prodotti volterrani in Etruria e nelle aree qui segnalate, consentendo una valida ricostruzione delle vie commerciali seguite e dell'entità di tali esportazioni.

l.p.

246   Cratere a volute
Argilla non visibile, vernice nera lucida, coprente, con riflessi bluastri. Altezza 38,6
Volterra, Museo Guarnacci, inv. 283.
Pasquinucci 1972, 420, figg. 10 e 51;
Fiumi 1976, 59, fig. 122; Morel 1981, 272, tav. 103.
Forma Morel 3551a. Datazione: seconda metà del IV secolo a.C.

Si tratta di una forma vascolare di grandi dimensioni tra le più diffuse della fabbrica di Malacena. Ogni particolare della decorazione richiama in maniera evidente le corrispondenti forme metalliche. Esemplari simili a questo del Museo Guarnacci sono stati rinvenuti ad Orbetello (Pasquinucci 1972, 240-241) e nella Tomba dei Calisna Sepu a Monteriggioni (Bianchi Bandinelli 1928, p. 154), quest'ultimo con decorazione sovradipinta.

Tra i modelli in metallo utili per un confronto possono essere considerati il cratere a volute in bronzo rinvenuto a Spongano (Lecce), databile al V secolo a.C. (Comstock-Vermeule 1971, 315 ss., n. 441) e l'esemplare, sempre in bronzo, proveniente da Derveni (Macedonia) della seconda metà del IV secolo a.C. (Macedonia 1979, 59, tavv. 25, 157).

l.p.

247

247 Cratere a calice
Argilla non visibile, vernice nera lucente a riflessi metallici. Altezza 41,6
Volterra, Museo Guarnacci, inv. 285.
Pasquinucci 1972, 327, fig. 7, n. 28; Fiumi 1976, fig. 121.
Forma 4632 a 1 (Morel 1981, 323, tav. 141).

Vaso di grandi dimensioni, fu una delle forme preferite della fabbrica di Malacena. Derivato da prototipi metallici (Pasquinucci 1972, 326 con bibliografia relativa; Morel 1981, 514) ha rapporti con il cratere attico a vernice nera, anche se le sovradipinture a tralci d'edera e di vite di quello diventano decorazioni plastiche nei prodotti di Malacena. Il cratere a calice è sicuramente, come del resto tutti i vasi di grandi dimensioni, una delle forme migliori della fabbrica di Malacena (Martelli 1976, 71) e testimonia l'alta qualità dei suoi prodotti, che spesso si misero in evidenza per l'eleganza delle forme e delle decorazioni, nonché per l'accuratezza di esecuzione.
Si data nella seconda metà del IV secolo a.C.
a.p.

248 Oinochoe a becco
Argilla non visibile, vernice nera lucida e coprente. Altezza 20,5
Volterra, Museo Guarnacci, inv. 522.
Pasquinucci 1972, 449, fig. 13, 522; Morel 1981, 385, fig. 188.
Forma Morel 5741f. Datazione: III secolo a.C.

L'oinochoe a becco è stata prodotta dalla fabbrica di Malacena in numerose varianti, tutte comunque derivanti dalla tradizione metallica (cfr. Morel 1981, 513-515 con bibliografia relativa). Ciò è ben evidenziato nell'esemplare in questione soprattutto dalle rosette poste all'attacco superiore dell'ansa e dalla testina maschile applicata nella parte inferiore.
Questo vaso, in particolare per quanto concerne il profilo del ventre, può trovare confronto in una analoga forma vascolare in bronzo del Museo civico di Viterbo (Emiliozzi 1974, 63, tav. XXII, 6).
l.p.

249 Oinochoe a bocca trilobata
Argilla non visibile, vernice nera coprente.
Altezza 22,2
Volterra, Museo Guarnacci, inv. 513.
Pasquinucci 1972, 444, fig. 12.
Forma 5611 a 1 (Morel 1981, 372, tav. 175).

250 Oinochoe a bocca trilobata
Argilla non visibile, vernice nera a riflessi bluastri. Altezza 22
Volterra, Museo Guarnacci, inv. 510.
Pasquinucci 1972, 450, fig. 13.
Forma 5741 e 1 (Morel 1981, 385, tav. 188).

Le due *oinochoai* sono una tipica produzione della fabbrica Malacena (Pasquinucci 1972, 439, 450): è evidente che si tratta di imitazioni di modelli metallici, come è confermato dall'uso delle decorazioni plastiche applicate agli attacchi delle anse (per un confronto con esemplari in bronzo: Moretti-Sgubini Moretti 1983, 35, nn. 22-23; Comstock-Vermeule 1971, 296-297, n. 423). La prima oinochoe presenta una forma che si riscontra in esemplari attici degli inizi del IV secolo a.C. (Bruckner 1959, 145 fig. I, nn. 1205-1206); si data tra la fine del IV e la prima metà del III secolo a.C. La seconda è databile alla fine del IV secolo a.C.

251 Olpe
Argilla non visibile, vernice nera coprente.
Altezza 10,5
Volterra, Museo Guarnacci, inv. 444.
Pasquinucci 1972, 478-9, fig. 15.
Forma 5212 a 1 (Morel 1981, 339, tav. 155).

La forma si ispira a prototipi metallici (Pasquinucci 1972, 470 con bibliografia relativa. Per un esemplare simile in bronzo, Moretti-Sgubini Moretti 1983, 105, n. 31). Fu prodotta dalla fabbrica di Malacena fra il IV e il III secolo a.C., ma è presente anche nel tipo E della ceramica di Volterra (Pasquinucci 1972, 275). Se ne distinguono due varianti in base alle caratteristiche dell'ansa: l'olpe presentata rientra nella variante B individuata dalla Pasquinucci (Pasquinucci 1972, 470).

252 Kantharos con anse "à poucier"
Argilla beige, vernice nera lucente a riflessi bluastri. Altezza 6,5
Volterra, Museo Guarnacci, inv. 30.
Pasquinucci 1972, 339, fig. 4.
Forma 3171 d 1 (Morel 1981, 254, tav. 90).

È una forma estremamente diffusa nelle officine volterrane dalla fine del IV a tutto il II secolo a.C. (Pasquinucci 1972, 338-339): ha rapporti con il kantharos attico con anse "à poucier" del V secolo a.C.; la stessa forma si ritrova in esemplari metallici (per un confronto con un kantharos in argento, decorato, v. Strong 1966, 114, tav. 31 B).
Il nostro rientra nella prima variante proposta dalla Pasquinucci (1972, 338) per quanto, mancando uno studio sull'evoluzione della forma, non è chiara la successione cronologica delle varianti individuate.
a.p.

255

257

253 Kylix con anse ad orecchia
Argilla non visibile, vernice nera di media lucentezza, coprente. Altezza 4,8
Volterra, Museo Guarnacci, inv. 4.
Pasquinucci 1972, 363, fig. 2, 4 e fig. 22, 4; Fiumi 1976, 60; Morel 1981, 289, tav. 116.
Forma Morel 4111 b 1. Datazione: prima metà del II secolo a.C.

254 Coppa biansata
Argilla giallo rosata, vernice nera di media lucentezza, con qualche riflesso marrone
Altezza 5,4
Volterra, Museo Guarnacci, inv. 5.
Pasquinucci 1972, 365, figg. 18,5 e 41,5; Fiumi 1976, 60.
Forma Morel 4115a (Morel 1981, tav. 290, tav. 117). Datazione: inizio-metà del III secolo a.C.

Entrambe queste forme vascolari appartengono al repertorio della fabbrica di Malacena. In particolare, la kylix con anse ad orecchia fu prodotta da tale bottega con caratteristiche pressoché costanti, (Pasquinucci 1972, 361) mentre la coppa biansata fu modellata dalle officine minori volterrane. Questi vasi di facile trasporto per la loro forma aperta, furono esportati in quantità cospicua non solo in Etruria ma anche al di fuori di essa come ad esempio nella val Padana.

255 Patera con manico
Argilla beige rosata, vernice nera di media lucentezza, coprente. Altezza 3,9
Volterra, Museo Guarnacci, inv. 527.
Pasquinucci 1972, 393; Fiumi 1976, 62, fig. 124.
Variante forma Morel 6312a (Morel 1981, 396, tav. 196). Datazione: prima metà del III secolo a.C.

È una delle forme più tipiche del repertorio vascolare della fabbrica di Malacena, prodotta anche nella variante con ansa orizzontale. Si tratta sempre di esemplari derivanti da prototipi in metallo (cfr. a questo proposito Gjødesen 1944; *I Galli* 1978, 120, n. 343; Morel 1981, pp. 513-515 con bibliografia relativa). L'area di diffusione di tale forma, per entrambe le varianti, sembra circoscritta al territorio volterrano (Pasquinucci 1972, 393).

l.p.

256 Colatoio monoansato
Argilla beige dura, vernice nera lucente
Altezza 5,9
Volterra, Museo Guarnacci, inv. 475.
Pasquinucci 1972, 398, fig. 49.
Forma 6413 a 1 (Morel 1981, 397, tav. 197).

La forma nata da prototipi di bronzo (Pasquinucci 1972, 396 nota 2 con bibliografia rela-

tiva), non può essere definita facilmente con caratteristiche precise perché ogni prodotto differisce dall'altro sia nel profilo che nella decorazione. L'esemplare presentato appartiene al tipo volterrano D (Pasquinucci 1972, 275) ed è attribuibile alla fabbrica di Malacena, come prova il tipo di decorazione impressa. Rientra nella seconda variante individuata da Beazley (Beazley 1947, 279) e si data nel III secolo a.C.

a.p.

257 Phiale umbilicata
Argilla beige rosata, vernice nera poco lucente con riflessi bluastri. Altezza 3,6
Volterra, Museo Guarnacci, inv. 123.
Pasquinucci 1972, 355, figg. 3, 20, 33; Morel 1981, 144, fig. 33.
Forma Morel 2173b. Datazione: fine IV-inizi III secolo a.C.

Alla fabbrica di Malacena è attribuita anche la produzione di questo tipo di phiale umbilicata, derivata dalla tradizione metallica. Infatti questa forma vascolare frequentemente trova confronti con esemplari in bronzo, argento e stagno, (cfr. a questo proposito Morel 1981, 545, b e 513-515 con bibliografia relativa). Macedonia 1979, 42, tavv. 10, 45; Strong 1966, 75-76, tavv. 14A-B-15B, 81, tavv. 19A, 97, tav. 23A).

l.p.

258 Sostegno di candelabro
Argilla beige rosata, vernice nera lucente con riflessi bleu. Altezza cimasa 25
Da Monteriggioni, tomba dei Calisna Sepu
Firenze, Museo archeologico, inv. (di scavo) 36.
Bianchi Bandinelli 1928, 147-148, tav. XXXIII, 36; Beazley 1947, 280; Morel 1981, 436, fig. 217.
Forma Morel 9232a (Morel 1981, 436, tav. 217). Datazione: seconda metà del IV secolo a.C.

Questo esemplare fu rinvenuto nella tomba dei Calisna Sepu di Monteriggioni (Martelli in cuv 1, 161 ss. con bibliografia precedente) assieme ad altri pezzi simili, anch'essi in stato frammentario. Si tratta di un prodotto della fabbrica di Malacena la cui forma deriva dai più costosi sostegni di candelabro in metallo. La figura virile della testa è stata identificata dal Bianchi Bandinelli 1928, 147 s. con Ercole. In effetti l'eroe in questione è qui raffigurato senza alcuno dei suoi soliti attributi: manca infatti la pelle di leone e inoltre la clava, o qualunque altra arma fosse, è andata perduta. Si deve anche tener conto, cosa già evidenziata dal Bandinelli, che il mito di Ercole e Scilla non è quasi mai rappresentato. Volendo ipotizzare un nome per la figura virile si potrebbe pensare all'eroe omerico Ulisse, spesso raffigurato mentre combatte contro il mostro marino Scilla, ma anche per questo per-

sonaggio mancano gli attributi con i quali è solito essere rappresentato come ad esempio la barba. Il problema, quindi, rimane aperto. Questa forma vascolare trova confronto in un esemplare in bronzo la cui cimasa raffigura Ercole a riposo, databile alla fine del V-inizi IV secolo a.C. (Adam 1984, 51, n. 51).

l.p.

La conquista dei mercati: i casi di Spina e Ameglia

259 Tomba 430C valle Pega, Spina
Ferrara, Museo archeologico

CERAMICA ATTICA A FIGURE ROSSE
1. Pelike, serie di Kertsch
Altezza 23,5. Inv. 30905. Gruppo G (Pittore del Grifone), Beazley 1963, 1694-13 ter. Inv. 30905. A: scena di grifomachia; B: scena di colloquio tra due efebi ammantati. Datazione: 380-360 a.C. (Schefold 1934, 158; Olynthus XIII, 90, tav. 45-37).
2. Askos lenticolare
Altezza 11,4. Inv. 30906. Massei 1978, 269, tav. LXIII, 1, classe I variante "c". Datazione: prima metà del IV secolo a.C.

CERAMICA ATTICA A VERNICE NERA
3. Skyphos
Altezza 17,7. Inv. 30907
Forma Morel 4342b (Morel 1981, 308, tav. 128)
Datazione: 350-340 a.C. (cfr. Agorà, XII, 1, 260 e XII, 2, tav. 17, 351).
4. Skyphos
Altezza 16. Inv. 30909. Come il precedente.
5. Piatto da pesce
Altezza 3. Inv. 30916
Variante forma Morel 1121i (Morel 1981, 85, tav. 2). Datazione: 350-325 a.C. (cfr. Agorà, XII, 2, fig. 10, nn. 1072-1076).
6. Ciotola
Altezza 2,6. Inv. 30919
Variante forma Morel 2714i 2 (Morel 1981, 209, tav. 67, con datazione 375-350 a.C.). Nell'interno, quattro palmette stilizzate.
7. Ciotola
Altezza 3,8. Inv. 30921
Forma Morel 2771a (Morel 1981, 220, tav. 71). Nell'interno, al centro, due circonferenze concentriche di striature a rotella e otto palmette stampigliate, collegate fra loro da un graffito a stella. Graffiti nell'interno e sul fondo esterno. (cfr. REE 1974, 197, n. 28). Cronologia: metà IV secolo a.C. (cfr. Agorà XII, 1, 299 e XII, 2, tav. 33, n. 888).

CERAMICA A VERNICE NERA VOLTERRANA
8. Coppa biansata
Altezza 6. Inv. 30918
Variante forma Morel 4115a (Morel 1981,

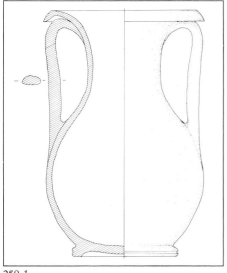

259.1

259.2

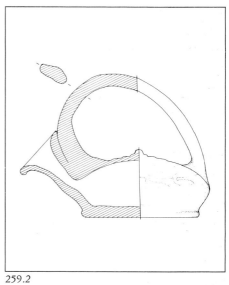

259.2

259.1

259.3

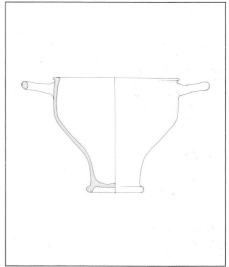

259.3

259.4

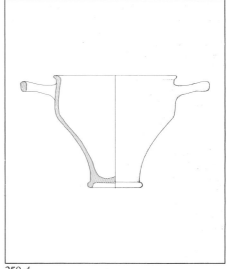

259.4

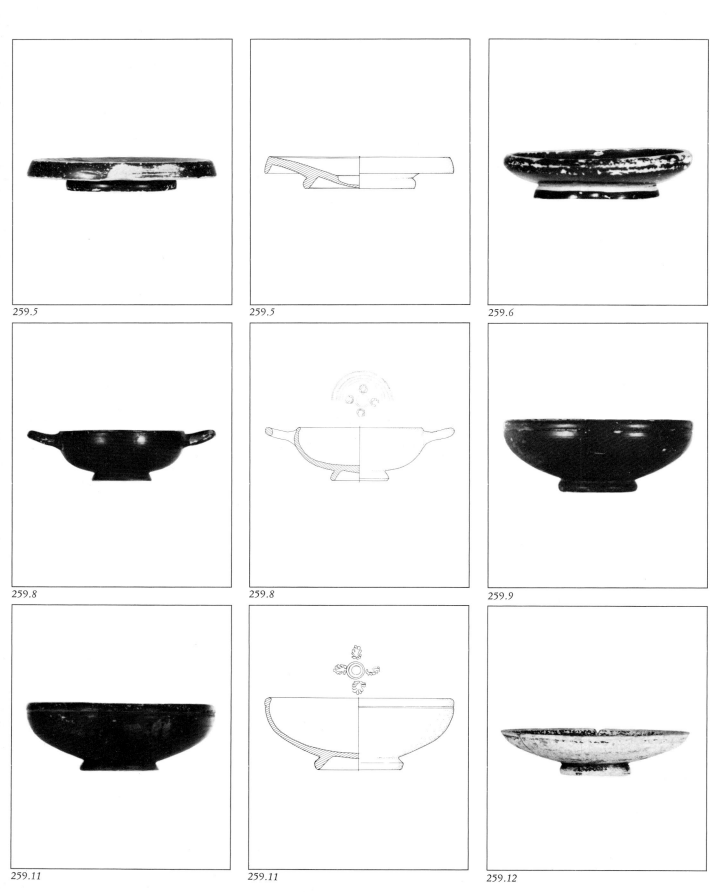

259.5

259.5

259.6

259.8

259.8

259.9

259.11

259.11

259.12

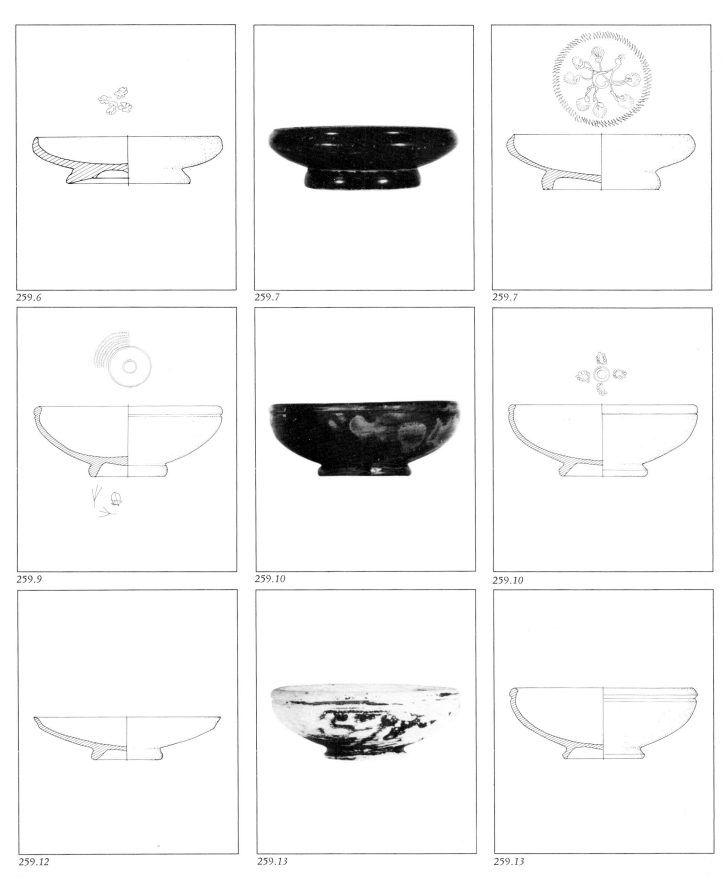

259.6

259.7

259.7

259.9

259.10

259.10

259.12

259.13

259.13

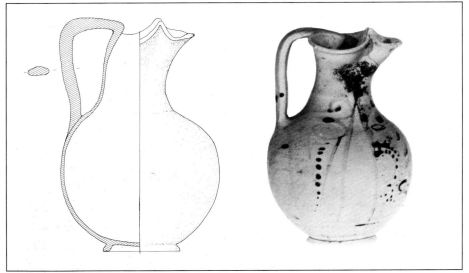

259.14

259.15

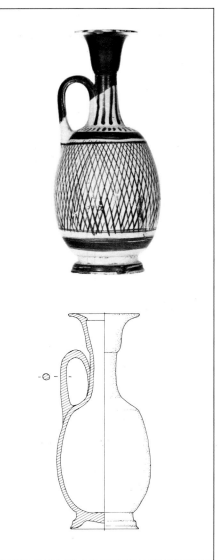

259.16

259.15

290, tav. 117, con datazione inizio del III a.C.). Nell'interno, al centro, serie di striature a rotella concentriche e quattro palmette a foglia arrotondata stampigliate.

9. *Ciotola*
Altezza 6. Inv. 30923
Variante forma Morel 2536b (Morel 1981, 180, tav. 117, con datazione inizio III secolo a.C.). Sul fondo esterno, un graffito.

10. *Ciotola*
Altezza 6. Inv. 30924. Come il precedente. Nell'interno serie di striature a rotella concentriche e quattro palmette stampigliate con volute a esse alla base.

11. *Ciotola*
Altezza 6. Inv. 30925. Come il precedente. Nell'interno serie di striature a rotella concentriche e quattro palmette stampigliate.

•

CERAMICA A VERNICE NERA LOCALE
12. *Ciotola*
Altezza 3,4. Inv. 30920. Forma Morel 2231b (Morel 1981, 149, tav. 35, con datazione 300 ± 50 circa a.C.).

13. *Ciotola*
Altezza 5,4. Inv. 30926. Variante forma Morel 2563a (Morel 1981, 185, tav. 56). Datazione: fine IV-inizi III secolo a.C. (cfr. Fiorentini 1963, 15, fig. 2, 5).

CERAMICA ALTO-ADRIATICA
14. *Oinochoe*
Altezza 22,5. Inv. 30902. A: testa femminile di profilo. B: sotto l'ansa una palmetta e grandi girali. Datazione: fine IV-inizi III secolo a.C.

15. *Oinochoe*
Altezza 22,8. Inv. 30903. Come il precedente.

CERAMICA DI GNATHIA
16. *Lekythos*
Altezza 15. Inv. 30904. Sul corpo, decorazione a reticolo in vernice nera. Datazione: fine IV secolo a.C. (cfr. Beazley 1943, 109-111, n. 31-32; Trendall 1953, 217, tav. LVII, Z-41).

17. *Lekythos a fondo piatto*
Altezza 10. Inv. 30908. Forma Morel 7132a (Morel 1981, 402, tav. 200, con datazione fine IV a.C.). Sulla spalla motivo ad ovuli graffito e due linee incise; sul corpo, reticolo sovradipinto in bianco. Nell'interno vi sono delle "sferette".

CERAMICA GRIGIA
18. *Piattello*
Altezza 3,4. Inv. 30910. Forma 2, tipo K (Patitucci Uggeri 1984, 142, fig. 2). Datazione: fine IV-inizi III secolo a.C.

19. *Piattello*
Altezza 3,5. Inv. 30911. Come il precedente.

20. *Piattello*
Altezza 3. Inv. 30912. Forma 2, tipo d (Patitucci Uggeri 1984, 141, fig. 2). Datazione: metà IV secolo a.C.

21. *Piattello*
Altezza 2,6. Inv. 30913. Variante forma 2, tipo d (Patitucci Uggeri 1984, 141, fig. 2). Datazione: metà IV secolo a.C.

22. *Piattello*
Altezza 3. Inv. 30914. Forma 2, tipo k (Patitucci Uggeri 1984, 142, fig. 2). Datazione: fine IV-inizi III secolo a.C.

23. *Piattello*
Altezza 3,5. Inv. 30915. Come il precedente.

24. *Olla con coperchio*
Altezza 17. Inv. 30917. Questo pezzo non è stato classificato tipologicamente dalla Patitucci. Datazione: seconda metà del IV secolo a.C.

25. *Ciotola*
Altezza 4,5. Inv. 30922. Forma 10, tipo c (Patitucci Uggeri 1984, 144-145, fig. 4). Nell'interno, al centro, tre palmette molto stilizzate tipo rametto, impresse e disposte a triangolo. (cfr., per la decorazione simile, Patitucci Uggeri 1984, 151-153, fig. 11c). Cronologia: fine IV-inizi III secolo a.C.

La tomba 430C, situata sul dosso C di valle Pega, fu portata in luce da Alfieri nel giugno del 1958. I materiali, disposti con l'inumato in una cassa lignea, erano a sinistra e a destra del defunto[1]. Dalla breve analisi di questo corredo, appare evidente la sua complessità: dei 25 pezzi che lo compongono soltanto quattro sono di produzione locale, se si esclude la ceramica grigia; gli altri provengono da importazioni dall'Attica, dall'Italia meridionale e dall'area volterrana.
Per quanto riguarda la cronologia, risulta problematica la datazione del materiale volterrano, costituito da una coppa biansata (n. 8) e da tre ciotole (nn. 9-11). Quest'ultime vengono datate dal Morel[2] agli inizi del III secolo a.C. e nell'area volterrana al II-I secolo a.C., ma in questo caso la cronologia proposta è troppo bassa per Spina perché l'abitato cessa di vivere intorno al 250-225 a.C.[3] e inoltre questa forma nella val Padana è attestata in corredi più antichi. Le stesse osservazioni valgono per la coppa biansata che viene comunemente datata dagli inizi del III secolo a.C. alla metà del II a.C.[4]. La presenza così cospicua in questa tomba di pezzi attici della metà del IV secolo a.C. porta a mantenere alta la datazione del corredo e di conseguenza anche di queste forme della ceramica a vernice nera, almeno alla seconda metà del IV a.C. D'altra parte gli altri tipi di ceramiche qui presenti non sono databili con sicurezza: la produzione a vernice nera spinetica si appoggia troppo spesso alla cronologia della vernice nera volterrana, non sempre così certa; lo stesso accade per la ceramica alto-adriatica, rappresentata in questo corredo da due *oinochoai* eseguite nella tecnica delle figure rosse, il tipo più antico per questa produzione[5]. Le *lekythoi* del-

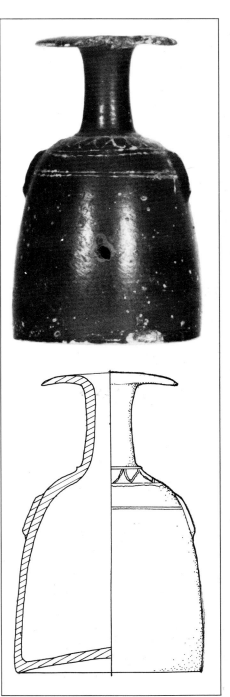

259.17

lo stile di Gnathia vengono comunemente considerate della fine del IV secolo a.C., ma un esemplare simile al n. 17 appartenente ad un altro corredo di Spina, è associato con una lekane a figure rosse attica, un duck-askòs proveniente da Chiusi, un kantharos volterrano e viene datato alla seconda metà del IV secolo a.C.[6] Per la ceramica grigia di probabile uso domestico, un recentissimo studio[7] ha suggerito una preliminare classificazione. Questa ceramica compare a Spina nel secondo quarto del V secolo a.C., ma è da considerarsi piuttosto rara fino alla fine del V secolo a.C. Il periodo di maggior produzione si ha agli inizi del IV secolo a.C. e perdura come elemento caratterizzante dei contesti spinetici fino alla fine della città. È probabile che questa ceramica, almeno una parte di quella presente a Spina, sia stata prodotta localmente come testimoniano alcuni scarti di fornace rinvenuti nell'abitato[8]. La cronologia proposta da questa classificazione preliminare per le forme ceramiche di tale corredo, legata probabilmente a varie associazioni di materiali, è compresa tra la metà del IV e la fine del IV-inizi III secolo a.C. Considerando la datazione dell'intero contesto, questi esemplari possono collocarsi intorno alla seconda metà del IV secolo a.C.

l.p.

260 Tomba 858
di valle Trebba (Spina)
Ferrara, Museo archeologico

CERAMICA A VERNICE NERA VOLTERRANA
1. Phiale umbilicata
Altezza 3,7. Inv. 2133.
Forma 2172 a 1 (Morel 1981, 144, tav. 33).
Decorazione impressa all'interno della vasca, attorno all'umbilico: otto giri concentrici di tratteggio a rotella, fra due cerchi incisi; dodici timbri in disposizione radiale, di due tipi diversi alternati, rispettivamente palmette (Balland 1969, 95, categoria 1, serie 2) e fiori di loto (Balland 1969, 95, categoria 1, serie 1), delimitati internamente da due cerchi incisi. Fabbrica di Malacena. Fine IV-III secolo a.C.
2. Phiale umbilicata
Altezza 3,7. Inv. 2134.
Come la precedente.
3. Colatoio monoansato
Altezza 6,8. Inv. 2167.
Fiorentini 1963, 44, n. 11; 17, fig. 3 n. 7. Forma 6412 a 1 (Morel 1981, 397 tav. 197).
Decorazione impressa all'interno della vasca attorno al bulbo: entro una coppia di cerchi incisi, dodici timbri in disposizione radiale, di due tipi diversi alternati, rispettivamente palmette e fiori di loto (Balland 1969, 95, categoria 1, serie 1). Fabbrica di Malacena. IV-III secolo a.C.

259.18

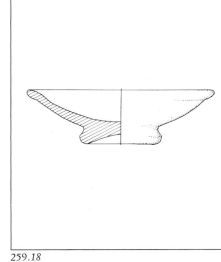

259.18

259.19

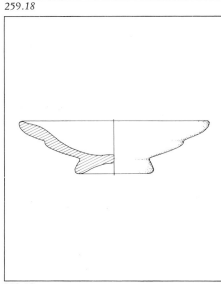

259.19

259.20

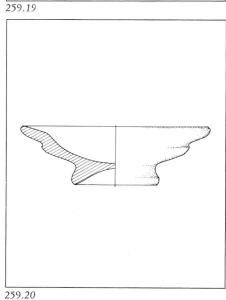

259.20

4. Skyphos
Altezza 19,6. Inv. 2128.
Forma 4321 a 1 (Morel 1981, 306, tav. 127)
Fine IV-III secolo a.C.
5. Skyphos
Altezza 19,7. Inv. 2129.
Come il precedente. Immediatamente al di sotto dell'orlo, all'esterno, dischetto risparmiato decorato con un motivo fitomorfo (palmetta?) con possibile valore di marchio d'atelier.
6. Kantharos
Altezza 19. Inv. 2132
Forma Morel 3511 c 1 (Morel 1981, 266, tav. 96).
Fabbrica di Malacena. 250 ± 30 a.C. (La serie 3511 ammette comunque un arco cronologico più ampio: 250 ± 60 a.C.).
7. Kantharos
Altezza 19,1. Inv. 2163.
Come il precedente. Lacunoso, ricomposto parzialmente.
8. Olpe
Altezza 7,3. Inv. 2158.
Forma Morel 5227 c 1 (Morel 1981, 344, tav. 158). Attorno al 300 a.C.
9. Olpe
Altezza 5,7. Inv. 2159.
Variante della forma 5217 a 1 (Morel 1981, 340, tav. 157. Lacunosa: ansa priva di una costolatura. Fine III-prima metà II secolo a.C.
10. Olpe
Altezza 5,7. Inv. 2160.
Come la precedente.
11. Olpe
Altezza 5,6. Inv. 2162.
Come le due precedenti. Lacunosa: mancante di parte dell'ansa.
12. Olpe
Altezza 5,5. Inv. 2161.
Forma 5363 a 1 (Morel 1981, 356, tav. 165). Malacena (?). 300 ± 30 a.C.
13. Oinochoe con bocca trilobata
Altezza 14,1. Inv. 2157.
Forma 5611 a 1 (Morel 1981, 372, tav. 175). Lacunosa: in corrispondenza dell'attacco inferiore dell'ansa, di cui resta un solo frammento, un foro ed una scheggiatura sono traccia di una protome modellata a stampo perduta. Fabbrica di Malacena. 300 ± 25 a.C.

CERAMICA A VERNICE NERA SPINETICA
14. Piattello
Altezza 5,2 Inv. 2140. Variante forma 2233 e 1 (Morel 1981, 150, tav. 36).
Seconda metà IV-III secolo a.C.
15. Piattello
Altezza 5. Inv. 2143. Come il precedente.
16. Piattello
Altezza 4,4. Inv. 2144. Come i precedenti.
17. Piattello
Altezza 4,6. Inv. 2144. Come i precedenti.
18. Piattello
Altezza 5,4. Inv. 2139. Come i precedenti.

259.21

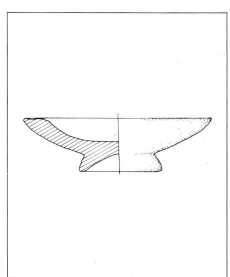

259.21

259.22

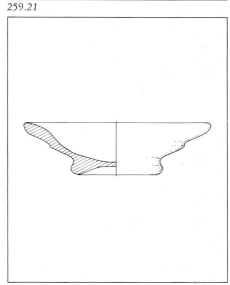

259.22

259.23

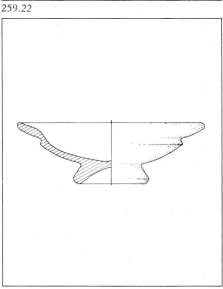

259.23

19. Piattello
Altezza 4,9. Inv. 2142. Come i precedenti.
20. Piattello
Altezza 4,5. Inv. 2136. Come i precedenti.
21. Piattello
Altezza 4,8. Inv. 2137. Come i precedenti.
22. Piattello
Altezza 4,8. Inv. 2141. Come i precedenti.
23. Piattello
Altezza 4. Inv. 2138. Forma non
classificata. IV-III secolo a.C.
24. Piattello
Altezza 8,1. Inv. 2165
Forma non classificata. Vasca con umbone
centrale entro quattro cerchi incisi. IV-III
secolo a.C.
25. Piatto da pesce
Altezza 5,9. Inv. 2147.
Forma non classificata. Decorazione
impressa all'interno della vasca, attorno
alla cavità: otto giri concentrici di
tratteggio a rotella, a malapena visibili; sei
timbri in disposizione radiale, a distanza
irregolare l'uno dall'altro (palmette di
forma ovale, costituite da sette petali posti
a raggera al di sopra di una base formata
da due volute orizzontali). IV-III
secolo a.C.
26. Piatto da pesce
Altezza 6,1. Inv. 2148.
Forma non classificata. IV-III secolo a.C.
27. Piatto da pesce
Altezza 6,9. Inv. 2149. Come il
precedente.
28. Piatto da pesce
Altezza 6,8. Inv. 2150.
Forma non classificata. Seconda metà IV-
III secolo a.C.
29. Ciotola
Altezza 5,2. Inv. 2145.
Variante della forma 2783 g 1 (Morel
1981, 223, tav. 72). 285±20 a.C.
30. Ciotola
Altezza 5,4. Inv. 2146. Come la
precedente.
31. Ciotola
Altezza 5. Inv. 2156.
Variante della forma 2536 b 1 (Morel
1981, 180, tav. 53). Decorazione
all'interno della vasca con cinque giri di
tratteggio a rotella. Terzo quarto III
secolo a.C.
32. Ciotola
Altezza 5. Inv. 2155.
Variante della forma 1561 a 1 (Morel
1981, 124, tav. 24). Fine IV-prima metà
III secolo a.C.
33. Ciotola
Altezza 6,9. Inv. 2151.
Forma non classificata. Decorazione
all'interno della vasca con giri di tratteggio
a rotella. IV-III secolo a.C.
34. Ciotola
Altezza 6,6. Inv. 2152. Come la
precedente.
35. Ciotola
Altezza 7. Inv. 2153. Come la precedente.

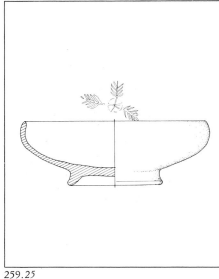

259.25

259.25

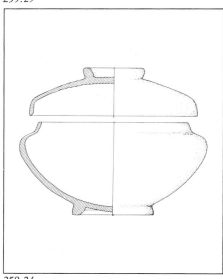

259.24

259.24

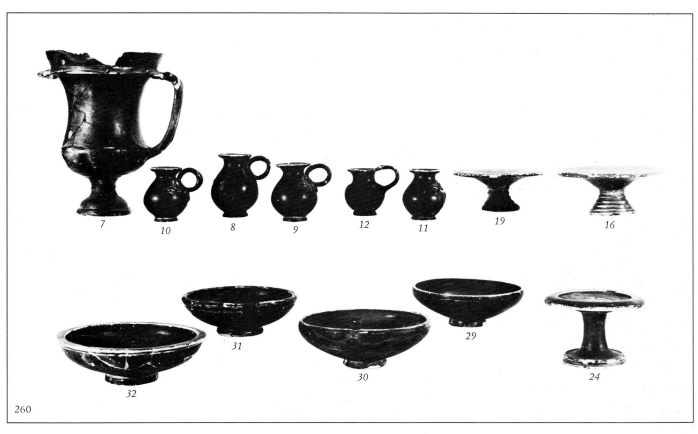

7   10   8   9   12   11   19   16

32   31   30   29   24

260

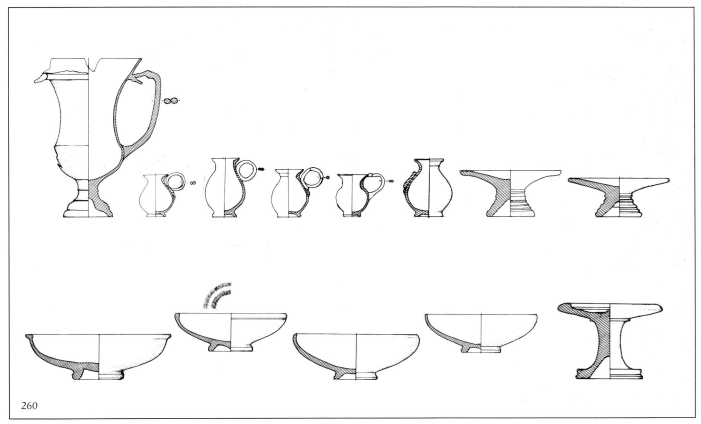

260

14   22   17   23   15   20

35   28   18   36

21   3

260

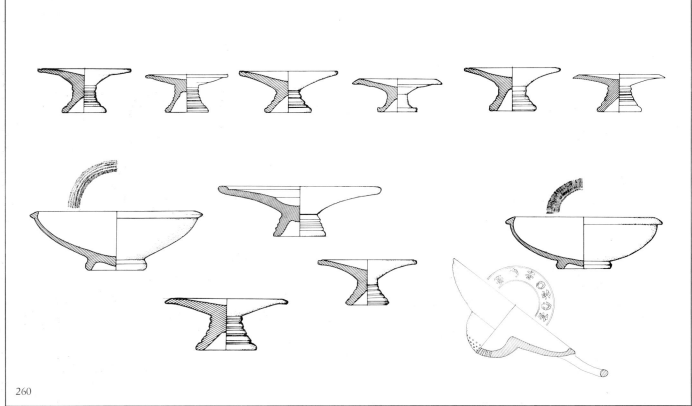

260

40   41   6

33   25   34

37

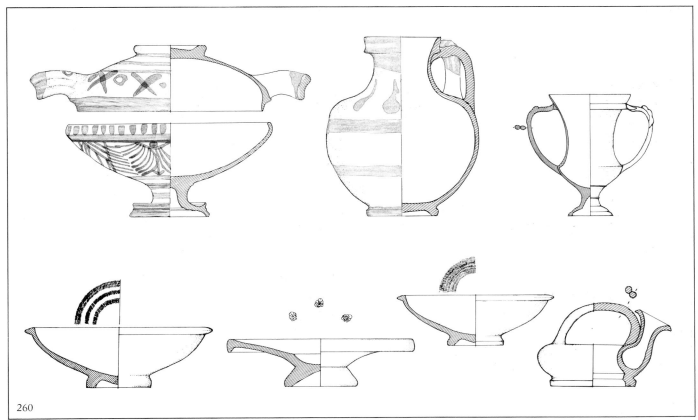

4   13   5

2   1   27

260

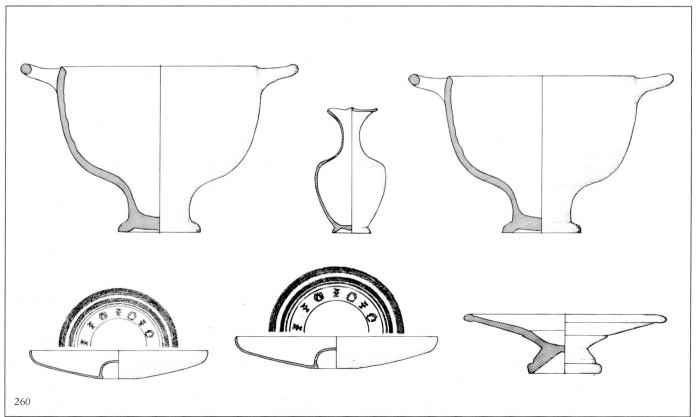

260

36. Ciotola
Altezza 6,6. Inv. 2154.
Forma 1554 a 1 (Morel 1981, 123, tav. 24). III secolo a.C.
37. Askos anulare
Altezza massima 9. Inv. 2135.
Forma 8412 a 1 (Morel 1981, 432, tav. 215. Attorno al 300 a.C.

CERAMICA SPINETICA A VERNICE NERA CON SOVRADIPINTURA
38. Oinochoe con bocca trilobata
Altezza massima 31,3. Inv. 2130.
Poggio 1974, 109, n. 185. Forma Poggio 2/3 (Poggio 1974, 11 s.). Sovradipintura biancastra e svanita sul collo e sulla spalla: due linee parallele unite da due linee più brevi verticali. Dalla linea inferiore scendevano sulla spalla grappoli e viticci stilizzati. Fine IV-prima metà III secolo a.C.
39. Oinochoe con bocca trilobata
Altezza massima 31,5. Inv. 2131.
Poggio 1974, 109 n. 186, tav. XXXVII, 1, fig. 38. Come la precedente.

CERAMICA ALTO-ADRIATICA
40. Lekane con coperchio
Altezza vasca 8; altezza coperchio 11,4 Inv. 2164. Decorazione con vernice bruna diluita ed opaca: sul coperchio fasce orizzontali, palmette stilizzate, denti e gocce irregolari; sulla vasca fasce orizzontali parallele, "V" capovolte, "X" e motivi geometrici analoghi. Fine IV-primi decenni III secolo a.C.
41. Oinochoe con ansa a staffa duplicata
Altezza 19,6. Inv. 2166.
Poggio 1974, 109, n. 186 A, tav. XXXVII, 2-3. Decorazione con vernice bruna ed opaca: fasce orizzontali parallele, linguette parallele, linguette e gocce verticali sulla spalla. Fine IV-primi decenni III secolo a.C.

La tomba 858 di valle Trebba fu messa in luce il 15 giugno 1927: la tipologia della sepoltura era quella di una fossa scavata nella sabbia marina e ricoperta di terra, priva di qualunque struttura decorativa e di protezione. Il rito funebre era la cremazione, le ceneri erano contenute in un piccolo dolio di cattivo impasto, rinvenuto impregnato d'acqua e quasi completamente disfatto al momento dello scavo, tanto che non fu raccolto. Il corredo, disposto ordinatamente attorno al dolio, "come su di un arco", comprendeva anche due oggetti che sono andati perduti: un'anfora d'impasto, sulla cui tipologia non possediamo notizie, e alcuni frammenti di ferro posti verticalmente che parvero agli scavatori i resti di un candelabro.
Il corredo risale agli anni intorno al 300 a.C. Tra i vasi che lo costituiscono si contano tredici importazioni volterrane, che rientrano tutte, per le caratteristiche di argilla e vernice, nel tipo D individuato dalla Pasquinucci (Pasquinucci 1972, 275; cfr. n. 256 di questo ca-

talogo), ma che solo in parte appaiono attribuibili con certezza alla fabbrica di Malacena: la datazione delle singole forme comunemente accolta orienta, senza eccezioni, verso gli anni di passaggio tra il IV e il III secolo a.C. Questo contesto tombale dimostra, tra l'altro, che è troppo bassa la cronologia, fissata tra la fine del III e la prima metà del II secolo a.C., delle piccole olpai con ansa a doppio anello a forma di serpente: essa è forse valida per gli esemplari che rientrano nella serie delle "anse ad orecchia", che comprende prodotti di un gruppo di officine etrusche (una delle quali attiva a Bolsena), da cui uscirono vasi direttamente ispirati a quelli della fabbrica di Malacena. Certo è che tale cronologia non sembra affatto accettabile per prodotti più genuinamente volterrani, come quelli esportati a Spina, anche sulla base di ovvie ragioni storiche, dato che vi sono buoni elementi per ritenere che questa città abbia cessato di esistere, per lo meno come centro di rilievo, subito dopo la metà del III secolo a.C. (sul problema: Uggeri 1978, 340).
Durante gli scavi dell'abitato di Spina il ritrovamento di numerosi scarti di fornace ha evidenziato e confermato un'abbondante produzione locale di ceramica (Patitucci-Uggeri 1979, 238). È probabile che a Spina le stesse fabbriche producessero ceramica a vernice nera che "alto-adriatica": sembrano esserne prova le caratteristiche analoghe di argilla e vernice, nonché l'identità di alcune forme (ad esempio la lekane inv. 1248 della tomba 156 di valle Trebba - Alfieri 1979, 145, n. 432 - è identica alla lekane "alto-adriatica" di questa tomba). Nel corredo sono presenti ventisei vasi a vernice nera di produzione spinetica: la cronologia di queste ceramiche il cui studio è ancora agli inizi, deve fondarsi sulle associazioni con classi vascolari note di importazione. Le datazioni proposte dal Morel per le singole forme ci riportano comunque al periodo di passaggio fra IV e III secolo a.C., con l'unica eccezione della ciotola n. 31 datata comunemente nella seconda metà del III secolo a.C.: studi recenti delle ceramiche a vernice nera hanno però già messo in luce come quella forma sia presente in quest'area a partire dalla fine del IV secolo a.C. (Dall'Aglio-Vitali-Parmeggiani 1981, 17, n. 13). Le forme dei vasi spinetici sono spesso originali e non trovano confronto altrove: le oinochoai trilobate, alcuni piatti da pesce e numerosi piattelli del corredo sono caratterizzati dall'alto piede su gradini cordonati, che potrebbe ricondurci ad una medesima fabbrica. Della tomba 858 fanno infine parte due vasi "alto-adriatici" (nn. 40 e 41).
La cronologia della ceramica "alto-adriatica" ci riporta, comunque, ancora una volta, agli anni di passaggio fra IV e III secolo a.C. (Alfieri 1979, 133, con bibliografia precedente). Un'osservazione particolare riguarda la forma dell'oinochoe con ansa a staffa duplicata (n. 41): sconosciuta in Etruria, oggi non appare più isolata come sembrava in passato (Felletti Maj 1940, 86; Bocchi Vendemiati 1967, 23)

e risulta molto vicina, anche per decorazione, alle mykai dell'ultimo terzo del IV secolo a.C. ritrovate nell'Italia meridionale insulare (Adamesteanu 1958, 323-324, fig. 27; Bernabò Brea - Cavalier 1965, 229-241, tav. g. 1; Morel 1981, 286, serie 3911 a 1, tav. 115). L'ambito greco stesso offre oggi alcuni confronti (Corinth VII, III, tav. 49 n. 302) in un panorama ellenistico che, con nuovi studi e recenti scavi, va sempre più definendosi. Solo un'analisi capillare dei corredi di Spina permetterà di chiarire in futuro questi confronti e le altre problematiche qui solo accennate.

a.p.

261 Ameglia. Necropoli di Cafaggio Tomba 7
Recinto quadrangolare, in muratura a secco. Misure massime 3,50 × 2,50; altezza massima conservata 85. La struttura originaria fu sottoposta ad un ampliamento verso ovest, ben individuabile nelle differenze della tecnica di esecuzione dei lati nord, sud e ovest e nel decentramento della cassetta. Sul lato est fu addossata la struttura della tomba 6.
Cassetta, in lastre di pietra del Corvo. Area interna 66 × 41; (Durante-Massari 1978, 57-66).
Contenente tre cinerari con resti scheletrici di quattro individui.
Corredo: nn. 1-15 ceramica; n. 16 oro; nn. 17-19 argento; nn. 20-26 bronzo; nn. 27-29 ferro; n. 30 osso; n. 31 vetro.

1. Olla globulare (cinerario)
Argilla grigia, nucleo marrone, inclusi micacei e vegetali carbonizzati, tornita, levigata esternamente. Deformata Altezza 25.
Sulla spalla, tre solcature a stecca; nella fascia superiore quattro gruppi di linee verticali alternati a linee ondulate; sulla fascia inferiore linea ondulata orizzontale.
Nel suo interno sono stati rinvenuti: nn. 25, 31 e i resti scheletrici di un adulto e un feto.
2. Olla ovoidale (cinerario)
Argilla rosso arancio, inclusi rossicci e bruni, lavorata al tornio lento, levigata. Altezza 20. Sulla spalla tre motivi ondulati, incisi e solcatura orizzontale.
Nel suo interno sono stati rinvenuti: nn. 22, 28, 29 e i resti scheletrici di un giovane.
3. Olla biconica (cinerario)
Argilla rosa arancio, mediamente depurata, inclusi rossicci e bruni, tornita, levigata sulla superficie esterna. Altezza 19,1.
Nel suo interno sono stati rinvenuti: nn. 17, 18, 19, 24, 26, 30 e i resti scheletrici di un adulto.
4. Olla globulare
Composizione dell'impasto identica alla precedente, tornita, appena levigata esternamente. Altezza 13.

*5. Bicchiere troncoconico con cordone
applicato sul corpo*
Argilla marrone rosata, poco depurata, con
grossi inclusi bruni, lavorata a mano,
lisciata. Altezza 7.
6. Vasetto lenticolare
Argilla nera, ben depurata, tornita,
lucidata a stecca esternamente
Altezza 3,7.
7. Ciotola emisferica
Argilla identica alla precedente, tornita,
levigata. Altezza 4,5. Coperchio del
cinerario n. 2.
8. Ciotola carenata
Sul corpo probabili lettere graffite. Argilla
grigia, ben depurata, lavorata al tornio,
con superfici sabbiate. Altezza 6,5.
9. Patera
Argilla grigia, nucleo marrone, ben
depurata, tornita, lucidata a stecca.
Altezza 4,5.
10. Kylix a vernice nera, Pasquinucci f. 82
Argilla beige, ben depurata, lavorata al
tornio. Vernice nera, semilucente,
omogenea caduta quasi completamente.
Altezza 7. Al centro della vasca bollo
circolare con solcatura concentrica:
otto/dieci cerchi concentrici di tratti
obliqui incisi a rotella.
11. Coppa dell'"atelier des petites estampilles"
Argilla beige rosata. Vernice nera lucente,
con riflessi bluastri, densità discontinua, in
parte caduta. Altezza 7. Coperchio del
cinerario n. 3. Al centro della vasca
quattro bolli con palmette, impressi
secondo assi paralleli.
*12. Skyphos a vernice nera, probabilmente
sopradipinto*
Argilla beige arancio. Vernice nera con
sfumatura marrone in gran parte
distaccata. Il deterioramento non consente
precisazioni sul tipo di decorazione.
Altezza 13,4. Risparmiate una fascia nella
parte inferiore del corpo e forse una parte
del fondo esterno.
*13. Skyphos a vernice nera, sovradipinto in
bianco (?)*
Argilla rosa arancio. Vernice nera e colore
suddipinto in parte caduti. Altezza 7,7. Su
ciascun lato, riquadro con palmetta con
due petali obliqui ai lati; lungo l'orlo, serie
di tratti verticali, sulla parte inferiore del
corpo tracce di due fasce.
14. Fusaiola troncoconica
Base a calotta. Argilla marrone bruna.
15. Fusaiola troncoconica
Argilla rosso-marrone. Altezza 3,6. Base
incavata.
16. Paio di orecchini
Anello aperto, in lamina, terminante ad
una estremità con globetto cavo, ornato a
granulazione. Sul dorso tre spirali doppie e
una singola centrale, in filo d'oro
applicato. Uno integro, l'altro in
frammenti. ∅ 1,9.
17. Fibula tipo Certosa
Globetto decorato a ovuli, staffa
romboidale, con doppio motivo a V;

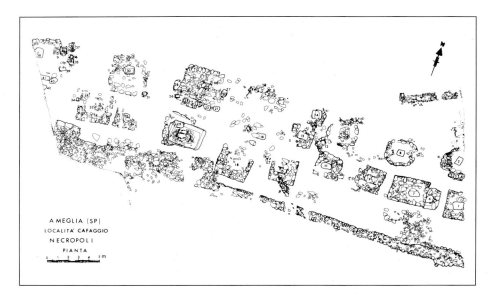

A MEGLIA (SP)
LOCALITA' CAFAGGIO
NECROPOLI
PIANTA
0 1 2 3 4 5m

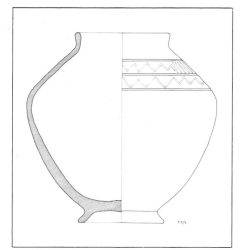

261.1

261.1

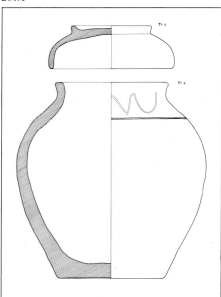

261.2

261.2

contorta e fortemente ossidata per l'azione del fuoco. Lunghezza conservata 4,6.

18. Spirale fermatrecce
Tre giri, terminali a testa di serpente schematica, preceduti da tacchette incise
Ø 1,7.

19. Anello a vera
Ø 1,8.

20. Fibula Certosa tipo ticinese
Lunghezza 5.

21. Fibula
Arco a gomito con sezione a nastro e molla laterale a due giri; staffa breve con sezione a j e appendice verticale. Lunghezza 3,8.

22. Arco di fibula tipo Certosa
Lunghezza massima 3,4. Contorto e deformato.

23. Armilla
Verga aperta, appendici a bottone emisferico. Ø 6,8.

24. Pendaglio a secchiello
Lunghezza conservata 1,6.

25. Gancio (di cinturone)
In lamina, con estremità ripiegate di cui una è rastremata a punta: l'altra conserva un frammeno della placca di supporto. Sulla superficie a vista, tre file di coppie di punti incisi. Lunghezza 4,6.
Si conservano altri due frammenti di placca in lamina e un anellino aperto (Ø 1,5), sempre in lamina.

26. Gancio di cinturone
a fusione, ricomposto. Si conservano diversi frammenti relativi alla placca in lamina decorata a sbalzo.

27. Cuspide di lancia
Innesto a cannone, con chiodo di fissaggio a capocchia bronzea. Lunghezza massima 30.

28. Puntale di lancia
Cilindrico, foro di fissaggio presso l'estremità pervia. Pertinente al n. 27. Lunghezza 4.

29. Ago
Sezione circolare, appiattito dalla cruna; foro passante rettangolare. Lunghezza 9,8.

30. Anello, a disco forato
Ø 1,8.

31. Tre vaghi di collana globulari
Due verdeazzurri, uno giallo. Ø 0,7.

262 Tomba 29

CASSETTA IN RECINTO QUADRANGOLARE CON QUATTRO CINERARI
Kylix a vernice nera Pasquinucci f. 82
Argilla beige rosata, vernice nera densa e lucente, quasi completamente caduta. Piede verniciato esternamente ed internamente, fondo interno risparmiato con cerchio di vernice a fascia. Altezza 6; Ø 13.
Vasca poco profonda con accenno di carena, orlo ingrossato internamente, piede ad anello, faccia interna obliqua, umbilico di tornitura accentuato; anse ad ''orecchia'' non ripiegate.
Al centro della vasca: quattro/cinque cerchi

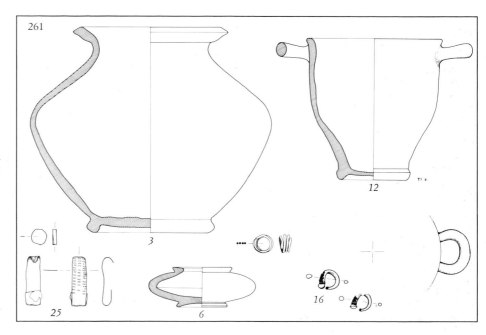

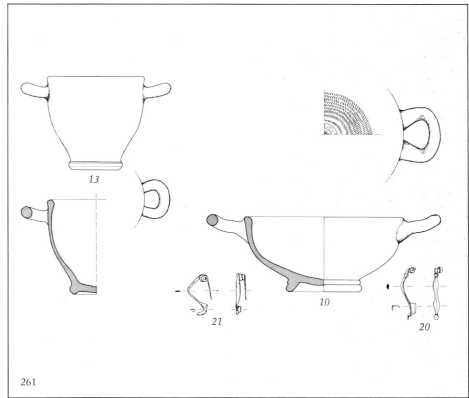

concentrici di trattini incisi a rotella, tre
palmette alternate a tre fiori di loto
intorno ad un cerchio inciso.
Associata con coppe dell'"atelier des petites
estampilles" e skyphos a vernice nera f.
43.

263   Tomba 32

CASSETTA IN RECINTO QUADRANGOLARE CON
QUATTRO CINERARI
Kylix a vernice nera Pasquinucci f. 82
Argilla beige giallino, vernice nera con
riflessi bluastri densa ed omogenea. Piede
verniciato internamente ed esternamente
con fondo interno risparmiato e dischetto
di vernice al centro. Altezza 6,4; Ø 13,5.
Vasca poco più profonda con orlo più
flesso verso l'interno e maggiormente
ispessito della precedente, piede ad anello
con umbilico di tornitura appena rilevato,
anse ad "orecchia" non ripiegate.
Al centro della vasca: cinque-sei cerchi
concentrici di trattini obliqui incisi a
rotella, quattro palmette intorno ad un
cerchio a doppia solcatura.
Associata con skyphos sovradipinto con
cigno rosso del "gruppo Ferrara T. 585" e
coppe dell'"atelier des petites estampilles".

Il territorio di Ameglia, posto sulla riva destra
del Magra, di fronte al sito che nel 177 a.C.
sarà scelto per la fondazione della colonia romana di Luni, era già noto per i rinvenimenti
occasionali di tombe liguri (Banti 1937,
164-166; Lunigiana 1976, 74-105; Silvestri
1982).
Dalla localizzazione (Durante 1985, fig. 1) dei
terreni in cui avvennero le scoperte risulta evidente che le colline intorno al borgo medievale furono destinate ad aree sepolcrali dalla
fine del IV secolo a.C. all'età augustea.
La necropoli di Cafaggio (Durante-Massari
1977, 17-34; Durante-Massari 1978, 57-66;
Durante 1982, 28-46; Durante 1985), posta
sulle pendici più basse della collina di Costa
Celle, doveva essere prossima allo sbocco al
mare del fiume Magra. Nasce come impianto
a due sequenze di monumenti a tumulo alli-
neati in senso est-ovest, delimitate a sud da
un muro di recinzione. Ogni monumento funerario è costituito da un modulo base a pianta più o meno quadrangolare, in muratura a
secco a più corsi, con al centro una cassetta
litica quale contenitore di uno o più cinerari
e dei relativi corredi, sostituita in tre casi da
anfore greco-italiche e massaliote tronche (T.
36 e T. 37 A-B).
La deposizione di più urne nella cassetta centrale e l'aggregazione di tombe intorno alla
struttura di recinto consentono di riferire ogni
complesso ad un gruppo di individui legati da
vincoli familiari e/o sociali.
Le incinerazioni maschili sono segnalate dalla
presenza di armi, quelle femminili da accessori del costume spesso contenuti nelle urne
(Durante 1982, 28-34, figg. 17, 18); in base

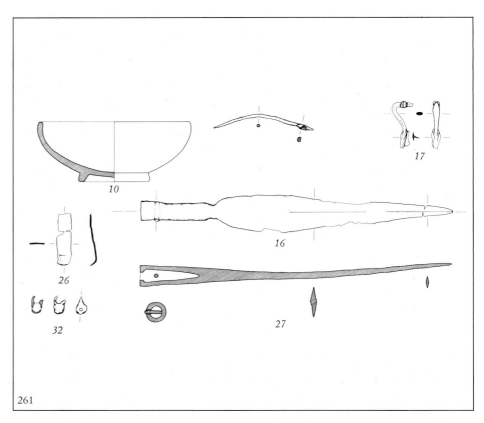

261

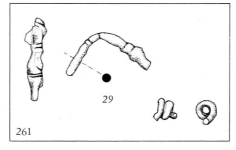

261

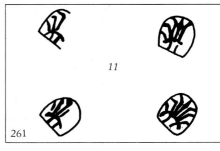

261

262

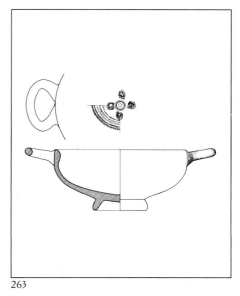

263

alle differenziazioni indicate, le tombe finora scavate sono riferibili ad un nucleo di cinquantacinque individui, composto, prescindendo dalle incinerazioni infantili, da ventisette donne e venti uomini. Tenuto conto delle tombe distrutte nello sbancamento del 1976, il sepolcreto di Cafaggio può interessare circa centocinquanta-centottanta persone relative ad una classe medio-alta per un arco cronologico circoscrivibile nell'ambito dell'ultimo decennio del IV-primo venticinquennio del III secolo a.C.

L'insediamento ligure doveva sorgere sulla sommità di una delle colline sulle quali si trovano le necropoli e probabilmente sulla stessa che fu poi sede del borgo medioevale (Bernieri-Mannoni 1983, 30). L'approdo sicuro e protetto favoriva gli scambi e i contatti per via marittima: alla fine del IV secolo a.C. giungevano ad Ameglia alcune delle ceramiche di esportazione ad ampio raggio prodotte nelle officine sud-etrusche: piattelli Genucilia ceretani (Durante 1982, nota 20); skyphoi (n. 13, e probabilmente 12 del catalogo; Durante 1982, fig. 6, n. 12) del "gruppo Ferrara T. 585" meridionale (Jolivet 1980, 713; Pianu 1982, 71-77); un'oinochoe del "gruppo del fantasma", sottogruppo B di Pianu (Pianu 1978, 161-195; Jolivet 1980, 681-724; Pianu 1982, 13-53, tav. XXVIII, 44 a); una glaux etrusca (Jehasse 1973, 415, n. 1610, tav. 103; Pianu 1982, 55-62): presenze che inseriscono Ameglia nella rotta che dall'Etruria meridionale verso la Spagna tocca centri di maggiore importanza quali Populonia, Aleria, l'isola d'Elba, Genova, Marsiglia (Jolivet 1980, 706-712).

Il limitato numero di esemplari a figure rosse e sovradipinte di fronte alla presenza massiccia di prodotti dell'"atelier des petites estampilles" (Durante 1982, 39-44, fig. 19) — oltre quaranta coppe e diverse kylikes — può essere significativa dell'ambito cronologico in cui il sepolcreto fu utilizzato: ai mercati sudetruschi si vanno rapidamente sostituendo quello romano e quello nord-etrusco volterrano che troverà ampia diffusione in Lunigiana (Maggiani 1983, 89-101).

A produzione sicuramente volterrana e ad una via di transito costiera rimandano due kylikes (tombe 29 e 32, cfr. nn. 262, 263) associate con skyphoi di cui uno sovradipinto con cigno rosso (Beazley 1947, 207-208) non diversamente da quanto si verifica nell'Etruria padana celtizzata (Sassatelli 1977[a], 27-35; Parmeggiani 1980, 57-69; Aleotti-Piccinini-Zannoni 1983, 147-172; Vitali 1983[a], 193-199).

Un gruppo omogeneo per argilla, vernice e forma è costituito da sei kylikes, fra le quali l'esemplare della T.7 (n. 261/10) che pur facendo capo alla f. 82 (Pasquinucci 1972, 364-372, fig. 2) presenta alcune peculiarità — vasca più profonda e più ampia, piede più largo e sagomato, anse più massicce e arrotondate — che la avvicinano alla f. 117 di Aleria (Jehasse 1973, 98-100) definita protocampana con riferimento ad officine dell'Etruria settentrionale. La decorazione è sempre a rotellatura con

bollo a larga solcatura fatta eccezione per la kylix della tomba 13 sostanzialmente identica alla n. 1615 di Aleria (Jehasse 1973, 416, tav. 115).

Cinque dei nostri esemplari fanno parte di corredi di tombe a deposizione plurima con skyphoi a palmetta del "gruppo Ferrara T. 585" meridionale, glaux etrusca (cfr. supra) e coppe dell'"atelier des petites estampilles", mentre il sesto proviene da una tomba singola sempre con coppa della medesima classe.

Nell'ambito della ceramica di impasto si segnalano i nn. 6 e 7 in argilla buccheroide che si trova utilizzata ancora solo nell'urna della tomba 8 e in quella della tomba di Ameglia-Mezzopoggio (Silvestri 1982, 37), coeva alle nostre; nella Liguria orientale questo tipo di impasto è attualmente noto in contesti decisamente più antichi: a Chiavari, a Querceta e Massarosa (Cristofani 1975[b], 187-189, 196; Mencacci-Zecchini 1976, 226).

Altro gruppo, comunque esiguo, è costituito dal cinerario n. 1 (solo un esemplare analogo dalla tomba 9) e dalla patera n. 9 in argilla depurata grigio-scuro, mentre la ciotola n. 8 a superfici sabbiate ricorre in diverse tombe. Il cinerario e l'olletta (nn. 261.3-4) pur nel diverso esito cromatico, appartengono allo stesso tipo di impasto che, con differente granulometria, costituisce nella necropoli un gruppo molto articolato per forme, talvolta decorato, negli esemplari più depurati, con bande brune o rossastre e affine a quello individuato da Maggiani per la Lunigiana a sud del Magra (Maggiani 1983, 73-82).

Fra gli oggetti di ornamento femminili sono caratteristici gli orecchini (n. 261.16) in lamina d'oro del tipo a tubo tutti ornati a filigrana e granulazione, frequenti nell'Etruria settentrionale (Oro degli Etruschi, 1983, 63).

All'area padana e alla tradizione golasecchiana sono da riferire i pendaglietti a secchiello (n. 201.24, assimilabile alla variante di De Marinis 1981, 231, fig. 5) e la fibula Certosa di tipo ticinese (Terzan 1977, 335-336, tav. 2 tipo Xn) mentre i nn. 201.17 e 22 sono accostabili alla variante IXa (Terzan 1977, 357, fig. 22, tav. 1), ma per le caratteristiche omogenee costanti da ritenersi di produzione locale (Durante-Massari, 1977, 30).

La pianura lunense e il porto lagunare furono certamente polo di attrazione anche per le popolazioni celtiche e celtizzate della pianura padana che cercavano uno sbocco al mare attraverso il valico della Cisa.

Nella tomba 7 (qui n. 261) dell'armamento tipico dei corredi maschili è presente solo la lancia, mentre sono numerose le tombe con spade La Tène e foderi decorati "dragon pair", "lira zoomorfa" e nello stile di Waldalgesheim (Durante 1985) che indicano stretti rapporti con i celti che hanno elaborato e trasmesso questo repertorio decorativo (Duval-Kruta 1982, 35 ss., 51 ss., 149 ss., 175 ss.).

Per quanto sommario il quadro tratteggiato, appare evidente che l'insediamento di Ameglia, alla fine del IV-inizi III secolo a.C. non è assimilabile ai castellari liguri, ma anzi pre-

senta tutte le caratteristiche di un centro costiero aperto ai traffici e punto d'incontro di molteplici influenze culturali.

Quadro non dissimile si può supporre per i secoli immediatamente precedenti, poiché il rinvenimento, nell'alveo del Magra a nord di Cafaggio, in località Senato, di alcune fibule a drago del tipo Cerinasca (De Marinis 1981, 215, n. 24, 214, fig. 3), tipiche del Golasecca G III Al e Certosa (Primas 1970, tav. 20, C 3-9; Terzan 1977, 331 s., tav. 2, tipo Xa) documenta l'esistenza sicura di insediamenti di V-IV secolo ad Ameglia. Questo limitato riscontro archeologico unitamente al rinvenimento a Monte Dragnone (Zignago), nell'entroterra della valle del Vara, di un probabile luogo di culto (Mannoni, 1977, 38-39; Massari 1979-80, 102) con materiali di produzione etrusca databili dalla fine del V a tutto il IV secolo (Milanese-Guardi 1985) fornisce elementi sufficienti a ritenere più che probabile un'intensa frequentazione del portus Lunae anche in epoca antecedente alla necropoli di Cafaggio e a tenere in particolare conto l'identificazione di Antíon con Bocca di Magra - Ameglia (Peretti 1979, 212; Maggiani 1983, 95, nota 79).

a.d.

Note

Ceramiche a figure rosse

[1] Su queste ultime cfr. in particolare i numerosi articoli di M.A. Del Chiaro ed inoltre Del Chiaro 1974 e 1974[a]; i due recenti cataloghi del Museo di Tarquinia realizzati da G. Pianu (Pianu 1980 e 1982) e lo studio di V. Jolivet sulla produzione tarda conservata al Louvre (Jolivet 1982). Sulle fasi precedenti della ceramografia etrusca, oltre al sempre essenziale *Etruscan Vase Painting* di J.D. Beazley, cfr. alcuni interessanti interventi di P. Bocci (Bocci 1979, 1979[a], 1984).
[2] Beazley 1947, 70 ss.; Deppert 1955.
[3] Beazley 1947, 73.
[4] Beazley 1947, 87.
[5] Cristofani 1978, 156 ss.
[6] Per i primi cfr. in particolare i recenti studi di Rebuffat Emmanuel 1973 e Fischer Graf 1980; per le seconde cfr. Oro degli Etruschi 1983, 62 ss.
[7] Cfr. Quilici Gigli 1970; per gli elementi di estrazione italiota nell'ambiente artistico prenestino cfr. Kent Hill 1977, Foerst 1978, Adam 1980, *passim*.
[8] Cfr. da ultimo Adembri 1985.
[9] Del Chiaro 1974.
[10] Del Chiaro 1978-1979.
[11] Adembri 1981.
[12] Beazley 1947, 133 ss.
[13] Un esemplare da Corchiano, tomba 25 della necropoli il Vallone (inv. 6371) e uno da Cerveteri, tomba 430 della Banditaccia (inv. 47802: Ricci 1955, 1013-1014, fig. 257), entrambi a Villa Giulia; il secondo è attribuibile alla stessa mano di un frammento di vaso da Vignanello (Beazley 1947, 41). Cfr. anche, per i soggetti, due kylikes da Vulci: Falconi Amorelli 1972.
[14] Per il "gruppo Sokra" cfr. Pianu 1978 e Jolivet 1980, 706-707.
[15] Cfr., in particolare, nell'esemplare da Cerveteri (*supra*, nota 12), il volto del satiro e il rendimento di alcuni dettagli (occhi) delle altre figure, che ricordano rispettivamente uno stamnos di Altenburg

(CVA Altenburg 3, tavv. 134,1 e 135-136: la figura di Charun), e una oinochoe di provenienza vulcente a Villa Giulia (Gilotta 1984) con altri vasi ad essa collegati. Interessante anche una kylix frammentaria conservata nei magazzini delle Antikensammlungen di Monaco (s. inv.), caratterizzata da elementi ornamentali notevolmente vicini a quelli delle coppe falische ma con figure giovanili che nei tratti del volto e della capigliatura non si discostano molto da quelle tante volte ripetute in *kylikes* e *stamnoi* del Pittore di Sommavilla (cfr., ad esempio, la kylix P 578 del Museo di Chiusi: Emiliozzi 1974, 159; Bocci 1984, 29), per il quale cfr. *infra*.
[16] Sprenger-Bartoloni 1977, tavv. 228-229.
[17] Inv. F 2947; Beazley 1947, 56; Gerhard, 1848, tav. 9, 1-2.
[18] Che possono ricordare quelli presenti nei tondi delle *kylikes* falische: cfr. ad esempio Beazley 1947, tav. XXV, 5.
[19] Beazley 1947, 33 ss.
[20] Fischer Graf 1980, 48, 69, 71, 116 ss.; Bocci 1984 (ma da un'ottica diversa); Gilotta 1984.
[21] Fischer Graf 1980, 70 ss. (con bibliografia precedente cui sono ora da aggiungere le importanti osservazioni in Bocci 1984, 34 ss.).
[22] Sul Pittore di Settecamini cfr. le osservazioni in Adembri 1985.
[23] Per il quale si veda più recentemente Harari 1980.

[24] Greifenhagen 1978, 71 ss., tavv. 44 ss.
[25] A questo proposito si vedano da ultimo le osservazioni in Cristofani 1981.
[26] Bocci 1979; ad esse si potrebbe aggiungere un esemplare, sempre su basso piede, ma di qualità notevolmente più elevata, di New Haven (Baur 1922, 201, cat. n. 341, fig. 92); cfr. inoltre alcune coppe a figure rosse e suddipinte di provenienza orvietana (Bocci 1979, 67 e 69).
[27] Beazley 1963, 1518 ss.
[28] Beazley 1947, 25; Bocci 1969, n. 84, tav. XXXV.
[29] Laviosa 1958; Laviosa 1960; Szilágyi 1973, 112; Waiblinger 1980, 140.
[30] Ma certamente non così antichi come ritenuto finora. Stamnos di Bologna 824: Beazley 1947, 31; stamnos di Arezzo 1412: inedito; cratere a colonnette di Volterra: Beazley 1947, 31; cratere a colonnette di Arezzo da Casalta di Chiana: Beazley 1947, 31 e Bocci 1979, 67.
[31] Ad esempio *kylikes* ed altri pezzi inediti del Museo di Chiusi.

Ceramiche a vernice nera

[1] Per Arezzo, Morel 1963; per Chiusi, Michelucci 1977; per Volterra, Pasquinucci 1972.
[2] Pasquinucci 1972, 270-276, con bibliografia precedente; Martelli, in CUV 1, 162-189; Martelli 1976; Morel 1980, 96; Morel 1981.
[3] Alfieri 1975-1976; Dall'Aglio-Catarsi 1978-1979; Vitali 1983, 86.
[4] Calzavara Capuis-Chieco Bianchi 1979, 26; Malnati 1984, 30.
[5] Maggiani 1983, 90.
[6] Luni II, 81-82.
[7] Morel 1973.
[8] Pasquinucci 1972, 280-281.

La conquista dei mercati

[1] Il dosso C risulta depositario delle tombe più insigni. Per i vari tipi di sepolture presenti a Spina, Alfieri 1979, XXXVII-XXXVIII.
[2] Morel 1981, 180; per Volterra, Pasquinucci 1972, 373.
[3] Invero la datazione della fine di Spina risulta controversa, Uggeri 1978, 340.
[4] Pasquinucci 1972, 365; Massei 1978, 270, dove si analizza brevemente l'intero corredo; Fiorentini 1963, 18, fig. 1, 6.
[5] Bocchi Vendemiati 1967, 8.
[6] Per la T.224, Berti 1983, 44; Harari 1980, 147.
[7] Patitucci Uggeri 1984, 139-169.
[8] Patitucci Uggeri 1984, 153-154; Patitucci Uggeri 1979, 238 ss.

Classi ceramiche		T.224 vT	T.650 vT	T.693 vT	T.742 vT	T.1050 vT	T.1051 vT	T.58A vP	T.396B vP	T.1056 vP	T.189C vP
Attica a figure rosse	a) askós		• (390 a.C.)	• (in.IV a.C.)	• (400÷350 a.C.)	• (350 a.C.)	• (350 a.C.)	• (metà IV a.C.)	• (fine V a.C.)	• (400÷350 a.C.)	• (350÷330 a.C.)
	b) lekane	• (metà IV a.C.)					• • • • • • •				
	c) lekythos						(350 a.C.)				
Attica a vernice nera	a) skyphos Morel 4341 b						• • (375÷330 a.C.)				
	b) guttus										
	c) vari tipi di ciotole					•	(360 a.C.)				
Volterrana a vernice nera	a) skyphos Morel 4321 a	•			•				• •		• •
	b) kylix Morel 4115 a,b			•	•						
	c) ciotola Morel 2536 b	• •		• • •	• • • •	• • •		• • •	• • •	• • • • •	• •
	d) oinochoe Morel 5721 a,b										•
	e) kantharos Morel 3514 a	•									
	f) askós Morel 8312 a				•						
	g) askós Morel 8211 a		•								
	h) olla Morel 3441 a			•							
	i) olpe Morel 5121 a,b	•	•								
	l) vari tipi di ciotole	•						•			•
Locale di Spina a vernice nera	a) skyphos Morel 4321 a			•	•					• •	
	b) oinochoe Poggio 2/3			• •	• •						
	c) askós Morel 8412 a	•									
	d) lekythos Morel 5456 a		•								
	e) piatto			•	•			•	• •		
	f) piattello			•	• • •			• • • • • • •			• • •
	g) vari tipi di ciotole					• •		• •		• • •	• • • •
	h) oinochoe Morel 5721 a,b					•			•		
Ceram. grigia	a) vari tipi di ciotole e piattelli					• • • • • • •	• • • • •				
Alto adriat.	a) lekane				•	•					
	b) oinochoe		•			•	• •				
Acroma	a) vari tipi di ciotole e piattelli		• • •			•	•			•	
	b) anfora									•	
Stile di Gnathia	a) skyphos					•					
	b) oinochoe	•									
	c) lekythos Morel 7132 a	•									
Prod. chiusina	a) duck askós	•									

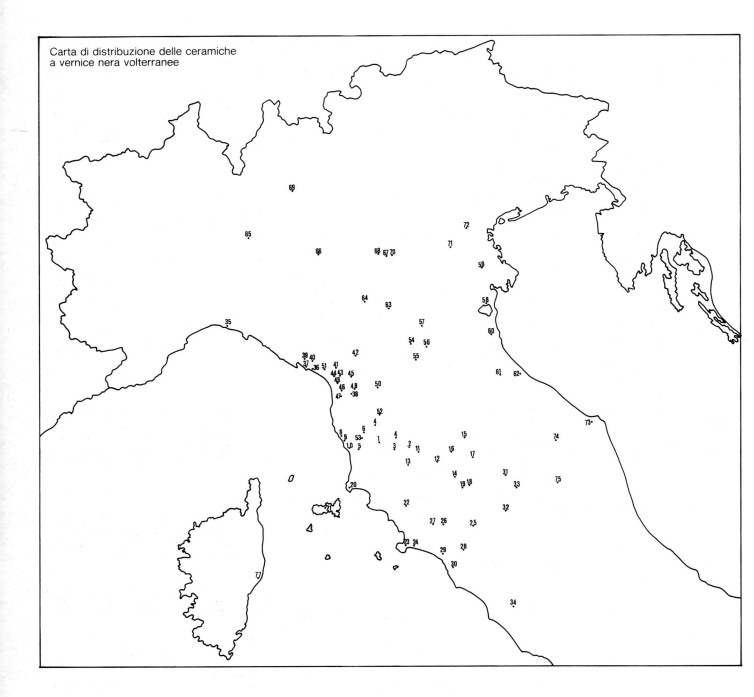

Carta di distribuzione delle ceramiche
a vernice nera volterranee

Etruria propria

A) Settentrionale:
1. Volterra: Pasquinucci 1972, 269-498. (V) e (M)
2. Monteriggioni: Pasquinucci 1972, 272, con bibliografia precedente; Martelli, in CUV 1, 161-189; Martelli 1976, 70-73. (V) e (M)
3. Casole d'Elsa: Pasquinucci 1972, 272 con bibliografia precedente. (V) e (M)
4. S. Gimignano: Pasquinucci 1972, 272 con bibliografia precedente; De Marinis 1977. (V) e (M)
5. Belora: Michelucci 1979, 96-98. (V) e (M)
6. Terricciola: Michelucci 1979, 92. (V) e (M)
7. Legoli: Michelucci 1979, 84-86. (V) e (M)
8. Quercianella: Michelucci 1979, 92. (V) e (M)
9. Castiglioncello: Pasquinucci 1972, 273, con bibliografia precedente; Massa 1979, 25-74. (V) e (M)
10. Vada: Massa 1979, 25-74. (V) e (M)
11. Siena: Pasquinucci 1972, 272. (V)
12. Asciano: Mangani 1983. (V) e (M)
13. Papena: Pasquinucci 1972, 272, con bibliografia precedente. (V)
14. Montepulciano: Pasquinucci 1972, 272. (V)
15. Arezzo: Pasquinucci 1972, 272; Cristofani-Martelli 1972, 512. (V)
16. Monte S. Savino: Pasquinucci 1972, 272; Cristofani-Martelli 1972, 513, nota 5. (V) e (M)
17. Cortona: Pasquinucci 1972, 272 con bibliografia relativa. (V)
18. Chiusi: Pasquinucci 1972, 272; Ponzi Bonomi 1977, 103-109; Salskov Roberts 1983, 31-54. (V) e (M)
19. Sarteano: Pasquinucci 1972, 272. (V)
20. Populonia: Pasquinucci 1972, 273, con bibliografia precedente; Cristofani-Martelli 1972, 512. (V) e (M)
21. Isola d'Elba - Monte Castello di Procchio (Procchio): Maggiani 1979ᵃ; Maggiani 1981, 173-192. (V) e (M)
22. Roselle: Pasquinucci 1972, 273 con bibliografia precedente; Cristofani-Martelli 1972, 512; Michelucci-Romualdi, 1974, 99-110. (V) e (M)
23. Orbetello: Pasquinucci 1972, 273 con bibliografia precedente. (V)
24. Cosa: Taylor 1957, 65-193. (V)

B) Centrale:
25. Bolsena-Poggio Moscini: Cristofani-Martelli, 1972, 512, con bibliografia precedente. (M)

C) Meridionale:
26. Sovana: Pasquinucci 1972, 273, con bibliografia precedente. (V) e (M)
27. Saturnia: Pasquinucci 1972, 273. (V)
28. Tuscania: Moretti-Sgubini Moretti 1983. (V) e (M)
29. Vulci: Falconi Amorelli 1971, 193-216. (V) e (M)
30. Tarquinia: Pasquinucci 1972, 271. (M?)

Area umbra

31. Perugia: Pasquinucci 1972, 272; Cristofani-Martelli 1972, 512; Lippolis 1984, 21-22. (V) e (M)

32. Todi: Pasquinucci 1972, 272, con bibliografia relativa; Falconi Amorelli 1977, 81; *Todi* 1982, 84. (V) e (M)
33. Bettona: Pasquinucci 1972, 272, con bibliografia relativa. (V)

Area laziale

34. Roma: Morel 1973, 50. (M)

Area ligure

35. Genova: Melli 1979-1980, 114. (V)
36. Luni: *Luni* II, 81 (tipo D), 82 (tipo F, tipo F1). (V) e (M)
37. Ameglia: Cristofani-Martelli 1972, 512; Durante-Massari 1977, 26; Maggiani 1983, 90 nota 46, con bibliografia precedente; Malnati 1984, 26. (M)
38. Lucca: Maggiani 1983, 92. (V)
39. Genicciola: Maggiani 1983, 90 nota 46. (V)
40. Ponzolo: Maggiani 1983, 90 nota 46. (V)
41. Tombara: Maggiani 1983, 90 nota 46. (V)
42. Val di Vaiana: Mencacci-Zecchini 1976, 165-169; Luni II, 81-82; Maggiani 1983, 90 nota 46; 91 nota 57, con bibliografia precedente. (V)
43. Levigliani: Maggiani 1983, 90 nota 46, con bibliografia precedente. (V)
44. Minazzana: Maggiani 1983, 90 nota 46. (V)
45. Pian della Rocca: Maggiani 1983, 90 nota 46. (V)
46. Castellaccio di Massarosa: Maggiani 1983, 88 nota 40. (V)
47. San Rocchino: Maggiani 1983, 88 nota 39, con bibliografia precedente. (V)
48. Ponte a Moriano: REE 1973, 280-282; Mencacci-Zecchini 1976, 210; Maggiani 1983, 93; Zecchini 1980, 110. (V) e (M)
49. Vado di Camaiore: Maggiani 1983, 90 nota 46. (V)
50. Pian del Santo: Maggiani 1983, 90 nota 46. (V)
51. Resceto: Maggiani 1983, 91 nota 48. (V)
52. San Miniato: Maggiani 1983, 94. (V)
53. Chianni: Michelucci 1980. (V) e (M)

Area padana

54. Marzabotto: Parmeggiani 1980, 66. (V ?)
55. Lagaro: Peyre 1965, 21-26; Sassatelli 1977ᵃ, 31; Parmeggiani 1980, 66. (V) e (M)
56. Monterenzio: Parmeggiani 1980, 63-65; Aleotti-Piccinini-Zannoni 1983, 147-166; Vitali 1983ᵃ, 204 (tomba 14). (V) e (M)
57. Bologna: Riccioni 1970, 273 nota 11; Cristofani-Martelli 1972, 512; Pasquinucci 1972, 273, nota 2; Sassatelli 1977ᵃ, 31; *I Galli* 1978, 121-122; Parmeggiani 1980, 67 (con bibliografia precedente); Vitali 1982, 324 (tombe Benacci 959, 968), 326 (tomba Benacci 954). (V) e (M)
58. Spina: Riccioni 1970, 273 nota 11; Pasquinucci 1972, 273 nota 2; Poggio 1974, 19-21; Sassatelli 1977ᵃ, 31; Alfieri 1979, 142-144 nn. 417-422-423-426-427; Parmeggiani 1980, 66-67, 68 note 40-41-42-43-44-46-47. Cfr. *infra*. (V)

e (M)
59. Adria: Riccioni 1970, 273 nota 11; Pasquinucci 1972, 273 nota 2; Mangani 1980; Parmeggiani 1980, 66, con bibliografia precedente. (V) e (M)
60. Ravenna: Parmeggiani 1980, 67, con bibliografia precedente. (V)
61. Borghi: von Eles Masi-Steffè 1984, 54-55. (V)
62. Rimini: Riccioni 1970, 269 fig. 6, 20; 273 nota 11; Sassatelli 1977ᵃ, 31; Maioli 1980, 146; Parmeggiani 1980, 67. (M)
63. Saliceta San Giuliano: Malnati 1984, 30. (V)
64. Reggio Emilia: Maggiani 1983, 92 nota 61, con bibliografia precedente. (V)
65. Certosa di Pavia e Sforzesca in Lomellina: Malnati 1984, 30, con bibliografia precedente. (V)
66. Ricengo e Campagna di Vho: Malnati 1984, 30, con bibliografia precedente. (V)
67. Castellazzo della Garolda: De Marinis 1984, 27. (V)
68. Mantova: De Marinis 1984, 34 n. 6, 35 n. 7. (V)
69. Bergamo: Malnati 1984, 30, con bibliografia precedente. (V)
70. Gazzo: Malnati 1984, 30, con bibliografia precedente. (V)
71. Este: Calzavara Capuis-Chieco Bianchi 1979, 26. (V)
72. Padova: Calzavara Capuis-Chieco Bianchi 1979, 26; Gamba 1982, 10-11. (V) e (M)

Area marchigiana

73. Montefortino d'Arcevia: Balland 1969, 110 nota 6; Cristofani-Martelli 1972, 512. (V) e (M)
74. Serra San Quirico: *I Galli* 1978, 192-193 (tomba 10), n. 522. (V)
75. Pieve Torina: Fabrini-Sebastiani 1983, 84-87, nn. 65-66-67-68-70-71-72. (V) e (M)

Area francese

76. Relitto del Grand Congloué: Pasquinucci 1972, 273, con bibliografia precedente. (M)
77. Aleria: Pasquinucci 1972, 273, con bibliografia precedente; Jehasse 1973. (V?) e (M)

Nota: i dati qui raccolti riguardo la distribuzione della ceramica a vernice nera volterrana, si basano esclusivamente sui materiali fino ad oggi pubblicati.

Abbreviazioni
M: sicuramente attestata ceramica di Malacena
V: sicuramente attestata ceramica volterrana di officine minori
M?: incerto se si tratti di produzione di Malacena
V?: incerto se si tratti di produzione volterrana o locale

Circolazione dei modelli

Il sacrificio dei prigionieri troiani

Il problema della selezione dei modelli impiegati nella decorazione delle urne cinerarie e della loro circolazione ha impegnato la critica fin dal secolo scorso e anche oggi può dirsi ben lungi dall'essere risolto[1].

La recente sintesi di van der Meer sui modi di trasmissione dei modelli mitologici alle officine degli alabastrai volterrani ha ribadito d'altronde come sussista tuttora, in molti casi, una lacuna di oltre un secolo tra la documentazione greca o centroitalica di uno schema iconografico e il corrispondente rilievo sulle urne cinerarie e come sia in generale complesso seguire le vicende che portarono, dall'eventuale originale greco di riferimento, attraverso la serie dei modelli intermedi (i veicoli delle iconografie) fino ai modelli utilizzati direttamente dalle botteghe dell'Etruria settentrionale[2].

Per illustrare questo fenomeno si è scelto uno schema attestato da un congruo numero di repliche, quello del "sacrificio dei prigionieri troiani ai Mani di Patroclo".

Il tema del sacrificio dei dodici giovinetti da parte di Achille, motivo cruento e orribile, ebbe ben poco spazio nel poema omerico; probabilmente invece in ragione di un particolare significato "politico" di cui la scena fu caricata in una particolare contingenza storica[3], trovò larga fortuna e diffusione in ambiente centroitalico, entrando nel repertorio dei ceramisti falisci, degli incisori prenestini, dei decoratori di sarcofagi e di tombe, degli scalpellini di sarcofagi e urne etruschi. Il valore esemplare di questa serie emerge con evidenza e sembra giustificare il tentativo di dipanare le vicissitudini del cartone e ricostruirne l'*Urbild*[4], vale a dire l'archetipo.

A. Anfora apula a figure rosse
Napoli, Museo nazionale, inv. FR 89. Messerschmidt 1930, 65, fig. 7. Seconda metà del IV secolo a.C.
1-3 Prigionieri troiani seduti su massi; 4 Achille; 5 prigioniero troiano in ginocchio; 6 pira; 7 Agamennone.

B. Sarcofago in marmo dipinto, "del sacerdote", dalla tomba dei Partunu di Tarquinia
Tarquinia, Museo nazionale. Blanck 1982, 11 ss.
1 Caronte; 2 guerriero greco; 3 prigioniero troiano, stante; 4 Patroclo; 5 Achille; 6 prigioniero troiano seduto; 7 figura non identificata, forse maschile; 8 Aiace (Telamonio); 9 prigioniero troiano stante; 10 Aiace (Oileo); 11 prigioniero troiano stante[5]; 12 guerriero greco (?).

C. Stamnos falisco, da Sovana[6].
Berlino, Antikenabteilung, inv. 5825. Beazley 1947, 88, n. 1, tav. 20,2. Seconda metà del IV secolo a.C.
1. Briseide (?)[7]; 2 Patroclo; 3 sepolcro; 4 colonna funeraria; 5 Achille; 6 prigioniero troiano seduto; 7 Aiace (Oileo?) con scudo; 8 prigioniero troiano stante.

B.

C.

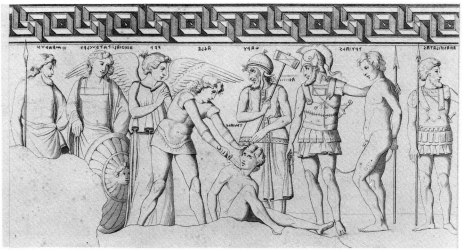

D.

D. Tomba François, Vulci
Affreschi strappati, ora a Villa Albani Torlonia, Roma. Messerschmidt 1930ᵃ, 62 ss., 340-310 a.C.
1 Agamennone; 2 *eidolon* di Patroclo; 3 Vanth; 4 Achille; 5 prigioniero troiano seduto; 6 Caronte; 7 Aiace Telamonio; 8 prigioniero troiano stante; 9 Aiace Oileo; 10 prigioniero troiano stante.

E. Sarcofago da Torre San Severo
Orvieto, Museo dell'Opera del Duomo. Herbig 1952, n. 73, tav. 36.
1 Persefone; 2 Ades; 3 prigioniero troiano ucciso; 4 Achille; 5 Patroclo; 6 prigioniero troiano seduto; 7 monumento funebre; 8 Aiace Telamonio; 9 prigioniero troiano; 10 Aiace Oileo; 11 prigioniero troiano stante; 12 testa di Caronte.

F. Cista Revil (**264**)
Bronzo. Altezza 36,5
Da Palestrina
Londra, Museo britannico, inv. 59.8-16.1.
Bordenache Battaglia 1979, 112 ss., tavv. CXXXV-CXL.

264

264

Cista cilindrica, su tre peducci sagomati a zampa ferina e attacchi a placca decorati da una figura alata di giovinetto inginocchiato. Sul coperchio, presa fusa raffigurante un satiro e una menade. Nella parte alta della parete, serie di borchie da cui pendono anelli. Decorazione incisa: sul coperchio, tre Nereidi rispettivamente su un ketos, su un delfino, su un ippocampo. Sulla parete, limitata superiormente e inferiormente da un duplice tralcio intrecciato di edera e in basso da un fregio di palmette e fiori di loto, scena del sacrificio dei prigionieri troiani.
1 Minerva; 2 giovane greco; 3 prigioniero troiano seduto; 4 greco stante; 5 Achille; 6 prigioniero troiano; 7 pira; 8 prigioniero troiano stante; 9 prigioniero troiano stante; 10 giovane greco; 11 prigioniero troiano barbato; 12 giovane greco corazzato; 13 giovane greco; 14 prigioniero troiano seduto; 15 giovane greco.
Cronologia: terzo quarto del IV secolo a.C.
Non compaiono su questo monumento né Agamennone né, a quanto pare, Patroclo, ma, all'estremità sinistra, la presenza di Athena sembra giustificarsi, oltre che come protettrice di Achille[8], anche come possibile indizio che in questo lato della scena era prevista la presenza di un'autorità divina o regale che assistesse e sancisse la sacralità del rito (Agamennone in D, Ades e Persefone in E, Caronte in B)[9]; per la ponderazione la figura ricorda la Briseide di C1 (che occupa la stessa posizione). Sicuramente l'eccessiva ampiezza del campo da decorare costrinse l'artigiano ad ampliare e moltiplicare i personaggi, anche se l'intervento sembra essersi limitato al parziale scioglimento dei gruppi e alla ricomposizione dello schema.
Monumento di eccezionale qualità, a livello della cista Ficoroni, la cista Revil conserva una redazione vivace del motivo, e insieme documenta l'esistenza di schemi iconografici colti che compaiono anche nelle altre copie (ad

264

264

esempio la figura n. 14, rappresentata di dorso). Nello stesso ambiente si colloca la cista Napoleon (Raoul Rochette, 1833, tavv. LXI-LXII), che riprende alcuni motivi della scena variandola profondamente e traducendola in uno stile molto più corsivo.

G. Cratere a calice (265)
Altezza 38,5 Da Vulci
Parigi, Cabinet des Medailles, inv. 920.
Beazley 1947, 136, n. 1.
Sotto l'orlo e sul ventre, fregio di palmette filiformi (di due tipi diversi) e fiori di loto. Sul collo, sopra le anse, catena di palmette con grandi fiori imbutiformi rappresentati di scorcio e infiorescenze.
In A, un guerriero barbato, con corazza anatomica indossata sul chitone, cnemidi e bracciali metallici al polso e all'omero, afferra con la sinistra per i capelli un giovinetto nudo, le mani legate dietro la schiena e inginocchiato, mentre con la destra gli infigge verticalmente la spada sull'alto del petto. Alle spalle della giovane vittima, sulla destra, Caronte, in corto chitonisco, solleva il *malleus* per sancire il momento fatale.
In B, Caronte e tre figure femminili, due delle quali qualificate dalle iscrizioni dipinte come *hinthial Turmucas, Pentasila*.
Vaso eponimo di una produzione attribuita a officine vulcenti (Gruppo Turmuca). Seconda metà del IV secolo a.C.
Lo schema impiegato sulla faccia A ripete quello del gruppo centrale della scena del sacrificio dei prigionieri troiani. Le variazioni sono modeste: consistono principalmente nel fatto che la vittima è inginocchiata e non seduta come nella generalità delle copie, tranne la testimonianza italiota; la figura del sacrificante è conservata fedelmente, ma è diverso il modo di impugnare la spada, qui maneggiata come un pugnale.
Divergente dalla serie delle testimonianze è anche la tipizzazione della testa, fornita di una lunga barba fluente. Anche la figura del Caronte appare un poco diversa da quella che compare negli altri documenti, con il suo accentuato movimento verso destra, che si differenzia dall'immobilità e dalla terribile concentrazione del corrispondente personaggio della tomba François e dell'urna volterrana. La individuazione di queste varianti e soprattutto l'aggiunta della barba al sacrificante, giustificano l'iscrizione che identifica nel personaggio non il figlio di Teti, rappresentato infatti sempre imberbe e col capo rasato, ma uno dei due Aiaci che, pur presenti entrambi all'evento sanguinoso, non vi giocano però, in nessuno dei monumenti pervenuti, una funzione centrale.
Il vaso è dunque un singolare documento della "falsificazione" di uno schema, dovuta al desiderio di *variatio* di un artigiano o forse meglio motivata da una specifica richiesta di un committente, interessato (per ragioni di pretesa discendenza genealogica?) ad estrapolare uno degli eroi dal contesto mitico e ad attribuirgli un ruolo protagonista.

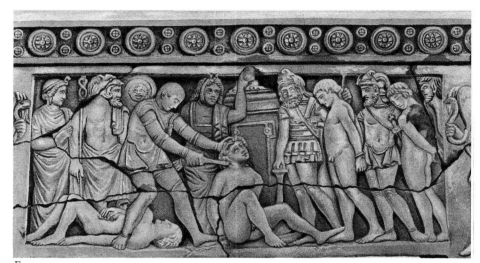

E.

F.

H.

H. Cassa di urna cineraria (266)

Alabastro. 50; 81 × 26,5

Volterra, Museo Guarnacci, inv. 202. B.-K. I, tav. LXVI, 2.

Cassa di forma accentuatamente rastremata (forma 2b, Pairault 1972, 41, 44), con fronte limitata da semplice listello liscio e peducci rettangolari, singolarmente sormontati da zampe ferine che invadono il campo decorato. Sui fianchi un vaso.

1 Achille; 2 prigioniero troiano seduto; 3 Caronte con remo; 4 prigioniero morto; 5 Aiace Telamonio (?); 6 prigioniero troiano stante; 7 prigioniero morto; 8 Aiace Oileo; 9 prigioniero troiano stante.

L'urna, caratterizzata dalla forma vagamente trapezoidale, presenta notevoli elementi di confronto con l'urna CUV 2, 232 da Volterra e con un esemplare da Pogni (Martelli 1978, 15, fig. 7-8). Il tipo della fronte sembra derivato da quello a intelaiatura lignea, a seguito della scomparsa dei montanti laterali a pilastrino, come in CUV 2, n. 175 e in B.-K. II, tav. CXIX, 2, probabilmente anch'essa volterrana. Cronologia: probabilmente ultimi decenni del III secolo a.C.

Sebbene il rilievo conservi soltanto la metà destra del cartone, e malgrado l'assenza di alcuni attori fondamentali (Patroclo e Agamennone), e a dispetto dello stile rozzo e profondamente imbarbarito, l'urna rappresenta una preziosa testimonianza per la ricostruzione dell'archetipo, forse più fedele di quanto non siano realizzazioni infinitamente più brillanti dal punto di vista qualitativo, quali la tomba François o il sarcofago del sacerdote. Il gruppo a destra infatti, con la figura n. 6 rappresentata di spalle, mal compresa e peggio realizzata (le ginocchia risultano di prospetto), appare di grande interesse, in quanto lo schema base che sembra di poter ricostruire rimanda a esperienze colte, dato il suo carattere di *lectio difficilior* rispetto alla vulgata delle altre testimonianze, può essere ritenuto pertinente all'originale. Il gruppo è sempre stato frainteso, sia nella tomba vulcente, dove i due Aiaci si allineano paratatticamente lungo la parete e il secondo appare quasi una pleonastica ripetizione del primo, sia nel sarcofago di Orvieto, sia anche nella cista prenestina, dove compare peraltro una figura rappresentata di spalle (F, 13) in uno schema non molto dissimile[10]. In quello che appare come il monumento più importante della serie, la figura (B, 8) è rappresentata in maniera assai ambigua: quanto resta della decorazione (e che consente appena di valutare la silhouette della figura) sembrerebbe autorizzare una ricostruzione simile a quella postulata dall'urna volterrana, anche se le tracce che si conservano sullo schinieri (assai problematiche) indicano che almeno la versione colorata presentava la figura di prospetto. Interessante documento dunque della circolazione di un cartone, ridotto a una sola sua parte, ma che conserva vivi gli elementi apparentemente più freschi della composizione di partenza, anche ad un secolo dalla sua creazione. La trafila che possiamo ipotizzare per la tra-

smissione del cartone è dunque la seguente. Il presunto *Urbild* (U), o una sua copia fedele, imitato in ambiente magnogreco dal Pittore dell'anfora di Napoli (A), raggiunge, poco dopo la metà del IV secolo l'Italia centrale; a giudicare dal vaso napoletano e in base al presupposto che in esso si conservi fedelmente almeno la parte centrale della composizione originale, il prototipo prevedeva anche una figura in ginocchio, quella del prigioniero troiano che sta per essere sacrificato da Achille, dato che essa gode di una buona tradizione, conservandosi in una versione ridotta, e travisata per ciò che attiene all'identificazione dei personaggi, ma non per questo meno importante (G) sul cratere vulcente[11].

Nell'originale sembra doversi presupporre anche il gruppo di tre prigionieri seduti, disposti simmetricamente a ventaglio, dato che le loro immagini compaiono, se pur isolate, nella cista prenestina. Quest'ultima dipende forse da un modello (U 1) che aveva già compendiato l'*Urbild*, eliminando il prigioniero in ginocchio e sostituendolo con uno dei prigionieri seduti. Tale modello modificato sembra alla base della composizione della cista (F), dello stamnos falisco (C) (che presenta per la prima volta anche le figure di Patroclo e Aiace - Telamonio? - con scudo), e del cartone (U 2) che è all'origine della intera documentazione etrusca.

Questo schema ricostruttivo dimostrerebbe la perfetta integrazione dei tre ambienti artistici, che sembrano interessati alla circolazione dei medesimi modelli, ai quali reagiscono, ognuno con le peculiarità del linguaggio che il medium scelto implica, dando luogo a risultati di confrontabile valore formale. Le somiglianze che si riscontrano tra questi esiti inducono anche a concepire la circolazione dei modelli e delle maestranze come un fenomeno estremamente importante, e sono una conferma di quella koinè centroitalica della seconda metà del IV, che è fenomeno ben noto e che coinvolge agro falisco, Lazio e Etruria meridionale (almeno fino ad Orvieto).

In effetti lo sviluppo ulteriore del modello circolante in Etruria (U 1) sembra dar luogo alle composizioni dei sarcofagi B e E: il primo, una realizzazione sensibile ancora e vicinissima anche nello stile alla ceramica falisca (C) e dove sono stati eliminati tutti gli elementi del fondo e aggiunti invece forse nel settore di sinistra nuovi personaggi; il secondo, che conservava lo schema quadrangolare della pira, trasformandolo però in una tomba a dado. A cartoni derivati dallo stesso modello, che eliminano però oltre alla pira anche lo scudo di Aiace Telamonio, risalgono la tomba François (D) e l'urna volterrana[12].

La sequenza ipotizzata conferma, ancora una volta, la notevole indipendenza degli artigiani nei confronti dei modelli, che vengono di volta in volta sottoposti a una operazione di reinterpretazione e di variazione nei passaggi da bottega a bottega o nei successivi processi di copia. Nel caso del sacrificio dei prigionieri troiani, si dovrà supporre un cartone costrui-

to in modo da consentire la massima libertà nello spostamento delle figure e addirittura nella frantumazione dei gruppi (tranne quello centrale); un modello che in ogni caso doveva privilegiare il contorno delle figure, e consentire perciò (come sembra il caso per il gruppo Aiace Oileo e prigioniero troiano) l'inversione delle figure senza cambiare la ponderazione. Quello della ricostruzione dell'archetipo è problema di grandissima difficoltà per la evidente mancanza di una solida tradizione nella trasmissione della sezione sinistra della scena. È tuttavia probabile che in essa trovassero posto tutti gli attori messi in gioco nella tradizione più accreditata, cioè oltre al fantasma di Patroclo anche la figura di Agamennone (e di Briseide?), probabilmente il gruppo dei tre prigionieri troiani seduti e/o il gruppo del guerriero greco e del suo prigioniero barbato[13]. Al centro (e qui la tradizione è concorde), le figure di Achille e della sua vittima si stagliano sullo sfondo costituito dalla sagoma rettangolare della pira; sul lato destro di questo gruppo, i monumenti etruschi presentano spesso una figura stante non rigidamente caratterizzata, mentre l'anfora napoletana esibisce in questa posizione la figura di Agamennone che forse va perciò ricostruito qui nel presunto modello. La metà destra della scena, che la relativa semplicità di impianto mantenne notevolmente stabile, era completata dalle copie dei due Aiaci con i rispettivi prigionieri: la sequenza prevedeva probabilmente, come vediamo nel sarcofago del sacerdote e contro la documentazione dell'urna volterrana e della tomba François, dapprima la figura di tre quarti, da tergo, di Aiace Oileo con il prigioniero di pieno profilo, poi quella di Aiace Telamonio di pieno prospetto, in uno schema aperto nel gesto del braccio sinistro che regge lo scudo e trattiene l'ultimo prigioniero che avanza, rappresentato lievemente di tre quarti di spalle.

In ogni caso, la documentazione (con l'eccezione della problematica cista Napoleon) sembra abbastanza compatta nel presupporre un modello monoscenico del tema; tale constatazione non sarebbe priva di interesse, dato che il fenomeno è tutt'altro che ovvio nell'ambito del rilievo volterrano, che sembra prediligere invece fin dal III secolo serie di modelli raffiguranti momenti successivi di uno stesso mito, forse mediati da album che raccoglievano serie di vignette tratte da rotuli illustrati di opere celebri[14].

In quale ambiente può essere stato concepito un tale archetipo? La predilezione per gli scorci arditi che emerge dall'analisi della documentazione, e soprattutto il sistema di piani obliqui che sembrano legare i due gruppi sul lato destro (la *diagonale Raumverhaltnis* del Matz), trovano una singolare possibilità di confronto con un celebre affresco pompeiano, quello della casa del *Poeta tragico*, con la scena, derivata da una megalografia, della consegna di Briseide ad Agamennone da parte di Achille[15]. Anche la energica testa di Achille profilata sullo sfondo di uno scudo ricorda la testa ricciuta di Patroclo nella tomba François, disegnata sul fondo iridescente delle ali di Vanth, con una rappresentazione di tre quarti che richiama tra l'altro esperienze della pittura vascolare apula del IV secolo[16]. Non sarà infine inutile ricordare la circostanza, se pur non decisiva, che il meandro prospettico che limita in alto il fregio della tomba vulcente è quasi identico a quello del pannello pompeiano.

Dunque forse il cartone fu veramente elaborato in ambiente italiota (da una famosa pittura?)[17], ed ha poi subito un travestimento etrusco, che si limitò sostanzialmente ad aggiungere le figure dei demoni e a fornire elementi etruschi alle panoplie dei guerrieri[18].

Note

[1] La vastissima bibliografia sull'argomento è ora raccolta da van der Meer 1977-1978, 95 ss. Più di recente, Brilliant 1984, 21 ss.; Cateni 1984, 43 ss.

[2] van der Meer 1977, 146 s. Sulla definizione dei concetti di "archetype, prototype, transmitting model" cfr. van der Meer 1975[a], 180.

[3] Torelli 1981[a], 3 s.

[4] Il problema è largamente discusso da Galli 1910, 118 ss.; Savignoni 1910, 128 ss.; Bulas 1929, 57 ss.; Messerschmidt 1930, 65 ss.; Beazley 1947, 88 ss.; Dohrn 1973, 1 ss.; Blank 1982, 22 ss.; van der Meer 1977-1978, 86. Nell'elenco dei monumenti non si terrà conto né del sarcofago di Lisbona (Ducati 1931, tav. 26), né del sarcofago londinese Herbig 1952, n. 63, tav. 29, né della cista Napoleon (Raoul Rochette 1833, tav. LXI-LXII), che conservano solo tratti isolati del cartone.

[5] Il disegno ricostruttivo presentato in Blank 1982, fig. 1, sovrappone una parte dello scudo di Aiace al prigioniero n. 11; è più probabile come risulta dall'esame delle fotografie (*ibidem*, tav. 8, 1) che esso fosse rappresentato sul fondo al di là del prigioniero; dall'esame della eccezionale documentazione fotografica, costui inoltre si direbbe rappresentato non di profilo a sinistra e stante sulla gamba destra, ma leggermente di tre quarti di spalle e stante sulla gamba sinistra, come si vede in E 11.

[6] L'incertezza del Beazley, che finiva per accogliere come possibile una provenienza da Savona, non ha ragione di sussistere, dato che una fotografia conservata nell'archivio della SAT riproduce il vaso insieme all'olletta a pareti sottili (Bianchi Bandinelli 1929, tav. XL, b) sicuramente proveniente da Sovana e nel 1903 ancora nelle mani dello scavatore Francesco Merlini (Pellegrini 1902, 494; Pellegrini 1903, 223, fig. 5), presumibilmente identico a quel Francesco Merlini, antiquario, che qualche tempo dopo presentava all'ufficio esportazione di Firenze lo stamnos, dove lo vide il Galli nel 1909, epoca alla quale risale certamente la fotografia.

[7] Savignoni 1910, 133.

[8] Per Messerschmidt 1930, 71, accolto da Dohrn, Minerva comparirebbe in quanto divinità prediletta dagli incisori prenestini.

[9] D'altronde, come Messerschmidt 1930, 66, aveva visto, Ades in E 2 altri non è che il travestimento infero di Agamennone in D 1.

[10] La figura è associata a quella di un prigioniero seduto (F 11-12); il gruppo si ritrova nella cista Napoleon, dove la figura di spalle compare in uno schema molto simile a quello dell'urna volterrana e del sarcofago B 8.

[11] Savignoni 1910, 137, fig. 3, che ne indica il possibile modello in una parte del fregio dell'Hephaisteion ad Atene. Il Futwaengler 1909, 157 collegò il cratere di Napoli e la cista Revil; contra, per divergenti motivi, Messerschmidt 1930, 74 e Beazley 1947, 91.

[12] Messerschmidt 1930, 74, aveva raccolto B, D, E, H in un "gruppo François". D'altro canto, è probabile che il modello di trasmissione che ha portato all'urna H sia più o meno direttamente imparentato con E, dato che questo è l'unico monumento in cui compare la figura del troiano già sacrificato, come in H 4, 7; cfr. van der Meer 1977-1978, 90.

[13] La recente ricostruzione del Dohrn 1973, tav. 5,2 prevede su questo lato il gruppo del prigioniero seduto e due guerrieri stanti della cista Revil (F 13-15), della cista Napoleon ed anche dell'urna volterrana (H 1-3), *ibidem*, 11 nella quale il Dohrn vede una variante dello stesso gruppo. A parte l'inaccettabilità di quest'ultima affermazione, è ragionevole pensare che il secondo monumento dipenda in toto dalla cista Revil.

[14] Sul problema, van der Meer 1977-1978, 89; Weitzmann 1970, 17 ss.; da ultimo, soprattutto per il valore - relativo - da annettere alle coppe omeriche nella trasmissione dei temi mitici, Brilliant 1984, 41 ss. Semmai la tradizione centro-italica, che associa scene diverse relative allo stesso ciclo mitico (in D, E, F; probabilmente anche in Herbig 1952, n. 63), sembrerebbe riferibile a un complesso del tipo di quello dipinto da Theoros (*bellum iliacum pluribus tabulis*, Plinio, *Nat. hist.* XXXV, 144) e farebbe pensare dunque a un ciclo come quello ipotizzato da Brilliant 1984, 28 s., per la serie dei rilievi della Basilica Aemilia.

[15] Schefold 1952, 143 s., tav. 51.

[16] Cfr. ad esempio le teste di tre quarti del Pittore di Licurgo e del Pittore di Afrodite, Greco 1970, 43 ss.

[17] Così Messerschmidt 1930, 74 s. e Dohrn 1973, 11, che pensavano a un solo grande originale italiota da porre poco prima della metà del IV secolo a.C., e che certo ebbe molti cartoni.

[18] Su questo aspetto, Beazley 1947, 91, nota 2.

Gli strumenti dello scultore etrusco e il loro impiego

Gli esiti differenziati cui danno luogo nelle diverse epoche pochi tipi fondamentali di strumenti dipendono prima di tutto dal loro vario modo di impiego e dal diverso ciclo di lavorazione, a loro volta connessi con la particolare concezione che ogni epoca ha della forma plastica. Un'indagine volta a individuare natura e modalità d'impiego degli strumenti degli scultori etruschi di urne deve necessariamente basarsi sull'analisi del ricco materiale pervenutoci: è infatti possibile, in molti casi, con un esame minuzioso dello stato delle superfici dei monumenti, individuare e rilevare tracce di lavorazione dalle quali dedurre insospettabili informazioni, non sufficienti tuttavia per ricostruire nella loro integrità gli attrezzi impiegati dall'artigiano.
Ulteriori dati possono essere acquisiti grazie alla tradizione figurata; tra i casi più noti, può essere segnalata la gemma arcaica, oggi al British Museum (Blümel 1955, fig. 61) con un artigiano che lavora con un trapano ad arco, mentre una celebre urna volterrana con la storia di Dedalo riproduce, in un contesto in cui sono coinvolti dei carpentieri, uno strumento di forma simile a quello che ancora oggi serve per segnare i blocchi di alabastro (cfr. n. 1).
Le tracce visibili su parti delle urne cinerarie che non avevano ancora ricevuto la rifinitura a pomice o che fin dall'inizio erano previste per essere lasciate imcompiute, consentono talora di gettare uno sguardo sulle ultime fasi del processo produttivo. Non è stato difficile, per gli alabastrai di oggi, cui sono stati proposti i dati di una indagine campione condotta sulle urne del Museo Guarnacci, decifrare chiaramente le tracce degli strumenti antichi e confrontarle con quelle di attrezzi moderni, usati nelle piccole officine artigiane tuttora attive nella città. I risultati di tale confronto si espongono brevemente qui di seguito, proponendo anche una immagine ideale degli strumenti, pur nella consapevolezza della problematicità

di ogni ricostruzione di questo tipo.
Strumenti da usare con un mazzuolo: a) scalpello piatto; b) scalpello tondo; c) subbia; d) sgorbia; e-f) gradine piane; g) gradina tonda. Strumenti da usare a mano: h) sgorbia a mano; i) "ferri" piccoli (come a-g, ma più sottili). Altri sturmenti: k) smeriglio, pietra pomice o simili (per levigatura delle superfici); l) strumento simile a un compasso per dettagli particolari; m) trapano corrente (trapano "a violino" della nomenclatura settecentesca); n) succhiello.

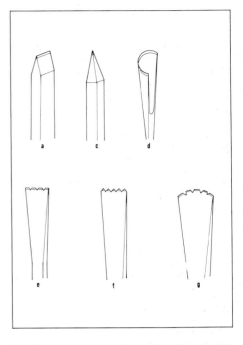

Rilevamento su campione ridotto di monumenti del museo Guarnacci di Volterra.
MG 122 = CUV 2, n. 146. Inizi II secolo a.C. Notissimo, quanto fondamentale monumento per la conoscenza degli strumenti di lavorazione, l'urna conserva, perfettamente riconoscibili tracce di diversi strumenti sia sulla fronte che sui fianchi (quasi tutti gli strumenti da usare con martello o a mano).
MG 52 = CUV 2, n. 92. Tardo I secolo a.C. Fondo del rilievo sulla fronte (tracce evidenti di scalpello piatto, cfr. a).
MG 120 = CUV 2, n. 86. Tardo II-I secolo a.C. Gamba e ala del demone (tracce di scalpello cfr. a).
MG 718. Ala di un demone sul fianco (diversi strumenti a mano, cfr. i).
MG 438. Tardo III secolo a.C. Scanalature dei pilastrini a lato della fronte (tracce di sgorbia, cfr. d).
MG 119 = CUV 2, n.178. Seconda metà del III secolo a.C. Lato destro dell'urna, forellini sull'orlo delle ali del demone (succhiello, cfr. n).
MG 621 = CUV 2, n. 246. I secolo a.C. Braccio del citaredo sulla fronte (sgorbia a mano, sottile cfr. h).
MG 321 = n. 16. Metà del II secolo a.C. Pelle del cinghiale sulla fronte (gradina tonda sottile cfr. i).
MG 427 = n. 14. Maestro delle piccole patere. I prodotti di questo artigiano sono caratterizzati da una sorta di motivo firma, un cerchiello eseguito a compasso (cfr. l).

b.h.

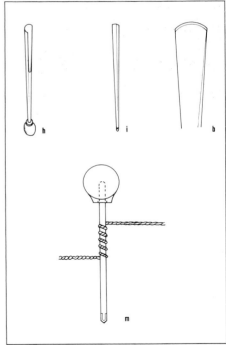

Caratterizzazioni petrografiche di alcune sculture etrusche in marmo bianco

La constatazione che alcune statue etrusche del III secolo a.C. siano state scolpite su marmo bianco ha determinato la necessità di confermare con metodi scientifici tali osservazioni macroscopiche, e soprattutto di stabilire, se possibile, la provenienza delle materie prime impiegate, dal momento che si tratta di materiali abbastanza rari in natura, e comunque poco usati dagli etruschi.

Le analisi petrografiche in sezione sottile condotte al microscopio polarizzatore presso la SMAA[1] su sei campioni litici forniti dalla Soprintendenza ai beni archeologici della Toscana, che ha operato con la collaborazione dell'Istituto di archeologia dell'Università di Pisa e dell'Istituto di geocronologia e geochimica isotopica di Pisa, hanno in effetti confermato l'utilizzazione di marmi bianchi veri e propri, e cioè calcari puri metamorfizzati, nelle corrispondenti sculture del III secolo a.C. Esse sono: 1) statua della collezione Maffei da Volterra (1016, qui n. 155); 2) testa della kourotrophos da Volterra (1017, qui n. 153); 3) statua da Pisa (1018, qui n. 160); 4) statua di kourotrophos da Volterra (1019, qui n. 152); 6) statua da San Martino alla Palma (1021, qui n. 157); 7) statua da San Miniato (1022, qui n. 158)[2]. L'analisi del campione 5) testa da Montalcino (1020) ha confermato, invece, l'uso di alabastro gessoso a grana fine, come già indicato dalle osservazioni macroscopiche.

Le analisi hanno inoltre dimostrato che in tutte le sei sculture sono stati impiegati marmi con caratteristiche mineralogiche e strutturali molto simili tra loro, tanto che si potrebbe fondatamente pensare, a meno di coincidenze assai improbabili, ad un unico giacimento dal quale sia stata ricavata la materia prima. Tali caratteristiche si possono riassumere come segue. Tranne qualche rara lamella di mica bianca, il materiale è costituito da cristalli di calcite con dimensioni abbastanza costanti (omeoblastico): meno del 10% dei grani presenta un diametro doppio o metà del valore medio, che oscilla attorno a mm. 0,30, con un minimo di mm. 0,25 nella sezione 1016 ed un massimo di mm. 0,40 nella sezione 1019. La struttura è sempre granoblastica poligonale, caratterizzata da contatti intercristallini semplici, lineari e curvi, assai raramente ondulati, con frequenti punti tripli equiangolari. Una quantità variabile da un terzo a poco più della metà dei cristalli presenta geminazioni polisintetiche.

Allo scopo di individuare la provenienza della materia prima impiegata sono stati fatti confronti, prima di tutto, con i giacimenti di marmo bianco esistenti nell'ambito del territorio etrusco, e cioè: la cava del Botro dei Marmi di Campiglia Marittima (1023); la cava di Montarrenti, nella Montagnola Senese (3006); la cava di San Giuliano, nel monte Pisano (3007). Le differenze esistenti tra questi materiali e quelli delle statue prese in considerazione, in parte già evidenti macroscopicamen-

1

2

3

4

5

6

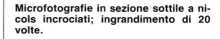

Microfotografie in sezione sottile a nicols incrociati; ingrandimento di 20 volte.

1) Statua della collezione Maffei da Volterra (1016). 2) Testa della kourotrophos da Volterra (1017). 3) Statua da Pisa (1018). 4) Statua di kourotrophos da Volterra (1019). 5) Statua da San martino alla Palma (1021). 6) Statua da San Miniato (1022). 7) Cava del «Botro dei marmi» di Campiglia Marittima (1023). 8) Cava di Montarrenti, Siena (3006). 9) Cava di San Giuliano, Pisa (3007). 10. Cava Crestola di Torano, Carrara (1025). 11) Cava Mandria di Torano, Carrara (3010). 12) Cava Fantiscritti di Miseglia, Carrara (3009). 13) Marmo di Prokonnesos, isola di Marmara (3001). 14 Marmo del monte Hymettos, Attica (3012). 15) Marmo del monte Penteli, Attica (3003). 16) Marmo dell'isola di Paros (3004). 17) Marmo dell'isola di Naxos (3005).

te, sono state meglio precisate dalle analisi in sezione sottile. Nei campioni delle tre cave toscane, infatti, dal 25% al 40% dei cristalli hanno diametri superiori al doppio del valore medio ed inferiori alla metà che varia da mm. 0,07 (3006, 3007) a mm. 0,09 (1023); la struttura eteroblastica poligonale presenta contatti curvi ed ondulati, raramente a golfi, nel marmo di Campiglia, contatti curvi e lineari nei marmi di Siena e di Pisa, ma sono sempre assenti i geminati.

I giacimenti di marmo bianco più vicini all'area etrusca sono quelli assai più vasti delle Alpi apuane che, almeno nel bacino di Carrara, sicuramente erano sfruttati nel I secolo a.C.[3], e con ogni probabilità, anche se episodicamente, nel II secolo a.C., come risulta da recenti studi sui materiali archeologici di Luni[4]. Perciò il secondo gruppo di confronti è stato realizzato con campioni provenienti da alcune cave romane situate nelle valli marmifere di Carrara[5]: "bianco chiaro" della cava Crestola, all'imbocco della valle di Torano (1025); "calacata cremo" della cava Mandria, sempre nella valle di Torano (3010); "bianco venato" della cava Fantiscritti, nella valle di Miseglia (3009); "bianco venato" della cava Bacchiotto 2, nella valle di Colonnata (3011). Le caratteristiche petrografiche di questi marmi sono molto simili, e persino identiche, a quelle dei campioni provenienti dalle statue etrusche. Le diversità maggiori sono quelle della cava Bacchiotto 2, con un diametro medio dei grani di mm. 0,20, e soltanto il 10% di cristalli geminati, mentre il meno differenziato è risultato il marmo della cava Crestola. Questo fatto è piuttosto interessante poiché l'affioramento marmifero all'imbocco della valle di Torano contiene materiale assai pregiato, ed era anche il più vicino ed accessibile per chi provenisse dalla costa prima di qualsiasi organizzazione del territorio.

Dovendo quindi scegliere la provenienza della materia prima usata per le statue del III secolo a.C. tra i marmi bianchi dell'Etruria e quelli di Carrara, questi ultimi sono certamente i più probabili, mentre per escludere definitivamente i primi bisognerebbe accertare che in nessuna parte di tali affioramenti esistano materiali con caratteristiche petrografiche simili al marmo di Torano: fatto che sembrerebbe da escludersi in base alle conoscenze esistenti allo stato attuale, ma che potrebbe essere risolto facilmente affiancando, ad esempio, alle analisi in sezione sottile quelle geochimiche, cercando cioè gli elementi in tracce in grado di distinguere ulteriormente i vari giacimenti[6]. Esiste comunque un'altra possibile provenienza che non va esclusa a priori, la possibilità cioè che blocchi di marmo bianco venissero importati in Etruria dalla Grecia o dall'Asia minore, dove numerose erano le cave antiche di tale materiale[7].

Analisi di confronto tra i marmi di Carrara e quelli orientali sono già state condotte, ed è risultato evidente che un solo tipo di analisi, petrografica o geochimica, non è sufficiente a distinguere con sicurezza tutte le cave[8]. Un

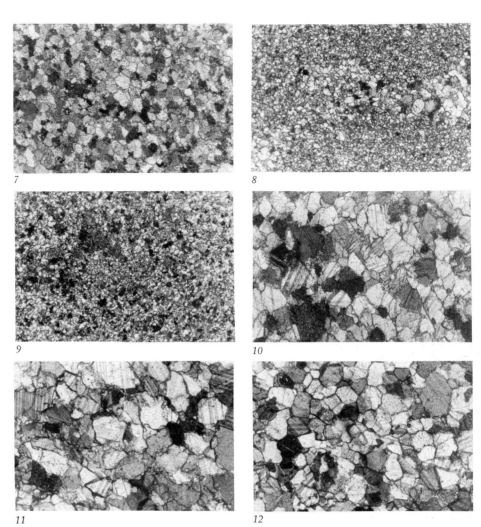

7

8

9

10

11

12

confronto dettagliato tra le caratteristiche petrografiche delle statue etrusche e quelle dei novantatre campioni provenienti da quarantanove cave greche, egee e dell'Asia minore, e dei nove campioni provenienti da quattro cave del bacino di Carrara, descritte dai ricercatori veneziani, dimostra comunque che il marmo che più si avvicina a quello delle statue è ancora una volta proprio quello di Torano[9].

Sempre in questa direzione è stato fatto in laboratorio un terzo gruppo di confronti con sezioni sottili di marmi bianchi orientali esistenti nella collezione della SMAA, fra i quali sono compresi anche quelli ritenuti generalmente più simili macroscopicamente ai marmi di Carrara: isola di Marmara, o Prokonnesos (3001); monte Hymettos, nell'Attica (3002, 3012); monte Penteli, sempre nell'Attica (3003); isola di Paros (3004); isola di Naxos (3005); cave di Mylasa, nella Turchia sud-occidentale (3013). Differenze con il marmo delle statue etrusche esistono in questi campioni per quanto riguarda le dimensioni dei grani: più basse nei campioni di Marmara e Hymettos (3002), più alte in quelle di Paros, Naxos e Mylasa, mentre simili sono in quelli del Penteli e dell'Hymettos (3012). Ma tali differenze non possono essere molto significative a causa delle variazioni esistenti nell'ambito di uno stesso giacimento (ad esempio: Hymettos 3002, 3012), mentre più indicativi sembrano essere il grado di omogeneità dimensionale e, soprattutto, le forme dei contatti intercristallini[10]. Strutture molto eteroblastiche (dal 25% al 40% di cristalli con diametro superiore al doppio ed inferiore alla metà del valore medio) presentano i campioni di Marmara, Hymettos e Penteli; un po' meno quelli di Paros, Naxos e Mylasa. Contatti complessi, che da curvi arrivano a suturati, si notano nei campioni di Hymettos, Penteli e Naxos; da curvi ad ondulati, raramente lineari, in quelli di Paros e Mylasa; molti curvi e pochi lineari in quello di Marmara. I cristalli geminati sono assenti nei campioni di Marmara e Hymettos (3002); presenti, ma in piccole quantità (dal 10% al 25%) negli altri. Come si vede nessuno dei campioni orientali analizzati presenta una combinazione dei vari caratteri petrografici uguale a quella osservata nel materiale delle sculture etrusche del III secolo a.C., e in quello delle cave di Torano a Carrara.

Si può concludere affermando che le caratteristiche petrografiche indicano come provenienza più probabile del marmo usato per le statue etrusche prese in considerazione quella dei giacimenti apuani, e con una probabilità più elevata la provenienza dalla cosiddetta "lente superiore" che affiora all'imbocco della valle di Torano, anche se alcuni campioni (1017, 1019) presentano una media delle dimensioni un po' più elevata. Trattandosi di una informazione rilevante sotto il profilo storico, essa non può essere accettata come definitiva fino a che non si disponga dei risultati delle analisi geochimiche in corso di esecuzione sugli stessi materiali. Il problema è, infat-

13

14

15

16

17

ti, quello di anticipare di almeno un secolo lo sfruttamento, anche se saltuario, del marmo lunense, prima cioè della fondazione della colonia di Luni, e quando le Apuane erano ancora soggette alle tribù liguri. Se ciò dovesse essere definitivamente confermato, non va però dimenticato un altro fatto importante sul piano storico-territoriale, e cioè che il *portus Lunae* esisteva prima della fondazione della colonia; già da secoli frequentato dai mercanti etruschi diretti ad Occidente, presso di esso si svolgevano con ogni probabilità vari traffici di merci, come sembra risultare dalle ricerche più recenti[11].

t.m.

Note

[1] Sezione di mineralogia applicata all'archeologia dell'Università di Genova.
[2] I numeri fra parentesi sono riferiti al catalogo-analisi della SMAA.
[3] Dolci 1980, 28-38.
[4] Frova 1984, 5-34.
[5] Per una localizzazione delle cave campionate si veda Dolci 1980, 40-185. Sui caratteri petrografici si veda anche Crisci - Leoni - Sbrana 1975, 199-236.
[6] Altre analisi sugli stessi materiali sono curate, per quanto riguarda gli elementi in tracce, da C. Arias dell'Università di Pisa, da E. Mello dell'Istituto Donegani di Novara, e da M. Oddone dell'Università di Pavia.
[7] Si veda ad esempio Monna-Pensabene 1977. Fra i marmi orientali sono stati scelti sei campioni che presentano caratteri petrografici più simili a quelli delle sculture etrusche.
[8] Conforto - Felici - Monna - Serva - Taddeucci 1975, 201-214; Lazzarini - Moschini - Stievano 1980, 173-182.
[9] Lazzarini - Moschini - Stievano 1980[a], 8-33, tavole alle pp. 22, 23, 48, 49 e 50.
[10] Lazzarini - Moschini - Stievano 1980[a], 16-20.
[11] L. e T. Mannoni 1983, 11-64.

Studio della provenienza di alcuni manufatti archeologici in marmo mediante analisi degli elementi in tracce

Introduzione

Il problema dell'identificazione della provenienza dei marmi bianchi usati nell'antichità è stato affrontato da vari autori, con diverse metodologie e differenti gradi di successo. Ciò sembra principalmente dovuto alla notevole variabilità locale sia delle caratteristiche macroscopiche (dimensione dei grani, colore) che di quelle petrografiche (struttura e tessitura) e geochimiche (variazione della concentrazione degli elementi contenuti in tracce ecc.) riscontrabili nei marmi e che rende necessario poter disporre, preliminarmente all'avvio delle indagini di provenienza, di uno studio accurato delle cave. Tale studio dovrebbe basarsi[1] sia su metodi minero-petrografici (sezioni sottili ecc.) che geochimici (rapporti isotopici del C-13 e O-18, contenuto degli elementi in tracce ecc.).

Ad oggi sono però disponibili pochi contributi, che riguardano aspetti limitati del problema[2], soprattutto per quanto riguarda il metodo, recentemente proposto[3], della caratterizzazione chimica delle cave mediante la determinazione del tipo e quantità di elementi in tracce in esse contenuti.

Si sente particolarmente in questo caso la mancanza di uno studio più vasto, in relazione alle cave prese in considerazione ed al numero di elementi in tracce determinati su ciascun campione, che serva da riferimento nella risoluzione di singoli specifici problemi.

I termini del problema
In questo quadro di riferimento assai lacunoso il quesito a cui si chiedeva di dare risposta era così sintetizzabile: i manufatti marmorei etruschi presi in considerazione (vedi tabella 1) sono stati "fabbricati" utilizzando marmi o calcari bianchi "locali" oppure il materiale grezzo risulta d'importazione da aree più o meno vicine? In particolare il marmo poteva provenire dalle cave di Carrara?
Le aree locali da dove era possibile estrarre un materiale adatto alla fabbricazione di tali manufatti sono state preventivamente individuate dal professor Mannoni dell'Università di Genova. In particolare si trattava delle aree di: 1) Siena (Montarrenti), 2) Campiglia (Botro dei Marmi), 3) Pisa (San Giuliano).
Pur nella consapevolezza dei limiti imposti principalmente dalla mancanza di un numero significativo di campioni delle varie zone si è proceduto ad uno studio preliminare che, nel caso fortunato della presenza di uno o più elementi chimici altamente discriminanti, avrebbe potuto fornire qualche prima utile indicazione.

Analisi chimiche mediante attivazione neutronica
L'analisi per attivazione è un metodo analitico basato sulla rilevazione e misura della radioattività artificiale provocata dal bombardamento di un campione con neutroni. Le sorgenti più comuni di neutroni sono i reattori nucleari. Quando un elemento stabile viene irraggiato in un flusso di neutroni termici, avvengono delle reazioni nucleari, la più probabile delle quali è la formazione di un nuovo nucleo per cattura, da parte di uno degli elementi irraggiati di uno dei neutroni bombardanti. Il nuovo nucleo è quasi sempre instabile e decade mediante l'emissione di particelle beta e di radiazioni gamma. Quando è possibile sottoporre direttamente il campione irraggiato alla misura della radioattività indotta, che si effettua sovente mediante spettrometria gamma, si parla di analisi per attivazione neutronica strumentale.
In questo caso si è proceduto secondo quest'ultima modalità.
Sono stati analizzati: 1 campione di cava di Carrara (Torano), 1 campione di cava di Siena, 2 campioni di cava di Campiglia, 3 campioni di cava di Pisa e 6 campioni prelevati dai manufatti[4]. I campioni di marmo, finemente macinati, del peso di circa 300 mg, sono stati irraggiati nel reattore TRIGA MARK II dell'Università di Pavia sotto un flusso neutronico termico di 8×10^{12} n cm^{-2} s^{-1} per un periodo di 20 ore (sotto cadmio).
Come standard di riferimento si è utilizzato uno standard sintetico costituito da una matrice di CaCO$_3$ sulla quale si sono fatti adsorbire gli elementi dosati nel presente lavoro e due rocce standard internazionali GSP-I, BCR-I fornite dall'USGS. Lo standard sintetico è stato sottoposto a test di omogeneità.
L'attività indotta è stata misurata dopo tre, dodici e ventiquattro giorni dal termine dell'irraggiamento mediante un cristallo Ge/Li collegato ad un analizzatore-computer (Master-4000-Laben).
Sono stati determinati i seguenti elementi: La, Ce, Sm; Eu, Gd, Yb, Lu, Co, Cr, Fe, Sc, Th, Sb.
I valori delle relative concentrazioni sono riportati in tabella 1. La precisione media è circa del 10% e varia tra il 2% ed il 12% in accordo con l'abbondanza degli elementi.

Analisi dei dati
I dati ottenuti dalle analisi chimiche sono stati sottoposti ai classici procedimenti dell'analisi statistica multivariata.
In particolare è stato determinato il coefficiente di correlazione tra le varie coppie di elementi. Sono stati quindi presi in considerazione solo gli elementi chimici tra loro meno correlati e cioè: La, Sc, Th, Yb. Si è poi proceduto all'analisi delle componenti principali (PCA). Per una matrice di dati ottenuta misurando i valori di "n" variabili (concentrazione degli elementi chimici nel campione) su "m" oggetti (i campioni analizzati), l'obiettivo di tale analisi è essenzialmente quello di dividere la varianza totale della matrice in una parte dipendente dalle sole variabili, un'altra dagli oggetti ed un'ultima casuale.
Nell'interpretazione geometrica la PCA può anche essere vista come un metodo che ricerca il migliore iperpiano in A-dimensioni (A = numero di componenti) adatto a descrivere, in uno spazio M-dimensionale (M = numero di variabili misurate), i punti rappresentativi dei campioni analizzati utilizzando la tecnica dei minimi quadrati.
Il numero delle componenti significative, in grado cioè di descrivere il 95% della varianza totale della matrice dei dati, è risultato nel nostro caso uguale a 2. In particolare la prima componente è risultata in grado di descrivere il 94,28% della varianza e la seconda il restante 5,72%.
Un diagramma della prima componente contro la seconda permette di evidenziare eventuali raggruppamenti di punti in sottogruppi omogenei e può quindi essere usato come metodo di *pattern recognition* per problemi di classificazione o di *clustering*.
Tale rappresentazione grafica (figura 1) consente di visualizzare la distribuzione dei dati e di trarre le seguenti conclusioni:

Tab. 1 Risultati dell'analisi per attivazione neutronica dei campioni esaminati

| Campioni geologici | Concentrazione (ppm) | | | | | | | | | | | | |
	La	Ce	Sm	Eu	Gd	Yb	Lu	Co	Cr	Fe	Sc	Th	Sb
Carrara (Torano)	0,74	0,81	0,034	0,29	0,030	0,09	0,012	0,411	1,96	343	1,13	0,089	0,013
Siena (Montarrenti)	0,81	0,86	0,028	0,21	0,026	0,10	0,014	0,501	2,04	301	1,03	0,081	0,012
Pisa (San Giuliano) 1	0,95	0,87	0,027	0,22	0,027	0,12	0,014	0,461	3,96	287	1,06	0,189	0,013
Pisa (San Giuliano) 2	0,93	0,91	0,032	0,17	0,031	0,08	0,018	0,499	3,98	252	1,02	0,170	0,014
Pisa (San Giuliano) 3	0,97	0,96	0,026	0,10	0,021	0,06	0,010	0,328	1,87	84	1,04	0,138	0,013
Campiglia (Botro dei Marmi) 1	0,43	0,41	0,006	0,09	0,007	0,03	0,009	0,328	3,33	231	1,08	0,244	0,010
Campiglia (Botro dei Marmi) 2	0,41	0,40	0,003	0,12	0,004	0,01	0,007	0,503	1,08	553	0,109	0,112	0,009
Campioni archeologici													
Statua da San Martino alla Palma	0,84	0,81	0,021	0,10	0,022	0,10	0,020	0,495	2,87	469	0,735	0,162	0,008
Statua coll. Maffei	0,76	0,91	0,030	0,14	0,027	0,09	0,026	0,509	2,58	168	0,910	0,436	0,009
Kourotrophos Maffei	0,48	0,41	0,020	0,09	0,021	0,06	0,014	0,183	2,03	350	0,696	0,186	0,010
Testa della kourotrophos	0,96	0,96	0,027	0,25	0,029	0,03	0,022	1,83	1,97	3189	1,34	0,319	0,007
Statua da Pisa	0,51	0,50	0,019	0,09	0,018	0,07	0,013	0,201	1,03	161	0,846	0,112	0,007
Statua da San Miniato	0,52	0,56	0,025	0,24	0,026	0,02	0,014	0,198	1,06	245	0,495	0,154	0,003

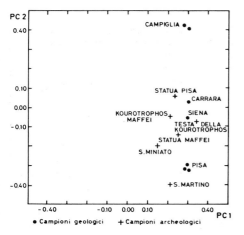

PC 2

0.40 — CAMPIGLIA ●●

0.10 — STATUA PISA
                  +
0.00 —   ● CARRARA
         KOUROTROPHOS + ● SIENA
         MAFFEI
-0.10 —   TESTA + DELLA
                   KOUROTROPHOS
             STATUA MAFFEI
                  +
             ● S.MINIATO
                        ●● PISA
-0.40 —   + S.MARTINO

       -0.40   -0.10 0.00 0.10   0.40
                                    PC 1

● Campioni geologici   + Campioni archeologici

a) i campioni prelevati dalla stessa cava hanno punti rappresentativi tra loro vicini e questa, come si è detto, è una situazione che può favorire una buona discriminazione tra le diverse zone;

b) le cave di Campiglia e di Pisa sono nettamente separate tra di loro e da quelle di Siena e Massa Carrara mentre, soprattutto a causa del limitato numero di campioni, risulta impossibile valutare il grado di sparpagliamento relativo delle misure e quindi il grado di discriminazione tra le aree di Siena e Massa Carrara;

c) i punti rappresentativi dei campioni prelevati dai manufatti etruschi si distribuiscono (eccetto il campione di San Martino) su un'area che si sovrappone parzialmente a quelle delle cave di Siena e Massa Carrara.

Conclusioni

Pur nei limiti più volte sottolineati e imputabili principalmente alla scarsità dei campioni di riferimento disponibili, è possibile trarre qualche indicazione preliminare.
Sembra da escludere che per la "fabbricazione" dei manufatti esaminati siano stati utilizzati marmi provenienti da Campiglia o da Pisa. L'area di provenienza sembrerebbe quindi potersi circoscrivere alle cave di Siena o di Massa Carrara.
Va comunque tenuto presente che solo l'analisi di campioni prelevati da cave greche e turche permetterà di escludere una eventuale provenienza dei marmi da queste classiche zone di estrazione.

c.a., e.m., m.o.

Note

[1] E. Mello, F. Galante, S. Meloni, M. Oddone, S. Ponticelli, *Etudes sur la provenance du marbre blanc du Dôme de Côme au moyen de l'activation neutronique et de l'elaboration statistique des données obtenues*, in *Proceedings of the Fourth International Congress on the Deterioration and Preservation of Stone Objects*, University of Louisville, Kentucky, 1982, 250-259.
[2] K. Germann, G. Holzmann, F.J. Winkler, *Determination of Marble Provenance: limits of isotopic analysis*, in "Archaeometry", 22, I, 1980, 99-106; L. Lazzarini, G. Moschini, B.M. Stievano, *A Contribution to the Identification of Italian, Greek and Anatolian Marbles through a Petrological Study and the Evaluation of Ca/Sr Ratio*, in "Archaeometry" 22, 2, 1980, 173-183; M. Coleman, S. Walker, *Stable Isotope Identification of Greek and Turkish Marbles*, in "Archaeometry" 21, 1, 1979, 107-112; L. Conforto, M. Felici, D. Monna, L. Serva, A. Taddeucci, *A Preliminary Evaluation of Chemical Data (Trace Element) from Classical Marble Quarries in the Mediterranean*, in "Archaeometry" 17, 2, 1975, 201-213.
[3] E. Mello, *Studio della provenienza di marmi bianchi mediante analisi degli elementi in tracce e uso della pattern recognition all'elaboratore elettronico*, in *Marmo Restauro*, Atti del Convegno, Carrara 1983, 150-162; K.V. Mardia, J.T. Kent, J.M. Bibby, *Multivariate Analysis*, London 1979.
[4] Si ringrazia il professor Tiziano Mannoni dell'Università di Genova per aver fornito i campioni di riferimento.

Analisi su frammenti ceramici ritenuti di fabbrica volterrana

Per rispondere all'esigenza, da tempo sentita, di affiancare alle metodologie puramente archeologiche di classificazione delle ceramiche i dati derivanti dall'analisi petrografica chimica e fisica, sono stati scelti, tra quelli conservati al Museo Guarnacci di Volterra, alcuni frammenti verniciati, rappresentativi delle diverse classi vascolari presenti nei depositi di età ellenistica della città.
Poiché diversi erano i centri di produzione della stessa zona volterrana è probabile che leggere differenze di composizione possano essere spiegate con diversità dei materiali di partenza, anche se la tecnica di fabbricazione, compresa quella della verniciatura, era, molto probabilmente, la stessa.
I campioni che vengono descritti più particolarmente nel paragrafo seguente, sono stati anche confrontati con tre frammenti provenienti dal Museo archeologico di Ferrara, ritrovati a Spina, e considerati, di provenienza volterrana i primi due, ed attica il terzo.

Le analisi eseguite

Oltre alla normale documentazione fotografica, su tutti i campioni è stato eseguito un accurato esame al microscopio elettronico a scansione che ha permesso una classificazione visiva, a parità di ingrandimenti, della tessitura dell'impasto ceramico.
Per quanto riguarda la composizione chimica di quest'ultimo essa è stata studiata con l'assorbimento atomico per gli elementi presenti in grande quantità (Fe, K, Mg ecc.) tipici delle argille; con la spettroscopia di fluorescenza a raggi X e con la spettroscopia di massa inorganica per la determinazione degli altri elementi presenti e specialmente per quelli in piccolissima percentuale, che possono funzionare da "tracce". La conoscenza degli elementi in tracce, infatti, permette, utilizzando particolari programmi di calcolo ottenuti dall'Università di California ed adattati successivamente da quella del Wisconsin, di valutare le differenze di composizione esistenti fra i vari frammenti esaminati.
Per questo, i risultati delle analisi con la spettroscopia di massa sono stati, da prima, sottoposti ad un'analisi discriminante per individuare i veri elementi significativi per la differenziazione dei campioni e poi, una volta scelti, sono stati inseriti in un programma di "pattern recognition" per la classificazione finale delle similitudini.
Senza l'operazione di discriminazione le eventuali differenze sono "appiattite", così come accadrebbe se si utilizzassero i valori ricavati per gli elementi principali.
I valori ottenuti con altre tecniche (analisi termica, spettroscopia Mössbauer) non vengono riportati perché ancora non confermati.

Risultati e discussione

Data la piccola quantità di ogni frammento, per tutti i valori ottenuti esiste il limite della rappresentatività dei campioni, però, poiché le determinazioni sono state eseguite nelle stesse condizioni, il risultato relativo alle ceramiche esaminate ha fondamento e può essere valutato con alta probabilità di certezza.
A parte le considerazioni visive sul colore (misurato in confronto con la scala dei grigi ed in cui le maggiori differenze si notano fra il campione 5 ed il 9) e sulla tessitura della ceramica così come appare al microscopio elettronico a scansione a 1000 ingrandimenti, nella tabella 1 riportiamo i risultati ottenuti con le analisi per assorbimento atomico. Dai valori elencati si vedono abbastanza facilmente alcune differenze che il metodo delle tracce ed il calcolatore confermeranno più tardi: i campioni provenienti da Ferrara sono diversi dagli altri e certe diversità esistono anche fra i campioni di Volterra.
I risultati delle analisi eseguite con la spettroscopia per fluorescenza X sono riportati in tabella 2. Anche per questi si possono fare considerazioni simili a quelle precedenti.
Per una classificazione obiettiva delle somiglianze fra i vari campioni e quindi per ipotizzare provenienza, luoghi di produzione ecc., i dati riportati non sono però sufficienti e non facilmente interpretabili. Infatti i metodi di analisi impiegati sono limitati all'individuazione degli elementi chimici presenti e non hanno la sensibilità sufficiente per riconoscere e misurare quelli che possono funzionare da tracce segnale. Pertanto, da questo punto di vista, solo i risultati ottenuti con la spettroscopia di massa inorganica (che può individuare tutti gli elementi a partire dal litio, purché presenti nei limiti di sensibilità dello strumento, fino a 10-12 grammi) hanno sufficiente attendibilità e sono trattabili con metodi matematici. Con tale tecnica si possono individuare uno o più elementi presenti nel campione studiato, che possono costituire la traccia segnale tipica di un giacimento di argilla di una certa zona e diversa da quella di un altro, anche se facilmente vicino.
In Toscana, nelle zone metallifere, tale situazione è abbastanza diffusa, come abbiamo po-

Tab. 1 Alcuni degli elementi presenti in quantità significative determinati con l'assorbimento atomico (in percento)

Campioni	Elementi %					
	Fe	K	Mg	Ca	Na	Ti
1 (1M)	3,2	2,0	3,6	5,3	0,58	0,35
2 (2M)	3,7	2,1	3,6	4,9	0,58	0,45
3 (3M)	3,6	2,1	3,8	2,9	0,75	0,42
4 (4M)	3,3	2,1	3,7	4,5	0,55	0,40
5 (5M)	3,7	2,0	3,8	5,0	0,55	0,41
6 (6M)	3,8	2,6	3,6	3,8	0,86	0,50
7 (7M)	3,1	2,0	3,6	5,6	1,00	0,39
8 (8M)	2,8	2,3	4,0	4,0	0,72	0,44
9 (Attico 1)	1,4	6,6	5,0	2,8	1,4	0,20
10 (Volterrano 6)	1,9	2,4	0,9	5,9	0,3	0,29
11 (Volterrano 7)	2,0	2,5	0,6	5,6	0,5	0,20

Tab. 2 Risultati delle analisi eseguite con la spettroscopia per fluorescenza X (in ppm).

Campioni	Elementi			
	Ni	Cr	Mn	Zr
1 (1M)	70	320	420	80
2 (2M)	168	300	650	150
3 (3M)	100	100	470	100
4 (4M)	100	300	550	100
5 (5M)	70	200	750	100
6 (6M)	150	380	600	150
7 (7M)	60	200	550	100
8 (8M)	150	360	450	100
9 (Attico 1)	243	246	407	43
10 (Volterrano 6)	26	90	565	90
11 (Volterrano 7)	138	90	596	59

Tab. 4 Dendrogramma della "cluster analysis" ottenuto basandosi sul valore di 16 elementi ed utilizzando un calcolatore UNIVAC 1100/20

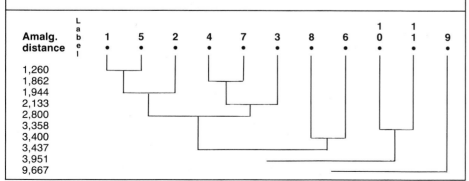

Amalg. distance	Label	1	5	2	4	7	3	8	6	1 0	1 1	9

1,260
1,862
1,944
2,133
2,800
3,358
3,400
3,437
3,951
9,667

Tab. 3 Risultati dell'analisi eseguita con la Spettroscopia di Massa sul frammento N. 3 (19/3M)

Dipartimento di Chimica analitica
Lab. Spettrografia di Massa Inorganica

Campione: 19/3M Volterrano
Origine: Prof. Parrini
Data: 10/84

Elementi	ppm (peso)
Li	65,755
Be	0,4957
B	5,5251
F	7,8429
Na	9786,8302
Mg	>9999,9999
Al	>9999,9999
Si	>9999,9999
P	376,8122
S	125,1712
Cl	138,8631
K	>9999,9999
Ca	>9999,9999
Ti	1341,3401
V	31,3309
Cr	49,8493
Mn	402,667
Fe	>9999,9999
Co	9,3762
Ni	109,4025
Cu	48,9410
Zn	23,8180
Ge	9,5913
As	4,2983
Se	0,2805
Br	1,3312
Rb	282,7701
Sr	110,3034
Y	12,6423
Zr	49,0624
Nb	8,0273
Mo	0,2005
Ag	0,4389
Sn	6,3737
Sb	1,0589
I	0,5943
Cs	12,8709
Ba	373,4751
La	21,1500
Ce	44,7172
Pr	8,1214
Nd	32,9759
Sm	7,3526
Eu	1,5239
Gd	2,9307
Tb	0,4663
Dy	4,2553
Ho	0,9245
Er	1,8038
Tm	0,4071
Yb	3,1120
Lu	0,3666
Hf	3,3201
U	0,7063
Ti	0,5913
Pb	25,6310
Bi	0,1762
Th	9,3874
U	2,3039

tuto constatare sperimentalmente.

Nella tabella 3 riportiamo, come esempio, il risultato dell'analisi eseguita sul campione 3 (19/3M): in essa sono riportati i valori di 60 elementi mentre quelli non segnalati sono in quantità inferiore alla sensibilità dello strumento.

Per arrivare ad una individuazione di similitudini applicando i metodi matematici della "cluster analysis" è praticamente impossibile, senza l'aiuto di un elaboratore elettronico, eseguire tutti i confronti necessari, campione per campione, fra gli 11 frammenti, basandosi su di una serie di circa 60 valori. Ma anche un computer molto potente ha bisogno di ore di calcoli per potersi districare da una tale massa di dati, la cui maggioranza, molto probabilmente, non serve per identificare le somiglianze, diversificando un campione dall'altro. Con "analisi discriminante" è stata scartata una prima serie di circa 30 elementi e poi, in un secondo esame, ne sono stati scelti soltanto 16, che sono stati impiegati per la "cluster analysis", volta a individuazione dei gruppi simili, in qualche modo, fra loro.

Gli elementi scelti sono stati: Li, Be, B, S, Cl, Cr, Ni, As, Sb, Cs, BA, Sm, Gd, Dy, Pb e Th. L'elaborazione ha dato i risultati che sono visualizzati nella tabella 4, sotto forma di "distanza di similitudini" ed, in modo visivo, sotto forma di "dendrogramma". Nella raffigurazione di quest'ultimo, le somiglianze sono tanto più elevate quanto più vicini si trovano i tratti orizzontali del dendrogramma ai cerchi neri, che rappresentano i singoli campioni.

Così sono molto simili il frammento 1 e quello 5 e poi il 2; meno somiglianti il 4 e 7 fra di loro ed entrambi con il 3 e meno ancora il 10 e 11 e l'8-6. Se però si osservano i valori delle distanze (in ordinata) va notato che i campioni di presunta provenienza volterrana sono tutti in un intervallo che va da 1,2 a 3,9 mentre quello attico (il numero 9) è molto lontano da tutti (distanza di ben 9,667) cioè ad una distanza più che doppia.

I campioni 10 ed 11 (volterrani, ma rinvenuti a Spina) pur essendo abbastanza simili fra di loro, non arrivano ad avere somiglianze concrete e ben definite con quelli provenienti dal Museo Guarnacci di Volterra.

Questo fatto è spiegabile con la circostanza che i reperti rinvenuti nella necropoli e nell'abitato di Spina sono rimasti per almeno due millenni sotto l'acqua del mare, assorbendone sali ed elementi. Eventuali trattamenti (che abbiamo in realtà sperimentato) per eliminare gli elementi non originali ma sovrapposti dall'ambiente circostante non danno garanzie di precisione ed affidabilità.

Completamente diverso dagli altri è il frammento attico, proveniente dal museo di Ferrara.

Conclusioni

Lo studio degli otto frammenti provenienti dal Museo Guarnacci di Volterra è stato abbastanza completo, dato anche il tipo di materiale. Riteniamo che, salvo misure di elettroluminescenza che avrebbero potuto dare una datazione, siano state eseguite o siano in corso praticamente tutte le analisi chimico-fisiche che hanno la possibilità di dare risultati significativi.

Basandosi su quanto trovato e specialmente sulle indagini con il computer, le conclusioni che si possono trarre, tenendo presente tutte le limitazioni d'obbligo in questi casi (limitazione dei campioni sottoposti a misura, vicissitudini di mantenimento fin da quando sono stati fabbricati, obiettive difficoltà analitiche ecc.) sono le seguenti:

a) I campioni studiati possono far parte di uno stesso grande gruppo di produzioni avvenute in un'area non troppo limitata (l'Etruria settentrionale per esempio).

b) Essi sono nettamente diversi da quelli attici, dello stesso tipo a vernice nera, più o meno della stessa epoca.

c) Frammenti dichiarati volterrani rinvenuti a Spina sono differenti, ma questo conferma la diversità di simili prodotti già trovata in passato, dovuta alla singolarità del modo con cui ci sono pervenuti, dopo un'immersione in terra e acqua marina per millenni.

I confronti con campioni spinetici sono per questo scientificamente validi solo se eseguiti fra loro.

d) Fra gli otto campioni studiati si individuano in pratica tre gruppi:

il primo che comprende i frammenti 1, 5, 2 con molta somiglianza fra 1 e 5 (rispettivamente frammento di una kylix con decorazione sovradipinta in rosso e di una parete di un piattello a vernice nera che conserva parte della fascia a rotella.

Anche il frammento 2 può essere considerato con buona probabilità della stessa zona di produzione.

Il secondo gruppo, diverso dal primo, è costituito dai frammenti 4, 7, 3 con una discreta somiglianza fra 4 e 7 rispetto al 3.

Se uno dei campioni fosse certamente di produzione di Malacena, c'è una buona probabilità che tutti e tre provengano dallo stesso luogo.

Il terzo gruppo è costituito dai frammenti 8 e 6. Di questi si potrebbe dubitare della loro origine volterrana: sono diversi dagli altri due gruppi anche se ancora vicini a loro più degli altri di confronto: i due frammenti provenienti da Spina (ma classificati volterrani) e quello del Museo archeologico di Ferrara. Quest'ultimo, denominato Attico 1 è veramente diverso, a conferma della classificazione archeologica.

In conclusione, possiamo ritenere che almeno sei frammenti su otto siano di origine volterrana.

Gli altri due, pur avendo caratteristiche che, alla luce di campioni di altra provenienza, sono simili alle precedenti, possono in realtà derivare da zone di produzione abbastanza lontane da quelle proprie volterrane.

p.l.p

I campioni esaminati

(La numerazione tra parentesi è quella usata per le indagini con i calcolatori).

1. (17/1 M). Piede e parte del tondo di una kylix con decorazione sovradipinta in rosso. Probabilmente "Sienese Workshop". Volterra, Museo Guarnacci.

2. (18/2M). Frammento di parete di skyphos, con decorazione sovradipinta in rosso. Gruppo Ferrara T 585, probabilmente serie del cigno rosso. Volterra, Museo Guarnacci.

3. (19/3M). Frammento di collo di kelebe a figure rosse, con decorazione a reticolo. Museo Guarnacci.

4. (20/4M). Frammento del fondo di piattello a vernice nera, con bolli ovali a palmetta schematica limitati esternamente da fascia a rotella; al centro, cerchiello. Tipo Cristofani I, Pasquinucci D. Produzione volterrana, II secolo a.C. Volterra, Museo Guarnacci.

5. (21/5M). Frammento di parete di piattello a vernice nera con riflessi bluastri, molto fine; sul fondo, parte di fascia a rotella. Tipo come sopra. III secolo a.C. Volterra, Museo Guarnacci.

6. (22/6M). Frammento di fondo di piatto da pesce, specie Morel 1120. Fondo esterno parzialmente risparmiato. Produzione Etruria settentrionale, III secolo a.C. Volterra, Museo Guarnacci.

7. (23/7M). Ansa e frammento della bocca di oinochoe a becco, tipo Morel 5731 a 1. Tipo Cristofani I, Pasquinucci D. III - inizi II secolo a.C. Volterra, Museo Guarnacci.

8. (24/8M). Frammento del fondo di un piattello a vernice nera con quattro bolli radiali schematici, limitati esternamente da una fascia a rotella e all'interno di un largo cerchiello. Produzione dell'Etruria settentrionale. II secolo a.C. Volterra, Museo Guarnacci.

9. (10/BE). Frammento di parete di vaso attico. Dalla necropoli di Spina. Ferrara, Museo archeologico.

10. (6/S). Frammento di parete di coppa a vernice nera. Sul fondo, larga fascia a rotella. Lettere graffite all'esterno. Da Spina. Tipo volterrano, Pasquinucci D., Cristofani I.III. Ferrara, Museo archeologico.

11. (7/S). Frammento di parete di skyphos, con decorazione sovradipinta in rosso con girale. "gruppo Ferrara T 585". Da Spina. Ferrara, Museo archeologico.

a.m.

Bibliografia

Ove possibile i periodici sono abbreviati secondo le sigle della Archäologische Bibliographie, Berlin.

Adam A.M.
1984, *Bibliothèque Nationale. Bronzes étrusques et italiques*, Paris.

Adam R.
1980, *Recherches sur les miroirs prénestins*, Paris.

Adamesteanu D.
1958, *Manfria (Gela). Scavo di una fattoria officina*, in NSc, 290 ss.

Adembri B.
1981, *Due nuovi gruppi di vasi orvietani a figure rosse*, in "Prospettiva", 27, 14 ss.
1982, *Schede*, in *Pittura Etrusca a Orvieto*, Roma, 76 ss.
1985, in *Ceramica etrusca a figure rosse. Un primo bilancio*, Roma (in corso di stampa).

Aebischer P.
1932, *Notes et suggestions concernant l'étude du culte des eaux en Etrurie*, in StEtr, 6, 123 ss.

Agorà
1953 ss., *The Athenian Agorà. Results of Excavations Conducted by the American School of Classical Studies at Athens*, Princeton (New Jersey).

Alberti F.L.
1550, *Descrittione di tutta Italia*, Bologna.

Aleotti R. – Piccinini C. – Zannoni A.
1983, *Il vasellame a vernice nera dell'abitato di Monte Bibele*, in *Monterenzio e la valle dell'Idice. Archeologia e storia di un territorio*, Casalecchio di Reno, 147 ss.

Alexander
1980, *The Search for Alexander. An Exhibition*, New York.

Alfieri N.
1975-76, *Alla ricerca della via Flaminia "minore"*, in RendAccBologna, a. 70, vol. 64, 51 ss.
1979, *Spina. Museo archeologico nazionale di Ferrara*, 1, Bologna.

Alföldi A.
1976, *The Giant Argus and a Miracle of Apollo in the Coin-Propaganda of Cinna and Carbo*, in *In memoriam Otto J. Brendel. Essays in Archaeology and the Humanities*, Mainz, 115 ss.

Amelung W.
1908, *Die Skulpturen des vaticanischen Museums*, II, Berlin.

Andrén A.
1939, *Architectural Terracottas from Etrusco-Italic Temples*, in ActaInstRomSueciae, 4, Lund-Leipzig.
1967, *Marmora Etruriae*, in "Antike Plastik", 7, 7 ss.
1974, *Osservazioni sulle terrecotte architettoniche etrusco-italiche*, in OpRom, 8, 1 ss.

Arena M.S.
1969, *Su alcuni frammenti di ceramica italo-megarese conservati nell'Antiquarium di Ostia*, in RivStLig, 35, 101 ss.

Arias P.E. – Carli E.
1937, *Il Camposanto di Pisa*, Roma.

Arndt P. – Bruckmann F.
1891, *Griechische und römische Porträts*, München.

L'Art des Etrusques
1977, *L'Art des Etrusques, Musée du Louvre.* (Petits guides des grands musées), Paris.

Artisti e artigiani
1980, *Artisti e artigiani in Grecia. Guida storica e critica*, a cura di F. Coarelli, Bari.

Ashmole B.
1972, *Architect and Sculptor in Classical Greece*, New York.

Baglione M. P.
1975 *Su alcune serie parallele di bronzo coniato*, in *Contributi introduttivi allo studio della monetazione etrusca*, in AnnIstItNum, 22, suppl., 153 ss.
1976, *Il territorio di Bomarzo*, Roma.

Balland A.
1969, *Fouilles de l'Ecole française de Rome à Bolsena (Poggio Moscini), III, 1. Céramique étrusco-campanienne à vernis noir*, 1, Paris.

Balty J. Ch.
1983, *Architecture et societé à Pétra et Hégra. Chronologie et classes sociales: sculpteurs et commanditaires*, in *Architecture et societé de l'archaïsme grec à la fin de la république romanine*, Roma, 303 ss.

Banti L.
1931, *Antiche lavorazioni nelle cave lunensi*, in StEtr, 5, 475 ss.
1937, *Luni*, Firenze.
1943, *Pisae*, in MemPontAcc, 6, 67 ss.

Baur P.V.C.
1922, *Catalogue of the Rebecca Darlington Stoddard Collection of Greek and Italian Vases in Yale University*, New Haven.

Bayet J.
1960, *Idéologie et plastique II. La sculpture funéraire de Chiusi*, in MEFR, 72, 35 ss.

Beazley J.D.
1943, *Groups of Campanian Red-figure*, in JHS, 62, 66 ss.
1947, *Etruscan Vase Painting*, Oxford.
1963, *Attic Red-figure Vase-painters*, Oxford, (2ª ed.).

Becatti G.
1935, *Materiale Tudertino nel R. Museo Archeologico di Firenze*, in StEtr, 9, 287 ss.
1940, *Attikà. Saggio sulla scultura attica dell'Ellenismo*, in RIA, 7, 7 ss.
1955, *Oreficerie antiche*, Roma.

Bellucci G.
1910, *Guida alle collezioni del Museo Etrusco-Romano in Perugia*, Perugia.
1911, *L'ipogeo della famiglia etrusca "Rufia" presso Perugia*, in "Bollettino della Deputazione di Storia Patria per l'Umbria", 17, 123 ss.

Bendinelli G.
1914, *Antichità tudertine del Museo Nazionale di Villa Giulia*, in MonAnt, 23, 609 ss.

Bernabò Brea L.
1952, *I rilievi tarantini in pietra tenera*, in RIA, n.s.1., 5 ss.

Bernabò Brea L. – Cavalier M.
1965, *Meligunìs-Lipara II: la necropoli greca e romana nella contrada Diana*, Palermo.

Bernardi V.
1964, *Relazione sopra una breve campagna di scavi archeologici nell'alveo dell'antico Lago di Bientina*, in "Lucca. Rassegna del Comune", fasc. 4, 25 ss.

Bernhard M.L.
1976, *Zabytki archeologizcne, Zakladu archeologii śródr-ziemnomorskiej Universyteta Jagillónskiego*, Warzawa-Kraków.

Bernieri A. – Mannoni T.
1983, *Il Porto di Carrara*, Genova.

Bernoulli J.J.
1882, *Römische Ikonographie, I*, Stuttgart.

Berti F.
1983, *Il Museo Archeologico Nazionale di Ferrara*, Bologna.

Beschi L.
1969-70, *Divinità funerarie cirenaiche*, in ASAtene, 47-48, 133 ss.

Bianchi Bandinelli R.
1925, *Clusium*, in MonAnt, 30, 210 ss.
1928, *La Tomba dei Calini Sepus' presso Monteriggioni*, in StEtr, 2, 133 ss.
1928ª, *Le statuette in bronzo conservate presso la R. Accademia dei Fisiocritici*, in "La Balzana", 1, 1 ss.
1929, *Sovana*, Firenze.
1931, *Materiali archeologici della Valdelsa e dei dintorni di Siena*, in "La Balzana", 2.
1935-36, *Il putto cortonese del Museo di Leida*, in "La Critica d'Arte", 1, 90 ss.
1950, *Storicità dell'arte classica*, Firenze.

1961, *Sulla formazione del ritratto romano*, in *Archeologia e Cultura*, Milano-Napoli, 172 ss.
1968, *La kourotrophos Maffei del Museo di Volterra*, in RA, 225 ss.
1968ᵃ, *Recensione a A. Andrén*, in DArch, 2, 2, 227 ss.
1973, *Palinodia*, in *Storicità dell'arte classica*, Bari (2ᵃ ed.), 215 ss.
1982, *L'arte etrusca*, Roma.

Bianchi Bandinelli R. – Giuliano A.
1973, *Etruschi e Italici prima del dominio di Roma*, Milano.

Bieber M.
1964, *Alexander the Great in Greek and Roman Art*, Chicago.

Bienkowski P.R.
1908, *Die Darstellungen der Gallier in der hellenistischen Kunst*, Wien.

Brunn E. – Körte G.
1870, 1890-96, 1916, *I rilievi delle urne etrusche*, I-III, Roma-Berlino.

Blanck H.
1982, *Die Malereien des sogenannten Priester-Sarkophages in Tarquinia*, in *Miscellanea archaeologica Tobias Dohrn dedicata*, Roma, 11 ss.

Blumel C.
1955, *Greek Sculptors at Work*, London.

Bocchi Vendemiati G.
1967, *La ceramica alto-adriatica*, in "Padusa", 3, nn. 2-3, 3 ss.

Bocci P.
1969, in *Restauri Archeologici*, Soprintendenza alle Antichità d'Etruria, Firenze.
1979, *Alcune coppe etrusche di imitazione attica*, in *Studi per Enrico Fiumi*, Pisa, 61 ss.
1979ᵃ, *Osservazioni su alcuni vasi del Museo Archeologico di Firenze*, in ArchCl, 31, 61 ss.
1984, *Il Pittore di Sommavilla Sabina e il problema della nascita delle figure rosse in Etruria*, in StEtr, 50 (1982), 23 ss.

Boitani F. – Cataldi M. – Pasquinucci M.
1973, *Le città etrusche*, Verona.

Bonamici M.
1984, in *Camposanto Monumentale di Pisa. Le Antichità II*, Modena.
1984ᵃ, *Urne volterrane dalla Valdera*, in *Studi di Antichità in onore di Guglielmo Maetzke*, Roma, 125 ss.

Bonfante L.
1977, *The Judgment of Paris, the Toilette of Malavish, and a Mirror in the Indiana University Art Museum*, in StEtr, 45, 149 ss.

Bordenache Battaglia G.
1979, *Le ciste prenestine. Corpus I, 1*, Roma.

Bothmer D. von
1984, *A Greek and Roman Treasury*, in BMetrMus, 42, 1 ss.

Boucher S.
1970, *Bronzes grecs, hellénistiques et étrusques... des Musées de Lyon*, Lyon.

Breglia L.
1952, *La prima fase della coniazione romana d'argento*, Roma.

Breitenstein N.
1941, *Danish National Museum. Catalogue of Terracottas*, Copenhagen.

Brendel O.J.
1978, *Etruscan Art*, Penguin Books.

Briguet M.F.
1976, *Aspects de l'art des Etrusques dans les collections du Louvre*, Paris.

Brilliant R.
1984, *Visual Narratives. Storytelling in Etruscan and Roman Art*, Ithac and London.

Brizio E.
1887, *Perugia. Tombe etrusche scoperte nel Cimitero. Note*, in NSc, 392 ss.
1899, *Il sepolcreto gallico di Montefortino di Arcevia*, in MonAnt, 9, 617 ss.

Brommer F.
1950, *Beiträge zur griechischen Bildhauergeschichte*, in MittDeutArchInst (Berlin), 3, 85 ss.

Brown W.L.
1960, *The Etruscan Lion*, Oxford.

Bruckner A.
1959, *Qualche tipo attico di ceramica a vernice nera e derivazioni italiote ed etrusche*, in *Atti del I Convegno di Studi etruschi*, in StEtr, 25, suppl., 145 ss.

Buffa M.
1933, *L'offerta di Larcio Licinio*, in StEtr, 7, 451 ss.

Bulas K.
1929, *Les illustrations antiques de l'Iliade*, Lwov.

Buonamici G.
1930, *Il cippo scolpito ed inscritto di S. Martino alla Palma presso Firenze*, in StEtr, 4, 267 ss.
1938, REE, in StEtr, 12, 303 ss.

Buonarroti F.
1723-1724, in Dempster Th., *De Etruria Regali*, I-II, Florentiae.

Burckardt J.
1980, *I Greci e i loro artisti*, in *Artisti e artigiani in Grecia*, Bari, 5, ss.

Burford A.
1972, *Craftsmen in Greek and Roman Society*, London.

Calzavara Capuis L. – Chieco Bianchi A.M.
1979, *Osservazioni sul celtismo nel Veneto euganeo*, in AVen, 2, 7 ss.

Camporeale G.
1984, *La Caccia in Etruria*, Roma.

Candida B.
1970-71, *Tradizione figurativa nel mito di Ulisse e le sirene*, in StClOr, 19-20, 212 ss.
1971, *Ulisse e le Sirene. Contributo alla definizione di quattro officine volterrane*, in RendAccLinc, s. 8, 26, 199 ss.

Caratteri
1977, *Caratteri dell'ellenismo nelle urne etrusche*, Atti dell'incontro di studi, Firenze.

Carattoli L.
1886, *Perugia*, in NSc, 447 ss.

Carter J.C.
1973, *The Figure in the Naiskos. Marble Sculptures from the Necropolis of Taranto*, in OpRom, 9, 11, 97 ss.
1975, *The Sculpture of Taras*, Philadelphia.

Cateni G.
1984, *Le urne volterrane. L'artigianato artistico degli Etruschi*, Firenze.

Cavagnaro Vanoni L.
1972, *Tarquinia. Sei tombe a camera nella necropoli dei Monterozzi, località Calvario*, in NSc, 148 ss.
1977, *Tarquinia (Viterbo). Sei tombe intatte nella necropoli dei Monterozzi in località Calvario*, in NSc, 157 ss.

Ciampi S.
1813, *Lettera sopra tre medaglie etrusche d'argento*, Pisa.

Ciampoltrini G.
1980, *I cippi funerari della bassa e media Valdera*, in "Prospettiva", 21, 74 ss.
1981, *Segnacoli funerari tardoarcaici di Pisa*, in StEtr, 49, 31 ss.
1981ᵃ, *La collezione archeologica del Palazzo Comunale di San Miniato*, in "Miscellanea Storica della Valdelsa", 86, 1-3, 123 ss.
1981ᵇ, *Note sulla colonizzazione augustea nell'Etruria settentrionale*, in StClOr, 31, 41 ss.
1984, in *Camposanto Monumentale di Pisa. Le Antichità*, II, Modena.

CIE
Corpus Inscriptionum Etruscarum.

CII
1867, A. Fabretti, *Corpus Inscriptionum Italicarum*, Augusta Taurinorum.

CII, App.
1880, G. F. Gamurrini, *Appendice al Corpus Inscriptionum Italicarum*, Firenze.

CIL
Corpus Inscriptionum Latinarum.

Cinci A.
1860, *Scavi di Volterra*, in BullInst, 183 ss.

Cini D.
Osservazioni sopra l'antico stato della montagna pistoiese, Firenze.

Cipriani G.
1980, *Il mito etrusco nel rinascimento fiorentino*, Firenze.

Clemente G.
1981, *Le leggi sul lusso e la società romana tra III e II secolo a.C.*, in *Società romana e produzione schiavistica*, III, Bari, 1 ss.

Cloché P.
1931, *Les classes, les métièrs, le trafic*, Paris.

Coarelli F.
1970, *Polycles*, "Studi Miscellanei", 15, 75 ss.
1972, *Il sepolcro degli Scipioni*, in DArch, 6, 1, 36 ss.
1976, *Architettura e arti figurative in Roma: 150-50 a.C.*, in *Hellenismus in Mittelitalien*, Göttingen, 21 ss.
1976[a], *Cinque frammenti di una tomba dipinta dall'Esquilino*, in *Affreschi romani dalle raccolte dell'Antiquarium Comunale*, Roma.
1977, *Arte ellenistica e arte romana: la cultura figurativa in Roma tra II e I sec. a.C.*, in *Caratteri dell'ellenismo nelle urne etrusche*, Firenze, 35 ss.
1977[a], *Arti minori*, in *Storia e Civiltà dei Greci*, V, 10. *La cultura ellenistica. Le arti figurative*, Milano, 514 ss.
1980, *Introduzione*, in *Artisti e Artigiani in Grecia*, Bari, VII ss.
1983, *Le pitture della tomba François a Vulci: una proposta di lettura*, in DArch, s. 3, 1, 2, 43 ss.

Collection Strozzi
1907, *Collection Strozzi. Médailles grecques et romaines*, Rome.

Collignon M.
1911, *Les statues funéraires dans l'art grec*, Paris.

Colonna G.
1963-64, *Area sacra di S. Omobono. La ceramica di impasto posteriore agli inizi dell'età del ferro*, in BullCom, 79, 3 ss.
1970, *Bronzi votivi umbro-sabellici a figura umana I. Periodo "arcaico"*, Firenze.
1975, *Firme arcaiche di artefici nell'Italia centrale*, in RM, 82, 181 ss.
1976-77, *La dea etrusca Cel e i santuari del Trasimeno*, in RStorAnt, 6-7, 45 ss.

1977, *Un aspetto oscuro del Lazio antico. Le tombe del VI-V secolo a.C.*, in *Lazio arcaico e mondo greco*, in PP, 32, 135 ss.
1977[a], *Nome gentilizio e società*, in StEtr, 45, 175 ss.
1978, *Archeologia dell'età romantica in Etruria: i Campanari di Toscanella e la tomba dei Vipinana*, in StEtr, 46, 81 ss.
1984, *Per una cronologia della pittura etrusca di età ellenistica*, in DArch, s. 3, 2, 1, 1 ss.
1984[a], *Il fegato di Piacenza e la tarda etruscità cispadana*, in *Culture figurative e materiali tra Emilia e Marche. Studi in memoria di Mario Zuffa*, Rimini, 171 ss.

Colonna Di Paolo E. - Colonna G.
1978, *Norchia*, I CNR-Roma.

Comella A.
1978, *Il materiale votivo tardo di Gravisca*, Roma.

Comstock M.-Vermeule C.
1971, *Greek, Etruscan and Roman Bronzes in the Museum of Fine Arts Boston*, Boston (Mass.).

Conestabile G.
1866, *Alcune parole sopra una tomba chiusina con pitture alle pareti recentemente scoperta*, in BullInst, 193 ss.

Conestabile G.-Vermiglioli G.
1855-70, *Dei monumenti di Perugia etrusca e romana*, Perugia.

Conforto L. - Felici M. - Monna D. - Serva L. - Taddeucci A.
1975, *A Preliminary Evaluation of Chemical Data (Trace Element) from Classical Marble Quarries in the Mediterranean*, in "Archaeometry", 17, 2, 201 ss.

Consortini P.L.
1940, *Volterra nell'antichità*, Pisa.

Conze A.
1891, *Königliche Museen zu Berlin. Beschreibung der Antiken Skulpturen*, Berlin.
1893-1922, *Die attischen Grabreliefs*, I-IV, Berlin-Leipzig.

Corinth
1932 ss., *Corinth. Results of Excavations conducted by the American School of Classical Studies at Athens*, Cambridge (Mass.) - Princeton (New Jersey).

Crawford H.
1974, *Roman Republican Coinage*, Cambridge.

Crisci G.M. - Leoni L. - Sbrana A.
1975, *La formazione dei marmi delle Alpi Apuane. Studio petrografico, mineralogico e chimico*, in "Atti della Società Toscana di Scienze Naturali", 82, 199 ss.

Cristofani M.
1969, *La Tomba del "Tifone"*, in MemAccLinc, s. 8, 14, 213 ss.
1973, *Volterra. Scavi 1969-1971*, in NSc, suppl, 13 ss.
1975, *Statue-cinerario chiusine di età classica*, Roma.
1975[a], *Volterra. Scavi nella necropoli del Portone (1971): tomba ellenistica*, in NSc, 5 ss.
1975[b], *Osservazioni preliminari sull'insediamento etrusco di Massarosa (Lucca)*, in *Archaeologica. Scritti in onore di Aldo Neppi Modona*, Firenze, 183 ss.
1976, *Rapporti fra Volterra e Roma nel II-I sec. a.C.*, in *Hellenismus in Mittelitalien*, Göttingen, 111 ss.
1976[a], *Città e campagna nell'Etruria settentrionale*, Arezzo.
1977, *Strutture insediative e modi di produzione*, in *Caratteri dell'ellenismo nelle urne etrusche*, Firenze, 74 ss.
1978, *L'arte degli Etruschi. Produzione e consumo*, Torino.
1978[a], *Etruschi. Cultura e Società*, Novara.
1978[b], *Sugli inizi dell'"Etruscheria". La pubblicazione del De Etruria regali di Thomas Dempster*, in MEFRA, 90, 577 ss.
1979, *La "Testa Lorenzini" e la scultura tardoarcaica in Etruria Settentrionale*, in StEtr, 47, 85 ss.
1980, *Archeologia e territorio nei "Viaggi" di Giovanni Targioni Tozzetti*, in "Prospettiva", 22, 35 ss.
1981, *Recensione a M. Harari e G. Pianu*, in StEtr, 49, 533 ss.
1983, *Gli Etruschi del mare*, Milano.
1984, *Siamo scesi nella tomba dei Cutu*, in "Atlante", aprile, 78 ss.

Cristofani M. - Martelli M.
1972, *Ceramica presigillata da Volterra*, in MEFRA, 84, 499 ss.

CSE
Corpus Speculorum Etruscorum.

CUV
1975-1977, *Corpus delle urne etrusche di età ellenistica, 1: Urne volterrane*, 1-2, Firenze.

CVA
Corpus Vasorum Antiquorum.

D'Agostino B.
1982, *Uno scavo in Museo: il fregio fittile di Pompei*, in AnnOrNap, 4, 63 ss.

Dall'Aglio P.L. - Catarsi M.
1978-79, *Ancora sulla via Flaminia "minore"*, in RendAcc Bologna, a. 73, vol. 67, 155 ss.

Dall'Aglio P.L. - Vitali D. - Parmeggiani G.
1981, *Monterenzio (Bologna). Relazione preliminare sulla campagna di scavo in località Pianella di Monte Savino*, in NSc, 5 ss.

Dareggi G.
1970, *Urne cinerarie etrusche nel Palazzone di Cortona*, (Accademia Etrusca di Cortona. Note e documenti), 2.

1972, *Urne del territorio perugino*, (Quaderni dell'Istituto di Archeologia dell'Università di Perugia, 1).

Daremberg Ch. – Saglio E.
1877-1919, *Dictionnaire des antiquités grecques et romaines... sous la direction de Ch. Daremberg et E. Saglio*, Paris.

Davreux J.
1942, *La légende de la profétesse Cassandre d'après les textes et les monuments*, Paris.

De Agostino A.
1935, *San Miniato. Scoperta di una necropoli etrusca in località "Fonte Vivo"*, in NSc, 31 ss.
1936, *Statuette e statue femminili con l'attributo della melograna*, in StEtr, 10, 87 ss.
1959, *Fiesole. La zona archeologica e il Museo*, Roma.

De Chiara I.
1960, *La ceramica volsiniese*, in StEtr, 28, 127 ss.

Defosse P.
1972, *Génie funeraire ravisseur (Calu) sur quelques urnes étrusques*, in AntCl, 41, 487 ss.
1980, *Les remparts de Pérouse. Contribution à l'histoire de l'urbanisme préroman*, in MEFRA, 92, 725 ss.

Del Chiaro M.A.
1974, *Etruscan Red-figured Vase-painting at Caere*, Berkeley-Los Angeles-London.
1974ª, *The Etruscan Funnel Group*, Firenze.
1978-79, *An Etruscan Red-figured Vase with Charon*, in GettyMusJ, 6-7, 147 ss.

Della Fina G.M.
1983, *Le Antichità di Chiusi. Un caso di "arredo urbano"*, Roma.

Della Torre O. – Ciaghi S.
1980, *Terrecotte figurate ed architettoniche del Museo Nazionale di Napoli, I. Terrecotte figurate da Capua*, Napoli.

Délos
1909 ss., *Ecole Française d'Athènes. Exploration archéologique de Délos*, Paris.

Delplace Ch.
1970, *Catalogue des urnes et couvercles de la collection Inghirami de Volterra*, in BIstHistBelgRom, 41, 5 ss.

De Marinis G.
1977, *Topografia storica della Val d'Elsa in periodo etrusco*, Firenze.
1980, in *Palazzo Peruzzi. Palazzo Rinuccini*, Roma.

De Marinis G. – Nicosia F. – Ottanelli M.
1972, *Mostra archeologica. Comune di Montaione-Convento di S. Vivaldo*, Firenze.

De Marinis, R.
1981, *Il periodo Golasecca III A in Lombardia*, (Studi Archeologici, I) 43 ss.
1984, *Il mantovano nella protostoria*, in *Misurare la terra: centuriazione e coloni nel mondo romano. Il caso mantovano*, Modena, 18 ss.

Dempster Th.
1724, *De Etruria Regali libri VII, II*, Florentiae.

Dennis G.
1848, 1883, 1907, *The Cities and Cemeteries of Etruria*, London (1ª, 3ª, 4ª ed.).

Deppert K.
1955, *Faliskische Vasen* (dissertazione) Frankfurt.

De Puma R.D.
1980, *A Fourth Century Praenestine Mirror with Telephos and Orestes*, in RM, 87, 5 ss.

De Ruyt F.
1934, *Charun*, Roma.

Diehl E.
1964, *Die Hydria*, Mainz.

Di Niro A.
1978, *Museo Provinciale Sannitico di Campobasso. Piccoli bronzi figurati*, Campobasso.

Dobrowolski W.
1978, *Urna wolterrańska z Ulissesem sluchającym śpiewu syren*, in "Annales Musée Nationale Varsovie", 22, 43 ss.

Dohrn T.
1937, *Zur Geschichte des italisch-etruskischen Porträts*, in RM, 52, 119 ss.
1961, *Pergamenisches in Etrurien*, in RM, 68, 1 ss.
1962, *Der vatikanische "Ennius" und der Poeta Laureatus*, in RM, 69, 76 ss.
1962-63, *Il cosiddetto Ennio nel Belvedere del Vaticano*, in RendPontAcc, 35, 49 ss.
1963, in W. Helbig, *Führer durch die öffentlichen Sammlungen klassischer Altertümer in Rom, I*, Tübingen, (4ª ed.), nn. 262, 738.
1968, *Der Arringatore*, Berlin.
1973, *Aspekte grossgriechischer Malerei*, in RM, 80, 1 ss.
1982, *Die etruskische Kunst im Zeitalter der griechischen Klassik*, Mainz.

Dolci E.
1980, *Carrara. Cave antiche*, Carrara.

D'Onofrio A.M.
1982, *Korai e kouroi funerari attici*, in AnnOrNap, 4, 135 ss.

Dörpfeld W.
1885, *Metrologische Beiträge IV. Das italische Maas-System*, in AM, 10, 289 ss.

Dow S.
1941, *A Family of Sculptures from Tyre*, in "Hesperia", 10, 351 ss.

Ducati P.
1912, *Le pietre funerarie felsinee*, in MonAccLinc, 20, 359 ss.
1927, *Storia dell'arte etrusca*, Firenze.
1931, *Notizia di tre sarcofagi etruschi nel Parco di Monserrate presso Lisbona*, in StEtr, 5, 523 ss.

Durante A.
1982, *La necropoli di Ameglia*, in QuadStLun, 6-7, 25 ss.
1985, *La necropoli di Ameglia*, in *I Liguri dall'Arno all'Ebro*, Atti del convegno, Albenga 1982 (in corso di stampa).

Durante A. - Massari G.
1977, *Comunicazione sulla necropoli di Ameglia*, in QuadStLun, 2, 17 ss.
1978, *Ameglia, necropoli ad incinerazione. Tomba 7*, in *Restauri in Liguria*, Genova, 57 ss.

Dütschke H.
1874, *Antike Bildwerke in Oberitalien, I. Die antiken Bildwerke des Campo Santo zu Pisa*, Leipzig.

Duval P.M. - Kruta V. (a cura di)
1982, *L'art celtique de la période d'expansion, IV et III siècles avant notre ère*, Paris-Genève.

EAA
Enciclopedia dell'Arte Antica Classica e Orientale, Istituto dell'Enciclopedia Italiana, Roma.

Eichner K.
1981, *Die Produktionmethoden der stadtrömischen Sarkophagfabrik in der Blütezeit unter Konstantin*, in JbAChr, 24, 85 ss.

Eldridge L.G.
1918, *A Third Century Etruscan Tomb*, in AJA, 22, 251 ss.

Eles Masi P. von - Steffé G.
1984, *Un insediamento dell'età del ferro alla Ripa Calbana (Borghi, Forlì). Notizie preliminari*, in *Culture figurative e materiali tra Emilia e Marche. Studi in memoria di Mario Zuffa*, Rimini, 51 ss.

Emiliozzi A.
1974, *La Collezione Rossi Danielli nel Museo Civico di Viterbo*, Roma.

ES
1840-1897, Gerhard E. – Klügmann A. – Körte G.
Etruschische Spiegel, I-V, Berlin.

Fabrini G. – Sebastiani S.
1983, *Museo di Camerino. Reperti greci e preromani*, Urbania.

Falchi I.
1895, *Vetulonia. Scavi dell'anno 1894*, in NSc, 272 ss.
1898, *Vetulonia. Nuove scoperte nell'area della città e della necropoli*, in NSc, 81 ss.

Falconi Amorelli M.T.
1971, *Materiali archeologici da Vulci*, in StEtr, 29, 193 ss.
1972, *Vasi etruschi a figure rosse provenienti da Vulci*, in ArchCl, 24, 105 ss.
1977, *Todi preromana. Catalogo dei materiali conservati nel Museo Comunale di Todi*, Perugia.

Felletti Maj B.M.
1940, *La cronologia della necropoli di Spina e la ceramica alto-adriatica*, in StEtr, 14, 43 ss.
1977, *La tradizione italica nell'arte romana*, Roma.

Feruglio A.E.
1977, *Complessi tombali con urne nel territorio di Perugia*, in *Caratteri dell'ellenismo nelle urne etrusche*, Firenze, 110 ss.
1982, *Le tombe dipinte Golini di Settecamini e le tombe degli Hescanas*, in *Pittura Etrusca a Orvieto*, Roma, 21 ss.

Fiorentini G.
1963, *Prime osservazioni sulla ceramica campana nella Valle del Po*, in RivStLig, 29, 7 ss.

Fischer-Graf U.
1980, *Spiegelwerkstätten in Vulci*, Berlin.

Fittschen K.
1977, *Katalog der antiken Skulpturen in Schloss Erbach*, Berlin.

Fiumi E.
1957[a], *Contributo alla datazione del materiale volterrano. Gli scavi della necropoli del Portone degli anni 1873-74*, in StEtr, 25, 367 ss.
1957[b], *Materiali volterrani nel Museo Archeologico di Firenze. La Collezione Cinci*, in StEtr, 25, 463 ss.
1958, *Intorno alle ceramiche del IV sec. a.C. erroneamente chiamate chiusine*, in StEtr, 26, 243 ss.
1968, *I confini della diocesi ecclesiastica, del municipio romano e dello stato etrusco di Volterra*, in "Archivio Storico Italiano", 126, 23 ss.
1972, *Volterra. Gli scavi degli anni 1960-1965 nell'area della necropoli di Badia*, in NSc, 52 ss.
1976, *Volterra, Il Museo etrusco e i monumenti antichi*, Pisa.

Foerst G.
1978, *Die Gravierung der pränestinischen Cisten*, Roma.

Fortuna A.M. – Giovannoni F.
1975, *Il Lago degli Idoli*, Firenze.

Franchi Dell'Orto L. – La Regina A.
1978, *Culture adriatiche antiche d'Abruzzo e Molise*, II, Roma.

Franzoni L.
1980, *Bronzetti etruschi e italici del Museo Archeologico di Verona*, Roma.

Freytag B. von
1982, in *Il Frontone di Talamone e il mito dei "Sette a Tebe"*, Firenze.

Frigerio F.
1933, *Antichi strumenti tecnici*, in "Rivista Archeologica della Provincia e Diocesi di Como", estr., 105-107.

Frontisi-Ducroux F.
1975, *Dédale. Mythologie de l'artisan en Grèce ancienne*, Paris.

Frova A.
1984, *De statuarum basibus*, in QuadStLun, 9, 5 ss.

Furtwängler A.
1909, *Griechische Vasenmalerei*, II, München.

Gaitzsch W.
1983, *Verkzeug und Handwerk in Pompeji*, in AW, 14, 3, 3 ss.

I Galli
1978, *I Galli e l'Italia*, Roma.

Galli E.
1910, *Un vaso falisco con rappresentazione del sacrificio funebre a Patroclo*, in "Ausonia", 5, 118 ss.
1914, *Fiesole. Gli Scavi, il Museo Civico*, Milano.
1915, *Chiusi. Nuove tombe dell'agro chiusino*, in NSc, 6 ss.
1915[a], *Cordigliano presso Ponte Pattoli (comune di Perugia). Tomba etrusca scoperta nel territorio del comune*, in NSc, 270 ss.
1924, *Castiglioncello. Scoperte di antichità varie, compresa un'ara riferibile al culto di Robigus*, in NSc, 157 ss.

Gamba M.
1982, *Un frammento di ceramica attica dallo scavo dell'area ex-Pilsen a Padova*, in AVen, 5, 7 ss.

Gambetti C.
1974, *I coperchi di urne con figurazioni femminili nel Museo Archeologico di Volterra*, Milano.
1974[a], *Urna volterrana nel Museo Archeologico di Milano*, in "Notizie dal Chiostro del Monastero Maggiore", 7-10, 1 ss.
1976, *Frammento di urna volterrana proveniente dall'antica Clusium*, in "Civiltà Mantovana", 10, 121 ss.

Gamurrini G.F.
1872, *Di un antico sepolcreto in Arezzo*, in

AnnInst, 20 ss.
1900, *Foiano. Tombe etrusche scoperte presso l'ex convento di S. Francesco*, in NSc, 624 ss.

Garrucci R.
1885, *Le monete dell'Italia antica*, Roma.

Gatti Lo Guzzo L.
1978, *Il deposito votivo dall'Esquilino detto di Minerva Medica*, Firenze.

Gerhard E.
1847, *Über die Gottheiten der Etrusker*, Berlin.
1848, *Trinkschalen und Gefässe des Königlichen Museums zu Berlin*, I, Berlin.

Gerkan A. von – Messerschmidt F.
1942, *Das Volumniergrab bei Perugia*, in RM, 57, 122 ss.

Gernet L.
1983, *Antropologia della Grecia antica*, trad. it., Milano.

Ghali-Kahil L.
1955, *Les enlèvements et le retour d'Hélène dans les textes et les documents figurés*, Paris.

Giglioli G.Q.
1935, *L'Arte Etrusca*, Milano.

Gilotta F.
1984, *Contributo alla ceramografia vulcente tardo-classica*, in BdA, s. 6, 24, 41 ss.

Giuliani Pomes M.V.
1957, *Cronologia delle situle rinvenute in Etruria*, II, in StEtr, 25, 39 ss.

Giuliano A.
1953-54, *Busti femminili da Palestrina*, in RM, 60-61, 172 ss.

Gjødesen M.
1944, *Bronze Paterae with Anthropomorphous Handles*, in ActaArch, 15, 7 ss.

Gori A.F.
1737, 1737, 1743, *Museum Etruscum exhibens insignia veterum Etruscorum Monumenta*, I, II, III, Florentiae.

Greco E.
1970, *Il Pittore di Afrodite*, Roma.

Greifenhagen A.
1978, *Zeichnungen nach etruskischen Vasen im Deutschen Archäologischen Institut, Rom*, in RM, 85, 60 ss.

Grummond N. de
1982, *A Guide to Etruscan Mirrors* (a cura di), Tallahassee.

Gualandi G.
1973, *Un santuario felsineo nell'ex Villa Cassarini*, in AttiMemBologna, 24, 315 ss.

1974, *Santuari e stipi votive dell'Etruria padana*, in StEtr, 42, 37 ss.
1978, *Due statuette femminili del Museo Civico Archeologico di Bologna e la tecnica della "trasparenza" nelle vesti*, in RdA, 2, 37 ss.

Guarducci M.
1980, *Sull'artista nell'antichità classica*, in *Artisti e Artigiani in Grecia*, Bari, 75 ss.

Fiesole
1978, *Scavi. Museo Archeologico di Fiesole*, Fiesole.

Gummerus H.
1913, *Darstellungen aus dem Handwerk auf römischen Grab- und Votivsteinen in Italien*, in JdI, 28, 63 ss.
1916, *Industrie und Handel*, in RE, 9, 2, 1381 ss.

Hadzisteliou Price Th.
1978, *Kourotrophos. Cults and Representations of the Greek Nursing Deities*, Leiden.

Hafner G.
1965, *Frauen- und Mädchenbilder aus Terrakotta im Museo Gregoriano Etrusco*, in RM, 72, 41 ss.
1966-67, *Männer und Jünglingsbilder aus Terrakotta im Museo Gregoriano Etrusco*, in RM, 73-74, 29 ss.
1968, *Das Bildnis de Q. Ennius*, Baden Baden.

Hanfmann G.M.A.
1935, *Daidalos in Etruria*, in AJA, 39, 189 ss.
1946, *An Etruscan Terracotta Urn in Worcester Art Museum*, in "Annual Worcester Art. Mus.", 5, 15 ss.

Harari M.
1980, *Il "Gruppo Clusium" nella ceramografia etrusca*, Roma.

Harris W.V.
1971, *Rome in Etruria and Umbria*, Oxford.

Harrison E.B.
1960, *New Sculpture from the Athenian Agora, 1959*, in "Hesperia", 29, 369 ss.

Haynes S.
1953, *Ein neuer etruskischer Spiegel*, in MittDeutArchInst. (Berlin), 6, 21 ss.
1960, *The Bronze Priests and Priestesses from Nemi*, in RM, 67, 34 ss.
1971, *Etruscan Sculpture*, London.

Herbig R.
1949, *Pan*, Frankfurt.
1952, *Die jüngeretruskischen Steinsarkophage*, Berlin.
1955-56, *Die Kranzspiegelgruppe*, in StEtr, 24, 183 ss.

Herderjürgen, H.
1978, *Götter, Menschen und Dämonen*, Basel.

Hopper R.J.
1979, *Trade and Industry in Classical Greece*, London.

Horn R.
1931, *Stehende weibliche Gewandstatuen in der hellenistischen Plastik*, München.

Hübner E.
1857, *Antichità di Volterra*, in BullInst, 183 ss.

Θέμελη, Π.
1979, *Σκύλλα ἐρετριχή*, in Αρχ. Εφ., 118 ss.

Inghirami F.
1821, 1823, 1824, 1825, 1825, 1824, 1825, *Monumenti Etruschi o di Etrusco Nome*, I.1, I.2, II, III, IV, V, VI, Badia Fiesolana.
1830, *Scavo dei sigg. Orsini di Peccioli*, in BullInst, 65 ss.
1833, *Etrusco Museo Chiusino*, Firenze.

Jahn O.
1868, *Über Darstellungen des Handwerks und Handelsverkehrs auf antiken Wandgemälden*, Leipzig.

Jannot J.R.
1984, *Les reliefs archaïques de Chiusi*, Rome.

Jehasse L. et J.
1973, *La necropole préromaine d'Aleria*, Paris.

Johnstone M.A.
1937, *Etruscan Collections in the Royal Scottish Museum, Edinburg and the National Museum of Antiquities of Scotland*, in StEtr, 11, 387 ss.

Jolivet V.
1980, *Exportations étrusques tardives (IV-III siècles) en Méditerranée occidentale*, in MEFRA, 92, 681 ss.
1982, *Recherches sur la céramique étrusque à figures rouges tardive du musée du Louvre*, Paris.

Kabus-Jahn R.
1963, *Studien zu Frauenfiguren des vierten Jahrhunderts v.C.*, Darmstadt.

Kaschnitz Weinberg G.
1965, *Studien zur etruskischen und frührömischen Porträtkunst*, in *Ausgewählte Schriften*, II, Berlin, 21 ss.

Kent Hill D.
1977, *Terracotta Reliefs from Praeneste*, in StEtr, 45, 169 ss.

Kilmer M.F.
1977, *The Should Bust in Sicily and South and Central Italy: a Catalogue and Materials for Dating*, Göteborg.

Kleiner G.
1942, *Tanagrafiguren*, Berlin.

Klumbach H.
1937, *Tarentiner Grabkunst*, Reutlingen.

Koch G. - Sichtermann H.
1982, *Römische Sarkophage. Handbuch der Archäologie*, München.

Kubler G.
1976, *La forma del tempo*, trad. it., Torino.

Kurz D.C. - Boardmann J.
1971, *Greek Burial Customs*, London.

Lambrechts R.
1959, *Essai sur les magistratures des républiques étrusques*, Bruxelles-Rome.
1978, *Les miroirs étrusques et prenestins des Musées Royaux d'Art et d'Histoire de Bruxelles*, Bruxelles.

Lanzi L.
1789, *Saggio di lingua etrusca e di altre antiche d'Italia per servire alla storia dei popoli, delle lingue e delle belle arti*, I-III, Roma.

La Rocca E.
1973, in *Roma mediorepubblicana*, Roma.

Lasserre F.
1967, *Strabon, Géographie. Tome III- Livres V et VI (a cura di)*, Paris.

Laurenzi L.
1941, *Ritratti Greci*, Firenze.

Lauter H.
1980, *La posizione sociale dell'artista figurativo nella Grecia classica*, in *Artisti e Artigiani in Grecia*, Bari.

Laviosa Cl.
1958, *Vasi etruschi sovradipinti*, in BdA, s. 4, 43, 293 ss.
1960, *Vasi etruschi sovradipinti, II*, in BdA, s. 4,. 45, 297 ss.
1964, 1965, *Scultura tardo-etrusca di Volterra*, Firenze, Milano.

Lazzarini L. - Moschini G. - Stievano B.M.
1980, *A Contribution to the Identification of Italian, Greek and Anatolian Marbles Through a Petrological Study and the Evaluation of Ca/S_2 Ratio*, in "Archaeometry", 22, 2, 173 ss.
1980[a], *Contributo all'identificazione di marmi italiani, greci ed anatolici mediante uno studio petrografico e la determinazione del rapporto Ca/S_2*, in "Quaderni della Soprintendenza ai Beni Artistici e Storici di Venezia", 9, 8 ss.

Lepore L.
1980, in *Palazzo Peruzzi. Palazzo Rinuccini*, Roma.

Letta C.
1971, *Piccola plastica metapontina nel Museo Archeologico di Potenza*, Napoli.

Levi A.
1926, *Le terrecotte figurate del Museo Nazionale di Napoli*, Firenze.

Levi D.
1928, *Chiusi. Tombe a loculi delle "Tassinaie" e delle "Palazze"*, in NSc, 55 ss.
1928[a], *Volterra. L'inizio degli scavi sul piano di Castello*, in NSc, 34 ss.
1932, *La tomba della Pellegrina a Chiusi, I*, in RIA, 4, 7 ss.
1933, *La tomba della Pellegrina a Chiusi, II*, in RIA, 4, 101 ss.
1935, *Il Museo Civico di Chiusi*, Roma.

Libertini G.
1926, *Centuripe*, Catania.

Lippolis E.
1984, *La necropoli del Palazzone di Perugia*, Roma.

Luni
1973-1977, *Scavi di Luni*, I-II, a cura di A. Frova, Roma.

Lunigiana
1976, *L'età del ferro in Lunigiana*, a cura di R. Formentini, La Spezia.

Lupattelli A.
1899, *Perugia. Urne etrusche iscritte e figurate tornate a luce presso la città*, in NSc, 263 ss.

Macedonia
1979, *Treasures of Ancient Macedonia. Catalogue of the Exhibition*, Athens.

Maetzke G.
1955-1956, *Il nuovo tempio tuscanico di Fiesole*, in StEtr, 24, 227 ss.
1957, *Per un Corpus dei bronzetti etruschi. La collezione del Museo Archeologico Nazionale di Chiusi*, in StEtr, 25, 489 ss.

Maggiani A.
1973, *Recensione a F.H. Pairault*, in StEtr, 41, 572 ss.
1976, *Contributo alla cronologia delle urne volterrane: i coperchi*, in MemAccLinc, s. 8, 19, 3 ss.
1976[a], *La "Bottega dell'urna Guarnacci 621". Osservazioni su una fabbrica volterrana del I sec. a.C.*, in StEtr, 44, 111 ss.
1977, *Analisi di un contesto tombale. La tomba Inghirami di Volterra*, in *Caratteri dell'ellenismo nelle urne etrusche*, Firenze, 124 ss.
1979, *Urna cineraria con corredo dalla Val di Cornia*, in *Studi per Enrico Fiumi*, Pisa, 99 ss.
1979[a], *Monte Castello di Procchio*, in *L'Elba preromana: fortezze d'altura. Primi risultati di scavo*, Pisa, 5 ss.
1981, *Nuove evidenze archeologiche all'isola d'Elba: i rinvenimenti di età classica e ellenistica*, in *L'Etruria Mineraria*, Firenze, 173 ss.

1983, *Liguri orientali: la situazione archeologica in età ellenistica*, in RivStLig, 45 (1979), 73 ss.
1984, *Problemi del popolamento tra Arno e Magra dalla fine dell'età del bronzo alla conquista romana*, in *Studi di Antichità in onore di Guglielmo Maetzke*, Roma, 333 ss.
1984[a], *Le iscrizioni di Asciano e il problema del cosiddetto "M Cortonese"*, in StEtr, 50 (1982), 147 ss.
1984[b], *Appendice*, in A.L. Prosdocimi, *Le Tavole Iguvine*, I, Firenze, 217 ss.
1985, in *Civiltà degli Etruschi*, catalogo della mostra, Firenze (in corso di stampa).

Magi F.
1932, *Stele e cippi fiesolani*, in StEtr, 6, 11 ss.

Maioli M.G.
1980, *La cultura materiale romana*, in *Analisi di Rimini antica. Storia ed archeologia per un Museo*, Rimini, 127 ss.

Malnati L.
1984, *Il territorio modenese in età preromana*, in *Misurare la terra: centuriazione e coloni nel mondo romano. Il caso modenese*, Modena, 19 ss.

Mangani E.
1980, *Materiali volterrani ad Adria in età preromana*, in StEtr, 48, 121 ss.
1983, *Museo Civico di Asciano. I materiali di Poggio Pinci*, Siena.
1984, *Il tumulo dei marcni ad Asciano. Le epigrafi*, in StEtr, 50 (1982), 103 ss.

Mannoni T.
1977, *Insediamenti e viabilità fra Vara e Magra in base ai dati archeologici*, in QuadStLun, 2, 35 ss.

Mannoni L. e T.
1983, *I porti di Luni*, in *Il Porto di Carrara. Storia e attualità*, Genova, 11 ss.

Mansuelli G.A.
1942, *Materiali per un supplemento al "Corpus" degli specchi etruschi figurati*, in StEtr, 16, 531 ss.
1943, *Materiali per un supplemento al "Corpus" degli specchi etruschi figurati, II*, in StEtr, 17, 487 ss.
1946-47, *Gli specchi figurati etruschi*, in StEtr, 19, 9 ss.
1950, *Ricerche sulla pittura ellenistica*, Bologna.

Mantovani P.
1892, *Il Museo archeologico e numismatico di Livorno*, Livorno.

Marabini Moevs M.T.
1980, *Italo-megarian Ware at Cosa*, in MemAmAc, 34, 161 ss.

Markussen E.P.
1979, *Painted Tombs in Etruria: a Bibliography*, Odense.

Martelli M.
1974-75, *Contributo alla classificazione delle urne volterrane: l'officina di Poggio alle Croci*, in DArch, 8, 2, 213 ss.
1975, *Un aspetto del commercio di manufatti artistici nel IV secolo a.C.: i sarcofagi in marmo*, in "Prospettiva", 3, 9 ss.
1976, *Il Museo Archeologico "Ranuccio Bianchi Bandinelli" di Colle Val d'Elsa*, in "Prospettiva", 5, 70 ss.
1976[a], *Recensione a A. Emiliozzi*, in "Prospettiva", 4, 42 ss.
1977, *Definizione cronologica delle urne volterrane attraverso l'esame dei complessi tombali*, in *Caratteri dell'ellenismo nelle urne etrusche*, Firenze, 86 ss.
1977[a], *Un disegno attribuito a Leonardo e una scoperta archeologica degli inizi del Cinquecento*, in "Prospettiva", 10, 58 ss.
1978, *Un passo di Ugolino Verino, una collezione, un "castellum" etrusco*, in "Prospettiva", 15, 12 ss.
1980, in *Firenze e la Toscana dei Medici nell'Europa del Cinquecento. Palazzo Vecchio: committenza e collezionismo medicei*, Firenze.
1981, *Populonia: cultura locale e contatti con il mondo greco*, in *L'Etruria Mineraria*, Firenze, 399 ss.
1981[a], *Scavo di edifici nella zona "industriale" di Populonia*, in *L'Etruria Mineraria*, Firenze, 161 ss.
1984, *La cultura artistica*, in *Gli Etruschi. Una nuova immagine*, Firenze.

Massa M.
1979, *Tombe tardo-repubblicane di Castiglioncello e Vada*, in RivStLig, 40 (1974), 25 ss.

Massari G.
1979-80, *I Liguri in Lunigiana nella seconda età del ferro*, in QuadStLun, 4-5, 83 ss.

Massei L.
1978, *Gli askoi a figure rosse della necropoli di Spina*, Milano.

Matteini Chiari M.
1975, *La Tomba del Faggeto in territorio perugino*, (Quaderni dell'Istituto di Archeologia dell'Università di Perugia 3).

Mazzolai A.
1958, *Per un Corpus dei bronzetti etruschi. La collezione del Museo Archeologico di Grosseto*, in StEtr, 26, 193 ss.

Melli P.
1979-80, *Alcune note sui materiali della necropoli preromana di Genova*, in QuadStLun, 4-5, 113 ss.

Mencacci P. – Zecchini M.
1976, *Lucca preistorica*, Lucca.

Mercando L.
1976, *L'Ellenismo nel Piceno*, in *Hellenismus in Mittelitalien*, Göttingen, 160 ss.

Messerschmidt F.
1930, *Probleme der etruskischen Malerei des Hellenismus*, in JdI, 45, 62 ss.
1930ᵃ, *Nekropolen von Vulci*, Berlin.

Micali G.
1810, *Antichi monumenti per servire all'opera intitolata l'Italia avanti il dominio dei Romani*, Firenze.
1844, *Monumenti inediti a illustrazione della storia degli antichi popoli italiani*, Firenze.

Michelucci M.
1977, *Per una cronologia delle urne chiusine. Riesame di alcuni contesti di scavo*, in *Caratteri dell'ellenismo nelle urne etrusche*, Firenze, 93 ss.
1979, *Un contesto tombale dall'agro volterrano al Museo di S. Matteo in Pisa*, in *Studi per Enrico Fiumi*, Pisa, 83 ss.
1980, *Chianni (Pisa). Tomba ellenistica in località Montevaso*, in NSc, 5 ss.
1981, *Vetulonia*, in *Gli Etruschi in Maremma*, Milano, 137 ss.

Michelucci M. - Romualdi A.
1974, *Per una tipologia della ceramica a vernice nera di Roselle*, in StEtr, 42, 99 ss.

Milanese M. - Guardi G.
1985, in *Studi in memoria di G. Massari* (articolo in corso di stampa).

Milani L.A.
1912, *Il R. Museo Archeologico di Firenze*, Firenze.

Mingazzini P.
1934, *La tomba a tholos di Casaglia*, in StEtr, 8, 59 ss.

Minto A.
1925, *Populonia. Scavi e scoperte fortuite nella località di Porto Baratti durante il 1924-25*, in NSc, 346 ss.
1930, *Le scoperte archeologiche nell'agro volterrano dal 1897 al 1899*, in StEtr, 4, 9 ss.
1932, *Porano (Orvieto). Scoperta di una tomba a camera in contrada Settecamini*, in NSc, 88 ss.
1941, *Di un motivo decorativo ad opus scutulatum dipinto in una urnetta fittile chiusina*, in StEtr, 15, 385 ss.
1952-53, *Problemi sulla decorazione coroplastica nell'architettura del tempio etrusco*, in StEtr, 22, 9 ss.

Mollard Besques S.
1954, 1963, 1971, *Catalogue raisonné des figurines et reliefs en terre-cuite grecs étrusques et romains*, I, II, III, Paris.

Le Monde étrusque
1977, *Musée Borély, Marseille, 1977-78*, catalogo della mostra, Marseille.

Monna D. - Pensabene P.
1977, *Marmi dell'Asia Minore*, Roma.

Morel J.P.
1963, *Notes sur la céramique etrusco-campanienne. Vases à vernis noir de Sardaigne et d'Arezzo*, in MEFR, 75, 7 ss.
1973, *La ceramica di Roma nei secoli IV e III a.C.*, in *Roma mediorepubblicana*, Roma.
1976, *Céramiques d'Italie et céramiques hellénistiques (150-30 av. J.C.)*, in *Hellenismus in Mittelitalien*, Göttingen, 471 ss.
1980, *La céramique campanienne: acquis et problèmes*, in *Céramiques hellénistiques et romaines*, Paris, 85 ss.
1981, *Céramique campanienne. Les formes*, Roma.
1983, *Les producteurs artisanaux en Italie à la fin de la République*, in *Les "bourgeoisies" municipales italiennes aux II et I siècles av. J.C.*, Paris-Napoli, 21 ss.

Moreno P.
1977, *Da Lisippo alla scuola di Rodi*, in *Storia e Civiltà dei Greci*, V, 10. *La cultura ellenistica. Le arti figurative*, Milano, 412 ss.

Moretti M. - Sgubini Moretti A.M.
1983, *I Curunas di Tuscania*, Roma.

Moscati S.
1984, *Italia ricomparsa*, Milano.

Museo Gregoriano
1842, *Musei Etrusci quod Gregorius XVI Pon.Max. in Aedibus Vaticanis constituit Monumenta*, ex Aedibus Vaticanis.

Mustilli D.
1950, *Botteghe di scultori, marmorarii, bronzieri e caelatores in Pompei*, in *Pompeiana*, 206 ss.

Nardi Dei P.
1873, *Scavi di Chiusi*, in BullInst, 152 ss.

Neppi Modona A.
1925, *Cortona etrusca e romana*, Firenze.
1932, *Celle anforarie romane fuori porta a Lucca*, in NSc, 432 ss.
1955, *Sculture etrusche in collezioni private fiorentine. Palazzo già Antinori, ora dei Principi Aldobrandini*, in "Rivista d'Arte", 30, 261 ss.

Niccolai A.
1928, *Sui materiali in cui sono scolpite le urne cinerarie di Volterra*, in StEtr, 2, 419 ss.

Nielsen M.
1975, *The Lid Sculptures of Volaterran Cinerary Urns*, in *Studies in the Romanization of Etruria*, ActaInstRomFin, 5, 263 ss.
1977, *I coperchi delle urne volterrane. Caratteri e datazione delle ultime botteghe*, in *Caratteri dell'ellenismo nelle urne etrusche*, Firenze, 137 ss.

Nissen H.
1877, *Pompeianische Studien zur Städtekunde des Altertums*, Leipzig.

Noack F.
1897, *Griechisch-etruskische Mauern. Studien zur Architektur II. Aus vorrömischen Perugia*, in RM, 12, 161 ss.

Nocentini S.
1965, *Sculture greche etrusche e romane nel Museo Bardini di Firenze*, Roma.

Noll R.
1932, *Etruskische Aschenkisten mit der Troilossage in Wien*, in StEtr, 6, 435 ss.

NRIE
1935, M. Buffa, *Nuova raccolta di iscrizioni etrusche*, Firenze.

Oleson J.P.
1976, *The Galeotti Tomb at Chiusi...*, in StEtr, 44, 69 ss.
1982, *The Sources of Innovation in late Etruscan Tomb Design*, Roma.

Olynthus
1929 ss., *Excavations at Olynthus*, Baltimore.

Oro degli Etruschi
1983, *L'Oro degli Etruschi*, a cura di M. Cristofani e M. Martelli, Novara.

Pairault F.H.
1972, *Recherches sur quelques séries d'urnes de Volterra à représentations mythologiques*, Rome.
1972ᵃ, *Un aspect de l'artisanat de l'albâtre à Volterra: quelques visages d'ateliers*, in DArch, 6, 11 ss.

Pairault Massa F.H.
1973, *Un nouvel atelier de Volterra autour du "Maître de Myrtilos"*, in MEFRA, 85, 91 ss.
1975, *Nouvelles études sur des urnes de Volterra*, in MEFRA, 87, 213 ss.
1977, *Ateliers d'urnes et histoire de Volterra*, in *Caratteri dell'ellenismo nelle urne etrusche*, Firenze, 154 ss.
1980, *Réflexions sur un cratère du Musée de Volterra*, in RA, 63 ss.
1981, *L'urne funéraire en terre cuite du Worcester Art Museum*, in *L'art décoratif à Rome à la fin de la République et au début du Principat*, Rome, 123 ss.
1985, *Recherches sur l'art et l'artisanat étrusco-italiques à l'époque hellénistique*, Rome, (in corso di stampa).

Pairault Massa F.H. - Pailler J.M.
1979, *Bolsena, V. La maison aux salles souterraines, 1. Les terres cuites sous le Péristyle*, Rome.

Pallottino M.
1930, *Uno specchio di Tuscania e la leggenda etrusca di Tarchon*, in RendAccLinc, s. 6, 6, 49 ss.
1937, *Tarquinia*, MonAnt, 36.

1952, *Un ideogramma araldico etrusco?*, in ArchCl, 4, 245 ss.

1977, *Vasari e la Chimera*, in "Prospettiva", 8, 4 ss.

Pancrazzi O.
1982, *Pisa. Testimonianze di una rotta greca arcaica*, in PP 204-207, 331 ss.

Panvini Rosati F.
1961-64, *La monetazione annibalica*, in Ann-AcEtr, 12, 167 ss.

Papini R.
1914, *Catalogo delle cose d'arte e di antichità d'Italia. Pisa*, Roma.

Parmeggiani G.
1980, *Ceramiche d'importazione etrusca dalla Pianella di Monte Savino, Monterenzio (Bologna)*, in "Emilia Preromana", 8, 57 ss.

Pasquinucci M.
1968, *Le kelebai volterrane*, Firenze.
1972, *La ceramica a vernice nera del Museo Guarnacci di Volterra*, in MEFRA, 84, 269 ss.

Patitucci Uggeri S.
1979, *La ceramica prodotta a Spina*, in Acta of the XI International Congress of Classical Archaeology, London 3-9 sept. 1978, London, 238-239.
1984, *Classificazione preliminare della ceramica grigia di Spina*, in *Culture figurative e materiali tra Emilia e Marche. Studi in memoria di Mario Zuffa*, Rimini, 139 ss.

Pellegrini G.
1901, *San Gimignano. Tombe etrusche rinvenute nel territorio del Comune*, in NSc, 7 ss.
1902, *Sovana. Scoperte nella necropoli*, in NSc, 494 ss.
1903, *Sovana. Nuove scoperte nella necropoli*, in NSc, 217 ss.

Pensabene P.
1980, in *Terracotte votive dal Tevere*, in "Studi Miscellanei", 25.
1982, *Su un fregio fittile e un ritratto marmoreo da Palestrina nel Museo Nazionale Romano*, in Miscellanea archaeologica Tobias Dohrn dedicata, Roma, 73 ss.
1982ª, *Sulla tipologia e il simbolismo dei cippi funerari a pigna con corona di foglie d'acanto di Palestrina*, in ArchCl, 34, 38 ss.

Peretti A.
1979, *Il Periplo di Scilace*, Pisa.

Pernier L.
1911, *Lustignano. Tombe di età varia...*, in NSc, 126 ss.
1919, *Ricordi di storia etrusca e di arte greca della città di Vetulonia*, in "Ausonia", 9, 11 ss.
1920, *Raccolta Archeologica Bargagli a Sarteano*, in "Cronaca delle Belle Arti", 7, suppl. a BdA, 14, 17 ss.

Petit J.
1980, *Bronzes antiques de la Collection Dutuit*, Paris.

Peyre Ch.
1965, *Une récolte de céramique étrusque dans l'Apennin bolonais*, in MEFR, 77, 7 ss.

Pfanner L.
1958, *Una necropoli ligure scoperta a Vado di Camaiore*, in RivStLig, 24, 106 ss.

Pfiffig A.J.
1964, *Verschreibung und Verbesserung in etruskischen Inschriften*, in StEtr, 32, 183 ss.
1976, *Etruskische Signaturen*, in SitzungsberichteWien, 204, 2, 30 ss.

Pfuhl E. – Möbius H.
1977, *Die ostgriechischen Grabreliefs*, I, Mainz.

Philipp H.
1968, *Tektonon Daidala. Der bildende Künstler un sein Werk im vorplatonischen Schrifttum*, Berlin.

Phillips K.M.Jr.
1983, *Terrecotte architettoniche con protomi di leopardo da Poggio Civitate (Murlo, Siena)*, in BdA, s. 6, 18, 1 ss.

Pianu G.
1978, *Due fabbriche etrusche di vasi sovradipinti: il Gruppo Sokra e il Gruppo del Fantasma*, in MEFRA, 90, 161 ss.
1979, *Contributo alla cronologia delle ceramiche argentate*, in StEtr, 47, 119 ss.
1980, *Materiali del Museo Archeologico Nazionale di Tarquinia. Ceramiche etrusche a figure rosse*, Roma.
1982, *Materiali del Museo Archeologico Nazionale di Tarquinia. Ceramiche etrusche sovradipinte*, Roma.

Pietrangeli C.
1953, *Mevania*, Roma.

Pinkwart D.
1965, *Das Relief des Archelaos von Priene und die "Musen des Philiskos"*, Kallmünz.

Podestà P.
1886, *Ameglia*, in NSc, 114 ss.
1887, *Di un monile d'oro scoperto in una tomba d'Ameglia in provincia di Genova*, in "Giornale Ligustico di Archeologia. Storia e Letteratura", 14, 293 ss.

Poggi V.
1879, *Contribuzioni allo studio della epigrafia etrusca*, Genova.

Poggio T.
1974, *Ceramica a vernice nera di Spina. Le oinochoai trilobate*, Milano.

Ponzi Bonomi L.
1977, *Recenti scoperte nell'agro chiusino. La necropoli di Gioiella*, in *Caratteri dell'ellenismo nelle urne etrusche*, Firenze, 103 ss.

Poulsen F.
1927, *Das Helbig Museum der Ny Carlsberg Glyptothek. Beschreibung der etruskischen Sammlung*, Copenhagen.

Prima Italia
1981, *Prima Italia. L'arte italica del I millennio a.C.*, ed. it., Roma.

Primas M.
1970, *Die südschweizerischen Grabfunde der älteren Eisenzeit und ihre Chronologie*, Basel.

Pryce F.N.
1931, *Catalogue of Sculpture in the Department of Greek and Roman Antiquities of the British Museum*, I, 2, London.

Quilici Gigli S.
1970, *La valle del Sacco nel quadro delle comunicazioni tra Etruria e Magna Grecia*, in StEtr, 38, 363 ss.

Rallo A.
1974, *Lasa. Iconografia ed esegesi*, Firenze.

Ransom C.L.
1905, *Studies in Ancient Furniture*, Chicago.

Raoul Rochette D.
1833, *Monuments inédits d'antiquité figurée grecque, étrusque et romaines, I: cycle héroique*, Paris.

Rapezzi P.
1968, *Scoperte archeologiche nuove o inedite nel territorio volterrano*, in "Rassegna Volterrana", 33-35, 3 ss.

Rebuffat Emmanuel D.
1973, *La miroir étrusque d'après la collection du Cabinet des Médailles*, Rome.

REE
Rivista di epigrafia etrusca, in StEtr.

Reinach S.
1912, *Répertoire de Reliefs Grecs et Romains*, III, Paris.

Ribbeck O.
1875, *Die römische Tragödie im Zeitalter der Republik*, Leipzig.

Ricci G.
1955, *Necropoli della Banditaccia, Zona A del Recinto*, in MonAnt, 42, 201 ss.

Riccioni G.
1970, *Antefatti della colonizzazione di Ariminum alla luce delle nuove scoperte*, in Atti del convegno di studi sulla città etrusca e italica preromana, Bologna, 263 ss.

Richter G.M.A.
1965, *The Portraits of the Greeks*, III, London.
1966, *The Furniture of the Greeks Etruscans and Romans*, London.

Riesch E. – Milani A.
1942, *Il R. Museo Archeologico di Castioncello*, in StEtr, 16, 489 ss.

Riis P.J.
1959, *The Danish Bronze Vessels of Greek, early Campanian, and Etruscan Manufactures*, in ActaArch, 30, 1 ss.

Rix H.
1963, *Das etruskische Cognomen*, Wiesbaden.
1977, *L'apporto dell'onomastica personale alla conoscenza della storia sociale*, in *Caratteri dell'ellenismo nelle urne etrusche*, Firenze, 64 ss.

Rizzo G.E.
1932, *Prassitele*, Milano-Roma.

Robert C.
1888, *Beiträge zur Erklärung des pergamenischen Telephos - Friezes*, in JdI, 3, 87 ss.
1890, *Der Pasiphae-Sarkophag (14 Hall. Winkelmanns-Programm)* Halle.
1897, *Die antiken Sarkophag-Reliefs 3, 1, Einzelmythen: Actaeon-Hercules*, Berlin.

Rohde E.
1968, *Griechische Terrakotten*, Tübingen.

Roncalli F.
1982, *Un Bronzo Etrusco della Collezione Carpegna nel Museo Profano della Biblioteca Vaticana*, in *Miscellanea archaeologica Tobias Dohrn dedicata*, Roma, 89 ss.

Ronzitti Orsolini G.
1971, *Il mito dei sette a Tebe nelle urne volterrane*, Firenze.

Rumpf A.
1928, *Staatliche Museen zu Berlin. Katalog der Sammlung Antiker Skulpturen*, 1, Berlin.

Salskov Roberts H.
1983, *Later Etruscan Mirrors. Evidence for Dating from Recent Excavations*, in AnalRom, 12, 31 ss.

Sambon A.
1903, *Les monnaies antiques de l'Italie*, Paris.

Sassatelli G.
1977, *L'Etruria padana e il commercio dei marmi nel V secolo*, in StEtr, 45, 109 ss.
1977a, *Brevi note critiche sulle ceramiche di importazione delle tombe galliche di Bologna*, in RdA, 1, 27 ss.
1979, *Ancora sui marmi in Etruria nel V secolo. Confronti volterrani*, in StEtr, 47, 107 ss.

Savignoni L.
1910, *Sul sacrificio funebre a Patroclo*, in "Ausonia", 5, 128 ss.

Savignoni L. – Mengarelli R.
1903, *Norba. Relazione sopra gli scavi eseguiti a Norba nell'estate dell'anno 1902*, in NSc, 229 ss.

Scamuzzi E.
1940, *Di alcuni recenti trovamenti archeologici interessanti la topografia dell'Etruria*, in StEtr, 19, 353 ss.

Schefold K.
1934, *Untersuchungen zu den Kertscher Vasen*, Leipzig.
1953, *Pompejanische Malerei. Sinn und Ideengeschichte*, Basel.

Schlie F.
1868, *Delle recenti scoperte e della cattiva fortuna de' monumenti antichi in Etruria*, in BullInst, 131 ss.

Schumacher K.
1890, *Beschreibung der Sammlung Antiker Bronzen*, Karlsruhe.

Schweitzer B.
1963, *Zur Kunst der Antike, Ausgewählte Schriften*, 2, Tübingen.
1980, *L'artista figurativo*, in *Artisti e artigiani in Grecia*, Bari, 23 ss.

Segre M.
1929, *Il sacco di Delfi e la leggenda dell'"aurum Tolosanum"*, in "Historia", 3, 592 ss.

Sichtermann H.
1966, *Griechische Vasen in Unteritalien*, Tübingen.

Siena
1979, *Siena. Le origini. Testimonianze e miti archeologici*, a cura di M. Cristofani, Firenze.

Silvestri E.
1982, *Ameglia nella storia della Lunigiana*, La Spezia.

Small J.P.
1979, *Greek Models and Etruscan Legends: Cacu and the Vibennae*, in *Bronzes hellénistiques et romains*, Lousanne.
1981, *Studies Related to the Theban Cycle on Late Etruscan Urns*, Roma.
1982, *Cacus and Marsyas in Etrusco-Roman Legend*, Princeton (New Jersey).

Smith R.
1981, *Greek, Foreigners and Roman Republican Portraits*, in JRS 71, 24 ss.

Società romana e produzione schiavistica
1981, *Società romana e produzione schiavistica*, I-III, a cura di A. Giardina e A. Schiavone, Bari.

Sozzi C.
1840, *Scavi di Chiusi in Val di Chiana*, in BullInst, 1 ss.

Sprenger M. — Bartoloni G.
1977, *Die Etrusker*, München.
1981, *Etruschi*, Milano

Steingräber S.
1979, *Etruskische Möbel*, Roma.
1981, *Etrurien Städte, Heiligtümer, Nekropolen*, München.
1982, *Überlegungen zur etruskischen Altäre*, in *Miscellanea archaeologica Tobias Dohrn dedicata*, Roma, 103 ss.

Stopponi S.
1983, *La Tomba della Scrofa Nera*, Roma.

Strandberg Olofsson M.
1984, *Acquarossa V. The Head Antefixes and Relief Plaques, part 1. A Reconstruction of a Terracotta Decoration and its Architectural Setting*, in ActaInstRomSueciae, 38, 5.

Strazzulla M.J.
1977, *Le terrecotte architettoniche nell'Italia centrale*, in *Caratteri dell'ellenismo nelle urne etrusche*, Firenze, 41 ss.

Strong D.E.
1966, *Greek and Roman Gold and Silver Plate*, Glasgow.

Szilágyi J.G.
1973, *Zur Praxias Gruppe*, in *Miscellanea Casimiro Majewski oblata*, in APolona, 14, 91 ss.

Targioni Tozzetti G.
1774, *Relazioni d'alcuni viaggi fatti in diverse parti della Toscana*, Firenze (2ª ed.).

Taylor D.M.
1957, *Black-Glaze Pottery*, in MemAmAc, 25, 65 ss.

Terrosi Zanco O.
1961, *Ex-voto allungati dell'Italia centrale*, in StEtr, 29, 423 ss.

Terzan B.
1977, *Certoska Fibula*, in "Arheološki Vestnik", 27, 317 ss.

Thimme D.
1946, *Masters of the Pergamon Gigantomachy*, in AJA, 50, 345 ss.

Thimme J.
1954, *Chiusinische Aschenkisten und Sarkophage der Hellenistischen Zeit*, in StEtr, 23, 25 ss.
1957, *Chiusinische Aschenkisten der hellenistischen Zeit. Zweiter Teil*, in StEtr, 25, 87 ss.

ThLE
1978, *Thesaurus Linguae Etruscae, I. Indice Lessicale*, a cura di M. Pandolfini Angeletti, Roma.

Thönges-Stringaris R.
1965, *Das griechische Totenmahl*, in AM, 80, 1 ss.

Tischbein W.
1793, *Collection of Engravings from Ancient Vases*, II.

TLE
1968, *Testimonia Linguae Etruscae*, a cura di M. Pallottino, Firenze (2ª ed.).

Todi
1982, *Verso un Museo della città*, catalogo della mostra, Todi.

Torelli M.
1968, *Nota epigrafica*, in Bianchi Bandinelli 1968, 237 ss.
1976, *La situazione in Etruria*, in *Hellenismus in Mittelitalien*, Göttingen, 97 ss.
1980, *Industria estrattiva, lavoro artigianale, interessi economici: qualche appunto*, in *Seaborne Commerce*, in MemAmAc, 36, 313 ss.
1981, *Storia degli Etruschi*, Bari.
1981ª, *Delitto religioso. Qualche indizio sulla situazione in Etruria*, in *Le délit religieux dans la cité antique*, Rome, 1 ss.

Trendall A.D.
1953, *Vasi antichi dipinti del Vaticano. Vasi italioti ed etruschi a figure rosse*, I-II, Città del Vaticano.

Türr S.
1969, *Spätetruskische Tonsarkophage* (dissertazione) Giessen.

Tusa V.
1950-51, *Palermo. La collezione etrusca Casuccini del Museo Nazionale*, in StEtr, 21, 334 ss.

Uggeri G.
1978, *Primo contributo all'onomastica spinetica*, in *Studi in onore di F. Ribezzo*, Mesagne, 331 ss.

Vacano O.W. von
1961, *Oedipus zwischen den Viergespannen. Studien zur Komposition der Giebelskulpturen von Telamon*, in RM, 68, 9 ss.

1966-67, *Ein Krateriskos der Popiliusgruppe*, in RM, 73-74, 78 ss.
1977, *Considerazioni sull"Ombra della Sera"*, in "Volterra", 1-3.
1982, in *Il frontone di Talamone e il mito dei "Sette a Tebe"*, Firenze.

Vagnetti L.
1971, *Il deposito votivo di Campetti a Veio*, Firenze.

van der Meer L.B.
1975, *The Etruscan Urns from Voltera in the Rijksmuseum van Oudheben at Leiden*, in OudhMeded, 56, 75 ss.
1975ª, *Archetype-Trasmitting Model - Prototype*, in BABesch, 50, 2, 179 ss.
1977, *La trasmissione degli archetipi nei rilievi mitologici delle urne volterrane*, in *Caratteri dell'ellenismo nelle urne etrusche*, Firenze, 146 ss.
1977ª, *De Etrusken*, Den Haag.
1977-78, *Etruscan Urns From Volterra. Studies on Mythological Representations*, in BABesch, 52-53, 57 ss.
1978, *Etruscan Urns from Volterra*, Meppel.

Vermiglioli G.B.
1834, *Antiche iscrizioni perugine*, II, Perugia (2ª ed.).

Vernant J.P.
1978, *Mito e pensiero presso i Greci*, Torino (ed. it.).
1981, *Mito e società nell'antica Grecia*, Torino (ed. it.).

Verzar M.
1976, *L'Umbilicus Urbis. Il mundus in età tardo-repubblicana*, in DArch, 9-10, 378 ss.

Vessberg O.
1941, *Studien zur Kunstgeschichte der römischen Republik*, in ActaInstRomSueciae, 8, Lund-Leipzig.

Vitali D.
1982, *Bologna e il suo territorio in età gallica*, in *Il Museo Civico Archeologico di Bologna*, Bologna.
1983, *La valle dell'Idice tra V e II sec. a.C.*, in *Monterenzio e la Valle dell'Idice. Archeologia e storia di un territorio*, Casalecchio di Reno, 83 ss.
1983ª, *Note preliminari sul sepolcreto di Monte Bibele, loc. Monte Tamburino*, in *Monterenzio e la Valle dell'Idice. Archeologia e storia di un territorio*, Casalecchio di Reno, 193 ss.
1983ᵇ, *Sul Museo Civico Archeologico di*

Modena, in "Emilia Preromana", 9-10.

Volterra
1981, *L'Acropoli di Volterra: nascita e sviluppo di una città*, catalogo della mostra, Pisa.

Vostchinina A.J.
1965, *Statua-cinerario in bronzo di arte etrusca nelle collezioni dell'Ermitage*, in StEtr, 23, 318 ss.

Waiblinger A.
1980, *Deux vases étrusques à couleur superposées du Musée du Louvre*, in CRAI, 140 ss.

Walters H.B.
1903, *Catalogue of Terracottas in the British Museum*, London.

Ward-Perkins J.P.
1971, *Quarring in Antiquity*, Oxford.

Weber W.
1978, *Die Darstellungen einer Wagenfahrt auf römischen Sarkophagdeckeln und Loculusplatten des 3 und 4 Jh. n.Chr.*, Roma.

Weitzmann K.
1970, *Illustration in Roll and Codex. A Study of the Origin and Method of Text Illustration*, Princeton.

West R.
1933, *Römische Porträt-Plastik*, I, München.

Westermann W.L.
1914, *Apprentice Contracts and the Apprentice System in Roman Egypt*, in ClPh, 9, 295 ss.

Zecchini M.
1980, *L'espansione etrusca nella Toscana nord-occidentale*, in *La Toscana settentrionale dal Paleolitico all'Alto Medioevo*, Lucca, 107 ss.

Zimmer G.
1982, *Römische Berufdarstellungen* (Archaologische Forschungen, 12), Berlin.
1982ª, *Antike Werkstättbilder* (Bilderhefte der Staatl. Museen Preuss. Kulturgeschichte, 42), Berlin.

Ziomechi J.
1975, *Les représentations d'artisans sur les vases attiques*, Warszawa.

Züchner W.
1912, *Griechische Klappspiegel* (JdI Erg. Heft 14), in BABesch.

Stampato per conto della Electa Editrice
dalla Fantonigrafica di Venezia